重庆高校市级科技考古与文物保护技术重点实验室
重庆师范大学考古学及博物馆学市级实验教学示范中心 主办

科 技 考 古
与
文物保护技术

第一辑

武仙竹　主编

科学出版社

北　京

内 容 简 介

《科技考古与文物保护技术》是重庆高校市级科技考古与文物保护技术重点实验室、重庆师范大学考古学及博物馆学市级实验教学示范中心编辑的学术集刊。设有科技考古、文物保护、考古新发现、国际考古四个栏目。本辑收录 31 篇发掘报告（简报）及论文。内容包括动物考古、植物考古、冶金考古、古代彩绘材料、木质文物保护技术、石质文物保护技术研究，以及中国和"一带一路"国家考古新发现和研究新进展。

本书可供科技考古与文物保护、考古学、博物馆学研究人员及工作者和高等院校相关专业师生阅读、参考。

图书在版编目（CIP）数据

科技考古与文物保护技术 . 第一辑 / 武仙竹主编 . —北京：科学出版社，2018.10
ISBN 978-7-03-058911-8

Ⅰ.①科⋯ Ⅱ.①武⋯ Ⅲ.①科学技术 – 考古 – 中国 – 文集 ②文物保护 – 中国 – 文集 Ⅳ.① K875-53 ② K870.4-53

中国版本图书馆 CIP 数据核字（2018）第 218583 号

责任编辑：樊　鑫 / 责任校对：邹慧卿
责任印制：肖　兴 / 封面设计：金舵手

科 学 出 版 社 出版
北京东黄城根北街16号
邮政编码：100717
http://www.sciencep.com
中 国 科 学 院 印 刷 厂 印刷
科学出版社发行　　各地新华书店经销

*

2018年10月第 一 版　　开本：787×1092　1/16
2018年10月第一次印刷　　印张：18 3/4
字数：430 000
定价：88.00 元
（如有印装质量问题，我社负责调换）

《科技考古与文物保护技术》发刊词

  中国考古学科逾半个多世纪发展，欣沐党的"十九大"之春风，喜迎学科发展新时代。这个时代，是中国发展进入新历史方位、中华儿女奋力实现中华民族伟大复兴中国梦的时代。也是中国考古学创新发展、日益走近世界学术舞台中央的时代。中国丰富的考古资料和文化遗产、庞大的研究队伍和教学体系、坚实的工作实践和理论探索，有条件支撑中国考古学派的发展。当前，中国考古学理论日显繁荣，研究领域不断拓展，技术方法呈现多元，学术认识更趋深入，学科社会服务能力快速提升。在这个中国考古学科大发展的新时代，重庆师范大学市级科技考古与文物保护技术重点实验室、重庆师范大学考古学与博物馆学市级实验教学示范中心主办的《科技考古与文物保护技术》，在多方支持和帮助下诞生了。

  本集刊发表考古和文物保护技术领域的新发现和新研究进展。设有科技考古、文物保护、考古新发现、国际考古四个栏目。突出原始资料性、技术应用性和研究创新性。向国内外考古学和文物保护技术领域公开组稿，公开出版。作为高校主办期刊，每期选用适量研究生稿件，以促进学科建设中人才培养工作的发展。

  集刊封面标志（logo）取自秦"飞鸿延年"瓦当中的鸿雁图像。鸿雁与中国历史文化有深厚渊源。中国人形容胸怀大志时常用"鸿鹄之志"，形容获得珍贵信息喜用"鸿雁传书"，形容两情相悦喜用"鸿雁伴侣"，形容美丽倩影喜用"翩若惊鸿"，……然而，此前的中国考古却一直没有发现鸿雁骨骼。2015年，重庆师范大学动物考古学者在重庆老鼓楼衙署遗址中，首次从考古发掘的动物遗存里发现鸿雁骨骼。本集刊选择鸿雁作为标志，寓意我们重视用新技术、新发现帮助我们翱翔于中国传统文化的宏伟时空。"鸿雁于飞，肃肃其羽"（《诗经·鸿雁》），我们渴望与同行师友结伴飞翔。《科技考古与文物保护技术》集刊希望在作者与读者的关心和支持下鸿图大展。

目　　录

国际考古

CONTENTS

New Discovery in Archaeology

International Archaeology

科 技 考 古

小哺乳动物考古在考古工作中的重要作用与初步实践 *

武仙竹

（重庆师范大学历史与社会学院，重庆，401331）

一、小哺乳动物资源与古环境研究价值

（一）小哺乳动物在自然界的资源价值

自然界食虫目、翼手目、树鼩目、啮齿目、兔形目因胎生、哺乳、体表有毛、恒温、用肺呼吸等生理特征，在生物界被划分为哺乳动物群体，但因其个体较小，一般称之为小哺乳动物。小哺乳动物种类及个体数量，约占整个哺乳动物群总体的70%左右[1]。小哺乳动物数量多，活动范围较为局限，体型和力量较小，可以和人类近距离伴栖并容易被捕获，所以自旧石器时代开始，它们就是人类重要的生存"伙伴"和食物资源。在人类改造自然界的历史过程中，小哺乳动物种群结构及生态演化，与人类社会变化过程还形成紧密的互动关系。

在自然界能量转化方面，小哺乳动物是非常重要和不可缺少的。小哺乳动物中的食虫目，能够把多种软体动物、蠕虫等转化为肉质资源。翼手目、树鼩目，能够把昆虫和花果等转化为肉质资源。啮齿目、兔形目，则主要把草和嫩树枝等转化为肉质资源。小哺乳动物把自然界里的植物、低等蛋白质资源转为高级肉质资源后，其自身又为猛禽类（隼形目、鸮形目）、食肉目、灵长目等提供了食物资源。猛禽类中有多种动物是以鼠类作为重要食物的，如我们所熟知的苍鹰（*Accipiter gentilis*）、草原鹞（*Circus macrourus*）、草鸮（*Tyto capensis*）、雕鸮（*Bubo bubo*）等，都是以鼠类为主食，被称为鼠类的天敌[2]。食肉目中，除了云豹（*Neofelis nebulosa*）、狼（*Canis lupus*）等大、中型兽类偶食鼠类外，石貂（*Martes foina*）、紫貂（*Martes zibellina*）、香鼬（*Mustela altaica*）、黄腹鼬（*Mustela kathiah*）、大灵猫（*Viverra zibetha*）、斑灵狸（*Prionodon paricolor*）、野猫（*Felis*

---

* 本文受国家社科基金项目"小型哺乳动物考古技术的研究与实践"（批准号：17BKG004）资助。

·1·

silvestris）、豹猫（*Prionailurus bengalensis*）等很多中、小型兽类，也是把鼠类作为第一食物资源[3]。动物学研究者对北京山区现生野生食肉目动物粪便样品研究发现，该地区犬科（貉和赤狐）、鼬科（黄鼬、猪獾）、猫科（豹猫）粪样内容物中，均以小哺乳动物成分为主，其中鼠类出现频率高达82.4%[4]。灵长目（猴科、猿科、人科），是包括我们人自身的高级哺乳动物，这一类群体大多为杂食性（Omnivores）。古人类学研究者认为，灵长目在更新世演化阶段曾经有很多肉食行为，他们在第四纪时期的重要肉食对象也是小哺乳动物[5]。在黑猩猩这类性格凶猛的大型灵长目里，他们可以捕食猴子、羚羊甚至狮子等大型哺乳动物，雄性黑猩猩还会利用肉食换取雌性黑猩猩的性服务，但在雌性黑猩猩那里，小哺乳动物幼崽常是它们的最爱[6]。总之，小哺乳动物在自然界生态链中是非常重要的一环。它们在生态链（能量转化）方面的重要性，甚至还使它们成为其他动物群社会行为的一些重要媒介。

小哺乳动物与人类的关系非常密切，在人类文明史演进中，小哺乳动物与人如影随形，并常被人类作为经济资源所直接利用。人类很早就开始对小哺乳动物有食用、获取毛皮、作为药物治病等使用方式。中国古代文献中，记载有很多开发和利用小哺乳动物资源的例子。如先秦时期，我国中原地区食鼠风俗很兴盛，当时人们把鼠肉分为鲜食或腊食，鲜鼠肉喻作璞肉，《国策·秦策三》载："周人谓鼠未腊为璞。"战国典籍《尹文子·大道下》载："周人怀璞谓郑贾曰：'欲买璞乎？'郑贾曰：欲之，出其璞视之，乃鼠也。"秦汉以后，食鼠风俗也一直传承。《尔雅·释兽》记，关中地区人们喜好捕食松林中的松鼠，"鼶（松鼠），鼠身长须而贼，秦人谓之小驴"[7]。西晋张华《博物志·卷一》载："食陆畜者，狸、兔、鼠、雀以为珍味，不

觉其膻也。"可见，捕食小哺乳动物，是古代很多地区人们在正常生活状态下都会采取的一种经济开发方式。在人们遇难乏食阶段，易于被捕获的小哺乳动物，更是会成为人类的救命食物。如《汉书·苏武传》记载，苏武于漠北断食时，"掘野鼠去草实而食之"。古代有些区域的人们，把小哺乳动物中的翼手目（蝙蝠）也视作佳肴。《东坡诗·卷二十五·闻子由瘦》中记，苏轼被贬职海南后，因该地区缺少猪肉，当地土人向苏轼"荐以薰鼠烧蝙蝠"[8]。小哺乳动物的皮毛也常被人类所喜爱。《本草纲目·兽二·黄鼠》："黄鼠（达乌尔黄鼠）出太原、大同、延、绥及沙漠诸地皆有之，辽人尤为珍贵。状类大鼠，黄色，而足短善走，极肥。穴居有土窨如床榻之状者，则牝牡所居之处。秋时畜豆、粟、草木之实以御冬，各为小窨，别而贮之。村民以水灌穴而捕之。味极肥美，如豚子而脆。皮可为裘领。"清人顾彩在《容美纪游》中记述，鄂西恩施山区土人除喜食豪猪、竹鼬（鼠）外，还喜爱把豪猪硬鬣用作为衣服上的装饰[9]。至于把小哺乳动物资源（豪猪肉、蝙蝠肉及蝙蝠粪、褐家鼠粪等）用作为药物来进行治病的例子，在中国古代很普遍，明代以来很多小哺乳动物肉或粪便是民间流行的药方[10]。

考古工作中，我们也屡屡见到人们利用小哺乳动物资源的例子。如长沙马王堆一号汉墓325号竹笥中，出土有2只基本完整的成年野生华南兔（骨骼）[11]。河北满城汉中山靖王刘胜墓中，3502号陶瓮盛装有岩松鼠130只、社鼠30只；3503号陶瓮中盛装岩松鼠130只、社鼠30只；2024号陶壶盛装有社鼠约50只、褐家鼠25只、大仓鼠25只；2148号陶壶盛有兔左前肢（上臂骨）；2205号陶罐盛有社鼠约70只、褐家鼠约30只；2409号陶罐盛有社鼠约70只、褐家鼠约30只[12]。汉中山靖王喜食小哺乳动物，以至于在墓

中随葬有岩松鼠、社鼠、褐家鼠、大仓鼠、华南兔等丰盛的个体。汉代南方人大概更喜食小哺乳动物中的竹鼠，所以广州汉南越王墓室中，以完整的竹鼠进行随葬[13]。古代人把小哺乳动物毛皮作为保暖资源或衣饰的考古例证也有发现，如著名的新疆小河墓地女墓主人身上，除了穿用皮斗篷、皮靴外，在毡帽、衣服上还以和鼠类一样大小、个体完整的鼬鼠属伶鼬（mustela niualis）作为装饰[14]。根据史料或者考古发现，我们都可以肯定，小哺乳动物自古以来与人类关系非常密切，它们是人类重要的伴栖者，并且是人类非常重视的生存资源。

（二）小哺乳动物在古环境方面的研究作用

小哺乳动物在古环境研究方面，具有其他一般研究材料所不能替代的特殊价值。一方面，小哺乳动物能准确体现古遗址的生态背景；另一方面，小哺乳动物对认识古遗址居住条件（微环境）及卫生状况等方面有特殊作用。

小哺乳动物与一般大型哺乳动物相比，在生境选择方面有些特殊行为规律。大型哺乳动物活动能力较大、迁徙范围较广，它们一生中常常会出现在多种有较大差异的生存环境里，所以它们的生境指示性相对较弱；而小哺乳动物由于其居住区域选择性较强（相对固定），活动能力、迁徙能力较弱，活动范围比较小，所以根据小哺乳动物的生态指示性来复原和重建古遗址环境背景等，在动物考古中具有不可替代的优越性[15]。理解小哺乳动物生态与环境背景的关系，我们可以与现生小哺乳动物生境选择行为相联系。这种规律性认识，会给动物考古带来很多收获。譬如，考古遗址中如发现竹鼠（Rhizomys sinensis），会向我们显示古环境中必定具有竹林资源[16]；如出现布氏田鼠（Microtus brandei），则会反映具有温带干旱草原环境[17]；出现微尾

鼩（Anourosorex squamipes），会反映遗址周围肯定存在有近水湿地[18]；出现果蝠属（Rousettus）动物，则反映古遗址周围常年有香蕉、芭蕉、榕树果实及丰富的龙眼、荔枝等[19]。

小哺乳动物生境选择的特殊性、规律性，缘于它们比大型哺乳动物具有更强的栖息地依赖性，和较强的栖息地选择遗传经验。它们这种栖息地依赖性，甚至还发展到使它们用改变自身肌体功能的特殊演化，使自己更加适应长期生存的微环境。研究发现，高原鼠兔（Ochotona curzoniae）和根田鼠（Microtus oeconomus）在高寒环境下，有一种"非颤抖性产热"（Non shivering thermo genesis, NST）功能，能够维持身体热量用以来适应长期生存的恶寒环境[20]。生活于横断山地区的大绒鼠（Eothenomys miletus），由于冬季和夏季气温差异很大，该动物在冬夏之间最大代谢率（maximum metabolic rate, MMR）出现显著差异，用以适应长期依存的高山栖息地[21]。小哺乳动物与其定居环境密不可分的依赖性，使这些动物在生境指示性方面，具有比大型哺乳动物更加清楚、可靠的特点。

小哺乳动物研究，对认识古遗址居住条件、卫生状况、经济生产等方面，也有一些独特作用，其中有些功能是大型哺乳动物研究中较为欠缺的。譬如，我们根据小哺乳动物研究（种类、数量、种群丰满度等），可以直接反映历史时期人们生活与居住环境的卫生、防疫条件等，这些功能在大哺乳动物研究中较难实现。小哺乳动物由于其个体小，较多有夜行性特征，人类居址、室内都有它们的食物及生存空间。所以人类房屋周围、室内等，普遍存在小哺乳动物与人类共栖的现象。由于这种共栖，它们或直接与人接触，或污染人类食物、用具等，容易污染人类生活环境，甚至出现人兽共患疾病现

象。需要说明的是，小哺乳动物中人兽共栖现象，不仅是只出现在人与啮齿目（鼠科、仓鼠科等）中，还包括有食虫目、翼手目等。食虫目体型与鼠科相似，它们在动物学研究中又有学者习惯统称为鼠类小动物。只不过它们主要分布于南方，北方主要以鼠科、仓鼠科为主。经过调查，在人类居住区域内，会有多种小哺乳动物与人类共栖。如重庆涪陵城区1980～1982年调查到的小哺乳动物，包括有黑线姬鼠（Apodemus agrarius）、大足鼠（Rattus nitidus）、褐家鼠（Rattus norvegicus）、黄胸鼠（Rattus flavipectus）、小家鼠（Mus musculus）、社鼠（Rattus niviventer）、白腹鼠（Niviventer coxingi）、小泡巨鼠（Leopoldamys edwardsi）等啮齿目动物，同时也有灰麝鼩（Crocidura attenuata）、四川短尾鼩（Anourosorex squamipes）、北小麝鼩（Crocidura suaveolens）、背纹鼩鼱（Sorex bedfordiae）、长尾鼴（Scaptonyx fusicaudus）等食虫目动物[22]。可见，在人类居住环境内，常常会分布有种类很多的小哺乳动物与人共栖。

小哺乳动物分布位置及其数量，可以反映出古代建筑结构的一些特点。如明谢肇淛《五杂组》中，记录了鼠类活动规律与人类房屋结构的关系："闽中最多鼠，衣服、书籍，百凡什物，无不被损啮者。盖房屋多用板障，地平之下常空尺许，数间相通，以防湿气。上则瓦，下布板，又加承尘，使得窟穴其中，肆无忌惮。"[23]小哺乳动物与人共栖，可以为我们提供很多古遗址居住环境及卫生条件等方面研究资料。通过研究人们发现，在较干净、宽敞、防备严密的居室里，鼠类相对较少；而在杂乱、较脏、疏于防护的居室里，鼠类相对较多[24]。在一个大型聚落里，不同聚落结构单元，如房址、家畜饲养地（畜圈）、公共活动场所（广场、议事厅等）、粮食储藏地（粮仓、粮窖等）、道路、作坊、墓地、垃圾场等，因为人类活动规律和提供给小哺乳动物的活动空间、食物资源等不同，所以小哺乳动物分布情况也应有所不同。在较晚的规模宏大的城市建筑区，虽然是属于同一城市，但小哺乳动物在分布规律上应更趋复杂。如我们可以想象，在建制恢宏的唐代长安城里，总体上有宫城、皇城、京城（外郭城）三部分，其中外郭城里又有里坊、街曲、官署、寺观、邸第、园囿等[25]，复杂的城市结构及不同的人类活动规律等，必然也会造成小哺乳动物在种群、数量、活动规律等方面的相应变化（适应性选择）。1982年，学者们通过对现代北京地区的调查发现，在广场、道路等宽阔、卫生、人流较多的区域，小哺乳动物稀少；而在食品仓库、各种畜禽和动物饲养场、食堂、环境卫生条件差的住宅区，小哺乳动物稠密[26]。这些小哺乳动物与人类社区分布规律的认识，还只停留在初步调研的层面，其更多更深入的认识，特别是古遗址中该类研究工作，尚有待考古工作者给予高度重视和深入研究。

小哺乳动物与人类关系的重要性，还在于人类文明进程中，一直与该类动物进行着紧密的互动关系。鼠类本来都是属于野生的，有些鼠类，在旧石器时代时种群并不繁盛，而到新石器时代农业经济产生后，这些鼠类很快和人类社会变化相呼应，种群数量迅猛增多，分布区域也伴随人类迁徙迅速扩散，并且进入到人类居室成为"家鼠"。著名的褐家鼠、小家鼠就是这类现象的典型代表。褐家鼠在我国早更新世中期（距今160万～120万年前）发源于南方，小家鼠在我国更新世中期时（距今40万～30万年前）发源于北方，但至更新世结束，它们的生存区域和种群数量都很有限；而在新石器时代农业经济产生后，它们迅速适应农业耕地环境（居住、活动、盗食），进入人类居室活动,并伴随人类迁徙很快扩散到世界各地[27]。褐家鼠、小家鼠分别经过一百多万、数十万年的演化生存区域和种群数量上没有大的变化,而在一万年左右,人类发生农业革命,人类居住方式、经济模式发生变革的时候,它们也随着这一变化而变化,可以说这是小哺乳动物与人类社会之间最大的一次互动。这类互动,当然也有很多对人类不利的方面。譬如,鼠类虽然演化阶段悠久,但早期阶段它们对人类并无危害;但在农业经济产生、人类定居后鼠类数量剧增,并由此造成它们给人类传染鼠疫(人类鼠疫史只有几千年)[28]。人类和鼠类的互动,也包括很多琐碎的细节方面。如《诗·豳风·七月》"穹室熏鼠,塞向墐户",就是人类防范野鼠由野外向室内迁徙的重要细节描写。中国考古学家发现,在新石器时代早期古聚落遗址里,已发现有人类为避免老鼠蚕食粮食而采取的很多细节措施。如陕西华县泉护村遗址、陕西高陵县杨官寨遗址等庙底沟文化遗存中,发现有较多小平底、大敞口的大瓮(从底部至口部之间,有向外高度倾斜的外立面),用于防止老鼠从瓮外底部攀爬进入瓮内[29]。较晚的历史阶段,毒杀、水灌、笼捉、养猫捕鼠等多种捕鼠活动,已成为我国历史时期人们社会生活的一部分(这些都是人、鼠互动关系的细节)。考古工作中,我们还可以根据对鼠类的发现情况,分析历史时期的灾害和社会变化等。如《唐书·五行志》记载,"开元二年,韶州鼠害稼,千万为群",《宋史·五行志》记载,"绍兴十六年,清远、翁源、真阳三县鼠害稼,千万为群"。这些相关文献记载,都可以作为我们观察历史灾害和社会变化之间的线索,但还需要我们从考古资料上去进一步实证。《韩非子·外储说》记"故桓公问管仲曰:治国何患?晏子对曰:患夫社鼠。公曰:何谓也?对曰:夫社,束木而涂之,鼠因往托

焉。熏之则恐烧其木,灌之则恐败其涂,此鼠所以不可得杀者,以社故也。夫国亦有焉,人主左右是也。内则蔽善恶于君上,外则卖权重于百姓,不诛之则为乱,诛之则为人主所案据,腹而有之。此亦国之社鼠也"[30]。春秋时期,管仲用社鼠喻国政之弊,其实就是把小哺乳动物生存现象与人类社会人群关系(政治生活)联系思考的一个实例。

考古工作中,用小哺乳动物遗骸研究古居民生存环境或食谱,还需要从地层现象和骨骼保存形态等方面进行必要甄别。因为很多小哺乳动物,具有掘洞栖居或借洞栖居的习惯,它们常常会从晚期地层"穿越"到早期地层[31]。如果不能有效分开不同时代小哺乳动物遗存,就会得到错误的分析结果。为避免发生错误,需要我们从田野发掘、标本整理中关注很多细节问题。譬如,豪猪洞穴复杂,有多个洞口、深入地下1米多深,但它们的洞穴主要依托白蚁、穿山甲等洞穴扩大而成,在田野工作中只要注意观察土质、土色变化,就能准确找出其所有洞口位置及原有洞穴残迹[32]。在室内标本整理中,如果发现动物个体较少,并且其本身就是穴居动物,而且骨骼保存状态很完整时,则该动物个体也可能是从晚期地层扰入到早期地层的,如姜寨遗址所发现中华鼢鼠(*Myospalax fontanieu*)即为此类[33]。

二、蓝家寨遗址小哺乳动物专项研究与实践

做好动物考古中的小哺乳动物研究,需要通过工作规划、田野提取标本、室内整理与鉴定、综合分析与研究等几个环节具体实现。工作规划阶段,需要在田野发掘计划中部署和筹备小哺乳动物标本采集、提取及鉴定等方面的准备工作。在田野提取标本时,需要在发掘中采用筛选法、水

洗法等对小哺乳动物骨骼标本进行提取，否则因为这些骨骼标本很小，难以在发掘现场对其直接发现和采集。标本带回实验室后，需要进行清洗、鉴定分类和描述。然后进行动物群特征、动物群与人类遗址关系、动物群与古环境、骨骼埋藏过程等多方面研究工作。一个古文化遗址，其标本是否提取的全面、是否进行了小哺乳动物研究，从该地点的动物群种类特征上可以清楚反映出来。因为，在自然界正常情况下，小哺乳动物种类及个体数应远远多于大型哺乳动物。从古文化遗址出土动物骨骼保存特征上观察，由于小哺乳动物骨骼个体较小易于保存、骨质致密而坚硬（骨密质较厚、骨松质少或无），人为或自然因素对其破坏程度低等原因，小哺乳动物骨骼完整程度常常比大型哺乳动物骨骼要好得多。所以在田野发掘或动物考古工作中，如果我们标本提取全面、工作细致，遗址里的动物骨骼组成结构肯定会是包含有一定量的小哺乳动物种类的。

2012年，"后三峡文物保护工程"①巫山蓝家寨遗址抢救性发掘中，我们对从三峡水库中再次暴露于地表、保存完好的一个春秋时期的灰坑（2012LH1）进行了发掘。该项发掘工作中规划了小哺乳动物专项研究任务。在田野发掘时，对灰坑内的全部填土通过采用筛选法和水洗法，仔细寻找和提取了小哺乳动物骨骼。骨骼标本发现后，用宣纸包裹、装盒，然后带回实验室用水浸泡、清洗。清洗过程中，发现骨骼表面有黑色污染物及薄层钙质胶结物，遂把标本在酸醋（CH_3COOH）配制液中进行浸泡、处理。第四纪化石表面钙质胶结物在使用醋酸配制液处理工作中，一般是配制浓度为 10% ~ 5% 的醋酸溶液[34]。蓝家寨遗址出土标本属于未石化骨骼，我们

配制的溶液醋酸浓度约为 5%。使用醋酸配制液对蓝家寨遗址标本浸泡处理后，标本表面干净、鲜亮。然后，在室内分别使用肉眼裸视观察和台式显微镜观察（德国蔡司 V20 超景深三维数码显微镜），并进行标本分类和鉴定。对典型性标本，使用显微镜配套软件（蔡司 Axio4.0 显微分析软件）进行镜下精准测量和高倍拍照。经过鉴定与研究，蓝家寨遗址共计获得 3 目 5 科 9 种小哺乳动物（表一）。小哺乳动物种数占该灰坑哺乳动物种类 56.25%。如果不包括家畜、只计算野生哺乳动物的话，这一比例高达 81.82%（野生哺乳动物共计 11 种，除鼬獾和金丝猴外其余均为小哺乳动物）。

巫山蓝家寨遗址小哺乳动物专项研究，对我们恢复和重建遗址古居民生存环境方面显示出了非常重要的作用。在认识遗址古代地形特点方面，出土的喜马拉雅水麝鼩（图一，3）、微尾鼩（图一，5）等动物标本，反映出遗址周围有近水湿地环境；白腹巨鼠反映遗址周围有山涧岩穴环境。在分析遗址古植被情况方面，出土的小臭鼩（图一，1、2）、白腹管鼻蝠、赤腹松鼠等，反映遗址处于森林环境的大背景下；并且因为小竹鼠的出现，还可以确定遗址周围生长有竹林环境。在古气候研究方面，小臭鼩骨骼的发现，为该遗址春秋时期属于南亚热带气候提供了直接证据。我们仅根据小臭鼩这一种动物，就可以确定遗址古气候环境为南亚热带气候区，这正是小哺乳动物在古环境研究方面显示出的优越性。因为小臭鼩现在的生活区域，主要是以热带地区为主，它在亚热带的分布范围，仅局限于与热带交界的南亚热带（如我国云南西南部等地）[35]。在古环境研究的特殊指示性方面，小哺乳动物确实具有比大哺乳动物更为清晰和明确的特点。

---

① 三峡水库运行中为蓄清排浑和防洪需要，每年在海拔 145 ~ 175 米之间进行水位调控，形成高差 30 米的库区消落带。文物管理部门组织的该库区消落带和濒岸文物保护工作称为"后三峡文物保护工程"。

种类	最小个体数	分项统计 1	分项统计 2
喜马拉雅水麝鼩（*Chimmarogale himalayicus* Gray，1842）	1	野生；11 种；68.75%	小哺乳动物；9 种；56.25%
小臭鼩（*Suncus etruscus* Savi，1822）	2		
微尾鼩（*Anourosorex squamipes* Milne-Edwards，1872）	1		
白腹管鼻蝠（*Murina leucogaster* Milne-Edwards，1872）	1		
白腹巨鼠（*Leopoldamys edwardsi* Thomas，1882）	1		
小家鼠（*Mus musculus* Linnaeus，1758）	1		
褐家鼠（*Rattus norvegicus* Berkenhout，1769）	3		
小竹鼠（*Cannomys badius* Hodgson，1842）	1		
赤腹松鼠（*Callosciurus erythraeus* Pallas，1779）	1		
金丝猴（*Rhinopithecus roxellana* Milne-Edwards，1870）	1		大型哺乳动物；7 种；43.75%
鼬獾（*Melogale moschata* Gray，1831）	1		
狗（*Canis familiaris* Linnaeus，1758）	2	家畜；5 种；31.25%	
马（*Equus caballus* Linnaeus，1758）	1		
猪（*Sus domestica* Brisson，1762）	2		
黄牛（*Bos taurus* Linnaeus，1758）	1		
山羊（*Capra hircus* Linnaeus，1758）	2		

在经济生产方面，遗址中有小家鼠和褐家鼠（图一，4）并存的现象，这反映蓝家寨遗址当时应该具有稳定和发达的农业经济生产，因为小家鼠和褐家鼠的繁盛，主要是依赖于人类的农业生产[36]。而这两种鼠类同时出现于同一个遗址，毫无疑问农业经济应该是古遗址的重要经济支柱。

蓝家寨遗址中众多的小哺乳动物，还为我们理解和分析该遗址古代居住条件等提供了重要参考。如遗址中发现有微尾鼩、小家鼠、褐家鼠共存现象。现今人们研究发现，在川东、重庆地区，微尾鼩同各种家鼠一样，也是常常进入室内活动的家栖小哺乳动物[37]，这是区域性社区（人类伴栖）小哺乳动物群的特色。而小家鼠和褐家鼠，现在虽然都是属于"家鼠"，但它们在室内地面条件不同的居所内，其分布情况也是有所差异的。最显著的差异是，在室内为硬地面的房屋内小家鼠多、褐家鼠少，而室内为软地面的房屋内则是褐家鼠多、小家鼠少[38]。蓝家寨遗址处于重庆东部，遗址内同时发现有微尾鼩、小家鼠、褐家鼠，这一现象告诉我们这 3 种动物当时都是栖息在人类居址内的（与人类共栖）。这种人类伴栖小哺乳动物群的区域性面貌特征，与川东、重庆地区现今情况相似。此外，由于遗址小哺乳动物群研究结果为褐家鼠个体数多于小家鼠和微尾鼩[39]，这使我们认为当时古居民住址内可能是以软地面为主（地面未经烧结或未铺有地面砖等）。

巫山蓝家寨遗址 2012LH1 小哺乳动物群的研究，对我们完整认识春秋时期三峡古居民伴生哺乳动物群整体面貌起到了重要作用。这一次专项工作，使我们首次认识我国古文化遗址动物群成员组成结构中，小型哺乳动物多于大型哺乳动物。这一动物群种类组合，符合自然界哺乳动物群原

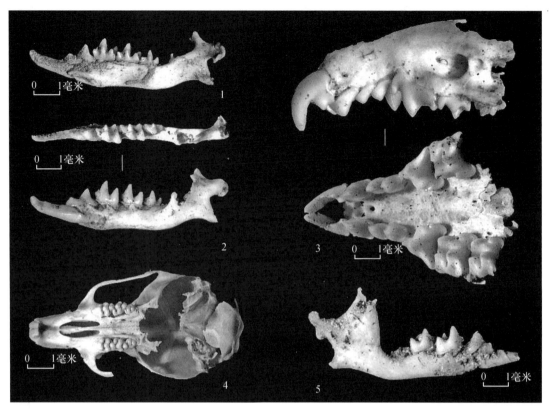

图一 蓝家寨遗址小哺乳动物骨骼

1.小臭鼩右下颌骨（2012 L H1：X8） 2.小臭鼩左下颌骨（2012 L H1：X14）

3.喜马拉雅水麝鼩颅骨（2012 L H1：X7） 4.褐家鼠颅骨（2012 L H1：16）

5.微尾鼩右下颌骨（2012 L H1：X43）

始面貌和种属组合特点。

三、结　语

动物考古是发展较快的一门年轻学科，很多研究领域尚有待开拓，新研究方法和分析技术也将会在发展过程中逐步显现和建立起来[40]。以小哺乳动物为对象所进行的动物考古研究，相对于以前大家所了解的动物考古而言，在关注对象、标本提取方法、鉴定与分析过程、研究结果等方面发生了一些新变化。这一类工作，使动物考古研究方法继续深入、涉及领域更为扩展，将会有力地促进动物考古学发展。

小哺乳动物研究，以前在动物考古中做的较少甚或未做。这种情况，在国际动物考古学领域都存在相似问题。如果我们对国内外古文化遗址动物骨骼种类统计表进行查阅，可以发现绝大多数古遗址动物骨骼种类，都是以大型哺乳动物为主，小哺乳动物种类稀少甚至没有。这种动物群面貌特征（成员结构），不符合自然界动物群原始面貌，也不符合与古代人类伴栖资源动物的实际关系。古遗址中以大型哺乳动物为主的动物群面貌，反映出的是人类对肉食资源利用与开发等方面的主要行为，但并不是与人类伴栖动物的全部。

通过蓝家寨遗址小哺乳动物专项研究实践，我们认识到在考古发掘中通过使用筛选法、水洗法等方法，来获取小哺乳动物研究标本的可行性。通过小哺乳动物遗骸鉴定与研究，为我们复原和重建遗址古环境、经济形态、遗址埋藏过程，分析人类的行为特征、居住环境、卫生条件等，具有非常重要的意义。

注　释

[1] Wilson E Don, Reeder D M. Mammal Species of the World: A Taxonomic and Geographic Reference. Johns Hopkins University Press, 2005: 1-720.

[2] 李湘涛：《中国猛禽》，中国林业出版社，2004 年，第 64 ~ 145 页。

[3] 寿振黄：《中国经济动物志·兽类》，科学出版社，1962 年，第 310 ~ 403 页。

[4] 鲍伟东、李晓京、史阳：《北京市三个区域食肉类动物食性的比较分析》，《动物学研究》2005 年第 2 期。

[5] Szalay F S. Hunting-scavenging Proto Hominids: A Model for Hominid Origins. Man, 1975, 10: 420-429.

[6] 菊花：《黑猩猩是素食动物吗？》，《环境》1998 年第 8 期。

[7] 徐朝华注：《尔雅今注》，南开大学出版社，1987 年，第 334 页。

[8] 《东坡诗·山谷诗》，岳麓书社，1992 年，第 484 页。

[9] （清）顾彩著，吴柏森校注：《容美纪游校注》，湖北人民出版社，1999 年，第 350、351 页。

[10] 郑智民、姜志宽、陈安国：《啮齿动物学》，上海交通大学出版社，2008 年，第 2 ~ 5 页。

[11] 湖南农学院、中国科学院动物研究所、植物研究所：《长沙马王堆一号汉墓出土动植物标本研究》，文物出版社，1978 年，第 12 ~ 72 页。

[12] 高耀亭、叶宗耀：《满城汉墓出土兽类骨骼的研究及古代食鼠的论证》，《兽类学报》1984 年第 4 卷 3 期，第 239、240 页。

[13] 王将克、黄杰玲、吕烈丹：《广州象岗南越王墓出土动物遗骸的研究》，《中山大学学报（自然科学版）》1988 年第 1 期。

[14] 新疆文物考古研究所：《2002 年小河墓地考古调查与发掘报告》，《新疆文物》2003 年第 2 期。

[15] 颜忠诚、陈永林：《动物的生境选择》，《生态学杂志》1998 年第 17 卷 2 期，第 43 ~ 49 页。

[16] 唐中海、彭波、游章强等：《中华竹鼠的洞穴结构及其生境利用特征》，《动物学杂志》2009 年第 44 卷 6 期，第 36 ~ 40 页。

[17] 中国科学院动物研究所生态室一组：《布氏田鼠巢域的研究》，《动物学报》1979 年第 25 卷 2 期，第 169 ~ 175 页。

[18] 宗浩、冯定胜：《四川短尾鼩（Anourosorex squamipes）行为生态学的研究》，《四川师范大学学报（自然科学版）》1998 年第 21 卷 4 期，第 449 ~ 452 页。

[19] 陈忠、蒙以航、周锋等：《海南岛棕果蝠的活动节律与食性》，《兽类学报》2007 年第 27 卷 2 期，第 112 ~ 119 页。

[20] 王德华、王祖望：《小哺乳动物在高寒环境中的生存对策Ⅱ——高原鼠兔和根田鼠非颤抖性产热（NST）的季节性变化》，《兽类学报》1990 年第 10 卷 1 期，第 42 ~ 55 页。

[21] 朱万龙、贾婷、练硝等：《横断山脉大绒鼠最大代谢率的季节性差异》，《生态学报》2010 年第 30 卷 5 期，第 1133 ~ 1139 页。

[22] 李优良、王光弟、谢忠等：《涪陵地区啮齿动物种群组成及其分布特点》，《中国媒介生物学及控制杂志》1994 年第 5 卷 4 期，第 300 ~ 303 页。

[23] 谢肇淛：《五杂组》，上海书店出版社，2009 年，第 174 页。

[24] 洪朝长、袁高林、孙宝常等：《闽东的家鼠及其演替》，《中国鼠类防治杂志》1987 年第 3 卷 1 期，第 27 ~ 31 页。

[25] 史念海：《唐代长安外郭城街道及里坊的变迁》，《中国历史地理论丛》1994 年第 1 期，第 1 ~ 39 页。

[26] 张洁：《北京地区鼠类群落结构的研究》，《兽类学报》1984 年第 4 卷 4 期，第 265 ~ 271 页。

[27] 武仙竹、王运辅：《小家鼠（Mus musculus）和褐家鼠（Rattus norvegicus）的化石材料与早期迁徙》，《边疆考古研究（第 11 辑）》，科学出版社，2012 年，第 343 ~ 354 页。

[28] 张涛：《鼠疫菌进展研究》，《中国人兽共患病杂志》2004 年第 20 卷 9 期，第 27 ~ 30 页。

[29] 王炜林：《猫、鼠与人类的定居生活——从泉护村遗址出土的猫骨谈起》，《考古与文物》2010 年第 1 期。

[30] 《韩非子》，岳麓书社，1990 年，第 215、216 页。

[31] 科林·伦福儒、保罗·巴恩著，中国社会科学院考古研究所译：《考古学理论、方法与实践》，文物出版社，2004 年，第 300 ~ 304 页。

[32] 徐龙辉、余斯绵：《中国豪猪的生活习性和捕捉方法》，《动物学杂志》1981 年第 3 期。

[33] 祁国琴：《姜寨新石器时代遗址动物群分析》，《姜寨——新石器时代遗址发掘报告》（附录三），文物出版社，1988 年，第 504 ~ 538 页。

[34] 刘东生、高福清：《含于钙质结核中化石的醋酸处理方法》，《古脊椎动物与古人类》1963 年第 7 卷 3 期，第 278 ~ 281 页。

[35] 王应祥：《中国哺乳动物种和亚种分类名录与分布大全》，中国林业出版社，2003 年，第 21 页。

[36] Rowe F P. Wild House Mouse Biology and Control. Symp.Zool.Soc.Lond, 1981(47): 575-589.

[37] 廖文波、刘涛、刘亚斌等：《南充城区小型兽类群落组成及优势种微尾的性比特征》，《西华师范大

学学报（自然科学版）》2004 年第 25 卷 3 期，第 290 ~ 293 页。

[38] 张美文、王勇、郭聪等：《洞庭平原农区住房的改善对家鼠群落的影响》，《动物学研究》2002 年第 23 卷 5 期，第 394 ~ 399 页。

[39] 武仙竹、邹后曦、滕明金：《巫山蓝家寨遗址啮齿目动物研究报告》，《中国考古学年鉴·2002》，文物出版社，2003 年，第 106 ~ 121 页。

[40] 袁靖：《动物考古学研究综述》，《中国考古学年鉴·2002》，文物出版社，2003 年。

The Important Role and Practices of Small Mammals in Archaeology

Wu Xianzhu

Abstract: The percentage of small mammals is about 70% of all mammals and small mammals are the most important and essential part of natural world. They will choose specific habitats. Most of them have weak viabilities and migrational abilities, furthermore, have small range of activity. In a long time, they and humankind have quiet close accompanying and interacting relationship. Some of them are food resource for human. The research on characteristics of small mammals will help us to understand the change in ecology, environmental background of archaeological sites, interactional rules between small mammals and human and sanitary condition of inhabitants. In excavation of Wushan Lanjiazhai Site in Chongqing, we do practice on small mammals. By using washing and filtrating method, we have found specimen of *Chimmarogale himalayicus, Suncus etruscus, Anourosorex squamipes,* and *Murina leucogaster.* They will give us a lot help to study palaeoenvironment, economic, human behaviors, habitats and sanitary conditions of the Three Gorges. It is found that small mammals archaeology, which is still waiting to have further study and have many blank domains, will have a role to help us to find more research information. On the other side, it will promote archaeology theory and technology progress and will help to integrate all different subjects to develop archaeology.

后套木嘎遗址鱼骨坑出土鱼骨遗存的初步研究 [*]

王雪颖　　陈全家

（吉林大学考古学系，长春，130012）

一、后套木嘎遗址简况

后套木嘎遗址位于吉林省大安市红岗子乡，毗邻"月亮泡"和"新荒泡"，属于嫩江平原的南端。其北面和西面是低洼的沼泽地，南面为高起的台地（即农田）。该遗址的地理坐标为 N45°39′27.5″，E123°47′15.1″，海拔152米。该遗址现存范围南北长2000米，东西宽150米，面积近30万平方米。以一条东西向的大沟为界，可将遗址分为北（A）、南（B）两区（图一）。

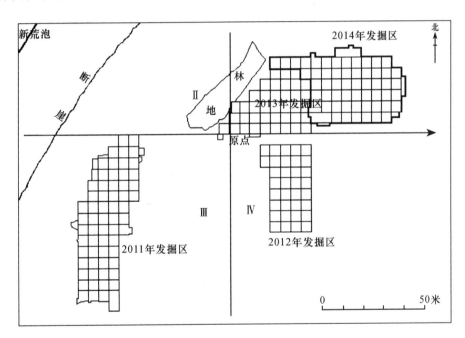

图一　后套木嘎遗址发掘区分布示意图

本文重点研究2011～2015年后套木嘎遗址鱼骨坑各时期的发展演变趋势，通过对比可以窥探当时人们的主要生活方式为渔猎采集，但不同时期所捕捞的鱼类不同，所采用的保存方式亦有不同，这与当地的生活习俗和当时所采用的渔猎工具有着很大的关系。

---

* 本文是2015年国家社科基金重大项目（15ZDB55）研究成果。

二、后套木嘎遗址鱼骨坑简况

（一）鱼骨坑的定义

鱼骨坑为单位内出土鱼类遗存所占总遗存三分之二及以上的单位遗迹。鱼骨坑分为两种：典型性鱼骨坑和非典型性鱼骨坑。典型性鱼骨坑是指单位内出土遗物全部是鱼类遗存，没有其他动物遗存（排除后期扰乱痕迹）的单一性单位遗迹；非典型性鱼骨坑是指单位内出土鱼类遗存所占总遗存三分之二及以上，但还包含有其他动物骨骼遗存的遗迹。

（二）后套木嘎遗址鱼骨坑的分期

1. 鱼骨坑内鱼类遗存的采集

后套木嘎鱼骨坑内动物骨骼遗存的采集主要是采用按单位对可视的全部出土动物标本进行手工收集的采集方法。对特别细小的鱼骨进行毛刷清理，竹签挑起，保鲜盒保存的方式；对密集分布的鱼骨则是采用"全盘托离"的方式，尽全力保证动物骨骼标本的完整性。

2. 鱼骨坑的分期

2011～2015年共出土鱼骨坑9座，经鉴定共分为四个时期[①]：

新石器时代二期遗存：2012DHA ⅣH033

新石器时代三期遗存：2011DHAⅢH016、2011DHAⅢH026、2011DHAⅢH091

新石器时代四期遗存：2013DHAIH056、2013DHAIH099、2014DHAIH126、2014DHAIH190

夏商周时期遗存：2013DHAIH005

需要说明的是未发现新石器时代一期鱼骨坑，且2015年也没发现有明显的鱼骨坑存在，因此本文会根据需要对比2015年G1和2011～2014年鱼骨坑内所出土的鱼类遗存的种类及其数量进一步阐述当地渔猎经济的发展态势及人们的饮食习惯等问题。

三、各时期鱼骨坑内出土鱼类遗存种属鉴定及数量分析

本文对后套木嘎遗址出土的鱼类骨骼，通过自然与科学的方法（肉眼观察以及对于微小区别进行对比）区分出各鱼类的同一部分鱼骨区别及鱼骨具体名称，并对其进行分类研究，将得出的资料进行编辑、汇总、分类、总结，得出一套系统的鱼类骨骼遗迹材料，最后根据得出的材料进行统计分析以了解各个时期后套木嘎地区居民的饮食习惯、渔业体系、经济状况及生活环境。

（一）新石器时代二期

这一时期仅有一座鱼骨坑12H033，不规则椭圆形，内部分布较密集的鱼骨、零星小型哺乳动物骨骼及陶片，出土可鉴定鱼骨数量相对较少，可以推测是随意挖掘而成，其作用仅是存放食用后的鱼骨遗存。这一时期主要发现有鲤鱼、黄颡鱼、鲶鱼、鳙、鲫鱼、鲈鱼、乌鳢、青鱼和草鱼9种，由于保存不完整，其中可鉴定种属及部位的仅占可计标本的25.73%；不可鉴定种属的有970件，另外还有碎鱼骨百余件未计入总数（表一；图二～图六）。

---

① 限于篇幅，鱼骨坑序号会简写为年代＋灰坑号，如：2012DHAⅣH033简写为12H033。

表一　新石器时代二期鱼骨坑内出土鱼类遗存种属鉴定及数量统计表（单位：件）

部位			鲤鱼	黄颡鱼	鲶鱼	鳙	鲫鱼	鲈鱼	乌鳢	青鱼	草鱼	不可鉴定
头部	围眶骨		4									
	后颞骨	左							1			
		右							1			
	筛骨								2			
	枕骨				3							
	后翼骨		1		8							
上颌	前上颌	左 内							1			
		左 外							1			
		左 ?	3									1
		右 内							1			
		右 外							1			
		右 ?	5							1		
	上颌骨	左					1					
		右										1
	方骨	左	1						4			
		右							4			
	舌颌骨	左					3					
	齿骨	右			1	1			1			
		?										9
	隅骨	左			5				5			
		右			3				3			
		?	2									
舌弓	上舌骨	左	1		2				1			
		右	1		1				1			
	角舌骨	左	1		1			2				
		右	3		2			1	2			
		?										3
	尾舌骨				1							4
腮部	鳃盖骨	左	2			1			1			
		右	2				4		2			
		?										45
	前鳃盖骨	左	1					1	2			
		右						1	3			
	间鳃盖骨	左						3	2			5
		右	1						3			5
		?									1	

部位		种属	鲤鱼	黄颡鱼	鲶鱼	鳙	鲫鱼	鲈鱼	乌鳢	青鱼	草鱼	不可鉴定
腮部	下鳃盖骨	左							1			
		右							2			
		?										
	鳃盖条	左							2			
		右							3			
		?										
	咽骨	左	5			1				1		
		右	1			2				1	1	
		?				2						1
	咽齿	?		2			5				1	
躯干	脊柱		1									301
	肋骨		43						10			564
各鳍棘及其他部位	背鳍棘		36	6	19							
	肩鳍棘											4
	胸鳍棘	左		2	7							
		右			7							
		?			2							17
	肛鳍棘		8									
	上锁骨	左							7			
		右							1			
	锁骨	左			4				10			
		右		2	6				12			
	后锁骨	左	1			1						
		右	1			2						
	肩胛骨	右							1			
	鳍条											8
	碎鱼骨											100+
	烧骨											2
	MINIs		36	6	19	2	4	3	12	1	1	
	NISPs		128	8	72	15	8	18	81	3	3	1070+
	所占比例（减去100+后）（%）		9.80	0.61	5.51	1.15	0.61	1.38	6.20	0.23	0.23	74.27

注：MINIs 代表标本最小个体数；NISPs 代表可鉴定标本数；? 代表可鉴定部位左右内外未定。

（二）新石器时代三期

这一时期发现鱼骨坑较多，形状多为不规则形，大小不均，深浅不一。但相对二期零散分布而言，三期集中分布于 A 区第Ⅲ象限内，且遗存之间相距不远。推测这一时期虽然鱼类没有在人类饮食结构中占据主导地位，但其重要性也是

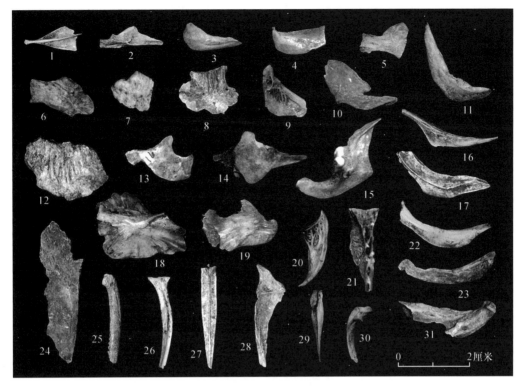

图二　出土鲤鱼骨骼

1.14H126：19 尾舌骨　2.14H126：267 右侧隅骨　3.14H126：8 右侧间鳃盖骨　4.13H056：131 左侧鳃盖条　5.13H099：151 左侧角舌骨　6.13H099：173 眶下骨　7.14H190：1077 围眶骨　8.13H056：42 顶骨　9.14H126：50 左侧主鳃盖骨　10.14H126：6 左侧方骨　11.13H099：190 左侧前鳃盖骨　12.12H033：1 围眶骨　13.13H056：16 右侧上颌骨　14.13H099：153 基枕骨（胖胝垫）　15.11H026：1 右侧咽骨　16.13H099：143 左侧后锁骨　17.13H056：12 右侧锁骨　18.13H099：182 后翼骨　19.11H091：12 右侧上舌骨　20.13H005：222 右侧三角骨　21.11H016：2 第三脊椎椎脊　22.13H099：287 左侧鳃盖条　23.14H126：16 右侧前上颌骨　24.14H126：17 额骨　25.13H056：111 肛鳍棘　26.14H190：14 肋骨　27.13H056：45 背鳍棘　28.13H056：122 右侧舌颌骨　29.13H099：175 间脉棘（鳍担节）　30.14H126：407 第四脊椎横突　31.14H126：312 右侧齿骨

不容忽视的。三期出土鱼类遗存有鲤鱼、黄颡鱼、鲶鱼、鳙、鲫鱼、鲈鱼、乌鳢、白鱼、青鱼、鲷、草鱼 11 种，种属十分丰富。其中以鲤鱼、黄颡鱼、鲶鱼、乌鳢和鲫鱼居多，但各种属所占比例相对不高，且未发现完整鱼骨。这一时期共计发现有效标本数 647 件，其中可鉴定种属及部位的有 492 件，不可鉴定种属的有 159 件，另有碎鱼骨、烧骨 6 件未计入总数。发现烧骨有两种情况，一是无意，二是烤鱼。但因标本数量太少故未做分析（表二；图二~图六）。

表二　新石器时代三期鱼骨坑内出土鱼类遗存种属鉴定及数量统计表（单位：件）

部位		种属	鲤鱼	乌鳢	鳙	鲶鱼	草鱼	黄颡鱼	鲫鱼	鲈鱼	青鱼	鲷鱼	白鱼	不可鉴定
头骨	围眶骨													3
	后颞骨	左		1										
		右		2										

部位		种属	鲤鱼	乌鳢	鳙	鲶鱼	草鱼	黄颡鱼	鲫鱼	鲈鱼	青鱼	鲷鱼	白鱼	不可鉴定
头骨	额骨													1
	三角骨													2
上颌	前上颌骨	左		2										
		右	1	2										
	上颌骨	左		3										
		?		1		1								
	后翼骨				3									4
	中翼骨				3									6
	外翼骨					1								3
	方骨	左			3	1			1	1		1		1
		右	1		2	1								
		?		1	1									
	舌颌骨	左			1	1					2		1	2
		右	2										1	
		?												2
下颌	齿骨	左	1	2	11	7								
		右		2	9	5								
		?	1			13								5
	隅骨	左		2	1									1
		右		2		2	1			1				
		?	1	1										6
舌弓	上舌骨	左	1		3									
		右		1	1									1
		?		1										
	角舌骨	左		5	2	2								
		右		6	2	2								
		?			3									5
	尾舌骨													3
鳃部	鳃盖骨	左			1				5					1
		右	1		3				1					
		?			36									10
	前鳃盖	左	1		5					1				
		右			10									
		?			8						8			8
	鳃条	?												1

部位 \ 种属			鲤鱼	乌鳢	鳙	鲶鱼	草鱼	黄颡鱼	鲫鱼	鲈鱼	青鱼	鲷鱼	白鱼	不可鉴定
鳃部	咽齿	左	13			1		2			1	1		1
		右	3			1		2			3	1	1	1
		?	9			2								6
躯干	脊柱													17
	肋骨		26											33
各鳍棘及其他部位	背鳍棘		5			15	1	8						22
	胸鳍棘	左				39								
		右				39								
		?				5								
	锁骨	左	2	2	3	10		17	7		1			1
		右		3	2	7		14	3		1			1
		?	4		2			2						3
	后锁骨	左	1											
		右	1											
	肩带骨					1		1						3
	乌喙骨							14						
	鳍条													1
	烧骨													5
MINIs			13	6	26	39	1	17	7	1	2	1	1	
NISPs			74	40	115	151	6	54	23	11	8	3	3	159
所占比例（%）			11.44	6.18	17.77	23.34	0.93	8.35	3.55	1.70	1.24	0.46	0.46	24.58

注：MINIs 代表标本最小个体数；NISPs 代表可鉴定标本数；? 代表可鉴定部位左右内外未定。

（三）新石器时代四期

这一时期鱼骨坑发现数量最多，且出土的鱼类遗存种类丰富，数量巨大。所发掘的鱼骨坑形状相对规整，大部分呈规则的椭圆形或圆形，壁为斜壁或斜弧壁，但底部有的略平，有的略凹凸。而且深度较深，坑口较大，储藏量相对来说很大，这点从我们所发现的鱼类骨骼遗存的数量上也有所体现。相较于二、三期的鱼骨坑，这一时期的鱼骨坑是精心挖掘的，出土鱼骨杂乱无章，可见其功能虽然也是垃圾坑，但极有可能是举办某次活动后统一埋藏鱼骨而形成的。

相对二、三期出土遗存来看，四期增加了蛙类遗存，鱼类遗存不见了鲷鱼和白鱼，增加了鲢鱼。鱼类遗存有效标本总计6108件，是二、三期总和的3倍多。其中不可鉴定的占55.90%。从表三中也可以看出鱼类遗存中以乌鳢、鲤鱼和黄颡鱼数量最多，占总数的39.98%。蛙类遗存有效标本共有230件，可鉴定部位有乌喙骨5件、肱骨62件、桡尺骨5件、胸椎12件、腰椎46件、尾杆骨1件、髋骨32件、股骨14件、胫腓骨45件、跟距骨4件、距骨4件（表三；图二~图七）。

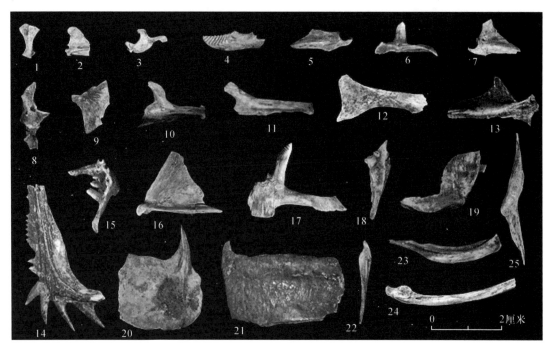

图三　出土鲫鱼、鲈鱼和草鱼骨骼

1. 13H056：580 鲫鱼左侧角舌骨　2. 11H026：26 鲫鱼左侧方骨　3. 13H056：163 鲫鱼右侧上颌骨

4. 14H190：1079 草鱼咽齿　5. 13H099：403 鲫鱼左侧隅骨　6. 13H005：34 鲫鱼咽齿　7. 11H026：31 草鱼右侧隅骨和关节骨

8. 14H126：339 鲫鱼基枕骨（胼胝垫）　9. 13H099：411 鲫鱼左侧主鳃盖骨　10. 13H099：407 鲫鱼右侧齿骨

11. 14H126：387 草鱼左侧齿骨　12. 14H190：1071 鲫鱼右侧角舌骨　13. 11H026：39 鲈鱼右侧隅骨

14. 12H033：242 鲈鱼右侧前鳃盖骨　15. 14H190：1159 鲫鱼右侧咽骨　16. 11H026：37 鲈鱼左侧方骨

17. 11H026：32 草鱼右侧咽骨　18. 13H099：409 鲫鱼右侧舌颌骨　19. 13H099：333 草鱼右侧方骨

20. 13H099：374 鲈鱼左侧间鳃盖骨　21. 12H033：210 草鱼右侧间鳃盖骨　22. 13H099：400 鲫鱼上锁骨

23. 14H126：336 鲫鱼右侧锁骨　24. 12H033：251 鲈鱼肋骨　25. 13H099：402 鲫鱼左侧后锁骨

表三　新石器时代四期鱼骨坑内出土鱼类遗存种属鉴定及数量统计表（单位：件）

部位		种属	鲤鱼	黄颡鱼	鲶鱼	鳙	鲫鱼	鲈鱼	乌鳢	青鱼	草鱼	鲢鱼	不可鉴定
头骨	围眶骨		4										2
	眶蝶骨		28										
	后颞骨	右							2				
	顶骨		5										4
	额骨		9	4					1			3	31
	副蝶骨				5								16
	翼蝶骨												6
	筛骨								7				
	三角骨		3										

· 18 ·

续表

部位			鲤鱼	黄颡鱼	鲶鱼	鳙	鲫鱼	鲈鱼	乌鳢	青鱼	草鱼	鲢鱼	不可鉴定
头骨	枕骨				8								6
	胖胝垫		2				1						
上颌	前上颌	左 内							2	1			
		左 外				1			6				
		左 ?	2			2	1		1				1
		右 内							3				
		右 外							7				
		右 ?	1				1		2	2			
		?	2										
	上颌骨	左	3		1				8		1		1
		右	1				2		8				1
		?											3
	前颌	左									4		
		右									1		
	后翼骨		1										
	方骨	左	4	1			2		8				2
		右	3				3		2	1	1		4
		?											5
	舌颌骨	左	7						1				2
		右	10		1		3		1				7
		?											3
下颌	齿骨	左	4		5		3		6				1
		右	3		4	1	3		7		2		2
		?											1
	隅骨	左	2		2		1		5				
		右	1		1		1		7				
		?											2
舌弓	上舌骨	左							3				1
		右	3		3				4				1
		?											2
	角舌骨	左	6		3				6				
		右	2		10				2				
		?											9
	尾舌骨		4	2									2
	基舌骨												11
腮部	鳃盖骨	左	4		6	2	7		4		1		
		右	3	1	4	1	5		8				
		?	5		3				5				128

· 19 ·

部位		种属	鲤鱼	黄颡鱼	鲶鱼	鳙	鲫鱼	鲈鱼	乌鳢	青鱼	草鱼	鲢鱼	不可鉴定
腮部	前鳃盖	左	15	8		1	1	10	2				1
		右	15	8		1	1	11					1
		？											5
	间鳃盖	左	.3			1		7	4				
		右	4		1			4	5				
		？	2										
	下鳃	左							2				
		右							3				
	鳃盖条	左	6			3			2				
		右	4			1							
		？	4										61
	咽骨	左	17				12	5					
		右	21				10	3					
		？	7				1	5					1
	咽齿	左	3										
		右	1										
		？	24				12	7			3		
躯干	脊柱		4										1149
	肋骨		45						6				814
各鳍棘及其他部位	背鳍棘		123	13									2
	肩鳍棘			11									
	胸鳍棘	左		432	9								
		右		393	9								
		？		810	11								6
	肛鳍棘		28										1
	上锁骨	左					1		10				
		右					1		10				
		？											
	锁骨	左	13		2	2			25				
		右	16		6	5	2		27				3
		？	2										3
	后锁骨	左	2										
		右	3				1						
		？											1
	肩胛骨	右							2				1
	乌喙骨					3							
	鳍条		2						10				3

部位＼种属	鲤鱼	黄颡鱼	鲶鱼	鳙	鲫鱼	鲈鱼	乌鳢	青鱼	草鱼	鲢鱼	不可鉴定
碎鱼骨	27	9									876
烧骨											232
MINIs	21	432	10	5	12	7	27	4	2	1	
NISPs	513	1692	88	30	74	38	237	11	8	3	3414
所占比例（％）	8.40	27.70	1.44	0.49	1.21	0.62	3.88	0.18	0.13	0.02	55.90

注：MINIs 代表标本最小个体数；NISPs 代表可鉴定标本数；? 代表可鉴定部位左右内外未定。

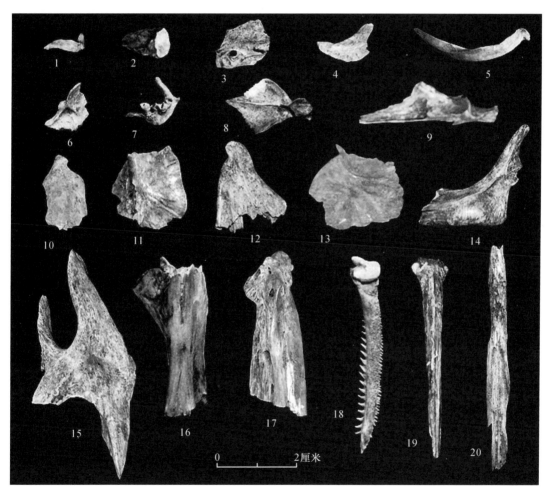

图四 鲶鱼、白鱼、青鱼和鲢鱼骨骼

1. 13H056：212 青鱼左侧前颌骨　2. 14H126：248 梨骨　3. 11H026：22 鲷右侧方骨　4. 13H056：210 青鱼左侧前鳃盖骨

5. 14H126：396 青鱼右侧前上颌骨　6. 11H026：3 白鱼左侧舌颌骨　7. 11H026：4 白鱼右侧咽骨

8. 11H091：8 鲶鱼尾舌骨　9. 12H033：143 鲶鱼隅骨　10. 11H091：21 鲢鱼右侧上舌骨　11. 14H126：107 鲶鱼蝶翼骨

12. 12H033：151 鲶鱼左侧上舌骨　13. 12H033：139 鲶鱼左侧外翼骨　14. 12H033：190 鲶鱼左侧锁骨

15. 11H091：2 鲶鱼肩带骨　16. 13H099：319 鲶鱼右侧角舌骨　17. 11H091：9 鲶鱼左侧齿骨

18. 14H126：262 鲶鱼左侧胸鳍棘　19. 12H033：158 鲶鱼左侧背鳍棘　20. 14H126：266 鲶鱼副蝶骨

（四）夏商周时期

仅发现有 13H005 一座鱼骨坑。该鱼骨坑位于探方 13DHAIT0606 西部偏南，表层露有少量鱼骨，近椭圆形。坑口长度为 140 厘米，坑口宽度为 118 厘米，底部略平。出土鱼类遗存有效标本 222 件，主要包括有鲤鱼、乌鳢、鳙、鲶鱼、草鱼和鲫鱼六种，其中鲤鱼和鲫鱼数量最多，占总数的 21.17%。这一时期食鱼量锐减，存在人类迁徙所造成的可能性，捕捞种类以鲤鱼和鲫鱼为主，其次为草鱼，与现代的主要食鱼结构相似（表四；图二～图六）。

另外，相对其他时期，这一时期还发现有较多量的蛙骨骼，可鉴定部位有 20 件胸椎、9 件肱骨和 8 件髋骨（图七）。

在各时期鱼骨坑内还发现有少量的其他动物骨骼遗存，譬如 1 件牛胫骨远端残段，2 件羊跟骨，1 件獐右侧掌骨，1 件梅花鹿左侧胫骨近端等，因为其数量较少，且仅残存部位，不存在最小个体，所以不排除其是扰乱进去的，因此本文不做具体研究讨论。

表四　夏商周时期鱼骨坑内出土鱼类遗存种属鉴定及数量统计表（单位：件）

部位 \ 种属		鲤鱼	鲶鱼	鳙	鲫鱼	乌鳢	草鱼	不可鉴定
三角骨		1						
前上颌骨	右	3						
	?							1
上颌骨	左	1						
方骨	右			1				
齿骨	右		1					
隅骨	右	1						
上舌骨	?							1
角舌骨	左		1			1		
鳃盖条	右	2						
咽骨	左				4			
	右				2			
	?	5			19			
咽齿	?	1						
脊椎								64
肋骨		1						81
背鳍棘		6						
胸鳍棘	?	1				1		
上锁骨	右				1			
烧骨								22
MINIs		6	1	1	4	1	1	
NISPs		22	2	1	25	2	1	169
所占比例（%）		9.91	0.9	0.45	11.26	0.9	0.45	76.13

注：MINIs 代表标本最小个体数；NISPs 代表可鉴定标本数；? 代表可鉴定部位左右内外未定。

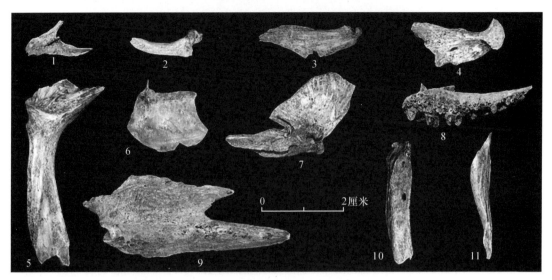

图五　乌鳢骨骼

1. 11H026∶18 左侧后颞骨　　2. 11H026∶16 左侧上颌骨　　3. 11H026∶21 上舌骨和角舌骨　　4. 12H033∶314 鼻骨

5. 12H033∶335 左侧锁骨　　6. 12H033∶303 右侧鳃条　　7. 12H033∶266 左侧方骨　　8. 11H026∶19 左侧前上颌骨（腭骨）

9. 11H091∶14 左侧关节骨和隅骨　　10. 11H026∶17 左侧齿骨　　11. 12H033∶313 左侧翼骨

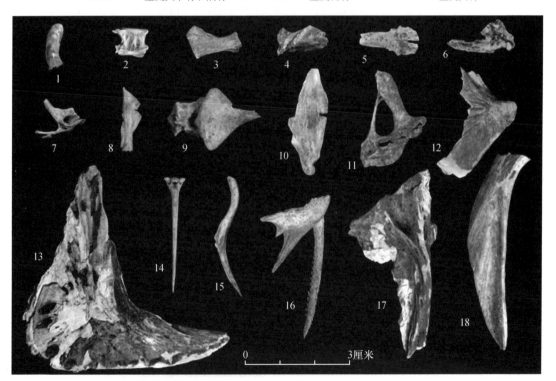

图六　鲻和黄颡鱼骨骼

1. 12H033∶235 鲻咽齿　　2. 14H190∶939 黄颡鱼脊椎残段　　3. 14H190∶1055 鲻乌喙骨　　4. 11H026∶5 黄颡鱼胸鳍内部烧骨

5. 14H190∶2 黄颡鱼副蝶骨　　6. 14H190∶3 黄颡鱼方骨　　7. 11H026∶8 黄颡鱼肩胛骨　　8. 14H190∶6 黄颡鱼上舌骨和角舌骨

9. 14H190∶1056 鲻基枕骨（胅胍垫）　　10. 11H026∶20 鲻右侧上舌骨和角舌骨　　11. 14H190∶1171 鲻咽骨

12. 14H126∶241 鲻左侧主鳃盖骨　　13. 11H016∶6 鲻右侧前鳃盖骨　　14. 11H026∶7 黄颡鱼背鳍棘

15. 12H033∶227 鲻左侧后锁骨　　16. 14H190∶327 黄颡鱼左侧胸鳍棘　　17. 11H016∶5 鲻左侧舌颌骨　　18. 11H026∶15 鲻左侧锁骨

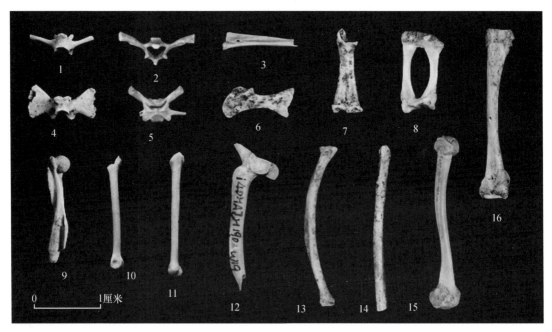

图七　蛙骨骼

1、4.14H190：w36、w37 椎骨　2、5.13H005：w10、w11 椎骨　3.14H190：w3 尾杆骨　6.14H190：w24 乌喙肩胛骨

7.14H190：w23 桡尺骨　8.13H099：w2 跟距骨　9.13H005：w9 肱骨　10、11.14H190：w1、w2 跗距骨

12.14H190：w19 左侧髋骨　13、14.13H099：w5、w6 距骨　15.13H099：w4 右侧股骨　16.14H190：w13 左侧胫腓骨

（五）鱼骨坑内出土的鱼骨特点

（1）从出土鱼骨种属上看：新石器时代二期出土鱼类遗存以鲶鱼、乌鳢和鲤鱼最多，其次是鳙和鲈鱼。三期则以鲶鱼、鳙和鲤鱼最多，其次是黄颡鱼、鲫鱼和乌鳢。四期以黄颡鱼为主，其次是鲤鱼、乌鳢和蛙。夏商周时期以鲫鱼最多，其次是鲤鱼。各个时期其余种类的鱼虽各有增减但所占比例一直不大。

另外，后套木嘎遗址食物来源除了鱼类还有蛙。其中鱼类捕捞的主要品种有鲤鱼、乌鳢、黄颡鱼、鲶鱼、鳙和鲫鱼六种。单从出土数量上看，鲤鱼最多，且每个时期都有，这取决于鲤鱼对古代居民的自然利用价值很高即肉量多、繁殖快、分布广；其次是乌鳢和黄颡鱼。根据考察当地环境，可知这三种鱼类比较适合生存繁衍，夏季水暖鱼肥易捕捞，深受当地居民喜爱。

在优越的自然条件的基础上，随着该遗址古代居民对鱼类生活习性的了解，捕鱼技巧的不断提高，骨镞、骨鱼鳔和网坠等捕猎工具种类的生产和使用，人们不再局限于个别的数量大易捕捞的鱼类，这极大丰富了古代居民的饮食结构，进而也促进了当地捕鱼经济的快速发展。

（2）从出土鱼骨部位上看：遗址内出土鱼骨数量多少不一，这与鱼骨的形态、鱼骨在鱼体内部的数量有内在关系。根据表一～表四，遗址内所出土的鱼骨大体上可分为三种：常见骨骼、一般骨骼和稀少骨骼。常见骨骼特点就是骨骼坚硬易保存、数量多、特征明显易辨认，如椎骨、鳃盖骨、椎骨和肋骨等；一般骨骼特点就是骨骼相对坚硬些，数量较少，如齿骨、后锁骨和舌颌骨等；稀少骨骼特点就是细小单薄易破碎的，数量不多，如额骨、鳃条等。

四、后套木嘎遗址鱼骨坑用途推测及其变化发展

（一）鱼骨坑的用途推测

1. 垃圾坑

垃圾坑的判定是根据其本身的分布位置和坑内出土鱼骨的分布及保存情况来看的。一般垃圾坑多分布在房址附近，有的位于门道外侧，有的位于屋内；个别位于聚落偏中心地带。垃圾坑内的鱼骨遗存多为破碎不完整的，排列零散杂乱，无规律可循。

文中所研究的垃圾坑共分为两种：一种是小型垃圾坑，形状不规则，深浅不一，位于房址内部或门道外侧，出土鱼骨数量较少，混有少量的背角无齿蚌和杜氏珠蚌残片。推测这种小型垃圾坑应是人们平时随意挖掘用于废弃鱼骨的，如 11H026、12H033、13H005。一种是大型垃圾坑，体积较大，形状多为规则的椭圆形或圆形，斜直壁较平底，位于聚落偏中心地带。出土鱼骨种属及数量相对较多，且鱼骨为一次性埋藏，推测这种大型垃圾坑应该是举办某次活动后所遗留的产物，如 13H056、13H099。

2. 疑似窖藏坑

14H190 鱼骨坑形状呈近圆形，斜弧壁不规则坡状底。坑口距地表为 74~86 厘米，坑口长度为 44 厘米，宽度为 40 厘米，因被 WG002 打破故而无法测量具体深度，且保存很小的部分，仅鱼骨较集中出土于东南部。但也可以看出该鱼骨坑是人为有意识挖掘的。坑内出土鱼骨遗存有大量黄颡鱼的胸鳍部位，其次鲤鱼，零星分布有乌鳢、鲫鱼、鳙等，鱼骨分布较为规整，不是食用后随意丢弃的。推测该鱼骨坑可能是为储藏美食而存在的，尤其是坑内出土了大量的黄颡鱼的胸鳍棘、胸鳍担及胸鳍节部分。但 14H190 被 WG002 打破造成部分鱼骨丢失，故而本文只能推测 14H190 为疑似窖藏坑。

（二）鱼骨坑的历时性发展

鱼骨坑大量的发现与发掘，体现了后套木嘎遗址发达的渔猎经济，尤其是该遗址毗邻新荒泡，以当时人类"靠山吃山，靠水吃水"的生存习性，若要以鱼蚌为食而长久地生存下去，发展渔猎经济是重中之重。

从已发现的骨柄石刃刀、骨镞、骨鱼鳔和网坠等工具来看，当时人们捕鱼的工具日趋走向成熟。从鱼骨坑形状上看，逐渐由以随意为主的不规则形发展为以有意为主的近圆形或椭圆形；从鱼骨坑分布来看，鱼骨坑较密集分布在房址周围，个别位于聚落中心地带；从鱼骨坑内鱼骨遗存的出土情况看，鱼的种类逐渐呈多样化发展，数量也日益增多。

鱼类出肉率一般与鱼的种属、个体形状差异有关，个体形状差异又与自然环境密切相关（表五）。因此，尽管鱼骨坑内出土鱼类遗存日渐丰富，但出肉量仍然比不上大型哺乳动物的出肉量。随着对鱼类生活习性的了解和捕鱼工具的不断提高，后套木嘎遗址古代居民的饮食结构发生了变化，水产品比例增加。尤其是到新石器的第四期，传统的渔猎采集经济达到顶峰。

表五 现生鱼类（部分）和蛙的出肉率

项目 \ 种属	鲤鱼	鲫鱼	乌鳢	鲶鱼	黄颡鱼	蛙
斤数	一斤	一斤	一斤	一斤	300g	一斤
出肉量（%）	90%	60%~70%	75%	60%	35%	60%

五、结 语

（一）生态环境

后套木嘎遗址鱼骨坑内丰富的鱼骨遗

存，结合该遗址所出土的野兔、狍子、环颈雉、獾等野生动物骨骼遗存，再考虑到现今遗址位于漫岗地区，可以推测遗址附近树林灌丛林立，水资源丰富，生态环境十分优越。

（二）古代居民的生活方式与生业模式

后套木嘎遗址毗邻新荒泡和月亮泡，水资源丰富，所以出土的鱼类遗存种类非常丰富。本文主要研究该遗址 2011～2015 五年中鱼骨坑内出土的鱼类遗存，共计出土鱼类和蛙 13 种，8613 件有效标本，其中可鉴定部位及种属的有 3801 件，不可鉴定种属的有 4812 件。本文从出土鱼骨的种属鉴定、数量分析、数据测量、保存程度及位置摆放等方面分别作了阐述。

（1）鱼骨坑出土鱼类部位分为常见骨骼、一般骨骼和稀少骨骼。这些部位的摆放是否整齐完整是判定鱼骨坑的功能性质的一个主要依据。鱼各部位基本健全且摆放整齐，便于大批量的储藏，这种人为有意识的活动是窖藏坑所有而垃圾坑所没有的。鱼各部位零散，杂乱无章是垃圾坑内鱼骨所具有的特点之一。该遗址内鱼骨坑的性质主要有垃圾坑和疑似窖藏坑两种，未发现明显的窖藏坑。

（2）各时期鱼骨坑内出土鱼类遗存不同。后期古代居民捕捞经验的提高和渔猎工具使用技术的日益娴熟，所获鱼类的品种和数量也逐渐增加。夏季水暖鱼肥易捕捞，冬季寒冷易保存。从遗址中出土的较为精致的骨鱼镖、陶网坠等捕鱼工具可见，当时的捕鱼方法主要是叉鱼、用网捕鱼，另外根据现在当地的捕鱼方式推测当时应该还有一种捕鱼方法——鱼篓。三种方法适用于不同情况，用网捕鱼获得的鱼类数量多且种类繁杂，适用于聚落间的大型集会或者是人数较多的时候；叉鱼和鱼篓捕鱼法相对来说获得数量较少，适用于人数少时，且鱼篓捕鱼法省时省力（下篓后过段时间取出来即可），很受当地人钟爱。由此可见当时的捕鱼活动较为频繁且受到重视，渔业经济有了一定的生产水平。尽管鱼类出肉量不及哺乳动物，但仍可看出鱼类在古代居民饮食结构中所占比例的增加。

（3）通过对不同时期鱼骨坑的发掘和鱼类遗存的研究，结合后套木嘎遗址优越的生态环境和出土哺乳动物遗存的种属鉴定、数量分析等研究，显示该遗址的生业模式新石器时期主要还是以"靠山吃山、靠水吃水"的渔猎经济为主、蓄养经济为辅，夏商周时期才逐渐发展为蓄养经济为主。

参考书目

［1］ 以陈全家编写的动物考古学图谱教材和实验室鱼类遗存实物标本为主。

［2］ 伍献文：《记殷墟出土之鱼骨》，《中国考古学报》1949 年第 4 期。

［3］ 刘宪亭：《湖北宜昌李家河新石器时代遗址中的鱼骨》，《考古通讯》1957 年第 3 期。

［4］ 秉志：《鲤鱼解剖》，科学出版社，1960 年，第 11～56 页。

［5］ 成庆闻、苏锦祥：《白鲢的系统解剖》，科学出版社，1960 年，第 17～35 页。

［6］ 邢湘臣：《我国古代几种特殊的渔法》，《农业考古》1986 年第 1 期。

［7］ 殷名称：《鱼类生态学》，中国农业出版社，1995 年，第 20～37 页。

［8］ 邢莲莲、杨贵生、高武等：《乌鳢骨骼系统的解剖》，《内蒙古大学学报（自然科学版）》1997 年第 3 期。

［9］ 成庆泰：《三里河遗址出土的鱼骨、鱼鳞鉴定报告》，《胶县三里河》，文物出版社，1988 年，第 186～189 页。

［10］ 武仙竹：《长江三峡先秦渔业初步研究》，《2003 三峡文物保护与考古学研究学术研讨会论文集》，科学出版社，2003 年，第 203～211 页。

［11］ 杨家云：《黄颡鱼头骨的研究》，《重庆三峡学院学报》2005 年第 3 期。

［12］ 〔德〕安格拉·冯登德里施著，马萧林、侯彦峰译：《考古遗址出土动物骨骼测量指南》，科学出版社，2007 年，第 19～154 页。

［13］ 松井章：《动物考古学》，京都大学学术出版会，2008 年，第 35～39 页。

［14］ 袁靖:《论动物考古学研究与区系类型的关系——以新石器时代居民获取肉食资源的方式为例》,《湖南考古期刊》, 岳麓书社, 2009 年。

［15］ 中岛经夫等:《田螺山遗址 K3 鱼骨坑内的鲤科鱼类咽齿》,《田螺山遗址自然遗存综合研究》, 文物出版社, 2011 年, 第 129 ~ 137 页。

［16］ 莫林恒:《高庙遗址出土鱼类遗存研究》, 湖南大学硕士学位论文, 2011 年。

［17］ 莫林恒:《长江中下游地区史前鱼类遗存初步研究》,《南方文物》2016 年第 4 期。

A Preliminary Study on the Fishbone Remains Unearthed in the Fishbone Pit of Houtaomuga Site

Wang Xueying   Chen Quanjia

Abstract: Fishbone of Houtaomuga site found 8613 valid samples within five years of 2011-2015. The samples include *Cyprinus carpio, Silurus asotus, Pelteobagrus fulvidraco, Aristichthys nobilis, Carassius auratus, Culter* sp., *Sparidae* sp., *Mylophar yngodon piceus, Hypophthal michthys, Ophiocephalus argus Cantor, Perciformes* sp., *Ctenophar yngodon, and Ranidae* sp.. This paper main researches statistics of fishbones' individual and species, in order to speculate the eating habits of residents which belong to the site, economic model and ecological environment around the site. This provides an important basis for restoring the living picture of the ancient inhabitants.

吉林省乾安春捺钵遗址后鸣字区 2015 年出土动物骨骼研究 *

张雅平　李　尧　牛昊林　鲁丹丹　高　雅

一、引　言

文献史学研究认为："自辽圣宗以来，捺钵代替五京成为契丹民族的政治中心……"随着其政治性的逐渐增强，"捺钵"词意也由契丹民族建国前的"狩猎"变为建国后的"狩猎时暂驻的住所"，捺钵遗址的性质也从纯粹的季节性渔猎遗址变为临时行政居住址。捺钵的词意性质变化除在文献史学与语言学[1]上得到佐证，考古学方面的实证也能有所补充。本文正是基于 2015 年春捺钵遗址出土动物骨骼资料对"捺钵"性质转变做出考古学解释。

春捺钵遗址后鸣字区位于吉林省乾安县赞字乡后鸣字村西北花敖泡湖面东南岸。在历史时期，花敖泡不断缩小，到辽金时期仅保留古花敖泡湖东北地区。遗址区即位于古湖底南部近水面地段，主体为八九百座土台。花敖泡的盐碱沉积作用使得农作物生长受限，故遗址周围环境植被为草原类型。该地区夏秋两季降水丰富，土台附近凹地常积水，环境虽潮湿，但草原湖滨环境吸引食草动物在夏秋两季聚集；冬春季地表为冰雪覆盖，湖面结冰，大量鱼类聚集湖底。而春捺钵在此形成正依赖于此地丰富的鱼类资源[2]。

二、材料与方法

（一）骨骼描述与定量分析

春捺钵遗址后鸣字区 2015 年共出土动物骨骼 340 件，其中可鉴定标本 214 件，只能鉴定部位的标本 73 件，碎骨 53 件。

经鉴定，该批动物遗存可鉴定种属有 13 种，可分为蚌类、蛙类、鱼类、鸟类和哺乳动物类五大类。埋藏环境方面，出土骨骼总体上受风化程度较小，但骨骼受动物啃咬作用较严重，71 件骨骼上存在有动物啃咬痕迹。

1. 非哺乳动物类

非哺乳动物标本共四类，包括蚌类、蛙类、鱼类和鸟类。总数较少，仅有 7 件标本。出土背角无齿蚌蚌片 2 个以及大量鱼类骨骼，均出自辽金地层，但骨骼保存较差，无法进行进一步的量化分析。除集中出土鱼椎骨与鱼鳃外，还发现有大量鱼鳞集中分布于该地层，推测可能存在渔猎加工场所。鸟类标本共 4 件，其中 3 件鉴

* 本文得到吉林大学 2017 年度本科教学改革研究项目"高等院校考古学科创新人才培养模式研究"（2017XYB006）及 2016 年度吉林大学"大学生创新创业训练计划"项目"吉林乾安辽代春捺钵遗址后鸣字区 2015 年出土动物骨骼研究"（2016A12015）的资助。

定为环颈雉。

2. 哺乳动物类

哺乳类动物标本共333件，其中可鉴定种属的标本207件，只可鉴定部位的标本73件，碎骨53件。骨骼类别包括牛、马、驴、绵羊、山羊、犬科、猪、骆驼、鼠、兔几类。其中牛（74件）数量最多，羊属（30件）、马属（29件）、犬科（28件）数量其次（表一）。

表一　可鉴定标本件数与最小个体数统计

种属类型		可鉴定标本数（总数214）	最小个体数
牛		74	5
马属	马	23	2
	驴	6	1
羊属	绵羊	5	1
	山羊	2	1
	羊（无法细分）	20	2
鹿科	狍	7	1
猪		16	2
食肉类	其余食肉类	1	1
	犬科	28	3
鸟类	其余鸟类	1	1
	环颈雉	3	1
骆驼		5	1
鼠	鼢鼠	6	1
	三指跳鼠	1	1
	啮齿类（无法细分）	9	1
兔		4	2
蛙		1	1
背角无齿蚌		2	1

牛标本数量为74，占可鉴定哺乳类总数35.7%，其最小个体数依右跗骨确定为5，骨骼保存状况较好，有明显人为痕迹的标本共15件。痕迹以砍痕和割痕组成，肩胛骨颈部多有割痕，跗骨割痕迹均在远端，其余痕迹未见规律性特点。

15QHT12③：1为牛左侧掌骨，保存完整。背侧密布植物根系作用痕迹，骨表面部分酥化脱落。近端内侧关节面与远端均有动物啃咬痕迹。远端背侧有四处明显小凹坑，凹口深处可见齿尖压点（图一，1）。骨骼测量数据如下：

GL 最大长：183.2mm

Bp 近端宽：51.8mm

Dp 近端厚：32.2mm

SD 骨干最小宽：27.0mm

Bd 远端宽：53.2mm

Dd 远端厚：26.3mm

CD 骨干最小周长：80.5mm

DD 骨干最小厚：20.9mm

15QHIVT0202③：15为牛右侧肱骨，出土于小城遗址内。骨骼应经过多次砍砸后，现仅余远端内滑车部分。骨骼上存在三处砍砸痕迹，其中两处有明显先后关系。骨表面有少量动物啃咬与植物根系作用痕迹，内侧上髁处存在一处洞状咬痕（图一，2）。

马属标本数量为29，占可鉴定哺乳类总数12.6%，其中马23件，占哺乳类总数11.1%，最小个体数依左桡骨确定为2；驴6件，最小个体数为1。

15QHTG8①：1为马左侧胫骨，出土于城墙探沟。近端有动物啃咬形成的环带状疤痕。整个骨体沿骨骼纵轴破裂，应为骨体中部受人为敲击作用导致。肌沟一侧较平整部分被剥离，因此该标本可能为骨器加工中所余废料（图一，3）。

15QHT13⑩：1为马右侧肋骨，出土于辽金地层中，骨外侧稀疏分布植物根系作用痕迹。骨体近端破损，远端存在3道明显割痕，割痕呈深"V"形，应为锐器切割造成（图一，4）。

15QHH15①：7为驴右系骨，保存完整，骨体呈红色。受动物啃咬作用严重，近端跖侧有明显啃咬凹陷痕。该骨可能与同单位的H15①：9右蹄骨标本、H15①：10

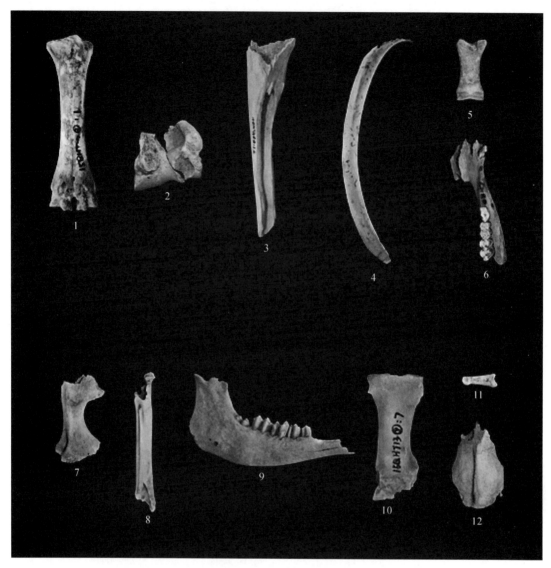

图一　部分出土骨骼

1. 15QHT12 ③：1，牛左侧掌骨　2. 15QHIVT0202 ③：15，牛右侧肱骨　3. 15QHTG8 ①：1，马左侧胫骨

4. 15QHT13 ⑩：1，马右侧肋骨　5. 15QHH15 ①：7，驴右系骨　6. 15QHT13 ⑥：2，猪下颌骨

7. 15QHT0202 ③：59，猪右侧髋骨　8. 15QHT16 ⑦：1，山羊左侧桡骨　9. 15QHTG8 ③：2，绵羊右侧下颌骨

10. 15QHT13 ⑨：7，骆驼轴左系骨　11. 15QHT16 ④：11，狍轴右系骨　12. 15QHT13 ⑨：21犬颅骨

右冠骨标本均属同一个体（图一，5）。

　　GL 最大长：65.5mm

　　Bp 近端宽：33.2mm

　　Dp 近端厚：25.0mm

　　SD 骨干最小宽：22.3mm

　　Bd 远端宽：31.0mm

　　猪标本数量为16，占可鉴定哺乳类总数7.7%，最小个体数依右下颌骨确定为2。

猪肢骨标本保存较少，仅4件，其余皆为中轴骨，此外一半的骨骼上发现有动物啃咬痕迹，远超其余种属受啃咬骨骼比例。

　　15QHT13 ⑥：2为猪下颌骨，保存较差，仅余部分右侧水平支，受动物啃咬和植物根系作用严重。齿列方面，保留 C_1 P_1 P_4 M_1 M_2 齿，其中 P_1 齿呈萌出状，推测个体年龄为1岁（图一，6）。测量数据如下：

M3 齿槽远口缘—犬齿齿槽远口缘长：102.0mm

M3-P1 齿列长：93.7mm

臼齿列长：53.4mm

P1-P4 齿列长：41.5mm

M3 长宽：21.3mm（L），13.0mm（B）

15QHT0202③：59 为猪右侧髋骨。骨体与坐骨相连处的骨骺未愈合，荐椎关节面明显，其个体应为幼体。髋骨翼部分有明显的动物啃咬留下的凹坑和划痕。髋骨切迹部分存在几条轻微的割痕（图一，7）。

羊属标本数量为 27，占可鉴定哺乳类总数 13.0%，其中山羊 2 件、绵羊 5 件、只能鉴定到属的骨骼 20 件。两件山羊标本分别为肱骨远端与桡骨近端，其最小个体数为 1；绵羊最小个体数为 1，只能鉴定到属的羊依左尺骨确定最小个体数为 2。

15QHT16⑦：1 为山羊左侧桡骨，骨体保存较好。但两端受动物啃咬作用严重，近端形成典型洞状咬痕，远端为啃咬后形成的环带状疤痕（图一，8）。

15QTG8③：2 为绵羊右侧下颌骨，出土于城墙探沟。其水平支颊侧较为平整，下颌孔呈斜面状向下发育。整体保存完整，但骨体表面遍布植物根系作用痕迹。齿列方面：保存 P₃ P₄ M₁ M₂ M₃ 齿，其中 M₃ 萌出一半（图一，9）。测量数据如下：

颊齿列长：69.0mm

臼齿列长：43.7mm

前臼齿列长：26.7mm

Gov-Cr 下颌骨垂直部口侧高：54.9mm

M3 后下颌骨高：35.3mm

M1 前下颌骨高：22.5mm

P2 前下颌骨高：13.7mm

骆驼标本数量为 5，占可鉴定哺乳类总数 2.4%，最小个体数为 1。

15QHT13⑨：7 为骆驼轴左系骨，基本保存完整。远端外侧受动物啃咬，出现残损（图一，10）。测量信息如下：

GL 最大长：99.0mm

BP 近端宽：47.2mm

SD 骨干最小宽：25.4mm

狍标本数量为 7，占可鉴定哺乳类总数 2.4%，最小个体数为 1。

15QHT16④：11 为狍轴右系骨标本，保存完整，有少量植物根系作用痕迹。与同单位的 T16④：7、10、12、13、14、15（轴左右系骨、冠骨、蹄骨标本）均属同一个体（图一，11）。

遗址中的啮齿类动物往往是遗址居民经济行为的附带产物，并非人类直接利用的肉食资源。人类对其进行的肢解、搬运作用较少，加之啮齿类个体较小，其埋藏通常会形成整只埋藏现象。表现在标本状况方面即骨骼标本数量多，分布集中，但个体数较小。

鼠标本数量为 16，占可鉴定哺乳类总数 7.7%。其中鼢鼠标本 6 件、三指跳鼠标本数 1 件，只能鉴定到啮齿类的 9 件；最小个体数均为 1。

兔标本数量为 4，占可鉴定哺乳类总数 2.0%，最小个体数为 2。

食肉类标本数量为 29，占可鉴定哺乳类总数 14.0%，其中犬科 28 件最小个体数为 3；其余食肉类 1 件，最小个体数为 1。

15QHT13⑨：21 为犬颅骨标本，有多道砍痕，两道顺矢面方向砍去颧弓部分，一道顺额面方向砍去部分额骨（图一，12）。测量信息如下：

颅底轴长 Sy-P：46.9mm

枕三角区最大宽：52.7mm

枕髁最大宽：39.3mm

枕骨大孔宽：20.7mm

枕骨大孔高：13.9mm

（二）春捺钵居民对动物资源的利用分析

1. 肉食来源分析

前文的量化统计显示，春捺钵遗址出土骨骼无外乎五畜。这种种属构成与一般定居居住址骨骼种属构成无异，以此推断春捺钵居民的动物资源构成似乎与辽金时期中原一般性居址相似。鱼类骨骼在埋藏过程中不易保存，这一主要肉食资源也正因此无法列入统计，这一关键物种的缺失使得对出土骨骼量化分析结果的取舍必须十分谨慎。

就本遗址而言，按文献中"春捺钵，曰鸭子河畔，皇帝正月上旬起牙帐，约六十日方至"可以推断出遗址被大规模利用开始于公历二月上旬至四月中旬，持续 27 到 38 天[3]。在这一时期遗址虽经历湖水解冻这一过程，但大部分时间遗址为积雪覆盖，气温处于 0℃ 以下。可以预见的是，在遗址被占用期间，哺乳类动物难觅踪迹。春捺钵活动时期参与人数约为 4000，为满足人员的食物需求，就必须要利用某种稳定且有一定数量的食物资源。因此在这一时段，鱼类资源必然成为春捺钵居民的主要肉食来源。

民族学资料也可佐证这一观点：与花敖泡相近的查干湖至今仍然保留冬季捕鱼传统，在捕鱼这一活动中马被用作基本畜力，用于旋转"顶石"来拖拽冰层下的渔网、运载食物工具。

2. 骨料利用分析

遗址中出土的动物骨骼，存在人工痕迹的骨骼标本共 47 件，占骨骼总数约为 13.8%；这一比例低于常规试验中所产生的 17%[4]，这一现象可能与春捺钵遗址作为季节性遗存有关，人类在这一地区的活动存在空档期（有动物啃咬痕迹的骨骼为 70 件，骨骼中啃咬痕迹多分布于长骨和肩胛骨两端，其形态符合食肉类啃咬特点。大量受食肉类啃咬的动物骨骼实际上被视作自然堆积形成，这佐证"空档期"这一认识），这才使得统计比例较常规偏小。

除人工痕迹所占比例外，骨器加工流程的复原也能反映辽金居民在这一地区活

动的季节性和流动性。

春捺钵居民为取得骨料，对长骨要进行多道加工。长骨骨壁强度较高，以其制成的骨器刃部较锋利，但同时骨骼较大的韧性使得骨器加工难度较大。遗址中出土的部分骨骼反映了这一加工过程。标本 15QHTG8①：1，为马左侧部分胫骨。其为完整胫骨沿纵向破裂而形成，保留一侧应为骨器加工中形成的废料。另一缺失部分包含胫骨远端和肌沟侧骨面，肌沟侧骨面平整带刃，为骨器加工的优质骨料。标本 15QHT0202③：15 与 15QHT14②：2 拼合成一完整牛右肱骨远端关节。其骨壁的三道砍痕能反映出骨料截取的加工过程：①痕迹 1，砍砸痕迹沿骨骼切面方向，位于骨体跖侧，保存切割面较小；②痕迹 2，砍砸痕迹沿骨骼额面方向，由骨体背侧向跖侧进行加工，后于痕迹 1 形成；③痕迹 3，大致沿骨骼矢面方向，位于骨体中部，最后形成。痕迹 1 为对骨骼进行敲击使其纵向破裂形成，纵向破裂会使骨骼形成带锋利刃部与尖部的两块骨体，每一骨体带一端关节；痕迹 2 为在痕迹 1 基础上对纵向破裂形成的远端骨体的进一步加工，这次砍砸动作，使得带锋利刃尖部的骨体部分与关节部分分离，被分离的部分极有可能作为骨器加工原料；痕迹 3 对剩余关节部分进行分离，为对骨体的最终肢解行为。标本 15QHT0202③：22，为打制骨器标本。骨体表面有一从髓腔向骨表面打击而形成的阶梯状疤痕，骨髓腔侧存在多处削薄骨壁而形成的削切痕迹。这些标本展示出管状骨骨料截取的一般流程：①对长骨骨干进行敲击，使其纵向破裂；这一步骤中骨骼破碎特征与人类进行敲骨吸髓形成的破碎特征基本一致；②选取其中一节骨骼，在长骨骨壁边缘沿额面方向砍击，使其破裂；③对剩余长骨部分进行进一步加工，在这一步春捺钵居民只是对其进行简单打制，随做随用，随用随弃，即简化

工具制作过程，这可能正反映出春捺钵遗址的短时间居住特点。

三、结　语

春捺钵遗址后鸣字区出土的动物骨骼考古分析和民族学材料表明，当时人们的动物资源主要包括牛、马、羊、猪以及鱼、蚌等。其中牛、羊、猪、鱼类为肉食来源，当中又以鱼类为主，马则作为主要的畜力工具。这些与《辽史·营卫志》、《辽史·圣宗本纪》等文献中关于"春捺钵"的记载相吻合。

春捺钵活动季节性和连续性的特点，在骨骼构成和骨器制作方面都有所体现。遗址在一年中仅有两个月被高度利用，较低的利用率使得出土骨骼存在自然骨骼堆积的特点：骨器出土少，且均为简单打制，实际上体现出辽金居民的流动性生存策略。

需要指出的是，春捺钵活动的流动性策略除了和当地动物资源的季节性变化有关外，也起到政治上的巡视作用，辽金统治者通过春捺钵活动加强对东北地区的控制。政治意义的加强，晚期小城城址的出现，猪牛羊等家畜的骨骼在出土骨骼中占有相当比例，无不印证着春捺钵遗址渔猎活动逐渐减弱的趋势。

致谢：感谢吉林大学陈全家教授、王春雪副教授在骨骼鉴定方面给予的诸多支持和帮助。

注　释

[1]　白俊瑞、李波：《析契丹语的"捺钵"》，《内蒙古大学学报（哲学社会科学版）》1998 年第 4 期。

[2]　吉林大学边疆考古研究中心：《吉林乾安县辽金春捺钵遗址群后鸣字区遗址的调查与发掘》，《考古》2017 年第 6 期。

[3]　李旭光：《辽帝春捺钵再考》，《东北史地》2012 年第 1 期。

[4]　吕遵谔：《大型食肉类动物啃咬骨骼和敲骨吸髓破碎骨片的特征》，《纪念北京大学考古专业三十周年论文集》，文物出版社，1990 年，第 4～39 页。

Preliminary Research on Animal Bones Unearthed from Chunnabo Site at Qian'an, Jilin Province in 2015

Zhang Yaping　Li Yao　Niu Haolin　Lu Dandan　Gao Ya

Abstract: It has been demonstrated in the Document history and Linguistics that the Chunnabo Site is a temporary political seat of the Liao Dynasty. In addition, archaeological evidence can also be supplemented. From the study of Chunnabo animal bones unearthed from the Chunnabo Site, we can do some archaeological explanation about the nature of Chunnabo. The main animals species including mussels, frogs, fishes, birds and mammals, are consistent with the settled life in Central Plains. Liquidity policy Chunnabo activity makes its political action to strengthen inspection. With the emergence of the advanced town, Chunnabo Site fishing economy gradually weakened.

龙山时期黄河流域扬子鳄骨板的
来源与意义 *

吴晓桐[1,2]　张兴香[1]　金正耀[1]　宋艳波[2]　栾丰实[2]　薛新明[3]
（ 1. 中国科学技术大学科技考古实验室，合肥，230026；
2. 山东大学历史文化学院，济南，250100；3. 山西省考古研究所，太原，030001 ）

一、研 究 背 景

扬子鳄（ *Alligator sinensis* ），也被称作鼍，是短吻鳄科短吻鳄属的一种鳄鱼。扬子鳄是中国特有的一种鳄鱼，也是世界上最小的鳄鱼品种之一。扬子鳄现存数量非常稀少，是世界濒临灭绝的爬行动物，因其生活在长江流域，故称"扬子鳄"。在扬子鳄身上，至今还可以找到早先恐龙类爬行动物的许多特征，所以人们称扬子鳄为"活化石"[1]。扬子鳄对于人们研究古代爬行动物的兴衰和研究古地质学和生物的进化都具有重要意义[2]。现代野生扬子鳄生存于北纬30°左右长江中下游亚热带湖泊、沼泽之中，这里气候温暖湿润，全年最低气温在0℃以上，是扬子鳄最适宜的栖息地。文焕然等[3]对古代历史文献记载中的扬子鳄进行了详细梳理，发现关于扬子鳄的记载基本都发生在长江中下游地区、江淮之间与江汉地区。今天，野生扬子鳄仅存于长江下游地区，国家在安徽省芜湖宣城一带设立了国家级扬子鳄自然保护区。令人疑惑的是，在新石器至青铜时代的华北地区多个遗址发现了扬子鳄遗骸，其中以随葬于贵族墓葬中的鳄鱼骨板（ *Alligator Osteoderms* ）为主。不少学者认为黄河流域鳄鱼皮制品的出现是南北方之间贸易交换的结果[4]。果真如此的话，新石器时代晚期远距离贸易中商品的种类将不仅限于玉器等宝石制品，动物或动物制品也属于重要的一类。

丁公遗址水生动物资源产地的研究表明，锶同位素方法在研究遗址内动物来源方面具有较强的优势[5]。遗址中出现外来动物可能是人类远距离捕猎带回聚落的结果，在复杂社会中更有可能是不同地区人群之间的动物贸易造成的。对后者的研究国内尚未重视，因为传统动物考古研究仅能从区域物种的角度揭示动物贸易历史，出土动物的古DNA分析也只能确定所分析样本与其他地区动物在基因上是否存在遗传关系，而不能确定所分析个体是否来自其他地区。锶同位素分析实际上是研究动物贸易最为有力的方法，国际上已经取得一些成功案例。美国佛罗里达大学人类学系Thornton[6]通过锶同位素方法复原了古代玛雅的动物贸易情况。他对玛雅文化区域14个遗址的85个样本进行了分析，种类包括鹿、狗、野猪和貘，结果表明玛雅动物运输与交换的规模远远超出以往人们的认识。其中玛雅人交换鹿和野猪的活动挑战了以往对于野生动物来源的认识，即野生动物由人类在本地或附近区域捕获。

* 本文得到国家自然科学基金"秦汉沿西南丝绸之路的民族迁徙研究——以川滇黔水系区域古代崖墓的人类遗骸同位素分析为中心"（41606008）的资助。

这些成果对研究玛雅文化的经济和交换网络无疑具有重要意义。

中国新石器时代农业发达是不争的事实，但是商业贸易发展如何？是否存在农产品，包括动物和农作物的贸易呢？以往学界对比讨论很少，但是我们认为这是一个非常值得研究的问题。很多迹象表明，农产品贸易是普遍存在的。对于农作物来说，新石器时代晚期水稻在黄河流域遗址中少量而普遍的发现就是一个例子，某些遗址发现零星的炭化稻米遗存不一定说明这里曾经种植少量水稻，也很有可能是从南方贸易而来的稻米；对于动物、动物骨骼或动物制品而言，贸易也很可能存在。海岱地区、晋南地区和汉水流域新石器时代晚期流行猪下颌随葬习俗，一些墓葬中动辄随葬猪下颌数十副[7]。青龙泉M231号墓中随葬猪下颌30副[8]，难以想象墓主人去世时家中饲养有30头猪，然后在其葬礼上使用。陈相龙等[9]对青龙泉M148号墓中随葬的12例猪骨进行了碳氮稳定同位素分析，结果表明这些猪的饮食并不相同，有的接近于死者，或许为其家人饲养，有的则食用更多C_3类食物，这在一定程度上表明这些部分猪可能并非源于本地，而是死者家人为准备葬礼临时通过贸易交换得来。以上这些问题均可以用锶同位素的方法进行研究，相信未来相关研究增多之后必将刷新学界对于新石器时代经济贸易的认识。

扬子鳄不属于家养动物或不属于主要的家养动物，但是扬子鳄肉、皮的经济意义使其成为重要的物产，其作为贸易交换产品的可能性是极大的，应用锶同位素方法对其产地进行分析对于研究史前跨地域贸易交换具有重要意义。扬子鳄在中国也被称为"土龙"，这在一定程度上表明扬子鳄和中国龙崇拜之间存在密切关联。考古发现很多新石器至青铜时代遗址都有扬子鳄遗骸出土。有些出土于长江流域，如新石器时代的河姆渡[10]、城背溪[11]、跨湖桥[12]、大溪[13]、罗家角[14]、马家浜[15]等遗址和商代的周梁玉桥遗址[16]，这些遗址所在位置均不出长江中下游地区，与现代或历史记载中的扬子鳄分区基本一致。

2007年莫角山良渚遗址古城墙的发掘中出土了件表面刻划有鳄鱼图像的黑陶宽把壶（图一）[17]。此前在海盐龙潭港[18]宽把壶和良渚庙前[19]陶器残片上发现了动物刻纹（图二）。经与莫角山鳄鱼纹对比，我们可以确定海盐龙潭港和庙前的动物刻纹也是鳄鱼纹。这些鳄鱼纹证明良渚文化先民对扬子鳄已经有了较为充分的认识，且具有精神意义上的崇拜或喜好，也很有可能对扬子鳄已经有充分的利用，只是尚待更多的考古发现证实。

图一　良渚遗址出土黑陶宽把壶及其动物刻纹

除了长江流域，还有一些扬子鳄遗骸出土于华北黄河流域，这些遗骸的时间跨度也很长，从距今9000~7500年的贾湖遗址就有发现[20]；距今7000年北辛文化时期，汶上东贾柏遗址灰坑中发现了完整的鳄鱼头骨[21]；在距今6000多年的兖州王因大汶口文化早期遗址灰坑中发现了数量较多的扬子鳄骨骼[22]，周本雄[23]推测为食用垃圾。这两个遗址虽然分别位于河南、山东，但是遗址点纬度较低，在水系上属于淮河流域，即使在今天两地的气候也较为暖湿，因此这里在全新世大暖期有扬子

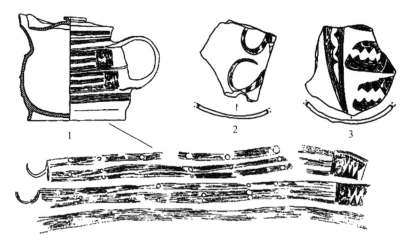

图二　良渚文化陶器上刻划鳄鱼纹
1.海盐龙潭港宽把壶（M12∶32）　2、3.良渚庙前陶片（H3①∶427、H3①∶428）

鳄生存也不足为奇。到了距今 5000 年之后，黄河流域的鳄鱼遗骸仅见鳄鱼皮内的骨板，并且绝大多数随葬于社会顶层人物的墓葬中。陶寺早期大墓中发现了木鼓内及外围散落很多鳄鱼骨板和陶质小圆锥体，发掘者由此推测这些骨板所属的鳄鱼皮原本是鼓面，就是《诗经·大雅·灵台》所记载"鼍鼓逢逢"中的"鼍鼓"[24]。山东大汶口 M10 号大墓[25]、泗水尹家城大墓 M15[26]、临朐西朱封大墓 M203[27] 等都发现了成堆的鳄鱼骨板，尹家城 M15 鳄鱼骨板附近也有陶圆锥体的发现，但是由于保存条件的差异，并未发现木鼓遗存。将其与陶寺相对比，可以确定山东龙山文化的鳄鱼皮也是鼍鼓的鼓面。《夏小正》中有二月"剥鱓"的记载，意思就是剥下鳄鱼皮制作鼍鼓。除了成堆的鳄鱼骨板，还有一些墓葬中发现了少量骨板，似乎并非鼍鼓的部件。例如，山西芮城清凉寺墓地 M79 的鳄鱼骨板发现于一件陶盆内[28]，可能本来是一块带皮的鳄鱼肉；莒县 M8 号墓的鳄鱼骨板发现于墓主人后背[29]，可能是其衣服上的一块鳄鱼皮装饰品。无论如何，这一阶段的鳄鱼骨板绝大多数发现于贵族墓葬中，仅石峁[30] 和丁公[31] 遗址灰坑中有少量发现。虽然出土背景局限，但是分布范围大大扩展，最西北到达石峁遗址[32]，晋南陶寺[33]、清凉寺[34] 发现的数量颇多，洛阳盆地偃师灰嘴、山东邹平丁公[35]、临朐西朱封[36] 都是纬度较高且属于黄河流域的遗址。这些地点出土的鳄鱼骨板是本地所产呢？还是在龙山时代已经形成了鳄鱼皮的贸易交换网络，北方贵族已经能够获取到长江流域的物产呢？在石峁发现鳄鱼骨板之后，发掘者认为黄土高原不可能有扬子鳄生存，他们认为石峁鳄鱼骨板是龙山时期远距离贸易的见证，但是这并没有直接证据支持。陕北地区既然能在龙山时期形成如此庞大而复杂的政体，必然与其自然环境关系密切。虽然这里现在干旱缺水，不适宜农耕，但是四千年前的自然环境并非如此。环境考古研究表明陕北地区在公元前三千纪到公元前二千纪早期气候相对暖湿[37]，与石峁遗址的兴盛期一致，在此阶段可能适宜扬子鳄生存。解决以上的问题，锶同位素分析可能是目前最优的方案。

对此，我们采集到黄河流域三个龙山时期遗址出土的鳄鱼骨板样本，分别为清凉寺、尹家城和丁公遗址。这三个遗址位于不同的地理区位，清凉寺位于晋南，尹家城位于鲁南，丁公位于鲁北，基本可以窥探龙山时期黄河流域鳄鱼骨板的来源情况。遗憾的是，我们未能采集到纬度、海拔最高的石峁遗址出土的鳄鱼骨板样本。

二、样品出土地的考古与环境信息

公元前三千纪后期华北地区社会复杂化进程加剧，进入高级酋邦社会，早期国家正在酝酿之中[38]。清凉寺、尹家城和丁公遗址是龙山文化的大型中心聚落，规模差异明显的房屋和墓葬反映出严重的社会阶层分化，城墙、文字和人殉的发现也昭示着龙山文化已经迫近国家社会的临界点。有幸的是，这三个遗址尚保存有鳄鱼骨板样本。清凉寺四百多座墓葬中仅有三座贵族墓葬发现鳄鱼骨板，墓主人不仅拥有精美的随葬品，M79号墓还有两个活人殉葬，凸显出社会权利的高度集中（图三）[39]。尹家城所有的鳄鱼骨板均出土于聚落中规模最大的M15号墓中，墓室面积达到15平方米，并拥有三重棺椁葬具和丰富的随葬品（图三）[40]。丁公仅在生活垃圾中发现两块鳄鱼骨板，这里虽然还未发现高等级墓葬，但夯土城墙和刻字陶片证明了丁公遗址的特殊地位[41]。

清凉寺位于中条山南麓黄土坡地，地质

图三　清凉寺M54、M79和尹家城M15鳄鱼骨板出土情况

环境属于第四纪黄土沉积区，与之位于相同地质背景的陶寺、殷墟等遗址的本地生物可利用锶同位素范围均位于0.7110～0.7120之间，遗址以北运城盆地内部的黄土可溶性碳酸盐的 $^{87}Sr/^{86}Sr$ 范围是0.71086～0.71130。尹家城地处鲁南山地丘陵地带，地质结构复杂，遗址附近区域自太古界、古生界，到中生界、新生界地层均有分布，流经遗址的泗水发源于寒武纪花岗岩分布地带。丁公位于鲁北第四纪黄河冲积平原，山东黄河河水的 $^{87}Sr/^{86}Sr$ 范围是0.7111～0.7114。

锶同位素分析所用的鳄鱼骨板样本清凉寺4例，尹家城2例，丁公1例，总共代表了5例扬子鳄个体（清凉寺M54中2例样本和尹家城M15中2例样本各属于一例扬子鳄个体）（图四）。清凉寺与丁公遗址样本都呈现出正常骨头的色泽和质地，而尹家城鳄鱼骨板表明和内部均呈灰黑色，这是因为M15在下葬时经过焚烧造成的。高温对锶同位素比值并不产生影响，经模拟实验分析高温焚烧还能增强骨骼抵御成岩污染的能力[42]。

要确定鳄鱼骨板是否本地所产，必须要确定本地生物可利用 $^{87}Sr/^{86}Sr$ 范围。对此，我们对比了三个遗址当地生物样本的 $^{87}Sr/^{86}Sr$ 比值。其中，清凉寺共12例样本，包括猪（n=7）、羊（n=1）、植物（n=4）；尹家城共10例，均为墓葬出土人骨；丁公共15例样本，包括鱼骨（n=10）、猪（n=2）、鹿（n=1）、豪猪（n=1）和兔（n=1）。

尹家城：ZY-9280、ZY-9279、ZY-9278、ZY-9277；丁公：ZY-9303；尹家城：ZY-

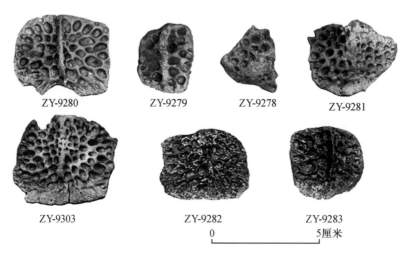

ZY-9280　　　　ZY-9279　　　　ZY-9278　　　　ZY-9281

ZY-9303　　　　　　ZY-9282　　　　　ZY-9283

0　　　　　　　　　5厘米

图四　本研究所用鳄鱼骨板样本

9282、ZY-9283。

三、鳄鱼骨板样本保存状况

　　骨骼在埋藏过程中,各种骨细胞都已萎缩死亡。在地下水、微生物、酶等物质的长期作用下,哈佛氏管中的血管、淋巴、神经和结缔组织等皆遭到破坏,其所含的有机物也被分解殆尽,使得骨骼上形成大量微小孔洞和细管。地下水、土壤等便能进入这些孔道,并向管外渗透和侵蚀,不断置换骨骼中各种无机离子,改变骨骼的化学组成[43]。一旦样品被污染,鳄鱼骨板的锶同位素比值将不能准确反映扬子鳄本身的同位素信息,因此我们需要通过科学方法鉴别鳄鱼骨板样本的污染情况。对于骨骼保存状况的鉴定,国际上主要有 X 射线衍射法、拉曼光谱法和元素分析法。X 射线衍射是分析材料物相组成最成熟、有效的方法,骨骼保存状况的X 射线衍射分析一方面看骨骼羟磷灰石衍射峰的强度,进一步判断其含量和结晶度,另一方面看是否有石英等物质的存在。石英的出现必然是埋藏过程中土壤污染造成的[44]。拉曼光谱能反映物质的分子结构,羟磷灰石拉曼峰的展宽与掺杂原子有关,拉曼峰既强又锐表明其所含羟磷灰石具有良好的结晶度,进一步表明该样品基本未受污染。拉曼

峰弥散则表明羟磷灰石结晶度差,晶格畸变严重,这样的样品污染较为严重。同时,如果骨骼样本受土壤污染出现石英,也能反映在拉曼光谱分析中[45]。对古代骨骼样本进行元素分析,然后对比现代骨骼的元素含量及比值,能更直接地反映骨骼的保存状况。钙磷比是元素分析法最常用的指标。未被污染骨骼无机物中约包含 37% 的钙和 17% 的磷,理论上钙磷含量比值接近 2.15,学术界一般认为钙磷比值落在 2.0 ~ 2.3 之间都可以用于锶同位素分析[46]。近期美国 Grimatead 等[47]公布了一种鉴定骨骼污染状况的微量元素方法,他们利用铀和钒作为指标来评估骨骼的保存状况,这两种元素在骨骼中含量很低,铀的含量甚至低于电感耦合等离子体质谱仪的检测限,但是受污染的骨骼中铀和钒的含量会明显增多,因此可以用这两个元素来判断骨骼的污染情况。

　　在鳄鱼骨板的研究中,我们采用了钙磷元素比值方法。实验方法如下:首先用超纯水将合适大小的骨骼样本在超声波清洗仪中清洗,清洗过程中不断换水,直至液体清澈透明,无肉眼可见杂质。然后将样品晾干,再用牙钻打磨表面,去除骨骼表面可见污染物。打磨后再用超纯水和 5% 醋酸轮流超声波清洗各三遍,然后将样品放置在 5% 醋酸中 24 小时,之后清洗晾干。晾干后装入石

英坩埚，再放入马弗炉中，以875℃灰化8小时。取出灰化样本，称量10mg样本放入特氟龙溶液瓶中，加入1mL超纯硝酸，密闭后在电热板上以150℃热解24个小时，然后将溶解后的液本加入容量瓶中，上机测试。测试所用仪器为中国科学技术大学理化科学实验中心的电感耦合等离子体发射光谱仪，型号为Perkin-Elmer Corporation Optima 7300DV。鳄鱼骨板钙磷含量及比值分析结果见表一。7例样本的钙磷比值范围是2.129～2.310，基本落入2.0～2.3的范围内，表明这些样本均未被污染，可用于锶同位素分析。

表一 鳄鱼骨板的钙磷含量及比值

样品编号	遗址	Ca（μg/mg）	P（μg/mg）	Ca/P
ZY-8278	清凉寺	87.64	40.85	2.145
ZY-9279	清凉寺	94.76	42.28	2.241
ZY-9280	清凉寺	68.48	32.16	2.129
ZY-9281	清凉寺	92.71	40.13	2.310
ZY-9282	尹家城	70.54	31.44	2.244
ZY-8283	尹家城	72.57	33.55	2.163
ZY-9303	丁公	132.00	52.76	2.502

四、锶同位素分析结果

锶同位素分析实验方法见《丁公遗址水生动物资源的锶同位素研究》[48]。清凉寺4例鳄鱼骨板样本 $^{87}Sr/^{86}Sr$ 比值集中分布，范围是0.711421～0.711527；动物与现代植物样本的 $^{87}Sr/^{86}Sr$ 比值范围是0.711247～0.711710。尹家城2例鳄鱼骨板样本来自同一个体，$^{87}Sr/^{86}Sr$ 比值分别为0.712388和0.712384，基本重合；10例人骨骨骼的 $^{87}Sr/^{86}Sr$ 范围是0.7123664～0.712753。丁公1例鳄鱼骨板样本 $^{87}Sr/^{86}Sr$ 比值是0.711229；多种动物的 $^{87}Sr/^{86}Sr$ 范围是0.711009～0.711518。三个地点生物样本的 $^{87}Sr/^{86}Sr$ 比值范围均与地质背景相符，因此将其作为本地生物锶同位素背景值是合理的。对比发现，3处遗址出土的鳄鱼骨板 $^{87}Sr/^{86}Sr$ 均落入当地生物锶同位素背景值中，表明这些扬子鳄都属于本地动物（图五）。

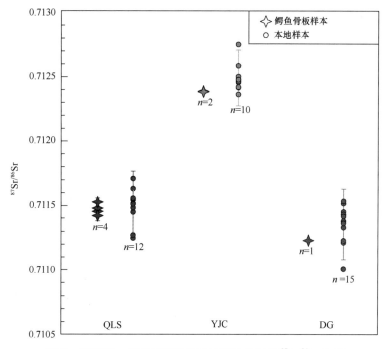

图五 清凉寺、尹家城和丁公遗址鳄鱼骨板的 $^{87}Sr/^{86}Sr$ 比值

五、讨论与总结

清凉寺、尹家城、丁公三个遗址的鳄鱼骨板的锶同位素数据与本地锶同位素范围相符，这表明它们很可能都是本地所产。但是也要考虑到不同地区锶同位素的重叠效应。比如说这些鳄鱼骨板为长江流域所产，但是产地的生物可利用锶同位素比值范围与最终消费地的锶同位素比值范围相同或接近，那锶同位素分析就会得出错误的结论。可惜广阔的长江流域尚未进行充分的锶同位素考古研究，所以我们不能排除这种情况。但是考虑到三个遗址的鳄鱼骨板都与本地锶同位素范围相一致，我们还是认为这些扬子鳄属于本地的可能性较大。

我们的结果虽然没有发现扬子鳄或鳄鱼皮的贸易，但是证明公元前三千纪的龙山时代华北地区有扬子鳄生存，这一结果具有重要的古环境意义。扬子鳄对生存环境的要求较高，今天华北地区干冷的气候特征已经不适宜这种动物生存，动物园一般将其置于室内恒温恒湿环境才能保证其生存。Markwick[49]统计了现代鳄鱼的分布，他认为最冷月均温在5.5℃以上，全年均温在14.2℃以上的地区鳄鱼才能生存。清凉寺、尹家城和丁公所在地区现代年均温分别为14℃、13.4℃和13.5℃，最冷月均温都在−2℃左右，因此扬子鳄在现代这些地区都不可能存活。我们的研究结果表明，与现今相比，公元前三千纪黄河流域的气候环境较为暖湿，适宜扬子鳄生存，这对复原古环境具有重要意义。

除了环境意义，黄河流域在新石器时代有扬子鳄生存的结果对文明进程中的信仰研究也具有重要意义。龙崇拜是中国最重要、最悠久的信仰之一，对于龙是怎么产生的，学者们众说纷纭[50]。其中，有学者指出中国早期信仰的龙是从扬子鳄演化

来的[51]。扬子鳄又被称为"土龙"，也许就是反映了二者之间的密切关联。黄河流域扬子鳄遗存的出土背景特殊，贵族独享的特征表明人们在这种动物身上赋予了高贵、神圣的含义。现在我们将扬子鳄的锶同位素分析结果和黄河流域出土疑似扬子鳄图像以及相关历史文献记载联系起来后推断，在龙山至夏商时期，扬子鳄被人们当作龙的化身，同时拥有扬子鳄的人也被赋予了神圣的权力。

上文讲到，良渚文化发现了刻划鳄鱼纹陶器，这种鳄鱼图像是写实的，人们通过直观方式就可以分辨出这是鳄鱼图像。在黄河流域新石器时代也有鳄鱼图像，只不过需要对比分析才可将其识别出来。陶寺早期4座大型墓葬中各出土了一件彩绘盘龙纹陶盘。以往仅正式公布了M3072：6号陶盘，学界对此最为熟悉，另外三件是在《襄汾陶寺》发掘报告中正式公布的[52]，尚未有深入的研究。其中，M3073：30号彩绘龙纹陶盘内壁以红白两色绘制蟠龙纹，龙尾蟠卷至底心，以红色绘龙头及躯干轮廓，又以红色、底色、白色上绘红点及白点（图六）。这件蟠龙纹盘相比于其他三件龙盘更为精致，纹饰更加完整，最突出的特点是龙身上的白点和红点，这在其他三件龙盘身上不见，这也是识别龙纹原型的最重要特征。这些圆点并非简单的装饰纹样，其实它表现的是因皮内骨板所形成的扬子鳄表皮特征。另外，几件龙盘纹饰的长吻特征也与扬子鳄吻部特征是相同的。因此，我们认为在陶寺"王"级墓葬中占据相当高地位的龙盘上其实绘制的是扬子鳄的图像，与共出的"鼍鼓"共同表达了陶寺贵族对扬子鳄的崇拜。

公元前2000年之后，中原地区进入青铜时代，二里头和商代鳄鱼纹青铜器的发现更加明确了扬子鳄与龙的关系。青铜

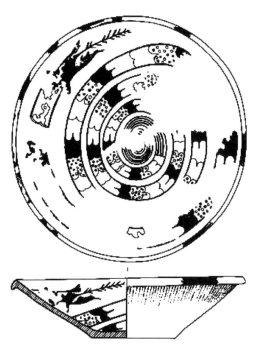

图六　陶寺 M3073：30 鳄鱼纹陶盘

时代早期规模最大的二里头遗址普遍被认为是夏王朝的都城，这里的灰坑垃圾中发现了一定数量的扬子鳄遗骸[53]，但是没有在墓葬中发现鳄鱼骨板。扬子鳄在二里头社会中具有怎样的意义呢？我们认为二里头贵族墓葬中出土的绿松石铜牌饰图像的原型是扬子鳄。截至目前，二里头共有3座高等级贵族墓葬（IVM4、VIM11 和VIM57），墓主人腰部随葬了镶嵌绿松石铜牌，以及配套的铜铃[54]（图七，a）。镶嵌绿松石铜牌以青铜作为承托物，正面凸起的阳线勾勒出图像轮廓，轮廓内部用绿松石方形薄片进行马赛克式的镶嵌。对于铜牌饰图像的解读众说纷纭，绝大多数学者将其含糊地认定为兽面纹饰[55]，并提出这是商代青铜器兽面纹的原型，但这种认识存在明显的疑点。假如将其看作兽面的话，本应位于图像上部的眼睛却均出现在图像下方，眼睛之上的占图像面积三分之二的部分又是什么呢？对此有学者提出眼睛上方是神兽的冠饰[56]。而我们认为绿松石铜牌饰上的图像并非正视图，而是俯视

图，它所表达的是一只整体的动物，而其共同特征就是长吻和四爪，以及青绿色绿松石方形薄片所表现的扬子鳄外皮。IVM4前爪前伸，后爪蜷缩；VIM11 前后爪均蜷缩；VIM57 前爪前伸并展开，后爪省略。美国赛克勒博物馆收藏的一件绿松石铜牌饰（图八）主体部分与二里头出土铜牌饰是相同的，只是上部多出一部分，这实际上是表现了扬子鳄的尾部，只不过在大部分的铜牌饰上被省略掉了。由此，我们认为二里头绿松石铜牌饰上的图像实际上是对扬子鳄不同形态的生动描绘。绿松石铜牌饰是二里头文化时期铜器铸造与宝石加工技术的完美结合，代表了夏王朝宫廷匠人的高超技艺。这种高精尖技术描绘出的图像必然来自统治者的精神信仰。

除了铜牌饰，迄今为止二里头发现的等级最高的一座墓葬 2002VM3 中出土了一件绿松石龙形器（图七，b）。2002VM3 发现于二里头宫殿区内，其位置刚好处在 3 号大型宫殿基址前殿院落中心位置，墓葬中不仅仅发现了丰厚的随葬品，在墓主人尸骨之上还有用绿松石薄片拼合而成的龙图像[57]。推测这些绿松石薄片本黏结在某种织物之上，出土之时织物已经腐烂。该作品不仅与绿松石铜牌饰的构图技法相同，而且也与腰部铜铃共出，显示此器与铜牌饰的功用有相似之处。考虑到这座墓葬处于宫殿宗庙院落之内，随葬品异常丰富，有学者认为墓主人是一代夏王[58]，墓主人身上的龙形器正是王的标志。出土铜牌饰的三座墓葬等级仅次于2002VM3，墓葬的主人很可能是王族成员，他们的身份标志物就是扬子鳄。这种以动物作为社会等级标志物的制度一直延续到清朝。龙的图像被严格控制，仅皇帝拥有使用权，其他官吏的官服上刺绣不同动物以表示品级。

鳄鱼骨板在商代集中发现于殷墟，殷墟王陵中发现了疑似木质蒙皮鼍鼓遗存。日本泉屋博古馆收藏还有一件青铜鼓珍品

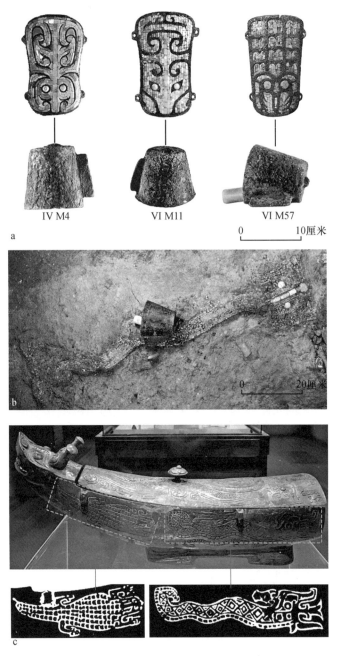

图七　考古出土夏商时期的鳄鱼图像

a. 二里头遗址贵族墓葬中发现的镶嵌绿松石铜牌饰和铜铃　b. 二里头遗
址 2002VM3 出土的绿松石龙形器和铜铃　c. 山西石楼桃花庄遗址出土的
龙与鳄鱼纹兽形青铜觥

（图九），据传出土于湖北崇阳，它的鼓面
被装饰成鳄鱼皮纹样，侧面则满布夔龙纹，
这件铜鼓一方面再现了鼍鼓的真实面貌，
另一方面其龙纹、鳄鱼皮纹的组合特征也
是值得注意的。商代扬子鳄与龙更明确的

关系出现在另一件商代青铜器上，即山西
石楼桃花庄遗址出土的一件商代青铜觥整
体是龙的造型，它的侧面装饰有扬子鳄尾
随在龙之后的图像（图七，c）[59]。以上
的例子充分说明商人承袭了夏代的龙崇拜

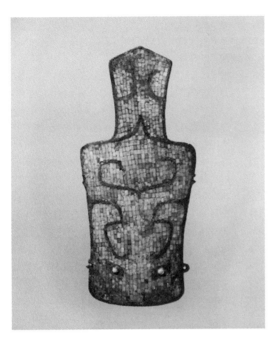

图八　美国赛克勒博物馆藏绿松石铜牌饰

图九　日本泉屋博古馆收藏的青铜鼍鼓

体系，将鳄鱼当作龙的化身，纳入龙崇拜的体系中。

《左传》和《竹书纪年》是成书于战国时期（公元前475～前221年）的编年体史书，都记载了从尧舜到夏代有专职养龙的家族。《左传·昭公二十九年》记载了魏献子在都城附近见到"龙"后，然后蔡墨详细讲述了古代养龙的故事："昔叔安，有

裔子曰董父，实甚好龙，能求其耆欲以饮食之，龙多归之，乃扰畜龙，以事帝舜，帝赐之姓曰董，氏曰豢龙，封诸鬷川，鬷夷氏其后也。帝舜氏世有畜龙，及（有）夏孔甲，扰于有帝。帝赐之乘龙，河汉各二，各有雌雄。孔甲不能食，而未获豢龙氏。陶唐氏既衰，其后有刘累学扰龙于豢龙氏，以事孔甲，能饮食之，夏后嘉之，赐姓（氏）曰御龙……"

大意为，一个名叫董父的人很喜欢龙，能够了解龙的嗜好来喂养它们，很多龙去他那里，于是他就驯服饲养龙，用来伺候帝舜。帝舜赐他的氏族叫"豢龙"，所以在帝舜统治时期世代有专职养龙的人员。夏代国君孔甲得到两条龙，但不会饲养，又找不到豢龙氏。陶唐氏的后代刘累曾经向豢龙氏学习驯龙，就为孔甲饲养这两条龙。孔甲为了嘉奖他，赐氏叫御龙。

陶唐氏、帝舜和孔甲的活动地点从大范围上讲是豫西晋南，从具体遗址上讲，恐怕难以和陶寺、二里头遗址脱离关系。这两个遗址都发现了龙的形象，同时这些龙的形象都与扬子鳄图像有关，而且这两个遗址都发现了鼍鼓或鳄鱼遗骸，传说夏代立法《夏小正》中更是有剥鳄鱼皮蒙鼓的记载。魏献子见到"龙"时的惊奇表明春秋时期"龙"已经很少见到了，这与鳄鱼遗骸在商代之后黄河流域基本不见出土的情况是一致的。将这些点联系在一起，可以比较肯定地认为《左传·昭公二十九年》中记载的"龙"就是扬子鳄，而"豢龙氏"与"御龙氏"就是驯养扬子鳄的专职人员。

虽然我们没有发现扬子鳄或其制品的远距离贸易，但这并不代表新石器时代晚期不存在远距离的动物贸易，希望通过这项研究推动相关同位素示踪分析的推进。龙山文化时期鳄鱼骨板的锶同位素数据仍然具有重要意义，因为这些数据支持了扬子鳄为本地所产，这对于确定黄河流域，

尤其是黄河中游地区所谓"龙"的存在起到了非常关键的作用。

注　释

［1］　陈壁辉、华田苗、吴孝兵等：《扬子鳄研究》，上海科技教育出版社，2003 年。

［2］　Iijima M, Takahashi K, Kobayashi Y. The Oldest Record of Alligator Sinensis from the Late Pliocene of Western Japan, and Its Biogeographic Implication. J Asian Earth Sci, 2016, 124: 94-101.

［3］　文焕然、黄祝坚、何业恒等：《试论扬子鳄的地理变迁》，《湘潭大学自然科学学报》1981 年第 1 期。

［4］　薛新明：《文明起源的横截面——清凉寺史前墓地》，《大众考古》2013 年第 6 期，第 52 ~ 57 页。

［5］　吴晓桐、张兴香、宋艳波等：《丁公遗址水生动物资源的锶同位素研究》，《考古》2018 年第 1 期，第 111 ~ 118 页。

［6］　Thornton E K. Reconstructing Ancient Maya Animal Trade through Strontium Isotope (^{87}Sr/ ^{86}Sr) Analysis. Journal of Archaeological Science, 2011, 38(12): 3254-3263.

［7］　孙丹：《略论史前时期黄、淮河流域随葬猪下颌骨习俗》，《考古》2017 年第 10 期，第 78 ~ 89 页。

［8］　中国社会科学院考古研究所：《青龙泉与大寺》，科学出版社，1991 年。

［9］　陈相龙、罗运兵、胡耀武等：《青龙泉遗址随葬猪牲的 C、N 稳定同位素分析》，《江汉考古》2015 年第 5 期，第 107 ~ 115 页。

［10］　浙江省文物考古研究所：《河姆渡》，文物出版社，2003 年。

［11］　湖北省文物考古研究所：《宜都城背溪》，文物出版社，2001 年。

［12］　浙江省文物考古研究所、萧山博物馆：《跨湖桥》，文物出版社，2004 年。

［13］　袁靖：《论中国新石器时代居民获取肉食资源的方式》，《考古学报》1999 年第 1 期，第 1 ~ 22 页。

［14］　张明华：《罗家角遗址的动物群》，《浙江省文物考古所学刊》，文物出版社，1981 年，第 43 ~ 51 页。

［15］　Chang K C. The Archaeology of Ancient China. Yale University Press, 1986.

［16］　李天元：《沙市周梁玉桥商代遗址中的扬子鳄》，《江汉考古》1984 年第 2 期，第 95、96 页。

［17］　刘斌：《莫角山良渚文化古城墙的发现与发掘》，《2007 中国重要考古发现》，文物出版社，2008 年。

［18］　浙江省文物考古研究所：《浙江海盐县龙潭港良渚文化墓地》，《考古》2001 年第 10 期，第 26 ~ 45 页。

［19］　浙江省文物考古研究所：《庙前》，文物出版社，2005 年。

［20］　河南省文物考古研究所：《舞阳贾湖》，科学出版社，1999 年。

［21］　中国社会科学院考古研究所山东工作队：《山东汶上县东贾柏村新石器时代遗址发掘简报》，《考古》1993 年第 6 期，第 461 ~ 467 页。

［22］　中国社会科学院考古研究所：《山东王因：新石器时代遗址发掘报告》，科学出版社，2000 年。

［23］　周本雄：《山东兖州王因新石器时代遗址中的扬子鳄遗骸》，《考古学报》1982 年第 2 期，第 251 ~ 260 页。

［24］　中国社会科学院考古研究所：《二里头（1999—2006）》，文物出版社，2014 年。

［25］　山东省文物管理处：《大汶口》，文物出版社，1974 年。

［26］　山东大学历史系考古专业教研室：《泗水尹家城》，文物出版社，1990 年。

［27］　中国社会科学院考古研究所山东工作队：《山东临朐朱封龙山文化墓葬》，《考古》1990 年第 7 期，第 587 ~ 594 页。

［28］　山西省考古研究所：《清凉寺史前墓地》，文物出版社，2016 年。

［29］　山东省文物考古研究所：《山东莒县杭头遗址》，《考古》1988 年第 12 期，第 1057 ~ 1071 页。

［30］　陕西省考古研究院：《陕西神木县石峁遗址后阳湾、呼家洼地点试掘简报》，《考古》2015 年第 5 期。

［31］　饶小艳：《邹平丁公遗址龙山文化时期动物遗存研究》，山东大学硕士学位论文，2014 年。

［32］　陕西省考古研究院：《陕西神木县石峁遗址后阳湾、呼家洼地点试掘简报》，《考古》2015 年第 5 期。

［33］　中国社会科学院考古研究所二里头工作队：《河南偃师市二里头遗址宫城及宫殿区外围道路的勘察与发掘》，《考古》2004 年第 11 期，第 3 ~ 13 页。

［34］　山西省考古研究所：《清凉寺史前墓地》，文物出版社，2016 年。

［35］　饶小艳：《邹平丁公遗址龙山文化时期动物遗存研究》，山东大学硕士学位论文，2014 年。

［36］　中国社会科学院考古研究所山东工作队：《山东临朐朱封龙山文化墓葬》，《考古》1990 年第 7 期，第 587 ~ 594 页。

［37］　Sun Z, Shao J, Liu L, et al. The First Neolithic Urban Center on China's North Loess Plateau: The Rise and Fall of Shimao. Archaeological Research in Asia, 2017.

［38］　苏秉琦：《中国文明起源新探》，人民出版社，1999 年；严文明：《龙山文化和龙山时代》，《文物》1981 年第 6 期，第 41 ~ 48 页；严文明：《中国文明起源的探索》，《中原文物》1996 年第 1 期，第 10 ~ 16

页；严文明、李零：《中华文明史（第一卷）》，北京大学出版社，2006 年；刘莉：《中国新石器时代：迈向早期国家之路》，文物出版社，2007 年。

［39］ 山西省考古研究所：《清凉寺史前墓地》，文物出版社，2016 年。

［40］ 山东大学历史系考古专业教研室：《泗水尹家城》，文物出版社，1990 年。

［41］ 栾丰实：《丁公龙山城址和龙山文字的发现及其意义》，《文史哲》1994 年第 3 期，第 85 ~ 89 页。

［42］ Snoeck C, Lee-Thorp J A, Schulting R J. From Bone to Ash: Compositional and Structural Changes in Burned Modern and Archaeological Bone. Palaeogeography Palaeoclimatology Palaeoecology, 2014, 416: 55-68.

［43］ Price T D, Blitz J, Burton J, et al. Diagenesis in Prehistoric Bone: Problems and Solutions. Journal of Archaeological Science, 1992, 19(92): 513-529.

［44］ Stathopoulou E T, Psycharis V, Chryssikos G D, et al. Bone Diagenesis: New Data from Infrared Spectroscopy and X-ray diffraction . Palaeogeography Palaeoclimatology Palaeoecology, 2008, 266 (3-4):168-174; Beasley M M, Bartelink E J, Taylor L, et al. Comparison of Transmission FTIR, ATR, and DRIFT Spectra: Implications for Assessment of Bone Bioapatite Diagenesis. Journal of Archaeological Science, 2014, 46(1): 16-22.

［45］ Kirchner M T, Edwards H G M, Lucy D, et al. Ancient and Modern Specimens of Human Teeth: A Fourier Transform Raman Spectroscopic Study. Journal of Raman Spectroscopy, 1997, 28(2-3): 171-178.

［46］ Price T D, Blitz J, Burton J, et al. Diagenesis in Prehistoric Bone: Problems and Solutions. Journal of Archaeological Science, 1992, 19(92): 513-529; Kohn M J, Schoeninger M J, Barker W W. Altered States: Effects of Diagenesis on Fossil Tooth Chemistry. Geochim Cosmochim Acta, 1999, 63(18): 2737-2747.

［47］ Grimstead D N, Clark A E, Rezac A. Uranium and Vanadium Concentrations as a Trace Element Method for Identifying Diagenetically Altered Bone in the Inorganic Phase. Journal of Archaeological Method & Theory, 2017(7): 1-16.

［48］ 吴晓桐、张兴香、宋艳波等：《丁公遗址水生动物资源的锶同位素研究》，《考古》2018 年第 1 期，第 111 ~ 118 页。

［49］ Markwick P J. Fossil Crocodilians as Indicators of Late Cretaceous and Cenozoic Climates: Implications for Using Palaeontological Data in Reconstructing Palaeoclimate. PalaeogeographyPalaeoclimatologyPalaeoecology, 1998, 137(3-4): 205-271.

［50］ 孙守道、郭大顺：《论辽河流域的原始文明与龙的起源》，《文物》1984 年第 6 期，第 11 ~ 17 页；王克林：《龙图腾与夏族的起源》，《文物》1986 年第 6 期，第 55、56 页；李学勤：《论二里头文化的饕餮纹铜饰》，《中国文物报》1991 年 10 月 20 日；石兴邦：《中华龙的母体和原型是"鱼"——从考古资料探索"中华龙"的起源和发展》，《濮阳职业技术学院学报》2011 年第 24 卷 3 期，第 1 ~ 5 页。

［51］ 景以恩：《龙的原型为扬子鳄考辨》，《民俗研究》1988 年第 1 期，第 69 ~ 74 页。

［52］ 中国社会科学院考古研究所：《襄汾陶寺——1978 ~ 1985 年发掘报告》，文物出版社，2015 年。

［53］ 杨杰：《二里头遗址出土动物遗骸研究》，《中国早期青铜文化——二里头文化专题研究》，科学出版社，2008 年。

［54］ 中国社会科学院考古研究所二里头工作队：《1981 年河南偃师二里头墓葬发掘简报》，《考古》1984 年第 1 期，第 37 ~ 40 页；中国社会科学院考古研究所二里头工作队：《1984 年秋河南偃师二里头遗址发现的几座墓葬》，《考古》1986 年第 4 期，第 318 ~ 323 页；中国社会科学院考古研究所二里头工作队：《1987 年偃师二里头遗址墓葬发掘简报》，《考古》1992 年第 4 期，第 294 ~ 303 页。

［55］ 李学勤：《论二里头文化的饕餮纹铜饰》，《中国文物报》1991 年 10 月 20 日；王金秋：《谈二里头遗址出土的铜牌饰》，《中原文物》2001 年第 3 期，第 18 ~ 20 页；王青：《镶嵌铜牌饰的初步研究》，《文物》2004 年第 5 期，第 65 ~ 72 页；量博满：《浅谈二里头文化的铜牌饰》，《二里头遗址与二里头文化研究》，科学出版社，2006 年。

［56］ 王青：《镶嵌铜牌饰的初步研究》，《文物》2004 年第 5 期，第 65 ~ 72 页。

［57］ 中国社会科学院考古研究所二里头工作队：《河南偃师市二里头遗址宫城及宫殿区外围道路的勘察与发掘》，《考古》2004 年第 11 期，第 3 ~ 13 页；中国社会科学院考古研究所：《二里头（1999—2006）》，文物出版社，2014 年。

［58］ 方孝廉：《二里头遗址新的考古发现与思考》，《二里头遗址与二里头文化研究》，科学出版社，2006 年。

［59］ 谢青山、杨绍舜：《山西吕梁县石楼镇又发现铜器》，《文物》1960 年第 7 期，第 51、52 页。

The Origin and Significance of Yangtze Alligators Osteoderms of the Yellow River

Wu Xiaotong Zhang Xingxiang Jin Zhengyao Song Yanbo Luan Fengshi Xue Xinming

Abstract: Endangered wild Yangtze alligators (*Alligator sinensis*) inhabit the downstream subtropical lakes and swamps of the Yangtze River at a latitude of approximately 30° N. What remains puzzling is the discovery of the remains of Yangtze alligators at many Middle and Late Neolithic archeological sites in North China, mainly in the form of alligator osteoderms buried in tombs of the elite. To determine whether these Yangtze alligators were indigenous or were part of long-distance trading between the northern and southern parts of China, we conducted a strontium isotope analysis of alligator osteoderms from three archaeological sites dating from the Late Neolithic Age (2500-1900BC). The results show that these remains are mainly indigenous, which means that the northern boundary of the distribution of Yangtze alligators may even have reached the Yellow River basin 4000 years ago. Based on historical records from the Longshan and Erlitou Periods (2500-1600BC), which mention some clans specializing in breeding "dragons" during the Yu (虞) and Xia (夏) Dynasties, combined with the discovery of dragon and alligator images from the Xia and Shang Dynasties, we believe that society at that time viewed Yangtze alligators as the manifestation of "dragons".

植硅体在稻作起源研究中的应用[*]

吴　妍

（中国科学院古脊椎动物与古人类研究所，北京，100044）

一、植硅体概述

人类自诞生的那一刻起，即与植物界有着十分密切的关系，研究人类与植物关系是探索人类生存与发展过程的永恒主题。然而，由于保存环境的限制，难以确保植物遗存的发现，制约了人类与植物关系的研究进程。令人欣慰的是，植物原来的形态、结构信息往往保留在微体植物化石中，因此系统分析遗址中的微体植物化石已经成为必然趋势。

植硅体是微体植物化石的重要成员。植硅体是指某些高等植物从地下水中吸取可溶性二氧化硅而后沉淀于植物细胞内或细胞外部位置，由此形成的含水非晶态二氧化硅颗粒[1]。植物体的根、茎、叶、鞘等部位均可产生植硅体，但不同器官中含量不同。植硅体在形成过程中"复制"细胞体的原有形态，其形态特征主要依赖于植物组织及细胞的形态类型。而每一类植物产生的植硅体形态主要由积累硅的细胞类型和它在植物体中的具体位置决定。同时，植硅体通过多种方式从其有机体中释放出来，最常见的方式是通过植物的死亡和腐烂从而向土壤剖面或考古堆积物中释放出硅质体，还可以通过动物的粪便或大火释放到自然环境之中[2]。

植硅体分析就是利用植硅体的原地沉积及其形态上的种间差异等独特优势，对比分析土壤中所含植硅体的大小、形状、种类及丰度，并依此推断其母源植物的种类和（或）产量，复原古代植被环境、农业活动以及探索人类活动对环境影响的一种方法。近年来植硅体分析方法早已在古气候、古生态和考古等领域得到广泛应用。

植硅体分析在考古学中的应用表现更为突出。它是从考古研究的实际出发，利用植硅体产量高、分布广、耐高温、抗分化和原地沉积等特征[3]，创见性地选择和分析与古代人类活动直接或间接相关的植硅体，进而认识和了解古代人类与植物的相互关系，揭开古植物学的神秘面纱，复原古代人类生活方式，解释人类文化的发展与过程，有力地推动考古学的发展。

20世纪70年代以来，植硅体分析在考古学，特别是环境考古、农业考古诸多研究领域中都有着广泛运用，尤其在农作物的起源和传播研究中发挥了重要作用。比如美洲玉米、南瓜、香蕉的起源与传播[4]，西亚小麦与大麦植物的起源与传播[5]，东亚地区粟黍的鉴定与区分[6]以及稻作农业的起源与传播等[7]，都呈迅速上升趋势。植硅体的独特优势和不可替代性，已一再为众多不同考古遗存的研究提供丰富的、有价值的信息。

* 本文受国家自然科学基金项目资助（41472145）。

二、稻作起源研究的新进展

末次冰消期以来，人类赖以生存的气候环境发生了巨大变化，改变了人类活动特征和生存状态，以不同方式完成了从渔猎采集向原始农业的革命性转变。种植水稻作为早期先民适应环境的重要手段，开辟了人类生产食物资源的新纪元，是人类文明历史发展过程中最重要的事件之一。

水稻是世界上最重要的粮食作物之一，养活了全球近半数以上的人口。水稻的起源研究，一直是农业考古研究的中心议题之一，是尚未解决的重要理论问题[8]。关于稻作起源时间、地点和动因的研究开始于20世纪40年代，一百多年以来，植物学家、农学家、考古学家、历史学家以及分子生物学家等相关学者的相继加入，先后产生了印度起源说、东南亚山地起源说、云南-阿萨姆起源说、长江中游起源说、长江下游起源说、长江中下游起源说、淮河流域起源说等不同的学术观点[9]。直到20世纪70年代，中国浙江余姚河姆渡遗址7000多年前古稻的发现，才将水稻起源地逐渐转向中国的长江中下游地区。

21世纪以来，稻作农业活动的考古植物指标记录研究已采用了植物大遗存（如碳化颗粒、小穗轴）和微体化石（植硅体、花粉和淀粉粒）以及同位素和古DNA分析等许多新手段和新方法。特别是随着植物考古方法在中国田野考古中的兴起与应用，新发现和新资料不断涌现，在稻作农业起源和发展研究方面取得了许多重要成果[10]。因此，越来越多的考古学证据将稻作农业的发生聚焦到长江中下游地区，其稻作农业起源中心地位基本得以确认。

虽然最新的分子生物学研究基于中国广西的普通野生稻与栽培稻的亲缘关系，认为水稻最早驯化可能始于广西的珠江流域[11]，但由于缺少相关考古证据支持，也存在很大争议。基于大量植物考古资料和分子生物学证据，水稻最早驯化起源于中国长江中下游地区的观点基本被国际学术界认可。

三、水稻植硅体研究的新进展

目前，古稻遗存的鉴定已有许多新手段和新方法，但在早期考古地层研究方面仍面临很多问题。在古DNA分析方面，炭化或灰化遗存的古DNA提取面临易污染、难操作、难以深入应用的问题。而对于稻谷和小穗轴来说，早期地层中往往难以发现这两类植物大遗存。此外，野生稻和驯化稻孢粉和淀粉粒形态鉴定特征尚不明确。令人欣慰的是，水稻植硅体产量大，抗风化能力强，具有耐腐蚀、易保存等独特特性[12]。水稻植硅体的这些优点，使其分析方法得到长足的发展，业已成为获取和鉴定稻作遗存，分辨野生和栽培水稻的一个重要且有效的手段。

对水稻植硅体形态学研究，国内外同行做了大量的工作。水稻植硅体具有三种特征类型，即产生于颖壳的双峰型植硅体（有些呈大块的硅化骨架形态），产生于叶片的扇型植硅体和叶茎中的横排哑铃型植硅体。目前，这三种植硅体形态是确定水稻遗存的有效标准[13]。之前发现，横排哑铃型不仅存在于稻属中，也存在于假稻属和菰属中，因此其单独出现不能作为水稻遗存的鉴定标志[14]。

而水稻的双峰型植硅体来源于水稻颖壳外稃，其表面由多列排列整齐的"陇状乳突座"的表皮细胞组成，"在乳突座上生着生乳突"[15]。对水稻的颖壳双峰乳突植硅体进行研究，包括对野生与驯化、粳稻与籼稻的判别分析，已有多位学者进行过尝试。Pearsall[16]和赵志军等对106种稻属样品（分别为27个来自中国的栽培稻，及79个分属于9个不同种属的东南亚和南亚野生稻）中双峰型植硅体进行参数的测量与判别分析，建立了基于双峰型植硅体5个形态测量参数建立了一套判别函数，用于野生/驯化性质判别。根据判别分析和聚类分析的结果，赵志军等建立了两个判别公式，将未知的稻种双峰型植硅体的测量结果分别代入到两个公式中验证，可将其归入野生、驯化或不确定三组，其结果可达到较为准确的程度。多个测量数据可增加该判别式对稻种类别的准备判断[17]。而后顾延生等基于同样的样品，继续印证了这些参数能够成功地区分野生和驯化稻[18]。

除了区分野生稻与驯化稻外，双峰型植硅体也能区分粳稻和籼稻。张文绪等研究发现，粳稻和籼稻的双峰乳突的纵距、横距和纵/横比等参数存在极大差异性，籼稻的纵距大于横距，粳稻的纵距小于横距，可以作为识别粳稻和籼稻的标准之一；加上峰角度（峰两边切钱的交点所形成的角度）、垭角度（垭的两条内切线的交点所形成的角度）等的分析，认为判断籼稻的双峰乳突为"锐型"，简称A型；而粳稻的双峰乳突为"钝型"，简称O型。在已知粳籼稻的情况下，其判别准确率可达96.4%[19]。此外，还有学者利用双峰型植硅体特征来探讨粳稻与籼稻是否同一起源的问题。如徐中根等对19个双峰型乳突类稻种测定，利用DPS聚类分析，表明亚洲栽培稻粳稻与普通野生稻、非洲栽培稻的关系较近，聚为一类；而亚洲栽培稻籼稻与短舌野生稻的关系较近，并认为亚洲栽培稻粳稻与籼稻有可能是不同的起源。该结论与水稻古DNA一些分析结果相反[20]。

与双峰型植硅体相比，水稻扇型植硅体产量很大，一枚稻叶可能会产出5万个扇型植硅体，地层中保存丰富，在研究中也开展得较为广泛。扇型植硅体来源于禾本科植物叶片表皮的泡状细胞，其形态、大小、纹饰等特征会真实反映母源植物形

态，因此我们通过扇型植硅体寻找相应植物遗存的基础，进而为水稻的分析鉴定提供依据。与其他禾本科植物相比，水稻扇型植硅体在形态和纹饰上都具有较为明确的鉴定特征[21]。"形态上，水稻扇型的扇面完整，半圆的弧度也较光滑。通过形态参数的测量分析，有学者还建立了鉴定到稻属一级的判别函数。纹饰上，水稻扇型植硅体半圆面上具有排列较整齐的龟裂纹纹饰，两个侧面具有脊状突起，这是稻属扇型植硅体的显著特征"[22]。

利用水稻扇型植硅体区分野生稻和驯化稻，主要有两种方法：一是形态学，通过对水稻扇型植硅体长、宽、厚及b/a值（a为扇柄长，b为扇面长）四个参数测量，进行野生稻与栽培稻的判别。然而Pearsall等人的研究发现，这一方法正确性仅有60.95%，有些水稻亲缘植物更有超过25%的概率被错认为为驯化稻[23]，因此单独使用扇型植硅体的形态学测量并不能有效区分野生稻和栽培稻；另一种是利用水稻扇型植硅体龟裂纹纹饰进行判定。藤原宏志研究认为，"野生稻扇型植硅体龟裂纹纹饰大且不规则，变化范围较大，侧面形态为各种各样的条形纹，而驯化稻的则是龟甲纹"，这是从形态上面的最初认识[24]。

而水稻扇型植硅体野生与驯化的判别分析，近期已有一些新的认识。吕厚远等通过对7种野生稻和6种驯化稻扇型植硅体龟裂纹纹饰数量的对比分析，发现驯化稻纹饰数量大多在8~14个之间，而野生稻的大多少于9个。虽然数据上有交叉，但是还是有一定的统计学意义[25]。在此基础上，郇秀佳等通过稻田表土扇型植硅体的研究，揭示了野生稻和驯化稻扇型植硅体鱼鳞状纹饰数量的差异，并提出了定量化区分标准[26]。这一标准目前已在稻作农业起源和传播的研究上发挥重要作用。

利用水稻扇型植硅体区分粳稻和籼

稻，主要是使用 b/a 数值的判别式法。大多数认为籼稻扇型植硅体属薄而圆型（α型，也称钝型），其 b/a 值多数大于 1；而粳稻是厚而尖型（β型，也称锐型），其 b/a 值大多小于 1。张文绪等根据 b/a 值将 7 个稻种的扇型植硅体分为长柄型（b/a<0.8）、短柄型（b/a>1.21）和中间型（b/a=0.81～2.21）三类，其中籼稻大多属于短柄型。虽然用 b/a 值判断其数值存在一定的重叠，但这一方法区分粳稻与籼稻的趋势是存在的[27]。

综上所述，水稻植硅体研究不断取得新的进展，水稻双峰型植硅体和水稻扇型植硅体已成为重要手段，将在水稻研究领域发挥着重要的作用，使得稻作起源研究走向更好的广度与深度。

四、植硅体在水稻起源研究应用的成果

在水稻起源研究领域，中国学者最初利用水稻植硅体这一重要手段，有三项开创性的应用。一个是赵志军等在吊桶环遗址，利用水稻双峰型植硅体判别标准，鉴定出距今 10000 年前后的驯化特征水稻双峰型植硅体[28]。二是吕厚远等运用水稻扇形鱼鳞状纹饰特征，在东海 DG9603 钻孔的样品中发现了距今 13900 年驯化稻特征的水稻扇型植硅体[29]。三是张文绪等利用现代粳稻和籼稻颖壳双峰体研究基础，将其应用到考古遗址水稻稻壳或者有稻壳印痕的陶片。在缺乏古代稻粒的情况下，创立陶片水稻印痕研究法。通过这一方法，他们分析了湖南澧县彭头山遗址出土的陶片，认定距今 8000 年前的彭头山古稻的乳突性状已向粳稻类型方向演化，这也表明彭头山古稻是我国驯化稻起源发展中的重要一环[30]。

而近年来关于中国水稻驯化机制的最新认识，有两种截然不同的观点。一方面，

Fuller 等基于长江下游地区河姆渡 / 马家浜时期遗址中水稻小穗轴遗存的分析，认为稻谷的驯化过程需要很长的时间，最早的稻作农业起始于距今 7000 年前后[31]。而另一方面，刘莉等学者认为上山、跨湖桥、贾湖等早期遗址出土的稻谷遗存已经处在了驯化过程中[32]，由此引发了激烈的学术论战。两派观点争论焦点为上山遗址的水稻遗存是驯化还是野生？上山遗址位于浙江省浦江县黄宅镇渠南村，距今 11000～9000 年，属于新石器时代早期，对于理解长江三角洲地区水稻起源演化过程极为重要，一经发现便引起来国内外学者的极大关注[33]。

吴妍等以文献所述的判断标准为依据，认真分析发现测量数据，发现上山文化时期双峰型植硅体已有 27% 被判断为驯化稻，与此同时这一时期龟裂纹纹饰大于 9 的水稻扇型植硅体数量达到 15%，由此可见，已有驯化特征水稻植硅体在上山文化阶段出现。这一事实暗示，距今约 11000 年的上山地区可能已有早期驯化稻，其水稻遗存颇似粳稻。此外，随着时间推移，具有驯化稻特征的双峰型植硅体概率从上山文化时期 27% 增至河姆渡时期 47%，而具有野生稻特征的双峰型植硅体概率从上山文化时期 32% 降至河姆渡时期 15%；水稻扇型植硅体龟裂纹纹饰数量变化也表现为同一趋势，概率从上山文化时期至河姆渡时期增高；而具有野生稻特征的双峰型植硅体概率从上山文化时期至河姆渡时期不断降低。可见，不论是双峰型还是扇型野生稻植硅体概率都在不断减少，驯化稻植硅体都是持续增多。更为重要的是，上山文化时期—跨湖桥时期—河姆渡时期，大量植硅体的形态特征处于野生稻与驯化稻之间状态，暗示水稻驯化是一个长期的过程[34]。

此外，郇秀佳等对浙江浦江上山遗址南区剖面距今 10000 年至历史时期的文化层堆积包含的植硅体进行了研究。与野生

稻田扇型植硅体的对比显示，上山文化时期水稻驯化已经开始；与现代稻田扇型植硅体的对比显示，唐宋时期水稻扇型植硅体特征已与现代种植水稻扇型植硅体相同。左昕昕等对其中水稻扇型植硅体分析显示，在上山遗址的最早阶段，鱼鳞纹数量大于等于9的水稻扇型体所占比例高达36%，远高于现代野生稻的17%这一比例。在其后距今8400年左右的湖西遗址，这一比例已经上升到57%左右[35]。尽管不同研究人员对于考古遗址中驯化稻比例出现不同的认识，但形成普遍共识是水稻扇型和双峰型植硅体都已出现驯化特征。

近期，左昕昕等对上山遗址最早阶段的土样进行了植硅体测年，发现上山遗址最早年代至少可早到距今9400年[36]。我们知道在植硅体的形成过程中，植物细胞发生硅化时裹入植硅体中的碳，没有外来碳混杂成分的影响，是可以直接用于年代学测定。尽管植硅体放射性碳测年的可靠性仍然存在质疑，但是植硅体测年可能会提供了一种直接确定土壤层位年代的可靠方法。

结合其他证据来看，同时期的上山文化早期（约10000年前）浮选出的少量炭化稻，从形态上观察可能已经属于驯化稻。因此，我们至少可以形成基本认识，即人类对水稻资源的采集和驯化在10000年前就已经出现，中国长江中下游野生稻逐渐驯化成栽培稻，稻作农业的形成是一个长期的渐变过程。

综上所述，水稻起源和传播研究不断取得新的进展，很多成果的取得都得益于植硅体分析的方法，这一技术的运用是稻作研究走向深入的一个重要手段。

五、水稻植硅体应用的
问题与思考

目前水稻植硅体研究与应用正向着快速发展的方向推进，为我们研究水稻起源理论、时间、种类和传播提供新的视野。

然而对于水稻双峰型植硅体来说，利用双峰型植硅体区分野生稻与驯化稻、粳稻与籼稻进行了有益的尝试并取得了一定的成果，但是由于双峰型植硅体在考古遗址中的形态并不固定，除了单一的双峰型植硅体外，还有双峰硅化骨架形态类型；遗憾的是，在显微镜下，由于植硅体的三维立体特征，很多时候看不到双峰型植硅体可以测量的形态，也就无法进一步判别。因此，水稻颖壳双峰型植硅体的判别函数并没有被广泛应用。此外，尽管现代粳稻和籼稻的双峰型植硅体乳突具有明显的差别，但是对于带有明显野生稻特征的栽培稻，或者是粳稻特征籼稻特征共存的植硅体类型，要怎样描述和定性，也是需要进一步探讨的问题。

对于水稻扇型植硅体来说，目前已经取得了很多的成果，但是仅靠扇型植硅体区分野生稻和栽培稻、粳稻和籼稻，尚存在许多不确定性，特别是稻作起源研究中的应用存在很多局限，利用水稻扇型植硅体区分野生稻和驯化稻并没有被国际学界广泛接受，需要进一步验证野生稻和驯化稻区分趋势的可靠性。因而，采集多种驯化稻及野生稻样品，获取和分析更多水稻扇型植硅体形态参数的统计数据，建立更为可靠鉴定标准，仍是今后发展的方向。

此外，对于同一遗址稻作起源的研究，由于不同研究人员对于考古遗址中驯化稻鉴定的判别标准不同，非常容易出现不同的认识，这一问题需要综合分析来解决。进一步寻找野生稻和栽培稻植硅体的鉴定标准，为稻作农业起源和扩散的研究提供新的工具和认识，建立更为准确而方便的鉴定标准，将是未来工作的重点。

注　释

[1]　Piperno D R. Phytolith Analysis: An Archaeological and

Geological Perspective. San Diego: Academic Press, 1988.

［2］ 吉利明、张平中：《植物硅酸体研究及其在第四纪地质学中的应用》，《地球科学进展》1997 年第 12 卷 1 期，第 51 ~ 57 页；Bozarth S R. Classification of Opal Phytoliths Formed in Selected Dicotyledons Native to the Great Plains//Rapp G J, Mulholland S C. Phytolith Systematics Emerging Issues. Society for Archaeological Sciences, New York, 1992: 193-214.

［3］ 王永吉、吕厚远：《植物硅酸体研究及应用》，海洋出版社，1993 年；Piperno D R. Phytoliths: A Comprehensive Guide for Archaeologists and Paleoecologists. Lanham: Alta Mira Press, 2006: 238.

［4］ Pearsall D M. Phytolith Analysis of Archeological Soils: Evidence for Maize Cultivation in Formative Ecuador. Science, 1978, 199(4325): 177.

［5］ Ball T B, Ehlers R, Standing M D, et al. Review of Typologic and Morphometric Analysis of Phytoliths Produced by Wheat and Barley. Breeding Science, 2009, 59(5): 505-512.

［6］ Lu H Y, Zhang J P, Liu K B, et al. Earliest Domestication of Common Millet (Panicummiliaceum) in East Asia Extended to 10,000 Years Ago. Proceedings of the National Academy of Sciences of the United States of America, 2009, 106(18): 7367-7372.

［7］ Pearsall D M, Piperno D R, Umlauf M, et al. Distinguishing Rice (Oryza sativa Poaceae) from Wild Oryza Species through Phytolith Analysis: Results of Preliminary Research. Economic Botany, 1995, 49(2): 183-196.

［8］ Caicedo A L, Williamson S H, Hernandez R D, et al. Genome-wide Patterns of Nucleotide Ploymorphism in Domesticated Rice. PLoS Genetics, 2007, 3(9): e163；钟旭华，黄农荣，Singleton G R 等：《水稻可持续生产与自然资源优化管理》，中国农业出版社，2012 年。

［9］ 严文明：《我国稻作起源研究的新进展》，《考古》1997 年第 9 期，第 71 ~ 76 页。

［10］ Zhao Z J. New Archaeobotanic Data for the Study of the Origins of Agriculture in China. Current Anthropology, 2011, 52(4): S1-S13.

［11］ Huang X, Kurata N, Wei X, et al. A Ap of Rice Genome Variation Reveals the Origin of Cultivated Rice. Nature. Oct 25; 2012, 490(7421): 497-501.

［12］ Lu H Y, Wu N Q, Liu B Z. Recognition of Rice Phytolith//Pinilla A. The State of the Art of Phytoliths in Plants and Soils. Monografiasdel Centro de Ciencias Medambioentales, Madrid, 1997: 159-174.

［13］ Lu H Y, Wu N Q, Liu B Z. Recognition of Rice Phytolith//Pinilla A. The State of the Art of Phytoliths in Plants and Soils . Monografiasdel Centro de Ciencias Medambioentales, Madrid, 1997: 159-174.

［14］ Lu H Y, Liu Z X, Wu N Q, et al. Rice Domestication and Climatic Change: Phytolith evidence from East China. Boreas, 2002.

［15］ 徐中根：《稻属植物形态特征的比较分析》，扬州大学硕士学位论文，2010 年。

［16］ Pearsall D M, Piperno D R, et al. Distinguishing Rice (Oryza sativa Poaceae) from Wild Oryza Species through Phytolith Analysis: Results of Preliminary Research. Economic Botany, 1995, 49(2): 183-196.

［17］ Zhao Z J, Pearsall M, Benfe R A, et al. Distinguishing Rice (OryzastivaPoaceae) from Wild Oryza Species through Phytolith Analysis: Finalized Method. Economic Botany, 1998, 52 (2): 134-145.

［18］ Gu Y S, Zhao Z J, Pearsall D M. Phytolith Morphology Research on Wild and Domesticated Rice species in East Asia. Quaternary International, 2012, 287(21): 141-148.

［19］ 张文绪、裴鑫德：《水稻稃面双峰乳突的研究》，《作物学报》1998 年第 24 卷 6 期，第 691 ~ 697 页。

［20］ 徐中根：《稻属植物形态特征的比较分析》，扬州大学硕士学位论文，2010 年。

［21］ 吕厚远、吴乃琴、王永吉：《水稻扇型植硅体的鉴定及其在考古学研究中的应用》，《考古》1996 年第 4 期，第 82 ~ 86 页。

［22］ 王灿、吕厚远：《水稻扇型植硅体研究进展及相关问题》，《第四纪研究》2012 年第 32 卷 2 期，第 269 ~ 281 页。

［23］ Pearsall D M, Piperno D R, et al. Distinguishing Rice (Oryza sativa Poaceae) from Wild Oryza Species through Phytolith Analysis: Results of Preliminary Research. Economic Botany, 1995, 49(2): 183-196.

［24］ 藤原宏志：《プラント・オパール分析法の基礎研究（1）—数種イネ科植物の珪酸体標本と定量分析》，《考古学と自然科学》1976 年第 9 期，第 15 ~ 29 页。

［25］ Lu H Y, Liu Z X, Wu N Q, et al. Rice Domestication and Climatic Change: Phytolith Evidence from East China. Boreas, 2002.

［26］ Huan X J, Lu H Y, Wang C, et al. Bulli form Phytolith Research in Wild and Domesticated Rice Paddy Soil in South China. PLoS One, 2015, 10: e0141255.

［27］ 张文绪、王莉莉：《7 个稻种叶片硅酸体的研究》，《中国农业大学学报》1998 年第 3 卷 3 期，第 21 ~ 25 页。

［28］ Zhao Z J. The Middle Yangtze Region in China is

One Place where Rice was Domesticated: Phytolith Evidence from the Diaotonghuan Cave, Northern Jiangxi. Antiquity, 1998, 2: 885-897.

[29] Lu H Y, Liu Z X, Wu N Q, et al. Rice Domestication and Climatic Change: Phytolith Evidence from East China. Boreas, 2002.

[30] 张文绪、裴安平、毛同林:《湖南澧县彭头山遗址陶片中水稻稃壳双峰乳突印痕的研究》,《作物学报》2003 年第 29 卷 2 期, 第 263 ~ 267 页。

[31] Fuller D Q, Qin L, Zheng Y, et al. The Domestication Process and Domestication Rate in Rice: Spikelet Bases from the Lower Yangtze. Science, 2009, 323: 1607-1610.

[32] Liu L, Lee G A, Jiang L P, et al. Evidence for the Early Beginning (c.9000 cal. BP) of Rice Domestication in China, A Response. The Holocene, 2007, 17: 1059e1068.

[33] 蒋乐平:《浙江浦江县上山新石器时代遗址》,《中国社会科学院古代文明研究中心通讯》第 7 期, 2004 年; Jiang L P, Liu L. New Evidence for the Origins of Sedentism and Rice Domestication in the Lower Yangzi River, China. Antiquity, 2006, 80(308): 355-361.

[34] Wu Y, Jiang L P, Zheng Y F , et al. Morphological Trend Analysis of Rice Phytolith during the Early Neolithic in the Lower Yangtze. Journal of Archaeological Science, 2014, (49): 326-331.

[35] 郇秀佳、李泉、马志坤等:《浙江浦江上山遗址水稻扇形植硅体所反映的水稻驯化过程》,《第四纪研究》2014 年第 34 卷 1 期。

[36] Zuo X X, Lu H Y, Jiang L P, et al. Dating Rice Remains through Phytolith Carbon-14 Study Reveals Domestication at the Beginning of the Holocene. Proceedings of the National Academy of Sciences, 2017, 114: 64-86.

The Application of Phytoliths in the Origin of Rice Agriculture

Wu Yan

Abstract: Phytoliths are opaline silica within and between cells formed in living plants bymonosilicic acid brought into the plant through the uptake of water. Since phytoliths can create replica of the plant cell bodies, phytoliths can be used to identify certain genus or species according to their shape, size, ornaments, cell orientation and other anatomical features. Since the 1970s, phytolith analysis has been a fast developing discipline in archaeology field. They serve as efficient clues to paleo-environmental reconstruction, agricultural activities and human activities through analysis and interpretation of phytolith assemblages from various sediments. In recent years, more and more results based on the phytolith analysis are reported especially in the origin of rice agriculture. With the progress of phytolith analysis, its unique and un-substitutable advantage has beenbroadly recognized. In recent years, new progress has been made in the research of rice phytoliths. Rice double-peeked phytoliths and have become an important method. They play an important role in the origin of rice agriculture, making the research on the origin of rice agriculture better in breadth and depth.

湖南商周青铜器中高放射成因铅的
发现及其意义 [*]

马江波[1]　武仙竹[1]　吴晓桐[2,3]　田建花[4]

（1. 重庆师范大学科技考古与文物保护技术重庆高校市级重点实验室，重庆，401331；
2. 中国科学技术大学科技考古实验室，合肥，230026；3. 山东大学历史文化学院，济南，250100；
4. 南京博物院，南京，210016）

一、引　　言

以宁乡县炭河里遗址为中心的湖南湘江下游一带是我国南方出土商周青铜器最为集中的地区之一。自20世纪20年代以来，陆续出土商代早期至战国时期的铜器达500余件之多，其中，集中出土于宁乡境内及周边市县的一批商代晚期至西周早期的青铜器，因器物独具特色，学界惯称之为"宁乡铜器群"[1]。宁乡铜器群既有典型的中原风格器，也有特色鲜明的本地风格器物，尤以四羊方尊、象尊、牛尊、马簋、虎食人卣等一批动物造型的器物著称，在其他地区少见，使人们有理由相信，商代晚期至西周早期的湘江下游地区有一处发达的青铜文化中心。

宁乡铜器群由于绝大多数器物为非科学发掘出土，多是零星发现于山河田地，关于其年代、文化属性、来源、族属等问题都难以解决，形成了所谓宁乡铜器群问题[2]，相关研究争议颇大，成为商周考古研究中的一大难题。

为解决宁乡铜器群问题，湖南考古工作者在湘江下游地区展开了主动发掘，希望为破解宁乡铜器群之谜找到突破口，其中重要的发现有高砂脊遗址[3]和炭河里遗址[4]。两个遗址均出土了青铜器，对宁乡铜器群谜题的破解提供了重要的实物资料。但是，由于两遗址出土的青铜器与零星出土的宁乡铜器群器物有一定的差别，加之炭河里遗址出土的青铜器多为残片或器物部件，所以未能有效解决宁乡铜器群问题，争议仍存。

为了从多角度促进宁乡铜器群问题的解决，近年我们采用铅同位素示踪法对湖南出土的商周青铜器进行了系统研究，其中以高放射成因铅青铜器和炉渣的发现最为重要，对宁乡铜器群相关问题的探讨有着重要意义。

二、湖南发现的高放射成因铅青铜器

湖南已发现的高放射成因铅青铜器和冶炼遗物，按非科学发掘（零星出土）和科学发掘出土分为两种。

（一）非科学发掘出土青铜器

湖南非科学发掘出土青铜器中，最早发现含有高放射成因铅的是收藏于日本泉屋博古馆的两件青铜器，分别是传出自安

＊本文受重庆师范大学博士启动基金项目（批准号：15XWB014）资助。

化、宁乡交界的虎食人卣和常宁的牺首方尊。其铅同位素组成为高放射成因铅[5]。关于这两件器物的年代，学界普遍认为是殷墟三期的器物。与之相似的器物，一件虎食人卣藏于法国赛努奇博物馆，一件牺首方尊藏于湖南省博物馆，据传它们的出土地点是相同的。虎食人卣是湖南出土的非常有特色的器物，是宁乡铜器群器物的典型代表。此外，还有流失到美国传说出自湖南的一些商代晚期青铜器，经铅同位素测试为高放射成因铅[6]，因图文数据难以对应确定，出土地点也难以明确，此处暂不列计。

炭河里遗址附近零星出土的青铜器中，经分析的器物中有4件是高放射成因铅[7]，分别是1件大铜瓿、1件角形器、1件三角援戈和1件不知名戈。

大铜瓿2001年出土于黄材沩水河，该瓿口稍敛，沿斜折，短颈，圆肩，腹向下斜收，平底，圈足。肩部有4处铸造时留下的痕迹，推测原本是准备铸接4个牺首，牺首已遗失。腹部和圈足上有4条矮而薄的扉棱。圈足上部有4个长方形镂孔。肩部饰夔龙纹，以云雷纹为地，腹部和圈足饰兽面纹。高61~62.5、口径57~58、腹径86~89、圈足高15.5、圈足径55.6、胎厚0.3~1厘米，重61.9千克[8]，为目前所见青铜瓿中最大者。

瓿在中原只见于二里岗时期和殷墟一、二期，二期以后就基本不见了[9]。关于这件瓿的年代，有以下认识：向桃初认为这件大铜瓿的装饰风格与殷墟一期器物相同，应为同时期器[10]；彭适凡认为与殷墟二期前后的铜瓿相同，中原的造型，南方的装饰风格[11]；熊建华认为装饰风格与四羊方尊等器物相同，为殷墟二期早段器物[12]；张筱琳等认为年代为商代晚期，与以往炭河里遗址附近发现的四羊方尊等都属同一时期器物[13]；豆海峰认为年代略晚于中原地区瓿的流行年代，为

商末的可能性较大[14]。年代认识有分歧。

二里岗上层和殷墟一、二期是高放射成因铅使用的高峰期，80%的铜器都为高放射成因铅[15]。二里岗上层期和殷墟一期的铜器合金类型以铅锡青铜为主，二期以高锡含量的锡青铜为主[16]。殷墟四期铜器基本不见高放射成因铅[17]，且合金配比以高铅含量的铅锡青铜为主[18]。大铜瓿的合金材质为铅锡青铜，锡含量略高于铅含量，铅同位素组成为高放射成因铅，其合金成分和铅同位素组成与殷墟一、二期铜器的相似，结合铜瓿出现的历史背景，应为同时期器物。

角形器是上古铜器中少见的一类器形。殷墟西北冈M1022出土过1件，现收藏于中国台湾历史语言研究所。益阳博物馆收藏的角形器是从废品公司征集的，传出自桃江谢林港，长14.5、宽8.7、口径6厘米，饰兽面纹[19]。施劲松认为该角形器与殷墟M1022的相近，但无盖，呈圆锥状，偃月形口，尖底，口下饰以云雷纹为地纹的兽面纹，可能为殷墟二期的器物[20]，但从形制来看，两器有明显差异；向桃初认为其形制很特别，不见于其他地区，但装饰风格与中原地区商代晚期至西周早期铜器接近，其铸造年代应不晚于西周早期[21]；高至喜[22]、熊建华[23]认为与湖南发现的四羊方尊等器皆为殷墟二期时期的器物。

殷墟一期铜器承袭二里岗期合金技术，但是锡含量较前者有所增加，铅含量有所降低；殷墟二期时，铜器合金类型以锡青铜为主，且锡含量较高，这是殷墟二期铜器的主要合金特征；殷墟三期铜器以铅锡青铜为主，锡含量逐渐减少，铅含量增加；到四期时，合金配比以高铅含量的铅锡青铜为主，且出现大量铅青铜[24]。益阳角形器的合金成分与殷墟二期铜器的相似，殷墟二期也是高放射成因铅使用的高峰期，结合考古学者类型学上的判断，可判定益

阳角形器为殷墟二期的器物。

三角援戈、戈的具体情况不知。有学者研究，三角援戈在城洋地区多见，可能是起源于该地区的一类戈[25]。经分析的城洋铜器80%左右的都为高放射成因铅[26]，湖南出土的这件三角援戈可能与城洋地区有着密切关系。

此外，有学者对宁乡出土的一批铜铙和寨子山出土的带盖铜瓿、斧子做过铅同位素测试，亦发现有高放射成因铅器物[27]，而这些器物从纹饰和形制来看是殷墟二、三期的制品。

（二）科学发掘出土青铜器

科学发掘出土青铜器按时间分为商代早中期和晚期（或至周初）。商早中期的有铜鼓山和樟树潭遗址出土遗物，晚商至周初的有炭河里遗址出土器物。

1. 商早中期青铜器和冶炼遗物

铜鼓山遗址在岳阳市东北方向，濒临长江东岸，1987年湖南省文物考古研究所等单位进行过发掘[28]。是一处以商文化为主体的遗存，属二里岗时期盘龙城类型。与处于湘西北的皂市遗址一样，铜鼓山遗址出土铜器也多是镞、削、泡等小件制品。对出土的铜泡、铜刀（削）和铜镞3件器物的铅同位素比值分析，发现铜刀和铜镞的铅同位素组成为高放射成因铅[29]。铅同位素组成与盘龙城、郑州商城、垣曲商城等商代早期遗址出土铜器相一致。

樟树潭遗址位于岳阳县鹿角镇兴无村，为新墙河汇入洞庭湖湖滨地区一低矮山丘。该遗址出土了数量较多的铜渣和小件铜器，如铜环、铜刀等。特别是在两块大口缸底部陶片上发现有层理非常清晰的铜渣痕迹，另出有一件残陶范，表明当地有青铜冶铸生产活动。根据出土陶器与对门山、老鸦洲、费家河等商代遗址同类器比较，遗址年代大体在商代中晚期[30]。研究者认为，

樟树潭遗址的器物仍具有明显的盘龙城类型商文化的特征，是兼有盘龙城类型商文化和地方商文化的遗址，以盘龙城类型商文化因素占主体[31]。对其中出土的6件青铜遗物进行的铅同位素比值分析发现，1件铜容器残片、1件铜刀和3件炉渣的铅同位素组成为高放射成因铅，其铅同位素组成与铜鼓山、盘龙城等早商遗址铜器的组成相同[32]。这3件铜渣根据外形观察，应是铸铜遗物，对其中1件含有的金属颗粒进行合金成分分析，发现是铜锡合金，可能是当时熔铜剩下的残渣。樟树潭遗址是目前所知发现高放射成因铅铜器的最南端早商时期遗址，可能是当时高放射成因铅青铜资源流通的南部边界。

2. 晚商至周初铜器

炭河里遗址位于宁乡黄材盆地，沩水上游。1963年踏查时发现，早期有过简单的试掘。2001～2005经科学发掘，出土了一批铜器残片，对26件残片进行的铅同位素分析，发现6件器物是高放射成因铅[33]。这6件器物中，5件是容器残片，其中1件根据残存的纹饰、口沿形制，李学勤先生认为是殷墟三期的器物[34]；另1件是铜锥，为房址中出土，刘彬徽先生根据城址中出土的陶器形制，认为城址的年代可到商代晚期，城外墓葬出土的铜器残片的年代同样可早至殷墟二、三期，而不是考古发掘报告中判断的西周早中期[35]，这件铜锥为高放射成因铅在一定程度上支持这种观点。

关于炭河里遗址出土青铜器的年代目前学界有争议，有的学者认为早至商代晚期，有的学者认为主体是西周纪年范围内的器物。炭河里遗址科学发掘出土的这批铜器中发现的高放射成因铅器物，如果按比例算，则约有23%，比例较高，小于殷墟三期38%，大于殷墟四期6%的器物为高放射成因铅的比例。这在一

定程度上支持这批铜器为较早青铜制品的观点，至少这6件高放射成因铅铜器为商代器物。

通过以上的分析可知，湖南出土的含高放射成因铅的青铜器，年代居于商代二里岗上层期至殷墟三期前后，这一研究发现这对认识宁乡铜器群的有关问题有着极为重要的意义（表一）。

表一　湖南发现的高放射成因铅青铜器铅同位素比值

序号	器物来源	器物名称	$^{206}Pb/^{204}Pb$	$^{207}Pb/^{204}Pb$	$^{208}Pb/^{204}Pb$	数据来源
1	泉屋博古馆	虎食人卣	21.588	15.986	41.720	[5]
2		牺首方尊	22.143	16.060	42.294	
3	宁乡沩水河	瓿	22.674	16.179	43.482	
4	益阳谢林港	角形器	24.176	16.471	44.710	
5	宁乡	三角援戈	20.632	15.847	40.671	
6		戈	21.225	15.926	41.329	
7	铜鼓山遗址	铜刀	19.461	15.679	39.975	[7]
8		铜镞	22.849	16.145	43.448	
9	樟树潭遗址	铜容器	20.495	15.846	40.643	
10		铜刀	22.256	16.167	42.801	
11		铜渣	21.149	16.006	41.522	
12		铜渣	23.344	16.313	44.081	
13		铜渣	20.814	15.911	41.439	
14	炭河里遗址	铜容器残片	21.154	15.918	41.257	[33]
15		铜容器残片	21.068	16.011	41.202	
16		鼎耳	19.719	15.749	39.885	
17		鼎耳	22.087	16.019	42.126	
18		鼎耳	21.962	16.107	42.649	
19		锥	20.075	15.816	40.084	

三、讨　论

截至目前，对国内重要商周遗址出土青铜器的铅同位素分析中，发现高放射成因铅金属资源主要开采、利用于商代。具体时间是上至二里岗下层，下至殷墟四期，二里岗上层至殷墟二期是使用的高峰期，二里头文化时期的铜器中未发现，西周及以后的铜器中基本没有[36]。通过对含有高放射成因铅铜器的合金成分分析，发现这种铅主要是来自铅矿，目前就与高放射成因铅数据最接近的是滇东北一带的铅锌矿。铅是贱金属，在全国各地均有分布，如果云南的高放射成因铅矿资源在商时期开采，并运输到长江沿线及中原，应当是伴随云南丰富的锡料和铜料一同进入中原地区的[37]。

黄河流域发现高放射成因铅青铜器的商代遗址，有郑州商城、偃师商城、殷墟、大辛庄，近年在西安老牛坡遗址中也发现了高放射成因铅铜器和冶炼遗物[38]，陕北子洲出土的六件铜器也为高放射成因铅器物[39]。另外，在商王国南部的驻马店正阳闰楼商代晚期墓地[40]、信阳罗山天湖墓地出土商代晚期青铜器中发现了高放射成因铅[41]。

长江流域商代铜器群中，三星堆和新

干大墓出土的铜器均为高放射成因铅；而稍早的吴城遗址，出土的铜器一半也为高放射成因铅；盘龙城遗址的铜器近半也是高放射成因铅；汉水上游的城洋铜器群，八成铜器为高放射成因铅；年代可能晚到周初的金沙遗址，六成的铜器为高放射成因铅。这是年代稍晚的遗址中大量发现高放射成因铅铜器[42]。

大量黄河和长江流域商代遗址出土青铜器的铅同位素分析发现，含高放射成因铅的青铜器出现的年代上下限为二里岗上层时期至殷墟三期，为讨论商时期商王朝与周边青铜文化中心的关系提供了重要的线索。处于长江流域的宁乡铜器群，器型高大，动物造型或纹饰的铜器较多，在其他地区少见，使人们有理由相信在商代晚期的宁乡一带，有一处发达的青铜文化中心。此前由于缺乏实质性的证据，对此学界看法不一。本文的论述显示，湖南高放射成因铅青铜器的时代与中原及其他地区的相一致，即为二里岗上层至殷墟三期。特别是炭河里遗址经科学发掘出土铜器中发现较高比例的高放射成因铅器物，或许说明宁乡铜器群的年代早至商代，周边发现的大量商代晚期青铜器与炭河里遗址有密切关系，宁乡炭河里遗址一带在商时期可能也是黄河和长江流域高放射成因铅青铜资源流通的重要站点之一。

四、结　语

根据对湖南出土商周青铜器高放射成因铅器物的分析，发现的高放射成因铅铜器，年代为二里岗时期至殷墟三期，与中原及其他地区发现的高放射成因铅器物出现的年代上下限一致。表明湖南湘江下游一带在商代晚期也是中国两河流域高放射成因铅青铜资源流通路线上的一处重要站点。

樟树潭是目前发现高放射铅遗物最南端的二里岗期遗址，可能为商早期高放

射成因铅青铜资源流通的南部边界。其中高放射成因铅炉渣的发现说明当地有冶铸活动。

宁乡铜器群的器物使用了与殷墟、三星堆等商代晚期铜器相同产地的高放射成因铅青铜资源，说明宁乡铜器群器物的年代与这些铜器群的相去不远，这为宁乡铜器群年代主体属商代提供了有力佐证。

注　释

［1］向桃初：《炭河里遗址的发现与宁乡铜器群再研究》，《文物》2006年第8期。

［2］向桃初：《湘江流域商周青铜文化研究》，岳麓书社，2008年，第37页。

［3］湖南省文物考古研究所、长沙市博物馆、长沙市考古研究所等：《湖南望城县高砂脊商周遗址的发掘》，《考古》2001年第4期。

［4］湖南省文物考古研究所、长沙市考古研究所、宁乡县文物管理所：《湖南宁乡炭河里西周城址与墓葬发掘简报》，《文物》2006年第6期。

［5］平尾良光、铃木浩子、早川泰弘等：《泉屋博古馆所藏中国古代青铜器の铅同位体比》，《泉屋博古馆纪要·第十五卷拔刷》，1999年，第25～46页。

［6］Bagley R W, Rawson J, So J F: Ancient Chinese Bronzes in the Arthur M. Sackler Collections: Shang Ritual Bronzes in the Arthur M. Sackler Collections. Arthur M. Sackler Foundation, 1987; Cao D Z. The Loess Highland in a Trading Network (1300-1050BC). A Dissertation Presented to the Faculty of Princeton University in Candidacy for the Degree of Docter of Philosophy, 2014.

［7］马江波：《湖南出土商周青铜器的科学分析与研究》，中国科学技术大学博士学位论文，2015年。

［8］张筱林、李乔生、易家敏等：《湖南宁乡出土商代大型铜瓿》，《文物》2013年第3期。

［9］张昌平：《商代铜瓿概论》，《长江流域青铜文化研究》，科学出版社，2002年；施劲松：《中原与南方在中国青铜文化统一体中的互动关系》，《长江流域青铜文化研究》，科学出版社，2002年，第28～36页。

［10］向桃初：《湘江流域商周青铜文化研究》，线装书局，2008年，第51～56页。

［11］彭适凡：《对湖南商周青铜器之谜的若干认识》，《中国南方青铜器研究》，上海辞书出版社，2011年，第61～66页。

［12］熊建华：《湖南商周青铜器研究》，岳麓书社，2013年，第70～86页。

［13］ 张筱林、李乔生、易家敏等:《湖南宁乡出土商代大型铜瓿》,《文物》2013 年第 3 期。

［14］ 豆海锋:《长江中游地区商代文化研究》,吉林大学博士学位论文,2011 年。

［15］ 金正耀:《论商代青铜器中的高放射成因铅》,《中国铅同位素考古》,中国科学技术大学出版社,2008 年,第 85 ~ 164 页。

［16］ 郝欣、孙淑云:《盘龙城商代青铜器的检测与初步研究》,《盘龙城》,文物出版社,2004 年,第 526、527 页;何堂坤:《盘龙城青铜器合金成分分析》,《盘龙城》,文物出版社,2004 年,第 539 ~ 544 页;赵春燕:《安阳殷墟出土青铜器的化学成分分析与研究》,《考古学集刊(第 15 集)》,文物出版社,2004 年,第 248、249 页;田建花、金正耀、齐迎萍:《郑州二里岗期青铜礼器的合金成分研究》,《中原文物》2013 年第 2 期。

［17］ 金正耀:《论商代青铜器中的高放射成因铅》,《中国铅同位素考古》,中国科学技术大学出版社,2008 年,第 85 ~ 164 页。

［18］ 赵春燕:《安阳殷墟出土青铜器的化学成分分析与研究》,《考古学集刊(第 15 集)》,文物出版社,2004 年,第 248、249 页。

［19］ 金正耀:《论商代青铜器中的高放射成因铅》,《中国铅同位素考古》,中国科学技术大学出版社,2008 年,第 85 ~ 164 页。

［20］ 施劲松:《长江流域青铜研究》,文物出版社,2004 年。

［21］ 向桃初:《湘江流域商周青铜文化研究》,线装书局,2008 年,第 51 ~ 56 页。

［22］ 高至喜:《论中国南方出土的商代青铜》,《中国考古学会第七次年会论文集》,文物出版社,1992 年,第 77 ~ 85 页。

［23］ 熊建华:《湖南商周青铜器研究》,岳麓书社,2013 年,第 70 ~ 86 页。

［24］ 赵春燕:《安阳殷墟出土青铜器的化学成分分析与研究》,《考古学集刊(第 15 集)》,文物出版社,2004 年,第 65 ~ 69 页。

［25］ 郭妍利:《城洋青铜兵器研究》,《城洋青铜器》,科学出版社,2006 年,第 79 ~ 85 页。

［26］ 金正耀:《宝山遗址和城洋部分铜器的铅同位素组成与相关问题》,《城洋青铜器》,科学出版社,2006 年,第 56 ~ 63 页。

［27］ 数据未发表,由研究者告知。

［28］ 湖南省文物考古研究所等:《岳阳市郊铜鼓山商代遗址与东周墓发掘报告》,《湖南考古辑刊(第 5 集)》,《求索》增刊,1989 年。

［29］ 马江波:《湖南出土商周青铜器的科学分析与研究》,中国科学技术大学博士学位论文,2015 年。

［30］ 欧继凡、郭胜斌:《岳阳县樟树潭商代遗址》,《中国考古学年鉴·1996》,文物出版社,1998 年,第 115 ~ 121 页。

［31］ 郭胜斌:《岳阳商代考古》,《江汉考古》2005 年第 3 期。

［32］ 马江波:《湖南出土商周青铜器的科学分析与研究》,中国科学技术大学博士学位论文,2015 年。

［33］ 马江波、金正耀、范安川等:《湖南宁乡炭河里遗址出土铜器的科学分析》,《考古》2016 年第 7 期。

［34］ 李学勤:《谈高砂脊炭河里墓葬青铜器》,《湖南省博物馆刊(第四辑)》,岳麓书社,2007 年。

［35］ 刘彬徽:《关于炭河里古城址的年代及其和宁乡青铜器群年代相互关系的思考》,《湖南省博物馆刊(第五辑)》,岳麓书社,2008 年,第 132 ~ 138 页。

［36］ 金正耀:《论商代青铜器中的高放射成因铅》,中国科学技术大学出版社,2008 年,第 91 ~ 96 页。

［37］ 金正耀:《论商代青铜器中的高放射成因铅》,中国科学技术大学出版社,2008 年,第 91 ~ 96 页。

［38］ 数据暂未发表,由分析者告知。

［39］ 刘建宇、陈坤龙、梅建军等:《陕西子洲出土商代铜器的科学分析及其相关问题》,《文物》2015 年第 1 期。

［40］ 刘群、肖梦娅、梅建军等:《正阳闰楼墓地出土商代铜器的检测及相关问题研究》,《有色金属:冶炼部分》2016 年第 5 期。

［41］ 肖梦娅、楚小龙、郁永彬等:《信阳罗山天湖墓地出土青铜器的检测分析及相关问题初探》,《华夏考古》2016 年第 2 期。

［42］ 金正耀:《中国铅同位素考古》,中国科学技术大学出版社,2008 年,第 39 ~ 46 页。

Discovery of Highly Radiogenic Lead in Shang and Zhou Bronzes of Hunan Province and Its Significance

Ma Jiangbo   Wu Xianzhu   Wu Xiaotong   Tian Jianhua

Abstract: Highly radiogenic lead is a kind of special lead isotopic composition found in Chinese

Shang Dynasty bronzes, and the bronzes contain with this lead isotopic composition have definite use time, has a very important role to discuss the relationship between Shang Culture core district and its edge area of bronze culture. The analysis of the lead isotope of the Shang and Zhou bronzes unearthed in Hunan, shows that the upper and lower limits of the highly radiogenic lead bronzes appeared in Hunan are the same as those of the Central Plains and other regions. That is, Erligang culture upper layer period to the Yin Ruins third period. Shang Dynasty of the Xiang River downstream may also be one of the important site for the flow of highly radiogenic lead bronze resources. The bronzes were unearthed in Tanheli Site, highly radiogenic lead artifacts still account for a large proportion, indicating that these bronzes are early to the late Shang Dynasty products, which recognize the age of Ningxiang bronze group and other related issues have a very important significance.

中子衍射在科技考古中的应用

黄　维

（中国钱币博物馆，北京，100031）

中子是组成原子核的基本粒子，其质量与质子接近，不带电但具有磁矩，与其他微观粒子一样，中子具有波粒二象性。速率在1000m/s左右的中子，其波长与凝聚态物质中原子之间、团簇之间的距离相近，可以量度小到以原子、大到以蛋白质为基本单元而构成的物质结构。中子能量和凝聚态物质的动力学能量范围一致，可以探测小到纳电子伏特、大到电子伏特的分子振动，原子运动等动态过程。

中子散射技术不仅是物理学、材料学等自然科学领域研究物质结构的重要手段，而且在考古材料的研究中发挥了越来越重要的作用。自2001年以来，基于散裂脉冲中子源的飞行时间法（Time of Flight）中子衍射技术，在考古石质材料、陶器和金属的研究中实现了真正无损且量化的分析，通过收集所测样品三维空间的全部信息，可对考古材料的矿物组成及成分、微观结构与锈蚀产物的组成及成分等进行研究。作为一种新兴的考古分析技术，中子衍射为更精确、科学地研究石质材料的类型与产地，陶器的分类、产源与烧制工艺，金属器物的合金成分、制作与加工工艺、锈蚀产物的种类及成分提供了新的视角，在一定程度上弥补了传统分析方法的不足。

一、与中子有关的考古材料分析技术

中子的电中性决定了它具有极强的穿透能力且不易被物质吸收，从而能直接与物质中的原子核相互作用。中子与物质相互作用时，有两种方式：散射或俘获。这两种相互作用方式是中子技术在材料学和科技考古中应用的基本原理。表一归纳了中子技术在科技考古中的应用。

表一　考古研究中与中子有关的技术[1]

应用于考古材料分析的中子技术		特点与基本原理
中子活化（Neutron Activation Analysis）——基于中子俘获过程中产生的特征γ射线对同位素和元素进行分析	中子活化分析（INAA, Instrumental Neutron Activation Analysis）	利用中子俘获后产生的特征γ射线，对许多痕量元素具有高灵敏度，通常需取样
	中子活化自动射线照相（NAAR, Neutron Activation Autoradiography）	利用冷中子俘获后产生的特征γ射线，主要用于对绘画作品的无损研究
	快速γ活化分析（PGAA, Prompt Gamma Activation Analysis）	利用热中子和冷中子在俘获时产生的γ射线，用于对完整的器物进行无损分析，对一些轻元素（H，S，P，K）具有高灵敏度
	中子自旋俘获分析（NRCA, Neutron Resonant Capture Analysis）	利用超热中子在俘获时产生的γ射线，用于器物的无损分析，对于一些重元素（As，Ag，Sb，Sn）具有高灵敏度

应用于考古材料分析的中子技术	特点与基本原理
中子照相技术 （Neutron Radiography/Tomography）	利用热中子与冷中子的俘获和散射的一种空间成像技术，分辨率可达 100 微米；利用中子束通过物体时衰减，通过不同元素的对比（对一些像氢一样的轻元素具有高灵敏度）和中子能量的变化来进行成像，以后还有望通过中子的折射等方法实现
中子衍射 （Neutron Diffraction）	利用中子与周期性的、远距离（晶体）或短距离（玻璃）原子排列的弹性散射，通过热中子的角度散射或能量散射（飞行时间法）模式来实现物质中相与结构的分析、质地分析、微观结构分析和残留应力分析；利用小角度的中子散射可以研究材料的多孔性，聚合物的尺寸和表面特征。
小角度中子散射 （Small Angle Neutron Scattering）	利用热中子的弹性散射来研究矿物的孔隙、大小和表面特征

二、中子衍射与其他科技考古分析方法的比较

中子衍射技术通过热中子的弹性散射实现对物质结构的研究。中子晶体结构分析原理与 X 射线基本相同，区别在于散射体的不同：X 射线的散射体是核外电子，其相干散射长度与各元素的原子序数成比例，而中子的散射体是原子核，其相干散射长度与各元素的原子序数无关，且各同位素因核结构不同而具有不同的相干散射长度。因此，中子散射可以精确测定较轻原子特别是氢的位置，还可区分元素周期表上的近邻原子，识别同位素。中子衍射技术的真正无损性、更强的数据统计意义和多项指标的同时分析，决定了它在考古石质材料、陶器，特别是金属研究中具有其他科学分析方法所不能达到的相对优势。

与电子和 X 射线等分析技术相比，由于中子具有极强的穿透能力，可实现真正的无损分析。例如，电子衍射只限于样品表面或极薄的样品，X 射线衍射仅用于小的单晶体或粉末样品，这两种方法都需要取样，会对珍贵文物造成损坏。然而，中子衍射技术可以克服这个缺点，中子束与物质作用时，被吸收的中子强度数量级仅为 10^{-3} 到 10^{-4}，不影响中子渗透到材料的内部[2]，能够对大样品进行分析而且无须取样。当电子被原子核外的电子壳层散射时，其相干散射长度与元素在周期表中的位置成比例，然而中子与原子核的散射相对于原子序数来说几乎是随机的，这说明 X 射线无法区分的周期表中邻近的原子，中子可以将其区分开来。因此，中子的上述特征是独特的[3]：因为它极强的穿透能力，允许对较大的、完整的珍贵器物进行无损分析，无须像 X 射线衍射那样对考古器物进行破坏性的取样；中子能深入物质内部，收集来自整个所测量区域的所有信息，使分析数据较 X 射线方法更具有统计意义。除此之外，散裂脉冲中子源还具有许多技术上的优点。

传统的金相分析和扫描电镜能谱分析（SEM-EDS）能让我们快速、廉价地获得有关金属微观结构、金相组成与合金成分的信息，然而这种方法对考古器物特别是珍贵文物来说，是破坏性的，并且仅能获得样品表面二维空间的信息，其分析结果缺乏统计意义，无法反映整个样品或器物的整体信息[4]。利用中子衍射技术进行的结晶结构无损分析，能够取得与传统的金相方法（破坏性取样）一致的结果[5]，可同时获得金属的合金成分、相的组成与成分、锈蚀产物的组成与成分、器物的铸造和加工工艺等数据和

关键信息，即考古青铜器的"中子金相"[6]。

三、飞行时间法中子衍射技术（TOF-ND）的基本原理

（一）中子衍射与中子源

中子衍射与 X 射线衍射一样，需要满足晶体中产生衍射的条件——布拉格方程：$\lambda = 2d_{hkl}\sin\theta$（λ 为中子波长，$d_{hkl}$ 为晶面间距，θ 为散射角）（方程一）。

在此条件下可测得晶面间距为 d，晶面指标为（hkl）的晶面产生的衍射强度 Ihkl，根据衍射强度与晶体结构因子的关系：$I_{hkl} = k \mid F_{hkl} \mid^2 = k \mid \sum b_j \exp[-2\pi i(hx_j + ky_j + lz_j)] \mid^2$（方程二），即可得到衍射强度与晶体结构的关系，通过衍射峰的强度，就可以获知晶体的结构信息，这就是中子衍射的基本原理（图一）。

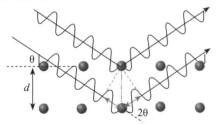

图一　布拉格定律：两个原子平面的中子衍射[7]

中子源是进行中子散射研究的前提条件，主要有反应堆中子源和散裂脉冲中子源。核反应堆能够提供稳定的热中子流来进行中子散射研究，通过安装冷源（增加长波中子的通量）和烫源（增加短波中子的通量）使通过它们的中子的波长分布发生变化，以获得所需要的中子波长分布来进行散射研究。散裂脉冲中子源是利用加速器加速脉冲质子，当质子达到一定的能量后，被用来轰击重金属靶产生脉冲中子，经慢化器后（通过不同慢化器的脉冲中子的波长分布是不同的）得到所需要的中子波长分布，脉冲中子就可用来进行散射研究。散裂脉冲中子源更易监控中子的物理状态，具有更高的分辨率。

目前，美国、法国、德国、澳大利亚和日本等国家都建有核反应堆中子源或散裂脉冲中子源。然而，将中子衍射技术用于考古材料研究的是英国牛津的卢瑟福实验室（ISIS Facility at the Rutherford Appleton Laboratory in Oxford Shire），他们拥有技术上较为成熟的加速器脉冲中子源及中子散射技术，自 1998 年以来就开始尝试对考古器物进行中子衍射研究，脉冲中子使得飞行时间法中子衍射技术得以应用[8]。在我国，中国原子能研究院目前已经拥有重水反应堆 HWRR 的中子散射实验基地，中国先进研究堆 CARR 正在建设中，新一代的中国散裂中子源计划正在建设中。

（二）飞行时间法（Time of Flight）

核反应堆中子源产生的中子是连续的，而在脉冲中子源中，仅当质子束轰击金属靶时才产生中子，因此可以确切地知道中子何时开始在仪器中飞行，利用飞行时间法技术，脉冲中子的速度和波长比核反应堆产生的中子更易测量和控制，从而提高了分辨率。经加速器加速到一定能量的脉冲质子轰击重金属靶可以产生脉冲中子，每个脉冲都是由各种波长的中子组成的，慢化器用来改变中子的波长分布，以适应各种研究的需要。不同波长的中子具有不同的速度，因此不同波长的中子从慢化器出发经样品散射到计数管所用的时间不同。这种利用测量从慢化器到计数器中子飞行的时间来得到波长的方法称为飞行时间法，其主要优点是分辨率高，且一个脉冲中的中子基本上都可以得到利用。在中子散射过程中，仅当中子的能量不发生变化时认为发生了衍射。中子的整个飞行路程为 L（从金属靶通过样品，再进行探测器），其速率为 $V = L/t$（方程三）。根据方程一、方程三和德布罗意波粒二象性方程：$\lambda = h/mv$（h 为普朗克常数，m 为中子质量，v 为中子速率）（方程四），可

以得到中子飞行时间与晶面间距的直接关系[9]：t=505.56Ld_{hkl}sinθ（方程四），其中 t 的单位为微秒，L 的单位为米，d_{hkl} 单位为埃。

对于给定的飞行路径 L 和散射角 2θ，TOF 技术给出关于衍射强度 I_{hkl} 与晶面间距 d_{hkl} 的衍射花样。这就是飞行时间法中子衍射技术的基本原理。

（三）量化的相分析与晶粒空间取向分析

根据衍射强度与物相组成的关系，中子衍射数据可根据 Rietveld 方法[10]进行量化的相分析。利用图形界面的 GSAS 软件处理衍射数据[11]，可计算出物质中各种物相的成分，在此基础上，通过相图和晶体材料学可算出相中各种元素的成分，实现考古材料的物相与元素成分分析。

经过锻打、滚压和铸造的材料，都会留下一些微观特征，热处理导致的重结晶微观结构取决于之前所采取的机械加工工艺。金属器物的这些特殊晶体结构会有不同的晶粒空间取向，利用中子衍射技术，可以对金属的质地（晶格空间取向分布）进行无损分析。通过测量和解释每个单独微晶的衍射信号，利用 Rietveld 方法对这些信息进行量化处理[12]，可以得到金属铸造、形变、机械加工工艺或热处理过程的信息[13]。

中子衍射质地分析的结果以极像图（pole figure）给出。极像图是通过测量许多不同散射角的衍射花样[14]，得到样品中布拉格衍射强度与晶粒的空间取向分布之间的量化关系。归一化的空间取向分布函数（ODF）其负值没有物理意义，等于1表示均匀分布，大于1表示具有选择性的空间取向（数值大小反映了量化的结构系数，即形变或加工程度）。

图二所示为实验室铸造后经过加工的

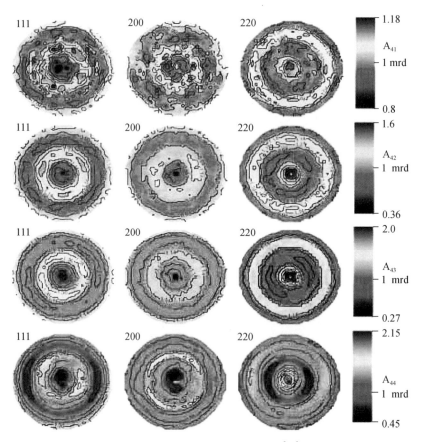

图二　铜锡合金样品的极像图[15]

青铜样品（Cu 96%、Sn 4%）的不同晶面的极像图，经不同程度加工后，其厚度在图中从上至下依次减少为7.9%、19.3%、30.7%、45.7%。每一个极像图都代表了某一特定晶面的空间取向分布，如（111）面；不同的颜色表示不同的取向分布密度，以随机分布倍数给出（右边条带所示数值）；极像强度以及图形的对称性反映了加工方式或形变的强度和对称性[16]。图二中从上至下，加工强度依次增加，因此极像密度的最大值也相应增大，不均匀的颜色分布，说明该晶面内晶粒空间取向分布不一致（不同的颜色对应右边条带中相应的数值）——系经过了加工处理。通过这种无损方式，可以揭示考古金属器物的制作工艺。

四、考古石质材料的中子衍射研究

位于罗马Tivoli的公元2世纪的大理石宫殿建筑，曾被列为世界文化遗产。为了研究这些大理石的类型和可能的产地，欧洲学者利用中子衍射技术进行矿相组成和晶粒空间取向分析，得到了一些有意义的结果[17]。这种方法的应用于大理石的分析，使考古材料的研究不再仅局限于元素成分分析和定性的物相鉴别，为器物分类与产源研究提供了新思路。

五、考古陶器的中子衍射研究

在考古陶器的研究中，经常遇到用器物类型学的方法无法将其区分开的现象，在这种情况下可以应用中子衍射技术。中子衍射技术相对于其他显微分析来说，具有独特的优点[18]，几乎可以对任何大小和形状的陶器进行矿物组成的分析，揭示各种不同矿物的组成及相对含量，为研究陶器的产源和烧制工艺提供重要线索，还可对不同文化属性的陶器进行研究[19]。

考古陶器在成形和烧制之前，含有黏土原料中的部分矿物或一些掺和剂，如沙砾、有机物和蛋壳等。烧制过程中，黏土矿物大约在200℃左右失去吸附水，在400～800℃会发生化学变化失去结晶水，在更高的温度下会产生复杂的化学变化和相转变，生成新的矿物质，这种新生成的矿物主要取决于燃烧条件、各种黏土矿物的组分和熔剂（如钠、钙、铁的氧化物）。因此，某些特定种类矿物的存在与否可作为烧制温度的标志。考古陶器中常见的矿物有石英（来自原料黏土）、方解石（地中海和近东黏土中的一种典型矿物，在温度高于850℃时将发生变化）和莫来石（$3Al_2O_3 \cdot 2SiO_2$，在温度高于1000℃时才会生成），烧制温度越高，陶器中莫来石的比例会越高。利用中子衍射技术测量13～15世纪德国Rhenish陶器中石英、莫来石的成分（收集来自大范围散射角的衍射信号，能获得比常规X射线衍射更精确的结构参数和成分数据）和来自非晶态硅玻璃相的散射数据[20]，可以准确判断它们的烧制温度和技术，从而将这些不能用类型学方法分类的陶器和瓷器区分开来。

利用中子衍射技术对希腊北部Serres出土的公元前2世纪陶器的研究表明[21]，这些陶器主要由石英和长石组成，还发现有透辉石和铁的氧化物。在这些陶器中，透辉石的含量与石英—长石的含量成反比。铁的氧化物含有一些其他矿物质，它们的组成可能与陶器的颜色有关。这些不同成分的矿物组成可能来自不同的黏土原料或不同的制陶技术，这批陶器的烧制温度可能在900～1000℃。

意大利Sicily出土了公元前18世纪至公元16世纪的陶器碎片，经TOF中子衍射研究[22]，鉴别出这些陶器中的一些矿物及其相组成。石英、方解石、斜长石、伊利石和长石的含量可能与不同的生产地点有关。钙铝黄长石和透辉石的存在证实了陶器制作工艺的差别。通过陶器中不同矿物相的成分，可以将这批陶器分为年代相去甚远的两类。

最近，利用小角度中子散射（样品中矿物的孔隙、大小和表面特征分析）和中子衍射（物相组成分析）技术对6～12世纪意大利陶器的烧制温度进行了研究[23]，取得了较好的效果。小角度中子散射比中子衍射有更好的空间分辨率，这两种方法结合起来可以研究陶器中矿物的微观结构和相对组成，具有互补性，相对于利用释光技术研究陶器烧制温度，具有无损性。

六、考古金属的中子衍射研究

对于考古金属，通常要进行成分分析（如用 SEM-EDS、XRF、AAS、XPS、PIXE 等），金相分析（光学金相显微镜），锈蚀产物的研究（XRD）等。这些分析方法需要破坏性地取样，且只能获取样品二维空间的信息，其中金相和 X 射线衍射无法获得完全定量的结果。利用中子衍射技术分析考古金属，不用取样即可一次性得到来自所测整个样品的合金成分、金相组织及成分、锈蚀产物组成及成分等关键数据。

（一）青铜器

利用 TOF 中子衍射技术，对古罗马 Picenum 的青铜器样品进行了合金及锈蚀产物的成分分析[24]，参照实验室标准青铜样品（铸造铜锡二元合金，然后经过锻打加工处理）的极像图，有学者对这些青铜器进行了"金相研究"，显示了这种分析方法真正的无损性及用于金属器物量化研究的前景[25]。

利用中子衍射技术，在无须取样的情况下也可以得到考古金属的制作工艺。对英国曼彻斯特博物馆一件公元前7世纪 Corinthian 式的青铜头盔进行合金成分、微观结构和质地分析[26]，结果表明，头盔

内部存在微观应变，晶粒的空间取向分布说明该头盔曾经退火后热锻处理；除检测到锡含量外，还检测到了氧化亚铜、石英、孔雀石、碳酸钙等锈蚀产物，并给出了它们的相对组成，这有利于评估其腐蚀特征。

TOF 中子衍射技术对伊特鲁里亚（Etruscan）青铜器进行合金成分和微观结构的研究[27]，无须取样即得到青铜合金中的铜锡比、主要锈蚀产物（氧化亚铜）的组成，和部分青铜器的制作工艺信息（极像图）。同样的分析技术也用于意大利出土的公元前 17～前 12 世纪的青铜器合金成分、锈蚀产物与制作工艺的研究，取得了很好的结果[28]。

（二）铁器

利用 TOF 中子衍射技术对两件欧洲 17～19 世纪火绳枪士兵的腹甲进行了无损研究[29]，结果表明，铁板主要由铁素体和渗碳体组成，氧化产物主要为氧化亚铁（FeO）和磁铁矿。根据铁素体、渗碳体、氧化亚铁和磁铁矿的相对含量，第一块铁板渗碳体和碳含量在铁板不同部位的分布极不均匀，作者认为这块铁板可能是在制造过程中偶然经过了脱碳。第一块铁板的极像图显示了十分随机的晶粒空间取向分布，可能是许多经锻打后的铁片随机堆压而成。第二块铁板的极像图较第一块规则（具有对称性），而且碳含量较第一块更小，作者认为它是经过滚压工艺制成的。对铁质文物的成分、结构及锈蚀产物的研究，也适用于小型、不允许破坏性分析的钱币类文物，如利用飞行时间法中子衍射技术（time of flight neutron diffraction）对3枚陕西出土的宋代铁钱进行了无损的相分析，采用英国卢瑟福实验室的高分辨率中子衍射仪 GEM（General Materials Diffractometer），定量地揭示了铁钱的相组成、合金成分与主要锈蚀产物的成分，分析结果表明铁钱的主要物相为铁素体、渗碳体（还含有 Fe_3P），主要锈蚀产物为棕黄色针铁

矿（α-2FeOOH），没有发现铁素体晶粒的织构化[30]。

（三）银、锡、铅合金

两枚古希腊钱币的合金成分和制作工艺，经 TOF 中子衍射分析，含银85%、铜15%，系冲压制成[31]。中子衍射技术对阿姆斯特丹出土的 1350~1775 年间的锡铅匙形器、德国 16 世纪的 Taler 银币进行了合金成分、锈蚀产物和制作工艺的研究[32]，揭示了不同年代铅锡比的分布情况，还检测到了作为腐蚀产物的一氧化锡等矿物的存在，研究结果发现 Taler 银币中铜银成分与当时官方标准一致，应是真品，它们的制作方式包括铸造、滚压和冲压等不同的工艺。

注　释

[1] Kockelmann W, Siano S, Bartoli L, et al. Applications of TOF Neutron Diffraction in Archaeometry. Applied Physics A, 2006, (83): 176; Kockelmann W, Kirfel A. Neutron Diffraction Imaging of Cultural Heritage Objects. Archeometriai Mühely, 2006, (2): 2.

[2] Kockelmann W, Kirfel A. Non-destructive Phase Analysis of Archaeological Ceramics using TOF Neutron Diffraction. Journal of Archaeological Science, 2001, (28): 213.

[3] Kockelmann W, Kirfel A, Siano S, et al. Illuminating the Past: The Neutron as A Tool in Archaeology. Physics Education, 2004, 39(2): 160.

[4] Artioli G. Crystallographic Texture Analysis of Archaeological Metals: Interpretation of Manufacturing Techniques. Applied Physics A, 2007, (89): 900.

[5] Arletti R, Cartechini L, Rinaldi R, et al. Texture Analysis of Bronze Age Axes by Neutron Diffraction. Applied Physics A, 2007, (90): 10.

[6] Siano S, Bartoli L, Kockelmann W, et al. "Neutron Metallography" of Archaeological Bronzes. Physica B, 2004, (350):123-126.

[7] Kockelmann W, Kirfel A, Siano S, et al. Illuminating the Past: The Neutron as A Tool in Archaeology. Physics Education, 2004, 39(2): 158.

[8] Kockelmann W, Kirfel A, Siano S, et al. Illuminating the Past: The Neutron as A Tool in Archaeology. Physics Education, 2004, 39(2): 160.

[9] Kockelmann W, Kirfel A, Siano S, et al. Illuminating the Past: The Neutron as A Tool in Archaeology. Physics Education, 2004, 39(2): 160.

[10] Albinati A, Willis B T M. The Rietveld Method in Neutron and X-ray Powder Diffraction. Journal of Applied Crystallography, 1982, (15): 361-374.

[11] Toby B H. EXPGUI, A Graphical User Interface for GSAS. Journal of Applied Crystallography, 2001, (34): 210-213; Larson A C, Dreele Von R B. General Structure Analysis System (GSAS). Los Alamos National Laboratory Report LAUR, 2004: 86-748.

[12] Arletti R, Cartechini L, Rinaldi R, et al. Texture Analysis of Bronze Age Axes by Neutron Diffraction. Applied Physics A, 2007, (90): 9.

[13] Artioli G. Crystallographic Texture Analysis of Archaeological Metals: Interpretation of Manufacturing Techniques. Applied Physics A, 2007, (89): 900; Kockelmann W, Siano S., Bsrtoli L, et al. Applications of TOF Neutron Diffraction in Archaeometry. Applied Physics A, 2006, (83): 176.

[14] Kockelmann W, Chapon L C, Radaelli P G. Neutron Texture Analysis on GEM at ISIS. Physica B, 2006, (385-386): 639-643.

[15] Siano S, Bartoli L. Non-destructive Investigation of Bronze Artefacts from The Marches National Museum of Archaeology Using Neutron Diffraction. Archaeometry, 2006, 48(1): 91.

[16] Kockelmann W, Siano S, Bartoli L, et al. Applications of TOF Neutron Diffraction in Archaeometry. Applied Physics A, 2006, (83): 177.

[17] Festa G, Andreani C, Filabozzi A, et al. Neutron Techniques in Cultural Heritage. Archeometriai Mühely, 2006, (2):32-36.

[18] Bennington S M. The Use of Neutron Scattering in The Study of Ceramics. Journal of Materials Science, 2004, (39): 6757-6779.

[19] Kockelmann W, Kirfel A. Neutron Diffraction Studies of Archaeological Objects on ROTAX. Physica B, 2004(350): e581-e585.

[20] Kockelmann W, Kirfel A. Non-destructive Phase Analysis of Archaeological Ceramics using TOF Neutron Diffraction. Journal of Archaeological Science, 2001, (28):213-222.

[21] Siouris I M, Walter J. A Neutron Diffraction Study of Ancient Greek Ceramics. Physica B, 2006, (385-386): 225-2227.

[22] Barilaro D, Crupi V, Majolino D, et al. Characterization of Pottery Fragments by Nondestructive Neutron Diffraction. Journal of Applied Physics, 2005, (98): 103520(1-4); Botti

A, Ricci M A, De Rossi G, et al. Methodological Aspects of SANS and TOF Neutron Diffraction Measurements on Pottery: The Case of Miseno and Cuma. Journal of Archaeological Science, 2006, (33): 307-319.

[23] Botti A, Ricci M A, De Rossi G, et al. Methodological Aspects of SANS and TOF Neutron Diffraction Measurements on Pottery: The Case of Miseno and Cuma. Journal of Archaeological Science, 2006, (33): 307-319.

[24] Siano S, Bartoli L. Non-Destructive Investigation of Bronze Artefacts from The Marches National Museum of Archaeology using Neutron Diffraction. Archaeometry, 2006, 48(1): 77-96.

[25] Siano S, Kockelmann W, Bafile U, et al. Quantitative Multiphase Analysis of Archaeological Bronzes by Neutron Diffraction. Applied Physics A, 2002, (74): S1139-S1142.

[26] Pantos E, Kockelmann W, Chapon L C, et al. Neutron and X-ray Characterization of the Metallurgical Properties of a 7th Century BC Corinthian-type Bronze Helmet. Nuclear Instruments and Methods in Physics Research B, 2005, (239): 16-26.

[27] Cartechini L, Rinaldi R, Kockelmann W, et al. Non-destructive Characterization of Compositional and Textural Properties of Etruscan Bronzes: A Multi-method Approach. Applied Physics A, 2006, (83): 631-636; Siano S, Kockelmann W, Bafile U, et al. Quantitative Multiphase Analysis of Archaeological Bronzes by Neutron Diffraction. Applied Physics A, 2002, (74): S1139-S1142.

[28] Cartechini L, Arletti R, Rinaldi R, et al. Neutron Scattering Material Analysis of Bronze Age Metal Artefacts. Journal of Physics: Condensed Matter, 2008, (20):1-8.

[29] Leever S, Visser D, Kockelmann W, et al. An Archaeometallurgical Study of Two Harquebusier Breastplates using Time-of-flight Neutron Diffraction. Physica B, 2006, (385-386): 542-544.

[30] 黄维，Kockelmann W，Gordfrey E 等:《宋代铁钱的中子衍射研究》,《北京大学学报（自然科学版）》2010 年第 46 卷 1 期，第 245～250 页。

[31] Xie Y X, Lutterotti L, Wenk H R, et al. Texture Analysis of Ancient Coins with TOF Neutron Diffraction. Journal of Materials Science, 2004, (39): 3329-3337.

[32] Kockelmann W, Siano S, Bartoli L, et al. Applications of TOF Neutron Diffraction in Archaeometry. Applied Physics A, 2006, (83): 175-182.

Neutron Diffraction Applied in Archaeometry

Huang Wei

Abstract: Traditional analytical techniques in archaeometry such as chemical analysis, AAS, SEM-EDS, optical metallography, XRD, XRF and so on, which need take sample or prepare destructively before experiments would have been carried out, only two dimensional information on the surface of sample collected, the data from them do not represent the composition and material properties of the whole sample or object statistically. Some methods, XRD for example, are not quantitative. Neutron diffraction is a totally non-destructive and quantitative technique. The characterization of high penetration and non-interaction with materials of neutron compared to photons, protons or electrons make the possibility of penetrating deeply into materials for studying phase composition and microstructure. This paper introduces time of flight neutron diffraction. As a new technique in archaeological science, TOF-ND on the basis of spallation pulsed source make use of the high penetration to collect all diffraction signals from the whole sample, the following items can be obtained without any pre-treatments on sample: (1)different phase composition, (2)crystal and magnetic sturctures of each constituent phase, (3)microstrains as well as macro(residual)strains, (4)texture(orientation distribution of grains). This technology can deal with archaeological stones, ceramics and metals to reveal the mineral phase components, alloy compositions and manufacturing technique(quantitative "neutron metallography"), and phase composition of corrosion products. It will play an important role in research and conservation of cultural heritage.

江苏兴化蒋庄遗址人类牙齿牙釉质的碳氧同位素分析

吴晓桐[1,2]　张兴香[1]　金正耀[1]　朱晓汀[3]　林留根[3]　甘恢元[3]

（1. 中国科学技术大学科技考古实验室，合肥，230026；2. 山东大学历史文化学院，济南，250100；
3. 南京博物院，南京，210016）

蒋庄遗址（120.19ºE，32.75ºN）位于江苏省兴化、东台两市交界处，分属兴化市张郭镇蒋庄村及东台市时堰镇五星村、双溪村，区域内水网密布、河荡相连。该区属于亚热带湿润季风气候区，四季分明，雨量充沛、冬寒夏热和雨热同步，年平均气温 14～15℃，历年平均降水量 1040.4 毫米。以泰东河为界，遗址分为东、西两区，其中西区以良渚文化为主，堆积厚度达 2 米，面积近 2 万平方米。2011 年至 2015 年，南京博物院对蒋庄遗址进行了两次大规模的考古发掘，总发掘面积 3500 平方米，发现良渚文化聚落与墓地，清理墓葬 284 座、房址 8 座、灰坑 100 余座以及水井、灰沟等，出土玉器、石器、陶器、骨器等遗物近 1200 件。良渚文化墓地位于遗址西区东北部，是蒋庄考古最大的收获。墓葬分布十分密集，叠压打破关系复杂，显示为一处公共墓地，有着持续而稳定的使用过程。墓葬间等级分化严重，随葬玉璧、玉琮的较高等级墓葬主要集中于墓地南部，且排列有序[1]。由于长江下游地区的酸性土壤，人类及动物骨骼保存较差，导致该区域长期缺乏骨骼同位素的数据，限制了学术界对于良渚文化先民的全面认识。而蒋庄墓葬中人类骨骼保存完好，为体质人类学和人骨化学研究提供了宝贵的资料。

蒋庄遗址的重要发现刷新了学术界对良渚文化的认识，同时也带来很多新的问题。

蒋庄所处的江淮东部地区处在南北方气候环境的过渡区和文化传播的走廊。淮河流域中西部的植物考古研究结果显示稻粟混作，种植比例受环境和文化的影响较大，具有明显的历时性变化[2]。良渚文化与海岱地区的大汶口文化交往密切，C4 类植物粟黍是大汶口文化人类主要的食物[3]。那么，蒋庄良渚文化人类的饮食是否与太湖流域良渚文化一致——以水稻为主食呢？抑或是与鲁南苏北的大汶口文化相似兼食稻粟呢？蒋庄墓葬间存在明显的等级分化现象，高等级墓葬多使用弧形独木棺，随葬有璧、琮等玉礼器，个别墓葬有人头殉葬。例如 M158 号墓，墓主人身居硕大的独木棺内，拥有精美的玉器随葬，棺外还殉葬有六颗人头骨；平民墓葬多无葬具，仅随葬少量陶器、石器。除了等级差异，一次单人葬、二次合葬、火葬等多样的葬式也罕见于其他良渚文化遗址。墓葬等级和葬式的差异是否反映了人群来源的不同呢？如果良渚文化与大汶口文化存在战争或暴力冲突，大墓中随葬的人头是否来源于大汶口文化的战俘呢？本研究希望通过蒋庄人类牙釉质的碳氧同位素结果对以上问题的解决有所帮助。

一、碳氧同位素原理

（一）碳（$\delta^{13}C$）同位素

骨骼中的碳同位素主要存在于骨胶原

（Collagen）和羟磷灰石（Ca$_5$[PO$_4$, CO$_3$]$_3$[OH]）两种组织中。人体内的碳同位素来源于饮食，不同组织对碳同位素的吸收过程会发生不同的碳同位素分馏效应。骨胶原的碳同位素只反映了饮食中的蛋白质部分的碳同位素组成，相对于食物的碳同位素组成，骨胶原中的碳同位素比值会富集5‰左右[4]；羟磷灰石存在于骨骼、牙本质和牙釉质之中，其碳同位素反映了所有饮食（包括蛋白质、碳水化合物和脂肪等）的碳同位素组成，人骨羟磷灰石中的碳同位素相对于食物会富集12‰左右[5]。C$_3$植物（农作物以水稻、小麦为代表）的δ^{13}C比值为 −32‰ ~ −24‰，C$_4$植物（农作物以粟、黍为代表）的δ^{13}C比值为 −10‰ ~ −14‰[6]。例如，某人仅以C$_3$类植物为食，人体羟磷灰石的δ^{13}C比值范围约为 −20‰ ~ −12‰。据此原理可以复原古人的饮食状况。

牙齿牙釉质在幼年形成之后不再参与人体的新陈代谢，保存了个体幼年的饮食状况；牙本质、骨骼羟磷灰石和骨胶原不断参与新陈代谢活动，其同位素信息代表了个体生命最后阶段的饮食状况。因此，通过测量人体不同组织可以获得其整个生命周期的饮食状况[7]。但是牙本质和骨骼羟磷灰石在埋藏过程中成岩作用严重，目前尚未有绝对的方法鉴定其保存状况，因此学术界对这两类样本的使用较为慎重[8]。骨胶原的保存状况可通过测试碳、氮含量比值来确定是否受到污染。牙釉质是人体硬组织中最坚硬的部分，其中无机质羟磷灰石占95% ~ 97%，结构稳定，能有效地抵抗成岩作用[9]，是同位素分析的优选样本。

（二）氧（δ^{18}O）同位素

氧有3种同位素，分别为^{16}O（99.762%）、^{17}O（0.038%）、^{18}O（0.2%），均属于稳定同位素。人骨骨胶原与羟磷灰石的氧来自于身体里水分，身体里水分则主要来自于饮用水，因此其δ^{18}O比值随大气降水的变化而变化[10]。降水的氧同位素比值主要受到^{16}O和^{18}O相对丰度的影响。^{16}O和^{18}O的相对丰度因为重量的差异在蒸发和沉降过程中发生变化。因此，纬度、海拔、湿度与距海远近等环境因素决定了降水的δ^{18}O比值。相应的，人骨骨胶原和羟磷灰石的δ^{18}O比值同样具有明显的地域特征，可作为判断古代移民来源的指标之一[11]。与碳同位素相似，不同人体组织的δ^{18}O比值代表了个体不同生长阶段的环境信息。但不同的是，羟磷灰石中的氧同位素可以通过分别测试碳酸盐（Carbonate）和磷酸盐（Phosphate）中的氧而获得[12]。

二、样本与实验

本研究对蒋庄遗址良渚文化墓葬出土24例个体的牙齿牙釉质进行取样分析。其中，21例个体为正常埋葬的墓主，3例为殉人。实验过程如下：

首先使用牙钻对牙齿进行打磨切割，将牙釉质与牙本质分开并去除表面杂质。将处理干净的釉质置于石英碾钵中碾成粉末，在体式显微镜下观察，釉质基本上呈单颗粒样品，处理好的粉末样本放于小离心管中待测。碳、氧同位素测试于国家海洋局第三海洋研究所，牙釉质粉末置于顶空样品瓶中进行He气排空处理后与70℃无水磷酸反应2小时，分离后的CO$_2$气体测定采用气体同位素质谱仪Finnigan MAT253和GasBench自动进样系统分析牙釉质碳酸盐中的C、O同位素组成，并穿插测试NBS-18和NBS-19标准样品进行校正，δ^{18}O和δ^{13}C的精度分别为 ±0.2‰和±0.2‰。

三、结　果

蒋庄人类牙釉质碳酸盐δ^{13}C比值范围

是 −14.70‰ ~ −12.50‰，平均值为 −（13.94 ± 0.49）‰（1sd，$n=24$）；$\delta^{18}O$ 比值范围是 −4.90‰ ~ −3.20‰，平均值为 −（4.08 ± 0.49）‰（1sd，$n=24$）（表一）。这些个体的碳氧同位素比值较为集中，不同个体 $\delta^{13}C$ 最大差值为 −2.2‰；$\delta^{18}O$ 最大最大为 −1.7‰。以往的研究表明，单一个体不同牙齿的 $\delta^{13}C$ 差值可达到 2‰，$\delta^{18}O$ 可达 1.5‰ ~ 2‰[13]。与之相比，蒋庄 24 例不同个体牙釉质碳酸盐的 $\delta^{13}C$ 和 $\delta^{18}O$ 比值非常集中，反映了其饮食和生活环境的一致性和稳定性。

表一　蒋庄良渚文化人类牙釉质碳酸盐 $\delta^{13}C$ 和 $\delta^{18}O$ 比值

实验编号	墓葬编号	取样牙齿	性别	$\delta^{13}C_{VPDB}$‰	$\delta^{18}O_{VPDB}$‰	备注
ZY-9664	M36	左下 M_1	女	−13.7	−3.7	
ZY-9665	M45	右上 M^2	男	−13.7	−4.7	
ZY-9666	M46	右下 M_1	男	−13.4	−3.2	殉人
ZY-9667	M50	右上 M^2	女	−13.7	−4.3	
ZY-9668	M70	右下 M_1	女	−14	−3.8	
ZY-9669	M72	左下 M_1	女	−13.7	−4.3	
ZY-9670	M80	左下 M_1	男	−12.5	−4.9	
ZY-9671	M99	左下 M_1	男	−14.5	−3.7	
ZY-9672	M103	左上 M^1	男	−14.1	−4.4	
ZY-9673	M111	左下 M_2	男	−14	−4	
ZY-9674	M140	右下 M_1	男	−14.6	−4.6	
ZY-9675	M153	左下 P_4	女	−13.5	−4.7	
ZY-9676	M158	右下 M_1	男	−13.9	−4.3	
ZY-9677	M158	左下 M_1	男	−14.4	−4.6	殉人
ZY-9678	M158	左下 M_1	？	−14.3	−3.4	殉人
ZY-9683	M160	左下 M_1	男	−13.6	−4.1	
ZY-9684	M171	右下 M_2	男	−14.3	−3.9	
ZY-9685	M175	左下 M_1	女	−14.1	−3.9	
ZY-9686	M181	左下 M_1	男	−13.3	−3.5	
ZY-9687	M243	右下 M_1	女	−14.1	−3.8	
ZY-9688	M244	右下 M_2	？	−13.9	−3.8	
ZY-9689	M245	右下 M_2	女	−14.5	−4.8	
ZY-9690	M252	右上 M^1	男	−14.7	−3.5	
ZY-9691	M255	左下 M_1	男	−14.0	−4.0	

四、讨　论

（一）蒋庄先民的食性特征

以往的研究结果表明，与人类所吃食物的 $\delta^{13}C$ 比值相比，羟磷灰石的 $\delta^{13}C$ 比值大约富集 12‰[14]，据此推算蒋庄人类的食物 $\delta^{13}C$ 比值范围大约为 −26.7‰ ~ −24.5‰。一般认为，现代 C_3 植物的 $\delta^{13}C$ 比值为 −32‰ ~ −24‰，经分析中国现代稻米的 $\delta^{13}C$ 值为 −24.6‰[15]。但生物化石燃烧会导致古代植物的 $\delta^{13}C$ 值低于现代植物 1.5‰[16]。即使如此，蒋庄人类食物的δ13C 比值仍基本落入 C3 植物范围内，与大米 δ13C 比值接近。这表明蒋庄人的食物中基本不含 C4 类植物，排除了该地稻粟混作的可能性，并确定蒋庄与太湖流域良渚文化的稻作模式一致。稻作农业在松泽至良渚文化时期成为太湖流域主要的生业经济来源，多个遗址发现稻田遗迹[17]。与蒋庄遗址处于同一地区的龙虬庄与青墩遗址的环境考古研究表明该区域在良渚文化时期生态环境温暖潮湿且距海较远，属于河湖发达的滨海平原，适宜人类定居[18]。龙虬庄遗址的植物考古研究表明该区域在良渚文化之前稻作农业已经得到迅速发展[19]。碳同位素数据表明在距今 5300 ~ 4300 年的良渚文化时期，江淮东部地区的稻作农业生产格局基本保持稳定。

（二）蒋庄先民的地理来源特征

目前国内已发表的新石器时代人类羟磷灰石碳氧同位素数据较少，但对于理解蒋庄人类碳氧同位素地域特征具有重要意义（图一；表二）。位于山东东南部沿海的两城镇遗址龙山文化人类牙齿牙釉质碳酸盐 δ13C 比值范围是 −12.40‰ ~ −6.50‰，平均值为 −（9.84 ± 1.83）‰（1sd, n=18）；δ18O 比值范围 −6.50‰ ~ −4.10‰，平均值为 −（5.49 ± 0.56）‰（1sd, n=18）[20]。位于山东北部沿海的广饶傅家遗址大汶口文化人类骨骼羟磷灰石碳酸盐 δ18O 比值范围是 −8.06‰ ~ −6.40‰，平均值为 −（6.93 ± 0.41）‰（1sd, n=23）[21]。位于淮河上游内陆平原地区地区的贾湖遗址人骨羟磷灰石碳酸盐 δ13C 比值范围是 −12.28‰ ~ −9.26‰，平均值为 −（10.67 ± 0.85）‰（1sd,

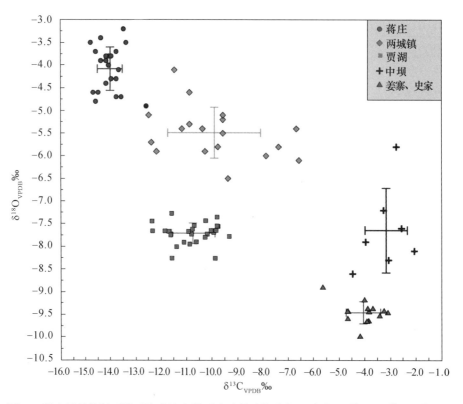

图一　蒋庄及其他新石器时代遗址人类牙齿或骨骼羟磷灰石碳酸盐 δ13C 和 δ18O 比值分布
（两城镇和中坝遗址的数据来自人类牙釉质碳酸盐的同位素分析结果；贾湖、姜寨、史家遗址的数据来自人类骨骼羟磷灰石碳酸盐的同位素分析结果）

表二　新石器时代人类牙齿或骨骼羟磷灰石碳酸盐 $\delta^{13}C$、$\delta^{18}O$ 数据对比

遗址	年代 （Cal BP）	$\delta^{13}C_{VPDB}$‰				$\delta^{18}O_{VPDB}$‰			
		n	范围	平均值	1sd	n	范围	平均值	1sd
蒋庄	5300～4300	24	−14.70～−12.50	−13.94	0.49	24	−4.90～−3.20	−4.08	0.49
两城镇	4600～4000	18	−12.40～−6.50	−9.84	1.83	18	−6.50～−4.10	−5.49	0.56
中坝	5000～4000	7	−4.40～−2.00	−3.1	0.82	7	−8.60～−5.8	−7.64	0.93
贾湖	9000～7500	28	−12.28～−9.26	−10.67	0.85	28	8.26～−7.27	−7.71	0.23
姜寨、史家	7000～6000	14	−5.57～−3.03	−3.98	0.67	14	−9.98～−8.90	−9.46	0.24
傅家	4880～4480					23	−8.06～−6.40	−6.96	0.41

$n=28$）；$\delta^{18}O$ 比值范围 −8.26‰～−7.27‰，平均值为 −（7.71±0.23）‰（1sd, $n=28$）[22]。位于长江上游内陆高原山地的中坝遗址新石器时代晚期人类牙齿牙釉质磷酸盐 $\delta^{13}C$ 比值范围是 −4.40‰～−2.00‰，平均值为 −（3.10±0.82）‰（1sd, $n=7$）；$\delta^{18}O$ 比值范围 −8.60‰～−5.8‰，平均值为 −（7.64±0.93）‰（1sd, $n=7$）[23]。位于西北内陆渭河谷地的姜寨和史家遗址仰韶文化人骨羟磷灰石碳酸盐 $\delta^{13}C$ 比值范围是 −5.57‰～−3.03‰，平均值为 −（3.98±0.67）‰（1sd, $n=14$）；$\delta^{18}O$ 比值范围 −9.98‰～−8.90‰，平均值为 −（9.46±0.24）‰（1sd, $n=14$）[24]。

对比发现，蒋庄人类拥有最低的 $\delta^{13}C$ 比值，表明蒋庄人的水稻食用比例最高。淮河上游地区的贾湖遗址处于全新世早期，虽然稻作农业开始迅速发展，但是渔猎采集经济仍占有一定比重[25]。植物考古表明，虽然中坝遗址地处长江流域，但三峡地区在新石器时代却与长江中下游平原差异较大，而与黄河流域的姜寨、史家遗址接近，均以粟黍等 C_4 类食物为主要食物。植物考古研究表明山东东南沿海的两城镇龙山文化时期属于稻粟混作区域[26]，因此两城镇人类牙釉质的 $\delta^{13}C$ 比值范围处于 C_3 与 C_4 植物 $\delta^{13}C$ 比值之间，且变化范围较大。

M158 和 M46 中的 3 例殉人 $\delta^{13}C$ 和 $\delta^{18}O$ 比值与其他墓主人个体一致，表明殉人的来源不会很远，很有可能是生活在蒋庄本地的低等级人群。良渚文化社会复杂化程度很高，殉人现象在花厅[27]和福泉山[28]等良渚文化贵族墓中也有发现，长期以来学界对这些殉人的身份看法不一[29]，部分学者认为殉人可能是属于良渚族群与大汶口族群之间战争的俘虏[30]。大汶口文化主要分布于山东和苏北地区，植物考古研究表明大汶口文化人类群体的饮食以粟黍为主，也发现少量水稻[31]，山东南部大汶口文化人骨骨胶原的碳同位素分析表明大汶口人的饮食中混合了 C_3 和 C_4 类作物，并以 C_4 类为主[32]。蒋庄 3 例殉人与正常墓主一样均以 C_3 类植物为食，表明他们来自大汶口文化的可能性很低。除了殉人，不同葬式和等级的墓主人 $\delta^{13}C$ 和 $\delta^{18}O$ 比值也没有明显变化，表明蒋庄葬俗的复杂性源于社会内部，并非因为人群来源的复杂。

（三）氧同位素在中国古代人群迁徙研究中的应用潜力

中国地形有三大阶梯，由西北向东南海拔、纬度逐渐降低，距离海洋越来越近，温度、湿度逐渐加大。这种地形变化规律在大气水循环过程中起到了关键作用，也导致了不同地区降水 $\delta^{18}O$ 比值的变化。1961 年，国际原子能机构（IAEA）已建立全球大气降水氧同位素观测网络（GNIP, Global Network of Isotope in Precipitation），

开始对大气降水中氧同位素组成进行观测，为研究全球和局地大气环流及循环的机制提供同位素资料数据[33]。其中，我国大气降水的 $\delta^{18}O$ 比值大体由西北内陆高原向东南沿海平原逐渐升高。降水的 $\delta^{18}O$ 比值地域性规律通过饮用水反映在不同地区人类骨骼骨胶原与羟磷灰石之中。这为我们在中国利用羟磷灰石或羟磷灰石的 $\delta^{18}O$ 比值研究古人地理来源提供了理论依据。

与其他遗址对比，蒋庄人类牙釉质碳酸盐的 $\delta^{18}O$ 比值最高且变化范围较小（图二），表明蒋庄遗址良渚文化时期的温度较高且气候较为稳定。从目前几个不同区域的数据来看，氧同位素比值在中国的地域特征非常明显（图二）。距海岸线远近对人骨羟磷灰石 $\delta^{18}O$ 比值的影响很大，蒋庄、两城镇和傅家都位于沿海地区，$\delta^{18}O$ 比值明显高于相近纬度内陆地区的几个遗址，这与我国现代降水的 $\delta^{18}O$ 比值变化规律一致。在内陆地区，纬度与海拔对 $\delta^{18}O$ 比值的影响很大。贾湖和中坝遗址的纬度和海拔均低于关中地区的姜寨和史家遗址，导致前两者的 $\delta^{18}O$ 比值高于后者。虽然以上遗址的年代具有一定差异，但是已有的数据表明人类羟磷灰石的 $\delta^{18}O$ 比值与大气降水的地域性变化规律一致，即 $\delta^{18}O$ 比值从东南沿海向西北内陆逐渐降低，并与纬度和海拔有密切关系。这种变化规律为日后进一步利用氧同位素方法研究人群迁徙奠定了基础。

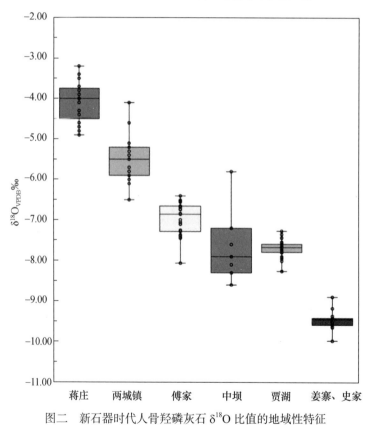

图二　新石器时代人骨羟磷灰石 $\delta^{18}O$ 比值的地域性特征

五、结　语

蒋庄良渚文化人类牙釉质碳氧同位素分析结果表明，蒋庄先民生存在暖湿的气候环境中，所有的个体均以水稻为主食，基本没有摄入粟黍等 C_4 类植物。殉人与墓主人的饮食和生活环境一致，表明殉人并非来自兼食稻粟的大汶口文化，而是来自蒋庄本地或周边地区。相比于其他遗址，蒋庄人类牙釉质羟磷灰石的氧同位素比值最高，反映了暖湿的生存环境。我国不同地区新石器时代人类牙釉质或骨骼羟磷灰石的氧同位素比值存在沿海高、内陆低的分布规律，且与纬度呈反比，符合中国现代降水氧同位素比值的变化规律。基于以上规律，建立古人类牙釉质羟磷灰石氧同位素数据库，并以此为基础研究中国古代的人群迁徙，是未来人骨同位素研究的重要方向。

注　释

［1］ 南京博物院：《江苏兴化、东台市蒋庄遗址良渚文化遗存》，《考古》2016 年第 7 期。

［2］ 杨玉璋、程至杰、李为亚等：《淮河上、中游地区史前稻 - 旱混作农业模式的形成、发展与区域差异》，《中国科学：地球科学》2016 年第 8 期。

［3］ Jin G Y, Wagner M, Tarasov P E, et al. Archaeobotanical Records of Middle and Late Neolithic Agriculture from Shandong Province, East China, and a Major Change in Regional Subsistence during the Dawenkou Culture. The Holocene, 2016, 26(10): 1605-1615.

［4］ Tykot R H, Falabella F, Planella M T, et al. Stable Isotopes and Archaeology in Central Chile: Methodological Insights and Interpretative Problems for Dietary Reconstruction. International Journal of Osteoarchaeology, 2009, 19(2):156-170.

［5］ Passey B H, Robinson T F, Ayliffe L K, et al. Carbon Isotope Fractionation between Diet, Breath, CO_2, and Bioapatite in Different Mammals. Journal of Archaeological Science, 2005, 32: 1459-1470.

［6］ Cerling T E, Manthi F K, Mbua E N, et al. Stable Isotope-based Diet Reconstructions of Turkana Basin hominins. Proceedings of the National Academy of Sciences of the United States of America, 2013, 110(26): 10501-10506.

［7］ Tykot R H. Bone Chemistry and Ancient Diet. Encyclopedia of Global Archaeology. New York: Springer, 2014: 931-941.

［8］ Koch P L, Tuross N, Fogel M L. The Effects of Sample Treatment and Diagenesis on the Isotopic Integrity of Carbonate in Biogenic Hydroxylapatite. Journal of Archaeological Science, 1997, 24(5): 417-429.

［9］ Kohn M J, Cerling T E. Stable Isotope Compositions of Biological Apatite. Reviews in Mineralogy and Geochemistry, 2002, 48(1): 455-488.

［10］ Bryant J D, Froelich P N. A Model of Oxygen Isotope Fractionation in Body Water of Large Mammals. Geochimica Et Cosmochimica Acta, 1995, 59(21): 4523-4537.

［11］ White C D, Price T D, Longstaffe F J. Residential Histories of the Human Sacrifices at the Moon Pyramid, Teotihuacan. Ancient Mesoamerica, 2007, 18(1): 159-172; Zhang X, Burton J, Jin Z, et al. Isotope Studies of Human Remains from Mayutian, Yunnan Province, China. Journal of Archaeological Science, 2004, 50(1): 414-419.

［12］ Tuross N, Reynard L M, Harvey E, et al. Human Skeletal Development and Feeding Behavior: The Impact on Oxygen Isotopes. Archaeological & Anthropological Sciences, 2017, 3: 1-7.

［13］ Wright L E, Schwarcz H P. Stable Carbon and Oxygen Isotopes in Human Tooth Enamel: Identifying Breastfeeding and Weaning in Prehistory. American Journal of Physical Anthropology, 1998, 106(1): 1-18.

［14］ Lanehart R E, Tykot R H, Underhill A P, et al. Dietary Adaptation during the Longshan Period in China: Stable Isotope Analyses at Liangchengzhen (Southeastern Shandong). Journal of Archaeological Science, 2011, 38(9): 2171-2181.

［15］ Lanehart R E, Tykot R H, Underhill A P, et al. Dietary Adaptation during the Longshan Period in China: Stable Isotope Analyses at Liangchengzhen (Southeastern Shandong). Journal of Archaeological Science, 2011, 38(9): 2171-2181.

［16］ Lanehart R E, Tykot R H, Underhill A P, et al. Dietary Adaptation during the Longshan Period in China: Stable Isotope Analyses at Liangchengzhen (Southeastern Shandong). Journal of Archaeological Science, 2011, 38(9): 2171-2181.

［17］ Zheng Y, Sun G, Qin L, et al. Rice Fields and Modes of Rice Cultivation between 5000 and 2500 BC in East China. Journal of Archaeological Science, 2009, 36(12): 2609-2616；郑云飞、陈旭高、丁品：《浙江余杭茅山遗址古稻田耕作遗迹研究》，《第四纪研究》2014 年第 1 期，第 85～96 页。

［18］ 朱诚、张强、张芸等：《长江三角洲长江以北地区全新世以来人地关系的环境考古研究》，《地理科学》2003 年第 6 期，第 705～712 页。

［19］ 汤陵华、孙加祥、张敏等：《高邮龙虬庄遗址的原始稻作》，《作物学报》1996 年第 5 期，第 608～612 页。

［20］ 赵志军、张居中:《贾湖遗址 2001 年度浮选结果分析报告》,《考古》2009 年第 8 期。

［21］ 董豫、栾丰实:《大汶口文化晚期社会组织形态的思考——来自 DNA 和稳定同位素的证据》,《考古》2017 年第 7 期。

［22］ Hu Y W, Ambrose S H, Wang C S. Stable Isotopic Analysis of Human Bones from Jiahu Site, Henan, China: Implications for the Transition to Agriculture. Journal of Archaeological Science, 2006, 33(9): 1319-1330.

［23］ 田晓四、朱诚、许信旺等:《牙釉质碳和氧同位素在重建中坝遗址哺乳类过去生存模式中的应用》,《科学通报》2008 年第 53 期,第 77~83 页。

［24］ Pechenkina E A, Ambrose S H, Ma X, et al. Reconstructing Northern Chinese Neolithic Subsistence Practices by Isotopic Analysis. Journal of Archaeological Science, 2005, 32(8): 1176-1189.

［25］ 赵志军、张居中:《贾湖遗址 2001 年度浮选结果分析报告》,《考古》2009 年第 8 期。

［26］ 凯利·克劳福德、赵志军、栾丰实等:《山东日照市两城镇遗址龙山文化植物遗存的初步分析》,《考古》2004 年第 9 期。

［27］ 南京博物院:《花厅》,文物出版社,2003 年,第 197~199 页。

［28］ 上海博物馆:《上海福泉山遗址吴家场墓地 2010 年发掘简报》,《考古》2015 年第 10 期。

［29］ 高广仁:《花厅墓地"文化两合现象"的分析》,《东南文化》2000 年第 9 期;赵晔:《良渚文化人殉人祭现象试析》,《南方文物》2001 年第 1 期。

［30］ 栾丰实:《大汶口、良渚文化的汇聚点——读〈花厅——新石器时代墓地发掘报告〉》,《文物》2004 年第 4 期。

［31］ Wright L E, Schwarcz H P. Stable Carbon and Oxygen Isotopes in Human Tooth Enamel: Identifying Breastfeeding and Weaning in Prehistory. American Journal of Physical Anthropology, 1998, 106(1): 1-18.

［32］ 胡耀武、何德亮、董豫等:《山东滕州西公桥遗址人骨的稳定同位素分析》,《第四纪研究》2005 年第 25 卷 5 期。

［33］ Swart P K, Lohmann K C, Mckenzie J, et al. Isotopic Patterns in Modern Global Precipitation, Climate Change in Continental Isotopic Records. American Geophysical Union, 2013: 1-36.

Carbon and Oxygen Isotope Analyses on Human Enamel of Jiangzhuang Site, Xinghua, Jiangsu

Wu Xiaotong　　Zhang Xingxiang　　Jin Zhengyao　　Zhu Xiaoting　　Lin Liugen　　Gan Huiyuan

Abstract: It is significant to reconstruct paleo-diet and environment, and research human geographic origin through Carbon and Oxygen isotope analyses of human enamel. We conducted Carbon and Oxygen isotope analyses on 24 human individuals from Jiangzhuang Site, Liangzhu Culture. All $\delta^{13}C$ ratios fall into C_3 plant range, which inflects the rice is main food of their diets. The diets of three victims are same with tomb owners, excluding the origin of Dawenkou Culture with C_3/C_4 mixed diets; The $\delta^{18}O$ ratios of 24 individuals are concentrated without any individuals from remote area. By contrast to other sites, we discovered that the average ratio of $\delta^{18}O$ of Jiangzhuang people is highest, reflecting the warm and humid climate. Except that, there are distinct differences of $\delta^{18}O$ ratios of human bone hydroxyapatite of different regions in China, corresponding with the change role of $\delta^{18}O$ ratios of precipitation. It is a potential study area that researching human migration of ancient China based on Oxygen isotope database of human bone.

陶瓷岩相分析与考古学信息提炼

吴 双 陈 淳

（复旦大学文物与博物馆学系，上海，200433）

岩相分析是探究陶瓷类考古遗存成分性质的有效方法之一。实际操作中，对标本进行切片处理，在偏振光显微镜下观察切片中各类包含物特征，如颗粒物的性质、大小、形状、分布位置以及配比情况等。运用定性与定量分析方法进一步辨别、记录并统计标本结构的岩相数据信息，继而结合其他考古背景，帮助解决产地、技术以及贸易交换等相关重要问题。考古学家意识到这一方法的重要性和效用而不断予以完善，在过去的数十年间，岩相学方法已经被广泛应用到了不同时空以及不同类别陶瓷材料的研究之中。

陶器生产是最主要的古代手工业门类之一。特殊陶土制品包括瓷器及其生产活动的变迁与兴衰往往与时代、环境资源、经济技术以及社会文化乃至宗教信仰变迁的背景密切相关。尽管岩相学方法已经被认为是陶器研究的有效途径，并被用来解决产地与贸易、生产过程与技术选择等问题，但从整体来看，目前该方法在相关研究，特别是生产技术研究中并没有被广泛运用。原因是多方面的：第一，陶瓷岩相分析并非传统考古学的方法，而是由地理学科中的岩相学衍生发展而来的手段。单一分析手段在数据信息的提炼中往往会有自身的局限性，岩相分析法也不例外；第二，目前学界对岩相数据的阐释并未有系统或公认的范式，这使得岩相分析的结论缺乏指导性和一致性；第三，作为纯技术性的分析手段，岩相分析者与考古学家目前在操作和分析中往往缺乏沟通，问题意识的不同导致数据分析与阐释不能流畅而有针对性地展开。

本文在介绍与回顾陶瓷岩相分析应用与发展的基础上，提出结合操作链概念以及整合运用其他分析方法的设想。同时建议考古学家能够熟悉岩相分析的潜质，并有目的地运用到陶瓷器研究中去，以期最大程度发挥该方法的作用和优势。

一、发展与应用

英国科学家亨利·克里斯顿·肖比（Henry Clifton Sorby）被认为是借用岩相切片法分析考古材料、解决考古问题的先驱。早在19世纪70年代，肖比就运用岩相学方法对东英格兰地区古罗马时期与中世纪的砖瓦类制品进行分析，并于1887年在谢菲尔德大学发表相关演说[1]。之后，肖比又对英格兰及埃及等地区的古代遗物进行了分析。值得注意的是，肖比当时的岩相方法并未用于陶制品的分析。其后，有些欧洲学者陆续尝试将岩相学方法用于陶制品的研究。遗憾的是，这在当时并未引起足够的关注[2]。可以说，岩相分析尤其是陶器的岩相分析在诞生初期似乎并没有引起考古学者们太多的重视。

20世纪40年代，美国学者安娜·谢帕德（Anna O. Shepard）系统应用岩相方法对新墨西哥格兰德河地区的漆釉陶器展开研究。在对考古出土样品进行切片观察的基础上，安娜依据羼料类型对样品进行岩相分组，通过比较不同地点的土样，设法分辨样品的具体产地[3]。其后，在考古发掘的基础上，韦恩·费尔茨（Wayne M. Felts）选取不同层位的土样与陶片进行岩相分析，设法了解土耳其西部古特洛伊地区的陶器生产。相对于产地的判断，费尔茨更多关注陶片所蕴含的生产工艺方面的信息。通过对比样本切片中不同羼料的成分与比例，注意到该地区的陶器生产工艺有历时发展的现象。同时注意到本地生产陶器中亦含有不同的胎土成分，显现出了不同的成型技术与烧成工艺特征[4]。通常认为，安娜与费尔茨的研究是系统运用岩相方法对古代陶器进行科学分析与阐释的开山，将分辨产地与生产技术作为研究两个主要课题。

有趣的是，两个主要研究取向出现之后，早期陶器岩相分析的实践较倾向于解决产地与贸易而非与技术相关的问题。戴维·皮科克（David Peacock）对康沃尔（Cornwall）与费什本（Fishborn）地区史前陶器的研究基本奠定了早期陶器岩相研究的分析模式。1969年，通过对已发表考古材料的整理与归纳，运用岩相分析，皮科克提出英格兰南部康沃尔地区的史前粗制陶已经能够通过贸易交换扩散到韦塞克斯（Wessex）地区及其他地区[5]。1971年，在科学发掘的基础上，皮科克采集夹砂灰陶、含粗云母器物以及少量釉陶残片对费什本地区的陶器生产进行了研究。在发掘报告中，皮科克运用背景分析（textural analysis）与模态分析（modal analysis）对切片成分进行了统计，并明确提出背景分析应该是岩相分析阐释的有效途径之一[6]。此后，安娜与皮科克通过辨识样本包含物特征，对比不同地区地理特点，以此分辨产地与贸易分布的研究模式开始流行。20世纪下半叶，在新考古学的影响下，陶瓷考古的岩相学研究有了长足

的发展与进步。新考古学家认为考古学研究应该更加人类学化和更加科学化。就陶器岩相分析而言，考古学家关注的"技术"包含两个层次的意义：①陶器岩相分析被广泛认为是重要的科技手段之一，应该大力推广。20世纪80年代，该方法在英国得到了较为系统的发展。南安普顿大学实验室的建立、各项研究基金的建立和专项会议的召开等都在这一时期出现[7]。②生产技术成为岩相分析的关注焦点。虽然早在1942年，费尔茨曾运用岩相学方法对制陶技术进行分析，在其后几十年间也有一些文章问世。但相对于产地判别，问题导向对生产技术的关注相对较弱。新考古学对技术的重视，使得考古学家意识到，陶制器物不仅具有年代学意义和文化性质判定的作用，作为数量最为丰富的一类考古遗存，陶器生产技术的发展与人类社会的经济发展和文化变迁密切相关。而岩相切片能够为原料获取与制备及其生产过程等环节的研究提供重要信息。

此后，岩相切片方法在陶瓷考古中日趋完善。1983年，威廉姆斯（D.F. Walliams）提出，陶器可以被看作是变质沉积岩的一种，这篇文章被视为岩相学方法科学合理性的基础[8]。伊恩·惠特布雷德（Ian Whitbread）则有针对性地探讨了将土壤显微分析术语运用到可塑性陶土成分分析中去的可能性[9]。1995年，惠特布雷德又系统采用岩相学术语与方法对希腊地区的安佛拉罐（amphorae）进行研究[10]。学者们对分析原理的深入探讨拓宽了岩相切片法的应用范围。除粗制陶之外，针对其他类别陶土制品的岩相分析陆续出现[11]。同时，陶瓷考古概念的强化与相关理论的出现也使得该方法的应用有了更坚实的基础。

21世纪初，岩相分析开始被介绍并应用到国内的考古研究当中，以尝试分析不同地区、各种类型的陶瓷制品。同时，也

见有介绍岩相分析原理与方法的文章，还有在考古发掘基础上尝试展开岩相分析的案例[12]。但总的来说，目前陶瓷岩相分析方法还未在我国的考古研究中广泛应用，对现有考古材料的分析主要见于中外合作的项目中。

二、方法与实践

（一）分析方法

陶瓷岩相分析借用沉积地质学中对变质沉积岩研究的思路，结合材料考古背景进行。在类型学划分的基础上选取器物标本，并将标本制成 30 微米厚的玻璃切片，在偏振光显微镜下对切片进行观察。其中，定性与定量分析是两种常用的方法。陶器制作精良程度各异，标本的具体成分也各有不同。陶土基质、羼料、空隙及器表装饰是切片中能够观察到的几类主要成分。

陶土基质：是陶制品最主要的原料成分，比例通常占到 50% 以上，是控制切片成分性质的材料，在显微镜下通常呈褐色。

羼料：切片基质成分中分离的微粒，是陶器成分中最具辨识度的成分。在大多数陶器切片中，羼料的比例不会超过 40%，但是羼料与陶土基质有明显的不同。羼料种类非常多样，沙石、矿物、陶渣、炉渣、蚌类、骨料、微体化石、植物类材料，甚至富含黏土的羼料颗粒都可以作为羼料使用。

空隙：空隙是切片中的空白部分，是样品成分中孔洞的切面。其形成背后的原因是多样的。陶器制作过程中收缩率的变化，烧制过程中有机材质羼料的消失，甚至器物埋藏环境中的某些特殊性都能够造成器物标本中空隙的出现。

器表装饰：切片外侧、器物表层装饰的痕迹。例如彩绘、泥釉以及玻璃化釉层等。

在切片制作和观察的过程中，通常运用统计学方法将显微镜下的切片样品按照一定的间距（如 1 毫米）划分为次级单位个体；继而对次级单位中的颗粒成分性质进行辨别，如基质、羼料、空隙与表层，并对不同类别的颗粒成分进行尺寸测量及归类。在此基础上，借用统计软件整理数据，通过制作表格以及三角图等形式来直观表现不同类别样本之间的成分差异。值得注意的是，实际操作中陶器岩相分析的流程并非固定不变，分析者的问题导向、学科背景、经验丰富程度甚至研究习惯都有可能造成具体操作流程的不同。目前，应用较多的是美国考古学家詹姆斯·斯托尔曼（James B. Stoltman）建立的网格计算与颗粒测量的分析模式[13]。

（二）实践与思考

科技分析在陶瓷考古研究中的主要作用是提炼物质遗存动态生命历程的数据信息。因此，器物的选料、生产、分配、使用、再利用以至最终的废弃阶段都是其研究的范围[14]。从地质学视角出发的岩相分析能够对样本切片的结构成分进行判别，观察可能存在的成分分布或变异规律，统计不同成分种类的含量配比。所得数据往往包含着原料制备、生产制作、流通分布及使用废弃的相关信息。

在经历了传统的器物分析与类型学研究阶段之后，目前陶瓷研究已经进入到背景研究的阶段。器物遗存的研究也不再局限于表象的观察、文化类型的判定以及作为相对年代的参照依据。考古学家开始关注物质文化的生产、发展及消亡与政治、文化、经济和宗教等社会因素的密切关系。他们意在提炼考古遗存中所蕴含的显性信息与隐性信息，也努力运用各种分析方法来达到这个目的[15]。在陶制品的研究中，显性信息往往是指那些能够通过肉眼观察所发现的技术和风格特征。例如，盘筑痕迹、模印的接痕、露天烧造的烧制面，以及器物表面的装饰，等等。隐性特征往往是那些肉眼无法直观的特点，如成分结构、烧成温度及生产过程中陶工的技术行为与技术选择。因此，岩相分析对于提炼陶制品的隐性信息特别有用。随着实际应用的普及和提高，研究的广度和深度也在不断拓展。从广度而言，研究范围不再局限于早期的粗陶，釉陶与瓷器也多有涉及。从深度而言，其研究不再单单聚焦在分辨产地，原料的采办与制备、生产制作过程、器物的使用与废弃也开始成为分析的内容。

原料的采办与加工是陶瓷生产首要而重要的环节。岩相分析对于原料环节的关注主要包括：①胎土原料的来源与选择，是本地获得还是外地输入？②原料的制备过程是否经过筛选、冲洗或者添加羼料？③原料成分是否存在时空上的变化？通常来说，原料采办与制备阶段相当复杂，考古分析有望在原料选取、采办、制作、使用过程方面提取许多有价值的信息。例如，采用形状规则和比例相近的矿物羼料，通常是窑工有意识选取、处理和添加的结果。岩相学也能够对客观数据及其变化进行观察和分析，并帮助解决具体问题。例如，通过对比陶制品胎料与本地土样成分，结合考古学其他背景能够帮助判断原料来源问题，了解生产过程是否是本地采办原料或本地制作[16]。原料制备的信息则更为复杂，对于生产中胎料制备信息的提取，辨别剔除哪些包含物往往又比寻找添加哪些羼料类别更为困难[17]。

生产制作过程至少包括成型、修整与烧造等三个大的阶段步骤。切片观察中，与该环节相关的问题主要集中在：①是否有制作步骤的痕迹存在？包含物颗粒的分布是否具有规律性？②器表有哪些修饰的痕迹？是否有釉层存在，釉层的厚度如何？③羼料中是否存在与烧造环境相关的种类？④不同烧造温度与氧化氛围对成分颗粒的具体结构形态产生了哪些影响？赖斯（P. M, Rice）认为通过观察岩相切片能够获得肉眼无法直观的成型工艺信息[18]。实际上，在生产制作的各个阶段，陶工的技术步骤与使用工具都会对成分颗粒的形状、大小甚至分布造成影响。例如，切片中片状矿物（如云母类）的线性平行排列有可能是轮制过程中均匀受力的结果。大量空隙存在的背后原因则可能是由于原料制备过程中的缺乏足够的揉捏挤压[19]。同时，切片分析也能够观察到肉眼难以确认的器表装饰痕迹。比如器物内外表层稀薄的釉层，在显微观察下与胎体会有明确的分层。

在使用与废弃阶段，外界环境会影响切片的成分特征。例如，特殊使用环境中，陶土基质与个别矿物成分颗粒的物理形态会发生变化。又比如埋藏过程中，地下水会影响可溶性成分颗粒的含量。同时，切片外层也可能带有样本埋藏环境中地质沉积物的信息。因此，这部分的数据提取相对更为依赖样本的具体考古背景。

岩相分析在陶瓷考古中的作用和范围一直在不断拓展。目前，已经在不同阶段、不同地区材料中得到应用，帮助解决生产相关的原料、工艺、生产方式甚至使用功能等问题。以下列举几个具有代表性的研究案例。

《史丹佛陶器生产：薄片分析与中子活化分析》[20]以英国林肯郡地区的陶器作为分析材料。在类型学分类基础上，综合运用岩相分析与中子活化分析对该地区8～9世纪的生产情况进行探究。文章在低倍显微镜下对8组（A—H）样本的成分特征进行观察，显示成分颗粒定性特征并不十分明确。进一步通过定量统计石英颗粒的形状与大小来辨别不同胎料类别后，整合运用中子活化分析样本微量元素组分数据，分辨出4处（AD，EFH，BC，A组部分）土样来源。其中，G组胎料初步判定为两种陶土（EFH与BC）的混合。同时结合样本出土信息，通过对切片颗粒成分大小统计以及受力痕迹的观察，判定建造窑炉的原料与制陶原料来源相同，但窑炉材料相对处理得较为粗糙。并且，该地区制陶工艺，主要是原料采集与处理方面存在历时的变化。相比于岩相分析在陶瓷研究中的早期应用阶段，这篇发表于20世纪80年代的文章已经明确地在考古分类基础上取样，同时整合、运用岩相与科技分析方法提炼样品胎料特征、取土地点以及生产过程中的资源使用等情况信息。

《新石器晚期匈牙利陶器生产技术与社会发展》[21]一文以匈牙利南部地区新石器时期伦杰尔（Lengyel）文化三处不同遗址出土的45片器物碎片作为分析材料。在类型学基础上，从原料、胎土制备以及羼料三个方面对样本切片进行分析。通过辨别与统计不可塑包含物类别、特征与大小，将样本分为九组。文章尝试在系统考古理论框架内对岩相数据进行运用，从生产专门化视角对三处遗址的器物生产情况进行分析。认为三处遗址的陶工在生产过程中对原料的认知与处理方法相似，并且不同类型陶器的生产技术特征也没有明显差异，是生产专门化的体现。同时结合材料背景认为，胎料成分较好的样本可能作为显赫物品制作的，进而推断生产者之间存在竞争行为。这篇文章运用岩相学数据，对样本背后的生产行为以及生产组织背景进行推断，拓宽了岩相分析的应用范围。同时，这篇文献也是在陶器考古概念框架下有目的地展开岩相分析，并针对性地分析与阐释岩相数据的典型案例。

《岩相分析解读易洛魁人的陶瓷生产与吸烟习俗》[22]以安大略省南部的易洛魁人安特莱克斯（Antrex）村落出土的陶器为对象，对87件陶片、38个陶质烟斗以及三处本地土样样本进行岩相分析。对陶土基质构成，所含矿物颗粒种类、形状、大小以及含量进行定性与定量分析。首先，通过对生产特征的观察发现陶器与烟斗是由不同群体制作的。其中，陶器由少数经验丰富的陶工生产。陶土基质经过挑选与处理，羼料中火山岩颗粒的制备特征明显，包含物颗粒大小与器物大小有明显的关系。相反，烟斗原料来源较为广泛，制作者水平参差不齐。为进一步验证，作者对样本器表装饰元素进行了归类与统计，分析结果佐证了上述观点。其次，数量较多的镁铁质矿物颗粒在两类样本中的使用具有明显的背景因素特征。在技术上，这些矿物羼料并不会对器物实用功能带来很大影响，但制备过程需要耗费较多的劳力与时间。综合考量民族志材料与历史文献，作者认为羼料的使用极有可能是基于仪式用途的考虑。这篇文献以岩相分析为手段，从制作技术信息入手，以分析生产组织情况，并结合民族志对陶工的技术选择进行解读。

以费尔茨的文章为开端，岩相分析在陶瓷生产研究中的运用不断拓展与深入，问题导向的综合性更强。除了产地与交流传统问题外，生产组织、技术选择、功能特征等方面也开始受到越来越大的关注。不过在具体应用中，岩相分析的操作和解释在数据提炼好阐释等方面明显缺乏统一性和系统性，对分析结果的总结与阐释往往深度不够。如上述文献中，虽然不同地区的岩相分析者或尝试结合理论，或借鉴其他研究成果展开研究，但文章内容明显更倾向于数据描述，而非结论性的解释。例如对伦吉尔三处遗址的生产专门化程度进行判定后，作者没有进一步对该地区陶器生产的组织形式进行类型与规模方面的判断。又如，虽然结合民族志材料判断部分易洛魁村落的烟斗中镁铁质矿物羼料的运用是出于仪式功能的考虑，但文章对烟斗的仪式上功能与使用痕迹却没有提供进一步的说明。

总的来看，岩相学在陶瓷研究中的应用尚未形成问题导向的研究模式，也没有普遍认同的研究范式。一方面，多数研究只限于对材料局部信息的提取与记录，没有与遗址其他研究相结合，没有充分利用其他相关信息进行整合和检验。另一方面，该方法在陶瓷研究，尤其是技术研究中的应用尚未普及。例如在以介绍科技方法为主的美国《科技考古》杂志（Archaeometry）中，岩相分析文章相对较少，并且所刊论文几乎全部围绕产地与交流问题展开。

这种现状实际上暴露了岩相学作为单一分析手段的局限性。作为科学分析方法，岩相分析的数据信息往往是凌乱和无法独立解决许多问题的。因此，本文认为岩相学方法需要在理论指导下开展研究，结合学科交叉和信息提炼，以明确的问题导向来进行陶瓷生产研究。

三、操作链与陶瓷岩相分析

（一）操作链与陶瓷生产

"操作链"的概念由法国学者提出，最早作为研究旧石器剥片过程研究的一种方法论，意在突破器物类型研究的静态分析，关注打制石器生产的一种动态步骤[23]。后来，这种方法论被考古学家与技术人类学家广泛采纳并逐渐发展与完善，成为研究所有古代人工制品的一种流行范式。这种范式强调重建某种特殊材料在社会、经济和文化因素影响下的改造与利用过程。有学者对操作链的内涵做出解释，即操作链的最初阶段是原料的采办，最终阶段是器物的废弃，也就是说操作链分析意在揭示器物制作技术的动态机制和使用废弃的生命史[24]。这一概念所强调的动态视角与技术人类学家研究陶瓷类材料生产技术的思维模式基本一致。技术人类学家将陶瓷产品看作是一系列技术选择与行为联系的最终结果。强调环境、经济、技术、社会以及意识形态偏好等背景因素对生产过程产生的直接和间接影响，据此重建人工

制品从生产到废弃的整个生命历程[25]。20世纪下半叶，技术人类学与陶器民族志研究的蓬勃发展也使得操作链概念在古陶瓷研究中蔚然成风。

操作链概念对陶瓷生产的讨论和阐释可以分为两个层次：第一层次是从原料到产品的生产过程，包括原料的采办与制备、成型加工、器表修饰以及烧造。第二层次是上述生产环节之间的操作关系和步骤。在文化因素以及功能因素的影响下，这些联系往往会呈现出复杂化特征，并反映生产过程中工匠的技术选择与相应的行为链。阐释则以器物功能与社会活动的多样性为前提，从社会经济、历史沿革以及发展进化的视角，探索不同维度的生产过程和特点。其中包括共时性维度的陶器生产、分配与流通，历时性维度的生产传统与技术变化，还有新技术采纳和手工业专门化进程背后的社会动力。操作链在这些层面的阐释是社会与技术发展的一部分，也是生产与使用者社会群体的特征[26]。将操作链概念与岩相学结合起来，以提炼陶瓷生产的各种社会、经济和技术背景，使得岩相学不再是单一的测试技术，而与整个考古学的阐释紧密结合到一起，为历史和社会的重建发挥重要的作用。这需要重视考古学理论与岩相学方法的有机整合[27]。用操作链来系统提炼各生产步骤和阶段的各种信息，以重建古陶瓷器的生命史。

（二）操作链与岩相分析

作为一种材料分析手段，岩相分析并不能系统完整地复原切片样本的生命历程。它的作用更多的是提炼样本自身所包含的生产信息。在生产与技术相关问题的研究中，是否能够通过分析结构特征提炼各制作环节和具体过程的信息，烧造过程对器物结构会产生哪些影响，器物的实用功能与其他特征又有哪些，这些都是岩相分析者普遍关注的问题[28]。

在岩相分析中，操作链概念可以提供框

架性的分析视角：分析前，依据研究目的与材料背景有针对性地进行研究问题设计，明确数据需求，有目的地展开采样和分析；分析中，要将看似零散无序的碎片化数据信息系统通过逻辑推理进行归类，整合到操作链的阐释框架中去；分析后，以操作链概念为指导，充分发挥多学科优势，用岩相学分析结果与其他科技方法提炼的相关信息进行充分的交叉和整合，对陶瓷生产的整个社会、经济和技术背景做出解释。

操作链概念研究人工制品从选料到最终废弃的生命史和动态过程，而岩相切片与观察是隐性信息提炼的绝佳切入点，结合人工制品提供的其他显性信息，可以重建手工业生产的具体环节、特征成因以及贸易和交流等问题。图一介绍了操作链视角指导下岩相学数据的提取与运用，将其运用到陶瓷研究之中。第一，通过切片能够对样本特征与结构进行观察。第二，通过定性判别提取原料的处理、成型、器表修饰以及烧造环节的数据信息。第三，结合材料背景定性分析与定量分析能够间接帮助找寻各个生产环节中可能存在的技术行为与选择的指示性信息[29]。最后，通过对样本进行岩相数据分组，在材料考古背景下对专业化程度、生产组织形式以及贸易交换方面问题进行讨论。前两者的数据可以直接帮助复原具体生产流程链条，即操作链概念的第一层次。在此基础上转换问题导向，整合四个部分的数据信息，可以帮助重建各个生产与技术环节的联系，即第二层次的操作链条。继而结合资源、经济、社会、文化等背景因素回答有关两个层次链条背后"人"的问题。例如，窑工是如何选择胎土类型的？羼料的使用会对产品产生哪些影响？生产工艺的相似性和标准化是否与生产组织形式相关？器物特定成分结构是否为了实现某种使用功能，还是制作某种器物的特殊配方。

必须指出的是，作为单一的科技分析

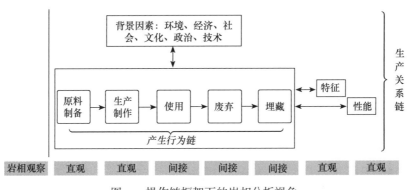

图一　操作链框架下的岩相分析视角

（改自 Sillar 2000）

手段，岩相分析在信息提炼方面并非全能。操作链指导下的岩相分析可以为陶瓷考古提供新的视角和思路。只有将岩相学技术与其他研究手段和材料分析结合起来，这种比较单一的技术才能发挥其最大的作用。

四、与其他方法的整合

整合运用岩相学与其他方法在陶瓷研究中十分必要。虽然已有学者就陶器研究中科技分析、实验考古和民族考古方法的结合做了较为详尽的探讨[30]，但并没有涉及岩相分析与其他研究方法的结合。本文尝试在前人讨论的基础上做一初步的思考。

（一）科技分析

矿物与化学成分分析是目前观察陶瓷原料特征的常用手段，各种化学成分分析已经广泛应用在我国的陶器与瓷器研究中。常用科技分析方法有中子活化分析（INAA）、X 射线荧光分析（XRF）及质子引发 X 射线放射（PIXE）等。化学分析手段能够从元素角度准确地对胎釉成分、配比情况进行判断，提供原料与技术等方面的信息，进而帮助解决某些考古学问题。例如，利用胎土成分中的微量元素能够比较准确地判定出陶制品的产地[31]。科技分析方法能够准确判断陶瓷类遗存胎和釉的各种主量以及微量化学元素成分。岩相分析方法则是从物相角度对胎、釉组成的包含物类型、大小与配比进行直观的判定与统计。因此，岩相分析与化学分析能够有效互补。化学分析虽然能够直接提炼成分元素及其配比数据，但是这些元素并没有具体的形态特征。而在自然界，这类生产原料的元素成分非常复杂和多样。在原料成分分析中，判断是否存在清洗或添加羼料、判断羼料种类与形态等问题，元素组分数据往往无法提供关键的信息。而岩相分析虽然能够对陶土基质及矿物颗粒的具体形态与类型进行定性判断，但仍有其内在的局限性，比如偏振光显微镜下无法有效观察与统计直径小于 0.02 微米的颗粒[32]。因此，整合运用化学与岩相分析，综合利用元素组分与岩相成分数据，无疑能够更好地探究陶瓷生产中的各类问题。《岩相分析与 pXRF 分析智利北部剩佩德罗德阿塔卡马陶器》[33]是一篇典型整合运用岩相与化学方法进行陶器研究的文章。文章借用两种手段分析材料，提出公元 5 ~ 9 世纪该地区器物风格与丧葬用器有较明显的关系。虽然化学元素数据表明丧葬器物与同期的实用器（瓮）有可能存在差异，但是岩相分析结果则表明不同形态、装饰以及功能的陶器成分基本相同。作者因此认为化学成分的轻微不同极有可能是由陶土基质成分的差异所造成，并非工匠刻意所为。结合考古材料，作者提出该地区极可能存在分散的生产作坊。虽然这些作坊在不同的地点采集原料，但是制作过程中却运用了类别与大小相同的不可塑包含物，存在相似的技术特征。

（二）实验考古

实验考古模仿原始条件重建陶瓷的制作过程，以求验证古代工匠制作陶瓷的方法。行为考古学家认为通过实验手段，能使我们更好地了解古代人工制品的生产技术[34]。实验考古学意在了解原料处理、工具使用以及生产流程和具体步骤，以验证技术选择和生产行为的设想，这对于我们研究古代生产技术极有帮助[35]。对于古代人工制品的加工、使用和废弃等情况，则需要在综合观察考古证据和埋藏背景的基础上展开。然而，现代的实验环境和手段可能并不能完全符合古代制陶的条件，现代技术总会被用到。因此，实验考古还是要充分利用考古发现的各种生产的背景信息，这样就能较好地与实验观察相互印证，最大限度地复原古代生产过程的真相。原料来源、制作过程、使用功能等方面的岩相学数据能够指导实验考古如何入手，而实验考古的结果也能对岩相学分析的原因和设想做出合理的检验。《基于野外实验复原陶器结构：青铜时代晚期地中海两处遗址的炊具研究》[36]就是结合岩相分析与实验考古方法来重建陶器的结构。文章采取岩相分析－实验复制－岩相分析的步骤，分别对考古材料、周边原料以及实验复制品进行分析和比较。通过对所有样品的陶土基质、羼料及其数量比例与大小的分析比较，作者认为该地区古代陶工在炊器制作中对生产原料进行了有目的的选择。

（三）陶瓷生态学与民族考古学

陶瓷生态学的概念最早由弗雷德里克·马特森（F.R. Matson）提出，陶器生产及其特点是自然环境与文化互动的结果，他呼吁陶器研究必须放到其所在的生态环境来考量才能得出更深入的看法[37]。其后，阿诺德（D. E. Arnold）对这一概念进行了细化与拓展，采用系统论方法，综合考虑陶器生产系统中资源、气候、时间、生产形式与需求、人地关系、技术变革等几个亚系统之间的互动。其中，原料种类、原料特点及可获性是受自然环境条件制约的主要方面[38]。而岩相学能在原料成分辨别、结构特点判定等方面发挥作用，并能够对比陶片与生产/使用区地质土样的特点，可以为陶瓷生态学的研究提供有价值的信息。

民族考古学依托田野调查与文献记载，能够直接观察陶瓷制品的生产过程与用途。与实验考古学相似，这种观察和调查能够了解这些土著群体是如何选择和处理原料，具体的操作步骤如何，这种完整操作链的观察，能够对推断古陶瓷生产提供启发性的帮助。同时，岩相学对过去某些生产环节与步骤的推测，也能参照民族考古学的证据来进行检验。

五、小结与展望

岩相学从物理学角度为陶瓷成分分析提供了一种新方法，为考古学的陶器和瓷器研究带来了新的视角和方法，大大促进了这个领域研究的发展。但是作为单一技术，岩相分析仍有相当大的局限性。本文尝试提出一种设想，希望陶瓷研究在运用岩相学方法时，也要采用操作链的概念，并结合其他科技手段，并利用中程理论指导的考古实验和民族考古学观察，为提升陶瓷研究的水平做出应有的贡献。

作为一种测试和分析手段，岩相学有其自身的局限性，例如有损分析并不适用于量少和珍贵的标本[39]。但是岩相学也有其独到的操作优势。第一，实验设备与分析软件需求相对简单，投入相对较小，有利于考古部门建立自己的岩相分析实验室，进行独立研究。第二，岩相分析的基础技术相对容易掌握，比较容易普及和运用。第三，岩相分析中的样品切片可以重复观察，并作为整体数据库的一部分储存起来，具有可持续研究的潜力[40]。

陶瓷岩相分析在考古研究中的应用前景十分广阔，我国丰富的陶瓷材料也吸引了国外学者的注意，并发表了不少相关的研究成果[41]。但在目前，国内岩相分析的发展还处于草创阶段，研究文章多集中在方法的介绍，具体操作则多限于中外合作项目，我国学者独立从事的研究尚不多见。因此，当务之急是培养熟悉我国本土材料的陶瓷岩相分析专家，并努力赶超国际研究水平。

注　释

[1]　Worley N. Henry Clifton Sorby(1826-1908) and the Development of Thin Section Petrography in Sheffield//Patrick S Q. Interpreting Silent Artifacts: Petrographic Approaches to Archaeological Ceramics. Oxford: Archaeopress Special Pubilication, 2009: 1-10; Patrick S Q. Ceramic Petrography: The Interpretation of Pottery and Related Artefacts in Thin-section. Oxford: Archaeopress, 2013: 10.

[2]　Willams D F. Aspect of Prehistoric Pottery-making in Orkney//Freestone I, Catherine J, Potter T. Current Research in Ceramics: Thin-section Studies. London: British Museum, 1982: 9-14.

[3]　Shepard O A. Rio Grande Glaze Paint Ware: A Study Illustrating the Place of Technological Analysis in Archaeological Research. Washington, D.C.: Carnegie Institution of Washington, 1942.

[4]　Felts W A. Petrographic Examination of Potsherds from Ancient Troy. American Journal of Archaeology, 1942, (46): 237-244.

[5]　Peacock D P S. Neolithic Pottery Production in Cornwall. Antiquity, 1969, 43(107): 145-149.

[6]　Peacock D P S. Petrography of Certain Coarse Pottery//Cuncliffe B. Excavation at Fishbourne 1961-1969. London: The Society of Antiquaries of London, 1971, (27): 255-257.

[7]　Patrick S Q. Ceramic Petrography: The Interpretation of

Pottery and Related Artefacts in Thin-section. Oxford: Archaeopress, 2013: 10.

[8] Willams D F. Petrography of Ceramics. Petrography of Archaeological Artifacts. Oxford: Calerendon Press, 1983.

[9] Patrick S Q. Ceramic Petrography: The Interpretation of Pottery and Related Artefacts in Thin-section. Oxford: Archaeopress, 2013: 10.

[10] Whitbread I K. Greek Transport Amphorae: A Petrological and Archaeological Study. Athens: The British School at Athens Fitch Laboratory Occasional Paper 4, 1995.

[11] Patrick S Q. Ceramic Petrography: The Interpretation of Archaeological Pottery Related Artifacts in Thin Section. Oxford: Oxuniprint Oxford, 2013: 213-231.

[12] 段天璟:《陶器岩相分析在史前陶器产地和交流中的应用》,《边疆考古研究（第 9 辑）》,科学出版社, 2010 年, 第 305 ~ 314 页; 王蒙:《浅谈陶器岩相分析方法的应用》,《中国文物报》2011 年 12 月 23 日第 6 版; 岳占伟、荆志淳、岳洪彬等:《殷墟出土灰陶器的制作与烧制实验研究》,《南方文物》2014 年第 3 期。

[13] Scoltman B J. The Role of Petrography in the Study of Archaeological Ceramics, Earth Sciences and Archaeology. New York: Plenum Publishers, 2001: 297-326.

[14] Tite M S. Ceramic Production, Provence and Use-Areview. Archareometry, 2008, 40: 241-246.

[15] Orton C, Hughes M. Pottery in Archaeology(Second edition). Cambridge: Cambridge University Press, 2013.

[16] Scoltman B J. The Role of Petrography in the Study of Archaeological Ceramics, Earth Sciences and Archaeology. New York: Plenum Publishers, 2001: 297-326.

[17] Braekmans D, Degryse P. Petrography: Optical Miceoscopy//Hunt A M W. Archaeologycal Ceramic Analysis. Oxford: Oxford University Press, 2017: 233-265.

[18] Rice P M. Pottery Analysis: A Source Book. Chicago: The University of Chicago Press, 2015.

[19] Rye O S. Pottery Technology: Principles and Reconstruction. Washington D.C.: Taraxacum Inc. 1981.

[20] Kilmurry K. The Manufacture of Stamford Ware: An Neutron-activation Analysis//Freestone I, Catherine J, Potter T. Current Research in Ceramics: Thin-section Studies. London: The Brithish Museum in Occasional Paper No 32, 1980: 105-112.

[21] Attila K A, Szakmany G, Miklos K. Ceramic Technology and Social Process in Late Neolithic Hungary//Patrick S Q. Interpreting Silent Artifacts: Petrographic Approaches to Archaeological Ceramics. Oxford: Archaeopress Special Pubilication, 2009: 101-120.

[22] Braun G V. Petrography as a Technique for Investigating Iroquoian Ceramic Production and Smoking Rituals. Journal of Archaological Science, 2012, 39(2): 1-10.

[23] Frederic S. Chaine Operatoire: The Concept and Its Applications. Lithic Technology, 1993, 18(1/2): 106-112.

[24] 陈淳:《操作链与旧石器研究范例的变革》,《第八届中国古脊椎动物学学术年会论文集》,海洋出版社, 2001 年, 第 233 ~ 244 页。

[25] Sillar B, Tite M S. The Challengce of "Technologigal Choice" for Materials Science Approach in Archaeology. Archaeometry, 2000, 42(1):2-20.

[26] Roux V. Ceramic Manufacture: The Chaineoperatpire Approach//Hunt A M W. Archaeologycal Ceramic Analysis. Oxford: Oxford University Press, 2017: 101-113.

[27] Scoltman B J. The Role of Petrography in the Study of Archaeological Ceramics, Earth Sciences and Archaeology. New York: Plenum Publishers, 2001: 297-326; 郭梦:《操作链理论与陶器制作技术研究》,《考古》2013 年第 4 期; Patrick S Q. Interpreting Silent Artifacts: Petrographic Approaches to Archaeological Ceramics. Oxford: Archaeopress Special Pubilication, 2009.

[28] Braekmans D, Degryse P. Petrography: Optical Miceoscopy//Hunt A M W. Archaeologycal Ceramic Analysis. Oxford: Oxford University Press, 2017: 233-265.

[29] Chandler G M. Development of Field Petrographic Analysis Aystem and Its Application to the Study of Socioeconomic Interaction Networks of the Early Harappan Northern Indus valley of Pakistan. Printed in England by Buiddles Ltd, BAR international series 995, 2001.

[30] 汪海宁:《古代陶器的研究视野——有关中国考古学方法的几点思考》,《东南文化》1997 年第 2 期。

[31] 张斌:《PIXE 在古陶瓷、古玻璃产地中的应用研究》,复旦大学物理系博士学位论文, 2004 年。

[32] Stoltman B J. Ceramic Petrography and Hopwell Interaction. Tuscaloosa: University Alabama Press, 2015.

[33] Stovel E M, Cremonte B, Echenique E. Petrography

and pXRF at San Pedro de Atacama, Northern Chile: Exploring Ancient Ceramic Production//Ownby M F, Iasbelle C D, Masucci M A. Intergrative Approaches in Ceramic Archaeology. Salt Lake City: The University of Utah Press, 2010: 53-72.

[34] Bronisky G. The Use of Material Science Techniques in the Study of Pottery Construction and Use. Advance in Archaological Method and Theory, 1986, 9: 209-276.

[35] Rice P M. Pottery Analysis: A Source Book. Chicago: The University of Chicago Press, 2015.

[36] Morrison J E, Horowiitz M T. Field based Experiments Republicating Ceramic Fabrics Late Bronze Age Cookwares from Two Mediterranean Sites//Ownby M F, Iasbelle C D, Masucci M A. Intergrative Approaches in Ceramic Archaeology. Salt Lake City: The University of Utah Press, 2010: 177-195.

[37] Matson F R. Ceramic and Man. London: Methuen &Coltd, 1965: 202-217.

[38] Arnold D E. Ceramic Theory and Cultural Process. Cambridge: Cambridge Universities Press, 1989.

[39] Stoltman B J. Ceramic Petrography and Hopwell Interaction. Tuscaloosa: University Alabama Press, 2015.

[40] Patrick S Q, Rout D L, Strunger T, et al. Petrodatabase: An Online Database for Thin Section Ceramic Petrography. Journal of Aechaeological Science, 2011, 38: 2491-2496.

[41] Patrick S Q. Building the Terracotta Army: Ceramic Ccraft Technology and Organization of Production at Qin Shihuang`s Mausoleum Complex. Antiquity, 2017, 91(358): 966-979; Vandiver P B, Reedy C L. Traditional Craftsmanship and Technology of Jianyang Black Wares from Fujian, China. Studies in Conservation, 2014, 59(1): 169-172; Stoltman B J, Jing Z C, Tang J G, et al. Ceramic Production in Shang Societies of Anyang. Asian Perspective, 2009, 48 (1): 182-203.

Analysis of Petrography Ceramic and Archaeological Information Extraction

Wu Shuang　　Chen Chun

Abstract: Ceramic petrography applies the techniques of geology and plays a pivotal role in provenance and technological studies of archaeological ceramics. It can be argued that this approach can not give an holistic perspective on specific materials analysis by reviewing its application history and practical for some case studies. This article will combine the concept of Chaine Operatoire with ceramic petrography and emphasizes its intergration with multiple methods, such as scientific methods, experimental archaeology, ceramic ecology and ethnoarchaeology. Meanwhile, more archaeologists can become petrographers by trainings in the furture.

黑龙江省穆棱河流域旧石器时代人地关系初探*

李万博　　陈全家

（吉林大学边疆考古研究中心，长春，130012）

2016 年 4 月 20 至 5 月 1 日，吉林大学边疆考古研究中心、黑龙江省文物考古研究所和穆棱市文管所组成旧石器考古队，对黑龙江省穆棱河中上游流域进行旧石器田野调查。通过此次联合考古调查，发现 22 处旧石器地点（遗址），均位于穆棱河两岸 Ⅱ、Ⅲ、Ⅳ 级阶地上，分别隶属于穆棱、兴源、下城子、马桥河、共和等乡镇，共采集石制品千余件，收获颇丰。由于此区域旧石器时代的人地关系探讨实际情况所限，仅能通过对旧石器地点的地形地貌观察及对所获石器的研究，本着"透物见人"的原则，本文尝试就穆棱河流域的地质地貌对古人类选择合适地点生活及有意识地选择优质原料进行旧石器生产加工这两方面进行人地关系的简要说明与探讨。

一、地质地貌概况

穆棱河中上游流域所在行政单位主要在穆棱市境内。该县各地质时代地层分布较全，本县所在地层区划属于天山—兴安岭的老爷岭分区鸡西小区和吉林—延边分区的延边小区。元古界地层为穆棱市境内出露最古老地层。其中黑龙江群主要分布在穆棱市磨刀石至下城子一带，在共和村

及金刚台一带也有零星出露。麻山群主要分布在穆棱市西北部。古生界地层在本县境内出露较少，仅在中部的马桥河、向岭、共和等地零星分布，与东宁县交界处也有露布。新生界第三系为上新统高位玄武岩分布在本县南部的穆棱镇—磨刀石乡、马桥河—桦木林场一带。包括黑色、深灰色致密状玄武岩，多孔状玄武岩，及火山集块岩，厚 40～200 米。第四系的上更新统顾乡中组分布在八面通镇穆棱河谷阶地，上部为亚黏土，下部为砂和砂砾石。全新统河床与河漫滩堆积及河床与低河漫滩堆积均沿穆棱河及其支流河谷分布[1]。

穆棱市属于山区、半山区。穆棱河在全县中部贯穿南北，穆棱市境内到处分布着中低山和丘陵，面积占全县总面积的 87.6%，水面占全市总面积 5.2%，河谷平原占全县总面积 7.2%，故有"九山半水半分田"之说。

穆棱市地势特征一是南高北低，这种地势在几个主要乡镇也基本相同，沿穆棱河的共和、穆棱、兴源、下城子、八面通等乡镇都随着穆棱河由南向北倾斜，另一个特征是东西高中间低，河流都是由东西两侧向中间的穆棱河汇集，马桥河、福禄和磨刀石 3 个乡镇的地势由东向西倾斜，

---

* 本文是教育部人文社会科学重点研究基地重大项目（批准号：16JJD780008）中期研究成果。

河西乡由西向东倾斜，鸟瞰穆棱市地形，展现出南高北低两山夹一沟的地形。地貌以中低山和丘陵为主，是黑龙江省东部山岳地带、老爷岭和太平岭山脉的分布区，全县平均海拔高达600米。地貌形态区域性差别很大，地貌格局受地质构造特别是受新构造运动明显控制，形成一系列东北—西南走向的褶皱山脉。敦化—密山大断裂带从境内中部通过，有大量玄武岩喷出，以及第三系沉积岩，经过地壳变动，由于沉积、抬升、凹陷等内力作用和长期地冲刷切割，搬运和淤积等外力作用，形成由南端向北缘、由两翼向中央的中低山脉、丘陵漫岗和河谷平原三种地貌类型区[2]。

穆棱河，位于我国黑龙江省东部，是乌苏里江左岸的最大支流。长白山系太平岭与老爷岭之间为穆棱河谷地，多熔岩地貌，它是由第三纪中期和第四纪初期喷发的玄武岩熔岩覆盖广大地面，经长期流水切割而形成大面积的熔岩台地和孤丘，有许多呈平顶方山状，本地称为"平岗"。穆棱河发源于黑龙江省穆棱市老爷岭山脉东坡穆棱窝集岭。穆棱河上游流经在崇山峻岭，下游流经广袤平原，自西南流向东北，途经共和盆地在穆棱河上游山地之间，地势开阔，是流水冲积而成的山区平原，盆地南北长10千米，东西宽5千米，面积有4.2平方千米，是老爷岭山区少见的开阔地带。穆棱河出共和盆地沿西部山麓向北流入牛心山，左侧有牛心河汇入，由此往北河谷逐渐变窄，到狮子桥后河谷更窄，河道迂回曲折，两岸有峭壁。而后经穆棱市、鸡西市和鸡东县、密山县、虎林市，至虎林县湖北闸处，河道分成两路。一路沿穆兴水路（分洪河道）注入兴凯湖；一路沿穆棱河原河道继续东流，在虎头以南18千米处之桦树林子注入乌苏里江。河流长度834千米（一说635千米），流域面积约18427平方千米[3]。

本市境内山区河流众多，有大小河流及山沟1323条，绝大部分属于穆棱河水系，少数属于牡丹江水系。全市常年流水的河流125条，其中有17条属于牡丹江水系外，其他全部汇入穆棱河。穆棱河在本县形成完整的向心水系，干支流源头几乎全部分布在东、南、西三面市界的分水岭，沿着南高北低，东西两侧高的地势流向县境中部穆棱河谷，呈叶脉状。穆棱市境内河流都穿行在山区，河道迂回曲折，河谷宽窄相间，河流两岸山多林密，动植物资源和矿产资源丰富。其中穆棱河的主要支流包括双宁沟河、大石头河、马桥河、清河等。双宁沟河，发源于老爷岭东坡，全长28.8千米，源头海拔740米，与南沟、西沟流来的两条小河汇合后折向东北，注入团结水库。东碱场沟河，源头大猪圈南沟749高地，河长21千米，在共和乡西北注入穆棱河。河道在东升村附近进入共和盆地。大石头河，是穆棱河左侧大支流，全长73.5千米，发源于牡、穆边界大架子峰南坡，大石头河在三岔屯以南注入穆棱河，小石头河也在此汇入大石头河，故称三岔盆地，平原面积有10余平方千米，地势开阔。马桥河，发源于太平岭西坡，源头海拔540米，流长41.3千米，上游叫西南沟，沿沟由西南流向东北，右侧有六里地河、下沟河、北小河汇入，北小河长23千米，上游叫八家子河。河口通常宽14米，深0.9米。清河，发源于北大岗大架子，由南向北流经新城、清河林场、清河村、中山村，在八面通镇北注入穆棱河。全长21千米，支流有太和沟，中游有清河水库。亮子河，在穆棱河右侧，全长70.2千米，上游有两大支流，南亮子河（主流）56.6千米，发源在东宁边界白石砬子；北亮子河长41.4千米，发源于干饭盆沟里[4]。

二、旧石器遗址（地点）简介

此次调查共发现旧石器遗址（地点）

共22处（图一），除河口东山和山河西山地点位于鸡西市，其余20处均位于穆棱市。由于地理条件、石器面貌几乎一致，故将22处地点共同研究。具体信息见概况统计表（表一）。

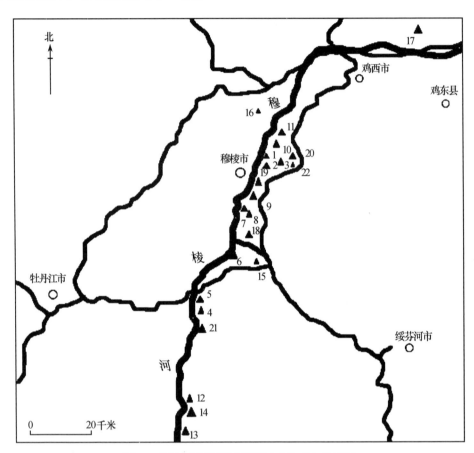

图一　穆棱河流域旧石器遗址（地点）位置图
（注：图中地点数字代号与表一中序号相对应）

表一　穆棱河流域旧石器遗址（地点）概况统计表

序号	遗址（地点）名称	地理坐标（经纬度）	阶地	海拔（m）	面积（m²）	石器主要原料	地层堆积	石器数量（件）
1	四平山第一地点		Ⅳ级	421	1500×300	流纹岩燧石	有	50
2	四平山第二地点	N44°52′51.72″ E130°31′44.10″	Ⅲ级	346	500×200	石英岩玄武岩	有	13
3	四平山第三地点		Ⅱ级	288	500×250	石英岩燧石	有	50
4	穆棱镇西岗村	N44°30′52.74″ E130°14′36.85″	Ⅲ级	414	200×100	石英岩黑曜岩	无	7
5	小西崴子西南山	N44°34′59.85″ E130°18′50.07″	Ⅲ级	430	600×200	石英岩流纹斑岩	无	35
6	下城子镇东南山	N44°40′39.51″ E130°28′21.04″	Ⅲ级	355	500×70	黑曜岩燧石	无	45

序号	遗址（地点）名称	地理坐标（经纬度）	阶地	海拔（m）	面积（m²）	石器主要原料	地层堆积	石器数量（件）
7	新民村南岗	N44°44′09.36″ E130°26′07.15″	Ⅲ级	320	250×300	燧石 角砾岩	无	51
8	霍家窝棚北山	N44°43′38.55″ E130°26′07.00″	Ⅲ级	340	200×200	燧石 黑曜岩	无	39
9	梨树村南山	N44°49′28.70″ E130°28′37.90″	Ⅱ级	305	200×100	硅质泥岩	无	6
10	秀池村后山	N45°02′58.08″ E130°35′36.66″	Ⅱ级	260	100×300	流纹岩 燧石	有	54
11	秀池村南岗	N45°02′22.32″ E130°34′38.15″	Ⅱ级	270	100×50	流纹岩	有	28
12	靠山村东山	N44°09′20.55″ E130°12′52.60″	Ⅱ级	503	100×50	砂岩 硅质泥岩	无	70
13	碱场村劈山	N44°05′26.10″ E130°11′41.77″	Ⅱ级	525	100×100	灰岩 砂岩	无	125
14	胜利村北山	N44°08′04.22″ E130°11′31.31″	Ⅱ级	500	500×200	灰岩 砂岩	无	97
15	郑家崴子东山	N44°40′01.01″ E130°33′19.27″	Ⅱ级	370	150×200	燧石 砂岩	无	118
16	河口村东山	N45°04′57.69″ E130°38′00.63″	Ⅱ级	266	50×30	燧石 安山岩	有	84
17	山河村西山	N45°18′13.27″ E131°08′24.46″	Ⅱ级	209	700×100	绿泥岩	有	22
18	梨树村梁家沟	N44°50′43.51″ E130°29′36.61″	Ⅱ级	310	50×50	玛瑙	无	1
19	四平村红土山	N44°53′04.33″ E130°31′47.77″	Ⅱ级	285	100×100	玄武岩	无	4
20	亮子河南山	N44°96′17.61″ E130°58′04.38″	Ⅱ级	266	50×50	硅质泥岩	无	7
21	穆棱镇八家子村	N44°27′38.62″ E130°15′32.39″	Ⅱ级	375	200×100	凝灰岩	无	4
22	康乐二排山	N44°57′58.06″ E130°34′30.07″	Ⅱ级	270	300×200	硅质泥岩 燧石	有	72
总 计								1014

通过对各个地点的石器整理研究发现[5]，穆棱河流域旧石器工业特征为：原料多种多样，以灰岩、燧石、黑曜岩、石英岩、硅质泥岩等为主；石器类型包括石核、细石核、石片、石叶和细石叶、刮削器、雕刻器、砍砸器等；加工方式以正向、反向为主；工业面貌以小石片为主，但石叶工业和细石叶工艺也已经较为发达，在很多地点均发现了标准的细石核与细石叶，因此推测至旧石器时代晚期三种工业类型存在并行发展的可能。从表一可以看出，旧石器地点均处在Ⅱ、Ⅲ、Ⅳ级阶地上，其

中以Ⅱ、Ⅲ级阶地为主。遗址（地点）面积0.5万～45万平方米不等。

三、原料的开发与利用

在古人类遗址中最多最易保存的文化遗物是石器，由于不易风化，可以在地层中长期保存，所以石器成为研究古人类生产生活最直接的证据，但石器石料与地质学上的矿物学和岩石学密切相关。古人类要制造工具必须选用硬度大、致密、光滑、不易崩裂、有光泽、有一定颜色的矿物和岩石作为石料[6]。

目前，在穆棱河流域石器石料主要有燧石、硅质泥岩、黑曜岩、灰岩、石英岩等多种岩石和矿物。通过实地调查，这些石器石料除黑曜岩以外，都可以在山体及河流漫滩附近找到。在原料中黑曜岩占有不小的比重。黑曜岩是打制石器很优质的原料，由于其火山玻璃的属性，导致打制石器过程中易剥离、成型、刃口锋利。在旧石器时代晚期，随着细石叶工艺的迅速发展和应用，黑曜岩被古人较为广泛地利用，从吉林省东部地区以细石叶工艺为代表的遗址（地点）的发现可以验证。根据前人对黑曜岩的产源判断和吉林省东部旧石器遗址（地点）的材料整理[7]，发现东北地区黑曜岩的产源主要在长白山天池附近[8]。在前几年黑龙江省的旧石器考古调查中黑曜岩石器就有不少的发现，通过对此次调查的石器整理，穆棱河流域以黑曜岩为原料的石器数量不多，但也有相当重要的比重。石器类型包括石核、石片、各类工具，等等，尤其还发现了直径超过20厘米的大型黑曜岩制品[9]。这些都表明黑曜岩原料是穆棱河流域古人类重要的原料来源，也是主要追求的目标原料。李有骞等人研究发现黑曜岩最为集中的利用是在距离天池60～100千米的半径范围内；而在距天池100～200千米的范围内黑曜岩仍

是制造石器的重要原料之一；当在200～300千米的范围内，黑曜岩在石器制造中发挥的作用较低[10]。而在直线距离长白山天池近400千米的穆棱河流域能使用黑曜岩，由此可见当时古人的交通和运输能力之强，以及人群之间的互相交换甚至贸易往来。

除黑曜岩以外的原料都是经过长期风化剥蚀，经过流水搬运到河流中，在河流中经过长期碰撞、摩擦、搬运、磨圆，一些坚硬、致密的岩石保存下来，形成河流砾石。这些砾石就分布在河漫滩上，河流阶地上，古人类就在这些地方上选取石料，加工成石器。由于穆棱河是山区河流，坡度大，流速快，动能大，能搬运大石块，并磨成大砾石，古人类很容易采集到大小合适的石料[11]。这些原因足以使穆棱河流域同时具备多种石器工业并存的条件。

综上，穆棱河流域旧石器石料都能找到原产地。所以，除黑曜岩外，石器石料主要产自本地区。而黑曜岩主要来自长白山地区。这对研究当时人们的运输能力、活动半径和交往规模提供了重要的材料和参考依据。总体来看，所发现石器原料在硬度、脆性等方面都符合优质材料的标准，是很合适的石器原料[12]。因此，穆棱河流域的古人是有意识地选择更为优质的流纹岩、燧石、黑曜岩和硅质泥岩等石器原料的地点。

四、旧石器遗址（地点）与河流阶地之间的关系

穆棱河流域地处丘陵和山地地区，分布有Ⅳ、Ⅲ和Ⅱ级河流阶地，阶地高的老，低的新。这些河流阶地与遗址关系极为密切，地势开阔，阶地突出呈舌形，这是古人类为了狩猎，便于瞭望，及时发现猎物，是寻找旧石器的最佳场所。而且Ⅱ、Ⅲ、Ⅳ级阶地是一万年前古人类活动和生存的

主要空间。有鉴于此，在穆棱河流域进行旧石器调查时，首先是在室内1:1万地形图上找出河流的Ⅱ、Ⅲ、Ⅳ阶地，在将河流拐弯向南凸出部位圈出，然后到野外进行实地调查，如果有黄色地层做重点详查。这种方法在之前的调查中也得到了验证，很有效果。这种方法是一种多快好省的方法[13]，按照这个方法，在穆棱河流域调查十天左右，发现了22处旧石器遗址（地点）。

一般认为各河流的四级阶地是经过四次构造运动的稳定和上升作用形成的，在构造运动稳定时形成阶地面，在构造运动上升时形成阶地陡坎，阶地越高，形成时代越老。也就是说分布在穆棱河Ⅳ级阶地上遗址应早于分布在Ⅱ、Ⅲ级阶地上的旧石器地点，分布在Ⅰ级阶地遗址就更年轻些，大多属于一万年以后新石器时代遗址。通过地貌学研究表明，一般认为Ⅳ级阶地形成于早更新世，Ⅲ级阶地形成于中更新世，Ⅱ级阶地形成于晚更新世，Ⅰ级阶地和河漫滩形成于全新世。但在穆棱河流域发现的旧石器遗址的形成时代大大晚于阶地形成时代，这是由于这些遗址的文化层沉积物大多属于风成的黄色亚黏土，也就是说这些风成黄色亚黏土是披盖在阶地之上的，也就是阶地形成之后形成的（图二）。如果在阶地内冲积物发现旧石器，将与阶地的形成时代具有相关性。根据黑龙江省第四纪地层的堆积年代分析，可以确定黄褐色亚黏土层属于上更新统。因此，黄色亚黏土层位属于旧石器时代晚期[14]。

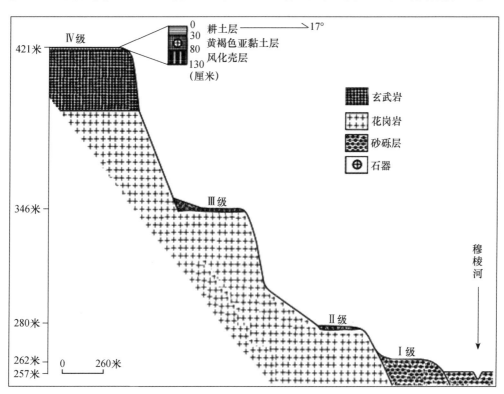

图二　穆棱河流域Ⅱ、Ⅲ、Ⅳ河谷剖面图
（以四平山[15]地点第一地点为例）

在穆棱河流域地区发现的旧石器时代遗址大多离现代河水面较远，落差有几十米。为了生活方便，古人类必须要选择离水源较近的地方居住，如果要爬很长山路，会给生活带来不便。现今所见的地貌地势是由于新构造运动上升，造成地形变迁的缘故，而当初这些遗址都是离水源比较近、取水比较方便的地方[16]。

Ⅳ、Ⅲ和Ⅱ级是古人类主要活动的场所，Ⅰ级阶地在当时（一万年前）还没有形成。当时人类主要活动于向阳、离河床近，四周地形开阔，便于瞭望、及时发现猎物之处，特别是河流拐弯处的突出部位，它是古人类打猎、捕鱼的最佳部位。这也是现在寻找旧石器的首选场所，在这次调查中得到了验证，为寻找旧石器提供了最好的经验。如果分布有黄色耕土，将是寻找旧石器更有利的部位，因为黄色耕土是由马兰黄土演变来的，代表地层年代为一万年以前的。此外，通过石器的打制技法、工具类型的组合及工业类型的分析得出的年代数据与阶地年代早晚相一致，均处在旧石器时代晚期早、中、晚段。

五、结 语

第一，穆棱河流域发现的22处旧石器时代遗址（地点），均分布在河流的Ⅱ、Ⅲ、Ⅳ阶地之上，而它们的形成时代大大晚于河流、河流阶地的形成时代。这是由于旧石器产出层为黄色亚黏土，而这些黄色亚黏土层是风成的，披盖在各级河流阶地之上。

第二，穆棱河流域22处旧石器时代遗址大多位于河流拐弯的突出部位，视野开阔、阳光充足、离水源非常近。这些地貌部位是寻找旧石器的有利部位。像鸡西市以东地区地处穆棱河下游，无Ⅲ、Ⅳ级阶地分布，也不适于古人类活动和生存，故没有找到旧石器的可能。

第三，从石器石料来源分析表明，穆棱河流域古人类大部分是就地取材，石器石料基本来源于本地；黑曜岩原料来自长白山附近。

第四，以22处旧石器遗址（地点）来看，地层保存情况一般，大部分缺失，保有

地层的均为黄色亚黏土，深度都小于1米。综合分析所有的遗址（地点）推测年代均为旧石器时代晚期的早段、中段、晚段。

综上所述，本文对穆棱河流域人地关系的初步探讨，为深入探讨旧石器时代人类与自然环境资源之间的互动关系提供了重要的依据，也从一个侧面反映了当时人类的活动迁徙能力。穆棱河流域的古人类，为了自身的生存和发展，他们合理利用自然环境和资源，创造了辉煌的历史文化。此次调查为东北亚旧石器文化面貌、各地区之间交流的研究提供了宝贵的实物材料。

附记：参加调查人员有黑龙江省文物考古研究所李有骞博士；吉林大学边疆考古研究中心的陈全家教授、李万博士、崔祚文硕士；穆棱市文体新局原辉副局长；穆棱市文物管理所倪春野所长、张利军、张忠权和姚磊。调查期间得到黑龙江文物考古研究所、吉林大学边疆考古研究中心、穆棱市政府和文物管理所等单位领导的大力支持，在此一并表示感谢。

注 释

[1] 穆棱县志编纂委员会：《穆棱县志》，中国文史出版社，1990年。

[2] 穆棱县志编纂委员会：《穆棱县志》，中国文史出版社，1990年。

[3] 穆棱县志编纂委员会：《穆棱县志》，中国文史出版社，1990年。

[4] 穆棱县志编纂委员会：《穆棱县志》，中国文史出版社，1990年。

[5] 各地点调查采集资料基本整理完毕，部分暂未发表。

[6] 程新民、陈全家：《辽宁省东部山地本溪地区旧石器时代人地关系初探》，《边疆考古研究（第14辑）》，科学出版社，2013年。

[7] 王春雪、陈全家：《图们江流域旧石器时代晚期黑曜岩遗址人类的适应生存方式》，《边疆考古研究（第4辑）》，科学出版社，2005年。

[8] 刘爽、陈全家、吴小红：《吉林省东部旧石器晚期大洞遗址黑曜岩石料判源元素特征分析》，《边疆考古研究（第13辑）》，科学出版社，2013年；刘

爽、吴小红、陈全家:《黑曜岩产源研究的国内外研究现状及发展趋势综述》,《边疆考古研究（第 7 辑)》,科学出版社，2008 年。

［9］ 倪春野:《穆棱河上游旧石器考古调查有重大发现》,《黑龙江日报》2016 年 5 月 17 日第 7 版。

［10］ 李有骞、陈全家:《长白山地黑曜岩旧石器的技术模式研究》,《东北史地》2014 年第 5 期。

［11］ 程新民、陈全家:《辽宁省东部山地本溪地区旧石器时代人地关系初探》,《边疆考古研究（第 14 辑)》,科学出版社，2013 年。

［12］ 陈淳:《旧石器研究：原料、技术及其他》,《人类学学报》1996 年第 15 卷 3 期。

［13］ 程新民、陈全家、付永平:《沈阳地区旧石器时代人地关系初探》,待刊。

［14］ 黑龙江省区域地层表编写组:《东北地区区域地层表·黑龙江省分册》,地质出版社，1979 年。

［15］ 陈全家、崔祚文、李有骞等:《八面通四平山第一地点发现的旧石器研究》,《边疆考古研究》,待刊。

［16］ 程新民、陈全家:《吉林省东部旧石器时代人地关系初探》,《边疆考古研究（第 7 辑)》,科学出版社，2008 年。

A Preliminary Study on the Human-Land Relationship in the Paleolithic Age in Muling River Basin, Heilongjiang Province

Li Wanbo   Chen Quanjia

Abstract: Muling River basin, which is the longest tributary of left bank of Wusuli River, is located in the southeast of Heilongjiang Province. University of Jilin Frontier Archeology Research Center, Heilongjiang Provincial Institute of Cultural Relics and Archaeology and Muling City Institute of Cultural Relics Management composed Paleolithic archaeology team to have a field investigation in the middle and upper reaches of Muling River, in spring, 2016. Through this investigation, 22 sites and over 1000 tone artifacts were found by the team. After the studying, we have a preliminary understanding on the Paleolithic industry of Muling River basin. Based on these materials, this article is about the relationship between the "people" and the "nature" in Paleolithic Muling River basin.

重庆老鼓楼衙署遗址家马（*Equus caballus*）骨骼与表面痕迹研究 *

杨 光

（重庆师范大学历史与社会学院，重庆，401331）

2012 年全国十大考古发现之一重庆老鼓楼衙署遗址（南宋府衙遗址，地理坐标 29°33′13″N，106°34′46″E），发掘中出土有保存较好的陶瓷器、钱币、瓦当、礌石、坩埚、漆器等文物[1]，还有马、牛、羊、鸡、狗、猪等六畜动物遗骸，以及赤鹿（*Cervuselaphus*）、鸿雁（*Ansercygnoides*）[2]、四川短尾鼩（*Anourosorexsquamipes*）[3]、贵州菊头蝠（*Rhinolophusrex*）、小家鼠（*Musmusculus*）、黄胸鼠（*Rattusflavipectus*）[4] 等野生动物和在城市中与人类伴栖的多种小哺乳动物。该遗址动物遗骸已有多篇分类的研究成果，本文对遗址中的家马遗骸进行整理研究。

《周礼·天官·庖人》中记有"六畜、六兽、六禽"[5]。马作为六畜之一，其起源和驯化在中国具有重要历史意义[6]。家马起源，一直是动物考古学研究的最主要课题之一[7]。袁靖先生《中国古代家马的研究》[8]、周本雄先生《中国新石器时代的家畜》[9] 等很多研究成果主要集中讨论我国先秦时期材料，而重庆老鼓楼衙署遗址的发掘，使我们有机会将研究家马的视角放于南宋。通过南宋时期家马骨骼的分析，探讨马作为六畜之首在交通运输、战争攻伐和文化交流中的作用。

一、骨骼保存位置与出土概况

老鼓楼衙署遗址出土动物遗骸，均发掘自原衙署院落景观池中（H43）。因景观池内主要堆积为黑灰色淤泥层，其中含有隔绝氧气的丰富水分，所以大部分动物骨骼保存情况良好。根据发掘现场骨骼埋藏特征观察，所有骨骼均非按解剖顺序排列，应是人类把动物骨骼随意丢弃在景观池内所埋藏。

通过在实验室对全部家马骨骼进行观察、分类，鉴定出家马遗骸共计 37 件标本。各标本保存情况较好，根据其同一解剖部位数最多为 4 件右髋骨（表一），该遗址家马最小个体数为 4。

表一　马类标本的骨骼位置分布

骨骼部位	标本名称	标本数量（件）	保存情况	总数（件）
颅骨	上颌齿	左1	骨骼残损，牙齿保存较好	5
	下颌骨	左1、右2		
	门齿	1		

* 本文受到教育部人文社会科学研究青年基金项目（17XJC780002）资助。

骨骼部位	标本名称	标本数量（件）	保存情况	总数（件）
躯干骨	腰椎	4	有不同程度残损	14
	荐椎	1		
	肋骨	2		
	肩胛骨	右2、左1		
	髋骨	右4		
前肢骨	肱骨	左1	有不同程度残损	6
	桡尺骨	左1、右1		
	尺骨	左1、右1		
	掌骨	左1		
后肢骨	股骨	左1、右1	有不同程度残损	10
	胫骨	左1		
	跖骨	右1、左2		
	跟骨	左3		
	距骨	左1		
其他	第1指（趾）节骨	1	保存较好	2
	第2指（趾）节骨	1		
总计				37

二、标本记述

奇蹄目 Perissodactyla Owen，1848
马科 Equidae Gray，1821
马属 *Equus* Linnacus，1758
马种 *Equus caballus* Linnacus，1758

重庆老鼓楼衙署遗址中，鉴定为家马的标本有37件。标本编号是在对家马骨骼鉴定工作中，以马类标本按鉴定顺序编号。其中 YS 代表衙署，H43 代表景观池。马标本编号分别为 YSH43：马01~YSH43：马37。

（一）上颌齿

出土材料 上颌齿共1枚，编号YSH43：马04。齿冠保存完好，齿跟部分有残缺。标本位置为上颌骨左侧M1（图一，1）。

标本观测 咬合面长23mm，宽23mm，原尖长度8.5mm，原尖指数36.96。整个咬合面轻微磨损，齿冠面呈方形，整体为一倾斜的平面。前附尖较小不明显，中附尖宽大，呈倒三角形，整体向外突出，后附尖明显，呈斜方形向外侧突出。舌面中央略有凹陷，马刺小而细弱。前尖、后尖大小近似，外壁、内壁较为平直。原尖宽大，呈三角形，次尖较为明显，有次尖沟。齿上的珐琅质环清晰可见，牙齿近中面和远中面均有其他牙齿的抵压痕迹。

（二）下颌骨

出土材料 下颌骨标本3件，编号YSH43：马01、YSH43：马02和YSH43：马05。YSH43：马01（图一，2）是标本中保存最好的一件，左侧下颌骨，保存部位为中段（p2-m3），颏孔前段和下颌支缺失，标本前段有人为切割痕迹。YSH43：马02（图一，3），右侧下颌骨，保存部位为中段（p3-m3），p3之前和下颌支缺失。

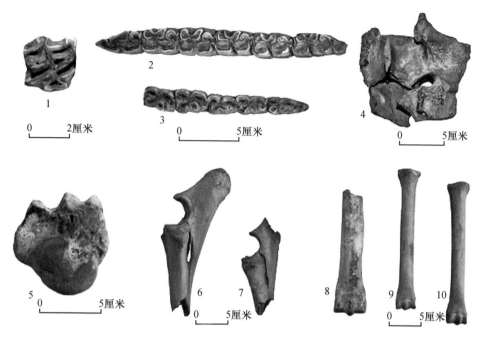

图一 老鼓楼衙署遗址出土家马骨骼

1. 上颌骨左侧 M1（YSH43：马 04） 2. 马左侧下颌骨 p2-m3（YSH43：马 01） 3. 马右侧下颌骨 p3-m3（YSH43：马 02） 4. 马荐椎骨（YSH43：马 10） 5. 马左侧肱骨近端（YSH43：马 16） 6. 马左侧桡尺骨（YSH43：马 17） 7. 马右侧桡尺骨（YSH43：马 18） 8. 马左侧掌骨（YSH43：马 34） 9. 马右侧跖骨（YSH43：马 35） 10. 马左侧跖骨（YSH43：马 36）

YSH43：马 05，右侧下颌骨，保存部位为后段（m3），m3 之前和部分下颌支缺失。

标本观测　YSH43：马 01，下颌骨残长 326mm，标本呈黄白色，整体形态比较粗壮，当为成年个体。标本上保存有前臼齿 3 枚（p2、p3、p4）和臼齿 3 枚（m1、m2、m3），颊侧颊齿列长 179mm，前臼齿列长 89mm，臼齿列长 82mm，p2 前下颌骨高 47mm，m3 后下颌骨高 97mm（表二）。整体保存情况较好，磨损情况并不严重，臼齿上的珐琅质环清晰可见。以 m1 为例，齿冠基本为平行的长方形形，下原尖和下次尖外壁宽而平直，两尖之间的内谷深而尖，深入到"双叶"颈部。"双叶"张距较大，内谷较宽成"U"字形。下后尖较为突出，尖部成一正方形，后附尖较小，窄而平坦，向远中面突出[10]。下颌骨颏孔前方 1.3cm 处有一长为 11mm 的人

为切割痕迹，p3 下方的颌骨底部有两处长为 10mm 和 6mm 的切割痕迹，三者基本保持平行。YSH43：马 02 残段长 199mm，颊齿列长 122.5mm，标本呈黄棕色，与 YSH43：马 01 有较大不同，应为保存环境不一。标本整体较小，当为较为年轻的个体。下颌骨底部残缺，可见各牙齿齿跟。同以 m1 为例，齿冠呈长方形，下原尖和下次尖外壁宽而平坦，内谷窄而尖，深入"双叶"颈部。"双叶"较小，外谷成"V"字形，下后尖较小并磨损，后附尖不显。YSH43：马 05 残段长 175mm，标本呈黄棕色，颜色介于 YSH43：马 01 与 YSH43：马 02 之间。标本整体形状较为粗壮，应为成年个体。标本上仅保留 1 枚完好的 m3 和 1 枚残缺的 m2。以 m3 为例，m3 咬合面为三角形，长 27.5mm，宽 11.5mm，珐琅质环清晰可见，这都是马的

白齿的典型特征。

表二　YSH43：马01下颊齿测量表（单位：mm）

	p2	p3	p4	m1	m2	m3
长	31	24	25	23	23	31
宽	15	17	17	15	14	14
后谷长度	13	10.5	9	5	6	9.5
后谷指数	41.94	43.75	36	21.74	26.09	30.64

（三）腰椎骨

出土材料　腰椎骨共3件，编号YSH43：马06～YSH43：马09。YSH43：马06，腰椎骨，已残。保存部位为椎体中部和右侧横突，前关节面残损。YSH43：马07，腰椎骨，已残。保存部位为椎体中部和右侧横突，左侧横突和顶部棘突缺失，前关节面残损。YSH43：马08，腰椎骨，已残。保存部位为椎体右侧和右侧横突，左侧横突缺失。YSH43：马09，保存部位为椎体右侧和棘突，左侧椎体和两侧横突均已缺失。

标本观测　椎体前关节面类似心形，椎孔呈圆形。棘突外侧轮廓呈正方形。横突内侧－外侧长，横截面呈扁平刀刃状，从后关节面观可见荐椎副关节面。YSH43：马06和YSH43：马07椎体保存较好，从尺寸大小看，YSH43：马07略大于YSH43：马06，应为头侧较前的腰椎。以YSH43：马06为例，最大高125mm，左横突长127.5mm，后关节面宽43.5mm、高38.5mm。横突表面可见微小的多个长1.5mm的划痕，疑为人为切割后留下的痕迹。

（四）荐椎骨

出土材料　荐椎骨1件，编号YSH43：马10（图一，4）。荐椎骨，已残。保留位置为椎体头侧部分。荐骨右翼残缺，左翼仅剩根部。

标本观测　第一荐椎的横突均已残损，未能观察到耳状面。第一荐椎和第二荐椎的愈合处保存完好，左侧一横突孔清晰可见。本标本的棘突仍为各自独立，与马鹿和牛等愈合的棘突有较大差别。前关节面宽71.5mm，高34.5mm。

（五）肋骨

出土材料　肋骨2件，编号YSH43：马11、YSH43：马12。YSH43：马11，肋骨，已残。保留位置为肋骨中后段，残长275mm。YSH43：马12，肋骨，已残。保留位置为肋骨中后段，残长410mm。

标本观测　标本均为肋骨残片，肋骨横截面为一扁平的椭圆形，与牛的沿着尾侧缘的"法兰盘"式的横截面有较大区别[11]。YSH43：马11上有多道明显的切割痕迹。

（六）肩胛骨

出土材料　肩胛骨共3件，编号YSH43：马13～YSH43：马15。YSH43：马13，右侧肩胛骨，已残。保留位置为肩胛骨的中远端。肩胛骨残长289mm，肩胛颈最小长55mm，肩胛结最大长83mm，肩臼长51mm，宽43mm。YSH43：马14，右侧肩胛骨，已残。保留位置为肩胛骨的中远端。肩胛骨残长177mm，肩胛颈最小长54mm，肩胛结最大长83.5mm，肩臼长52mm，宽43.5mm。YSH43：马15，左侧肩胛骨，已残。保留位置为肩胛骨的中部，肩胛骨残长158.5mm。

标本观测　肩胛骨骨板巨大，肩胛冈在中部形成一个相对低矮的缘，其顶部有一个明显的结节。以YSH43：马13为例，肩胛骨关节头侧缘有明显缺口，关节侧缘呈圆形较为平滑，喙突比较发达，明显向前突出。YSH43：马14肩胛骨内侧有3处明显的人为切割的痕迹，长度在31mm左右。YSH43：马15肩胛骨内侧有4处明显的人为切割的痕迹，痕迹长在7mm左右，2组为一段，共有4端平行分布。

（七）肱骨

出土材料 肱骨1件，编号YSH43：马16（图一，5）。左侧肱骨近端，已残。保留位置为肱骨近端和上部部分骨骼，残长127.5mm，近端最大宽94mm。

标本观测 肱骨上端，除了大结节和小结节，两者之间还有一个内结节，前部表面共有三个纵轴，期间有两个凹入部分，此为马肱骨前段的最大特点。三角肌粗隆和大结节嵴明显突出，关节面有内侧唇[12]。肱骨内侧有5道明显的人为刻画的痕迹，最长的有37.5mm，疑为当时人类取肉时留下的痕迹。

（八）桡尺骨

出土材料 桡尺骨2件，编号YSH43：马17、YSH43：马18。编号YSH43：马17（图一，6），左侧桡尺骨近端，已残。保存位置为联合的桡尺骨，可明显看到桡骨与尺骨已经愈合，愈合部以下的骨骼缺失。骨骼残长213mm，尺骨鹰嘴长80mm，跨过钩突厚63.5mm，鹰嘴最小厚42mm，桡骨近端最大宽73mm，关节面宽69mm。编号YSH43：马18（图一，7），右侧桡尺骨近端，已残。保存位置为联合的桡尺骨，鹰嘴部分和愈合部以下的骨骼缺失。骨骼残长142.5mm，桡骨近端最大宽57.5mm，关节面宽69mm。另有脱落的尺骨2件，编号YSH43：马19、YSH43：马20。编号YSH43：马19，左侧尺骨近端，已残。保存位置为尺骨近端，下部接近愈合部分缺损，鹰嘴部分缺失，骨骼残长175mm，跨过钩突厚64.5mm，鹰嘴最小厚54.5mm。编号YSH43：马20，保存位置为尺骨近端，下部接近愈合部分缺损，鹰嘴部分缺失，标本残长182mm，跨过钩突厚52mm。

标本观测 标本桡骨上的愈合域逐渐变窄，在近端三分之二后变成了一道细小的痕迹。桡骨头呈槽形，有两条嵴将槽分成了靠内侧的一个大的凹区和外侧的两个小的凹区，同时嵴较低并且光滑。鹰嘴较长，粗大，尺骨滑车切迹主关节面相对较窄，没有真正的喙突，这些都是马桡尺骨的典型特征。YSH43：马17在尺骨鹰嘴顶端有四个长5.5mm的人为切割痕迹，疑为当时取肉时留下的痕迹。YSH43：马18标本形态与YSH43：马17基本相似，但尺寸上要小上很多，应为年轻的成年个体。YSH43：19发现了数道分布周身的较为细小的剔划痕迹，长度在6.5mm左右，应为剔骨取肉时所留下的痕迹。

（九）髋骨

出土材料 髋骨共4件，编号YSH43：马21～YSH43：马24。编号YSH43：马21，右侧髋骨，已残。保存位置为髋臼和闭孔。髂骨、坐骨和耻骨均以缺失。髋臼边缘上测量长52mm，闭孔内缘长69mm。YSH43：马22，右侧髋骨，已残。保存位置为髋臼和闭孔。髂骨、坐骨均以缺失，部分耻骨得到保留。髋臼边缘上测量长57.5mm，闭孔内缘长69.5mm。YSH43：马23，右侧髋骨，已残。保存位置为髋臼。髂骨、坐骨、耻骨均以缺失，部分闭孔被破坏。髋臼边缘上测量长56.5mm。YSH43：马24，右侧髋骨，已残。保存位置为髋臼、闭孔和部分髂骨。坐骨、耻骨均以缺失。髋臼边缘上测量长60.5mm，闭孔内缘长68.5mm，髂骨干最小宽20.5mm。

标本观测 髋臼切迹开阔，髋臼口缘（侧视）较为平整，髋臼（俯视）部分伸入到闭孔上方，这些都是马的髂骨的典型特征。标本4个大小尺寸近似，但都为右侧髋骨，为来自四个不同的个体。

（十）股骨

出土材料 股骨共2件，编号YSH43：马25、YSH43：马26。编号YSH43：马25，右侧股骨，已残。保存位置为股骨远端，外上髁残损。标本残长 156.6mm，远端最大宽 96mm。YSH43：马 26，左侧股骨，已残。保存位置为股骨远端，腘面内侧缘部分残损。标本残长 128mm，远端最大宽 58.5mm。

标本观测　标本上有十分明显的外侧髁上窝，深度较深，这是与牛明显区别的地方。腘面宽，且向近端增宽，中部有明显的深沟，内外侧缘都向外膨出，内侧缘更为明显。而 YSH43：马 26 标本特征与 YSH43：马 25 类似，但尺寸要小，结合其他标本来看，本遗址中有至少一只较为年轻的马个体。

（十一）胫骨

出土材料　胫骨共 1 件，编号 YSH43：马 27。编号 YSH43：马 27，左侧胫骨，已残。保存位置为胫骨近端，外侧髁部分缺损。标本残长 151mm，近端最大宽 61.5mm。

标本观测　标本胫骨粗隆十分明显，整体呈圆形，嵴进入骨干后逐渐消失，可观察到附有髌骨系带的凹在胫骨结节，肌腱沟夹角较宽，髁间隆起较为明显，骨干横截面为不对称的圆角三角形横截面。

（十二）跟骨

出土材料　跟骨共 3 件，编号 YSH43：马 28 ~ YSH43：马 30。编号 YSH43：马 28，左侧跟骨，较完好，跟骨最大长 110.5mm，最大宽 50.5mm。YSH43：马 29，左侧跟骨，较完好。标本跟骨最大长 112mm，最大宽 51mm。YSH43：马 30，左侧跟骨，较完好。标本跟骨最大长 75mm，最大宽 29mm。

标本观测　跟骨体较为平齐，顶部平整，并无明显突起。载距突明显，顶部位置超过后缘。前突较短，前关节面有略弯弧度。标本两大一小，YSH43：马 30 应来自一较年幼的马个体。

（十三）距骨

出土材料　距骨共 1 件，编号 YSH43：

马 31，左侧距骨，基本完好。标本距骨最大宽 60mm，最大高 61.5mm，距骨内侧部长 61.5mm。

标本观测　马距骨特征明显，标本大而粗壮，且有着两大关节面，近端的滑车与胫骨远端相连，相连部分为滑车状，关节面上的脊突出明显并向内侧倾斜，远端关节面则较为平整。与牛的距骨有着较大的区别。

（十四）掌跖骨

出土材料　掌骨 1 件，跖骨 2 件。编号 YSH43：马 34 ~ YSH43：马 37。编号 YSH43：马 34（图一，8），左侧掌骨，已残。保存位置为骨干和远端，近端残损。远端最大宽 44mm，骨干最小宽 30.5mm。YSH43：马 35（图一，9），右侧跖骨，基本完好。标本最大长 196mm，近端最大宽 32mm，骨干最小宽 17.5mm，远端最大宽 27.5mm。YSH43：马 36（图一，10），左侧跖骨，基本完好。标本最大长 197mm，近端最大宽 30.5mm，骨干最小宽 17mm，远端最大宽 27mm。YSH43：马 37，右侧跖骨，标本残长 194mm，远端最大宽 47mm。

标本观测　掌骨骨干粗壮、对称，横截面呈椭圆形，掌侧面有一个宽的浅沟。远端有巨大的髁状关节面，中部有一个突出的矢状脊。但因近端缺失，滋养孔部分残损，通过观察远端的矢状脊上内外侧髁大小的不同判断为左侧掌骨。背侧有 12mm 的人为划痕。YSH43：马 35 右侧跖骨相较掌骨、跖骨要更为纤细、长度更长。跖骨近端关节的新月形的主关节面的末端有两个小的关节面，其中内侧的要比外侧的要小。通过滋养孔的位置要稍靠近内侧，判定为右侧跖骨。YSH43：马 36 特征与 YSH43：马 35 相似，本距骨标本上还可见第四跖骨，其形态较小，并不对称，关节面较小，在此标本上出现与第三跖骨愈合的现象。YSH43：马37与YSH43：马35形制相似。

三、骨骼表面痕迹研究

骨骼表面痕迹研究是动物考古学的重要组成部分[13]。骨骼表面痕迹形成的原因多样，包括有人工改造痕迹（含有生产性改造和文化性改造），其他动物啮咬、踩踏等痕迹以及自然环境影响留下的痕迹[14]。人类对动物骨骼的改造有着明确的目的性，生产性的改造以制作骨器和提取肉食为主。这样在骨骼表面能够形成有规律性、方向较为一致、痕迹深浅和宽窄都较为相似的特征[15]。通过老鼓楼衙署遗址的马的骨骼表面观察，以生产性改造为主，多为提取肉食遗留下的痕迹。这对理解当时人类活动和食物来源有着重要的价值。

（一）骨骼表面研究方法

肉眼裸视观察法。在对骨骼进行初步分类之后，直接对各标本进行肉眼裸视观察，确定不同的痕迹现象，对较大的痕迹直接进行测量与记录，对较小的痕迹进行登记，之后采用其他仪器进行观测。

显微观察法。采用低倍显微观察，使用德国蔡司stem i2000研究级体视显微镜，在放大6.5～50倍倍率环境下，对微痕标本进行批量观察。借助电子显微镜，可以直接在计算机上对痕迹进行拍摄、测距。

（二）人工改造痕迹

在对动物屠宰取肉的过程中，常见有砍击与切割两种行为痕迹。这两种痕迹在衙署遗址的家马骨骼标本上都有发现，本次将切割行为痕迹细化分为切割痕迹和剔肉痕迹，分布情况如表三所示。

表三　人工改造痕迹分布情况统计表

	砍斫性痕迹	切割痕迹	剔肉痕迹
标本号	马01	马14、马15、马17、马34	马06、马11、马16、马19
占标本数百分比	3%	11%	11%

（三）砍斫性痕迹

砍斫性痕迹是指使用宽刃的重型工具在动物骨骼表面遗留下的较重的砍击痕。由于人们在进行砍斫时常常与骨表面成一定角度，所以工具刃部除在表面留下一个较直的切口之外，还会在骨表面形成刃缘侧面的压击、破损痕迹[16]。比较有代表性的是新月形或是半圆形的痕迹。在浙江跨湖桥遗址[17]中就发现了家畜猪的下颌骨上有1块明显的斜切状砍斫痕迹，另一边则是近似半月形的破损痕迹。同样在玉溪遗址[18]中，在水鹿下跖骨下端残骸上发现了大量的砍斫性痕迹，使用的是宽刃的重型工具。在衙署遗址中，切割痕迹和浙江跨湖桥遗址中发现的痕迹相似。在一家马的下颌骨上（YSH43：马01）发现了三处砍斫痕迹，其中颏孔前方的砍斫痕迹最为明显，痕迹的一边是很直的砍切口，长度为11mm，另一边是近似半圆形的压击痕迹（图二，1），这种类似半圆形的痕迹在湖北白龙洞更新世早期遗址[19]中的水鹿下颌角处也曾发现。而本次马的下颌骨上还有一个特点，在砍切口旁还有一道直线痕迹，应为当时砍斫后宽刃楔入骨质时二次用力所形成的。而另外两个痕迹则是砍切口明显，长度分别为10mm、6mm。而一侧的压击、破损痕迹并不突出，应为当时砍击时角度较为垂直，并没有造成明显的破裂面。美国考古学家宾福德（Binford L.R.）从民族学资料调查发现，近现代古部落居民屠宰、分割大型哺乳动物头骨后，在动物下颌骨下颌切迹处经常会发现这一类切割性痕迹，这类痕迹显示这是一种人们肉食行为后高频出现的遗迹现象[20]。在宾福德的调查资料中痕迹位于下颌切迹中，而在跨湖桥和白龙洞遗址中痕迹都位于下颌角处，而本次则是在颏孔前方和后方6.5cm处发现了砍斫痕迹，这应与当时屠宰者使用的工具和技术有关。衙署遗址中马下颌骨的砍斫痕迹应为当时人们使用宽刃工具（斧？）进行下颌骨的切割工作。

（四）切割痕迹

切割痕迹为本次家马标本中人工痕迹的主要部分。切割性的痕迹一般比较浅，不像砍痕会在骨骼表面形成明显的破损或是坑状凹陷。在进行肉眼观察时，骨骼表面上常为一道或多道短而轻微的印痕，只保存在骨密质表面。本次标本中，在肩胛骨（YSH43：马14、YSH43：马15）和掌骨（YSH43：马33）上发现了较为清晰的切割痕迹。其中肩胛骨外侧、内侧有多道平行的切割痕迹（图二，2、3），掌骨则是在背侧上有一道划痕（图二，4）。这种痕迹主要展现出当时人们对骨骼部分进行分割的行为。在衙署遗址中出土的鸿雁标本，

其肱骨、胫骨和锁骨上都发现了这种短而直的切割痕迹[21]，被认为是当时人类把鸿雁的颈部与身体进行分割时所遗留下来的。我们认为这次马标本中的肩胛骨也属于这种性质，痕迹应为当时对骨骼部位进行分割操作，将相关骨骼分开，方便接下来的取肉工作，多处平行而痕迹宽窄深度近似，这些反映了当时较为熟练的屠宰技术。而掌骨上的痕迹应有所不同，这种痕迹应为剥皮性切割痕迹，来自我国的一些研究材料证明，在中更新世早期时，我国古人类掌握的是从动物足部（趾骨）为切破口进行的剥皮屠宰技术[22]，在跨湖桥遗址中发现了对狗的颅骨进行剥皮遗留下的痕迹。本次马的掌骨痕迹长12mm、宽1mm，痕迹头部较底部更深，整个痕迹呈圆弧状向上，痕迹底部较为光滑。这应为使用窄刃工具以掌骨为切破口进行的剥皮技术。

（五）剔肉痕迹

西方学者研究认为，在大型哺乳动物肋骨腹侧的人工刻划、切割痕迹，可能是人们在取食动物内脏时所遗留；而在肋骨或椎骨背侧的该类痕迹，则可能是人们在割取大动物背部肌肉时所造成[23]。本次

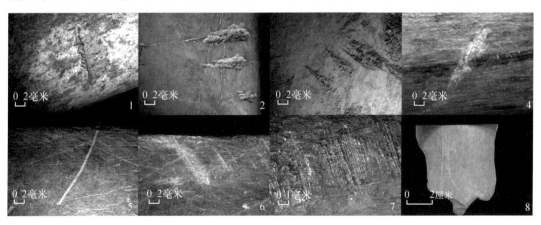

图二　老鼓楼衙署遗址家马骨骼表面微痕现象

1. 下颌骨（YSH43：马01）上的砍斫现象　2. 肩胛骨（YSH43：马14）上的切割现象

3. 肩胛骨（YSH43：马15）上的切割现象　4. 掌骨（YSH43：马34）上的切割现象

5. 肋骨（YSH43：马11）上的剔肉现象　6. 肋骨（YSH43：马11）上的另一处剔肉现象

7. 腰椎骨（YSH43：马06）上的剔肉现象　8. 肱骨（YSH43：马16）上的剔肉现象

在马肋骨上（YSH43：马11）则是以多道长度不一、方向不同的痕迹组成。一道长16mm、宽0.5mm的长条痕迹，痕迹较为流畅，底部略有破损（图二，5）。而另有较明显的三道长8mm、宽2mm的痕迹，痕迹直而均匀，整体平行（图二，6）。这肋骨上两次不同痕迹应由不同的工具刻划而成，说明当时在剔肉过程中可能有重复多次、更换工具的行为。马的腰椎骨（YSH43：马06）的切割痕迹位于横突之上，长度为1.5mm、宽为2mm的多道轻微痕迹分布均匀，方向一致，相互平行，底部光滑（图二，7）。肱骨上（YSH43：马16）也有明显的人为刻划痕迹，5道痕迹宽度都在1mm左右，痕迹竖直狭长（图二，8），应为使用同一工具，为当时人类提取前肢肌肉所留下的痕迹。

四、讨　　论

"马者，甲兵之本，国之大用。安宁则以别尊卑之序，有变则以济远近之难"[24]。说明了马作为六畜之首，既有礼制等级的象征，也有日常用来劳作、运输的功用，战时还有作军备的巨大作用。在古代，"兵家制胜莫如马。步兵虽多，十不当马军之一"[25]。而对于游牧民族，马在他们的生活中扮演着更为重要角色，游牧民族俗曰"无马难成族"[26]。重庆老鼓楼衙署遗址的年代是宋末元初，其背景为蒙古游牧民族大举南下，其军队占据重庆南宋衙署[27]。衙署遗址内出土的骨制品曾进行过专门的分析研究，确定该批骨制品是蒙元军匠驻扎重庆南宋府衙时遗存的[28]。本文记述的这批家马骨骼，是与那些蒙元军骨制品一起出土的同一背景的遗留物，因此，本文记述的家马其埋藏时代是非常清楚的，即蒙元军驻扎于重庆南宋府衙的公元1278～1279年。

本文记述的家马骨骼表面，经过微痕观测和分析，发现有砍斫、切割、剔肉等人类行为痕迹，反映人类对这批家马进行了屠宰和食用。我国南方为"贫马"地区[29]，南方居民很少食用马肉，认为马肉并不是上佳的肉食来源。如《证类本草》中记载，南方人认为"马肉有大毒。此肉只堪煮，余食难消。不可多食，食后需以酒投之"[30]。但在我国北方，尤其是蒙古族居民，则习惯食用马肉。如《坤舆图说》中记载"鞑而靼中国之北，迤西一带，直抵欧逻巴东界，俱名鞑而靼……产牛、羊、骆驼，嗜马肉，以马头为绝品，贵者方得啖之"[31]。遗址中的马骨为蒙元军队占据衙署之后所埋藏，其骨骼表面还发现了屠宰、食用的痕迹。反映蒙元军队在征战南方时，曾屠宰过军马，在战争中食用马肉以保持他们的饮食传统。

家马骨骼在重庆及三峡地区考古工作中并不多见，巫山蓝家寨遗址东周文化遗存曾出土过[32]。秭归东门头汉代遗址[33]和巴东罗坪清代的遗址[34]也有零星发现。本文报道的南宋老鼓楼衙署遗址家马的发现，增加了重庆及三峡地区家马遗骸的考古新材料。

注　释

[1]　重庆市文物局：《重庆市第三次全国文物普查重要发现》，重庆出版社，2011年，第7～16页。

[2]　武仙竹、邹后曦：《重庆老鼓楼衙署遗址鸿雁（Ansercygnoides）骨骼及其表面痕迹研究》，《第四纪研究》2015年第35卷3期，第631～641页。

[3]　武仙竹、袁东山：《重庆老鼓楼衙署遗址四川短尾鼩（Anourosorexsquamipes）研究报告》，《第四纪研究》2015年第35卷1期，第199～208页。

[4]　武仙竹、袁东山：《黄胸鼠（Rattusflavipectus）骨骼在古代城市考古中的发现》，《第四纪研究》2015年第35卷3期，第784～786页。

[5]　钱玄：《周礼》，岳麓书社，2001年，第57页。

[6]　王菲：《从甲骨文字谈六畜》，《中原文物》2012年第3期。

[7]　刘羽阳：《中国古代家马研究的回顾与展望》，《南

方文物》2014 年第 1 期。

［8］ 袁靖：《中国古代家马的研究》，《中国史前考古学研究——祝贺石兴邦先生考古半世纪暨八秩华诞文集》，三秦出版社，2004 年，第 56 ~ 61 页。

［9］ 周本雄：《中国新石器时代的家畜》，《新中国的考古发现和研究》，文物出版社，1984 年，第 321 ~ 325 页。

［10］ 武仙竹、周国平：《湖北官庄坪遗址动物遗骸研究报告》，《人类学学报》2005 年第 24 卷 3 期，第 232 ~ 248 页。

［11］ 〔英〕西蒙·赫森著，马萧林、彦峰译：《哺乳动物骨骼和牙齿鉴定方法指南》，科学出版社，2012 年，第 1 ~ 117 页。

［12］ 〔俄〕格罗莫娃·В 著，刘后贻译：《哺乳动物大型管状骨检索表》，科学出版社，1960 年，第 3 ~ 162 页。

［13］ 武仙竹：《微痕考古——从微观信息认识历史过程的科学探索》，《文物保护与考古科学》2011 年第 23 卷 4 期，第 89 ~ 96 页。

［14］ 武仙竹：《长江三峡动物考古学研究》，重庆出版社，2007 年，第 1 ~ 383 页。

［15］ 马萧林：《关于中国骨器研究的几个问题》，《华夏考古》2010 年第 2 期。

［16］ Wu X Z, Wang Y F, Pei S W, et al. Virtual Three Dimensions Reconstruction and Isoline Analysis of Human Marks on the Surface of Animal Fossils. Chinese Science Bulletin, 2009, 54(9): 1564-1569.

［17］ 施梦以、武仙竹：《浙江萧山跨湖桥遗址动物骨骼表面微痕与人类行为特征》，《第四纪研究》2011 年第 31 卷 4 期，第 723 ~ 729 页。

［18］ 李凤：《玉溪遗址 T0403 探方动物骨骼的初步观察与分析》，重庆师范大学硕士学位论文，2014 年。

［19］ 王运辅、武仙竹、裴树文等：《湖北郧西黄龙洞骨化石表面改造痕迹研究》，《第四纪研究》2008 年第 28 卷 6 期，第 1034 ~ 1041 页。

［20］ Binford L R. Bones: Ancient Men and Modern Myths. New York: Academic Press, 1981: 62-183.

［21］ 武仙竹、李禹阶、裴树文等：《湖北郧西白龙洞遗址骨化石表面痕迹研究》，《第四纪研究》2008 年第 28 卷 6 期，第 1023 ~ 1033 页。

［22］ 武仙竹、李禹阶、裴树文等：《湖北郧西白龙洞遗址骨化石表面痕迹研究》，《第四纪研究》2008 年第 28 卷 6 期，第 1023 ~ 1033 页。

［23］ Pobiner B L, Rogers M J, Monahan C M, et al. New Evidence for Hominin Carcass Processing Strategies at 1.5 Ma, Koobi Fora, Kenya. Journal of Human Evolution, 2008, 55(1): 103-130.

［24］ （南朝·宋）范晔：《后汉书·马援传》，中华书局，1965 年，第 840 页。

［25］ （宋）王应麟：《玉海·马政下》，上海古籍出版社，1987 年，第 2742 页。

［26］ 铁元神：《中国北方家马起源问题初探——以甘青地区为探讨中心》，《农业考古》2015 年第 1 期，第 241 ~ 248 页。

［27］ 岳华：《中国古代行政建筑历史演进的思考》，《华中建筑》2010 年第 28 卷 12 期，第 137 ~ 140 页。

［28］ 武仙竹、马江波、袁东山：《重庆南宋府衙遗址骨制品及其埋藏背景》，《第四纪研究》2016 年第 36 卷 2 期，第 312 ~ 321 页。

［29］ （民国）柯劭忞：《新元史》，中华书局，1922，第 58 页。

［30］ （宋）唐慎微：《证类本草》，中国医药科技出版社，2011，第 66 页。

［31］ 〔比利时〕南怀仁等：《坤舆图说·坤舆外记》，商务印书馆，1937 年，第 81 页。

［32］ 武仙竹、邹后曦、黄秒斌：《巫山蓝家寨遗址家畜的动物骨骼》，《人类学学报》2015 年第 24 卷 3 期，第 353 ~ 366 页。

［33］ 国务院三峡工程建设委员会办公室、国家文物局：《秭归东门头》，科学出版社，2010 年，第 415 ~ 453 页。

［34］ 武仙竹、杨定爱：《湖北巴东罗坪遗址群动物遗骸研究报告》，《四川文物》2006 年第 5 期。

Research on Horse (*Equus caballus*) Skeleton and Surface Marks from the LaogulouYashu Site of Chongqing

Yang Guang

Abstract: During the excavation of the Laogulou Yashu Site of Chongqing(Song Dynasty), 37 species of horses(*Equus caballus*) skeleton have been found including bones of trunk and extremities, calcaneus, metatarsus and etc. Minimum number of individuals is 4. There are artificial transformation among the bone surface traces from vertebrae, rib and scapula. The traces are dismemberment incision, cutting, and picking meat. It proves that the people cut, peeled the horse and picked the meat. The species of bones were abandoned in Yashusite during the Song and Yuan war, after the Yuan army captured Chongqing, dating AD1278-1279. In southern China, people were not used to eat horseflesh but the northern Mongolian like horseflesh. Though the artificial transformation among the bone surface, it is shown that Yuan army killed war-horses for flesh to keep their eating traditions. Horse skeleton is few found in Chongqing or the Three Gorges in archaeology. Only in Wushanlanjiazhai Site, Zigui Dongmentou Site and Badong Luoping Site, these three reports mention the found horse skeleton. In this article, we add new horse skeleton materials to Chongqing and the Three Gorges area archaeology.

贵州高原旧、新石器时代出土动物骨骼及初步认识[*]

王运辅

（中国社会科学院研究生院考古系，北京，102488）

引　言

云贵高原构成了我国西南边陲的主体，是沟通南亚、东南亚的必经之地。贵州高原属云贵高原的东部，是一个相对独立的地理单位[1]，北邻四川盆地，南抵广西盆地，东接湘鄂山地丘陵；地势自西向东，自中向北南两面倾斜；北部为长江水系流域，南部为珠江水系流域，中部为东西向的分水岭。贵州高原岩溶地貌发育，洞穴遍布，为史前人类提供了大量的栖居场所；调查发现的旧、新石器时代遗址及地点多达160余处[2]，经发掘的有30余处，是我国南方地区旧、新石器时代洞穴遗址群的富集区。本文基于已发掘遗址的动物及相关遗迹遗物材料，对贵州高原旧、新石器时代人与动物之间的关系、狩猎经济特征等进行初步的探讨。

一、贵州高原旧、新石器时代的动物骨骼

由于贵州高原出土动物骨骼的遗址以旧石器时代晚期、旧新石器时代过渡期为主，本文在记述遗址时以贵州现代地貌分区为基本依据[3]，结合遗址分布的实际情况，将贵州高原分为东、西两大区域：东部山地丘陵区与西部高原山地区。整个东部地区的岩溶地貌欠发达，洞穴及堆积均较稀少。西部地区具发达的岩溶地貌，已发现的160余处旧、新石器时代遗址均分布于此地。西部地区可分为五个亚区：①黔中地区。该区位于贵州中部，位于贵州高原大斜坡的第二个梯级上，为典型的高原丘坝区，气候温润。②黔北地区。该区仅西北部的赤水河、习水河流域为低山、丘陵、台地地貌区；其余大部为山原、中山区，地形起伏大，气候垂直分带明显。③黔西地区。位于贵州高原大斜坡第一梯级上，为热量较低、雨量较少、海拔较高的岩溶化高原山地区。④黔西南地区。该区南部边缘的南盘江河谷为低山丘陵区，地势低，温度较高；其余大部为岩溶高原中山区，气候温暖，干湿季较明显。⑤黔南地区。该区西南边缘的红水河河谷为低山丘陵区；其余大部为山原中山低山盆谷区，地势北高南低、西高东低，是贵州苗岭的南斜坡带，属温暖湿润季风气候区。旧、新石器时代遗址主要集中在黔中地区和黔西地区，其余地区的发现相对较少。其中，黔北和黔西地区的遗址年代上限可到旧石器早期；而黔中及黔西南、黔南地区的遗址年代基本为旧石器晚期及其以后。这种分布现象可能反映了古人类从黔北或黔西进入贵州高原，并往中国内陆扩散的

* 本文受重庆市社科基金项目"长江三峡地区旧石器文化资源及价值研究"（批准号：2016YBLS102）资助。

过程[4]。

下面依照上述分区对包含动物骨骼的旧、新石器时代遗址进行记述。

1. 黔中地区

1）普定县白岩脚洞遗址（旧石器时代中期—旧石器时代晚期）

该遗址位于普定县西南约9千米处。1979~1984年先后三次发掘，获得1000多件石制品、6件骨制品，及大量较破碎的动物化石[5]。第3~7层（上部堆积）发现少量蜗牛壳和鸟类肢骨，约10个哺乳动物种属：猕猴（Macaca sp.）、竹鼠（Rhizomys sp.）、豪猪（Hystrix sp.）、大熊猫化石种（Ailuropoda melanoleuca fovealis M. et G.）、沙獾（Aretonyxs sp.）、剑齿象（Stegodon sp.）、野猪（Sus sp.）、鹿（Cervus sp.）、山羊亚科（Caprinae indet）、牛亚科（Bovinae indet）。绝灭种有大熊猫化石种和剑齿象。第8层（下部堆积）有少量蜗牛壳、鱼类，约18个哺乳动物种属：鼩鼱科（Soricidae）、蹄蝠（Hipposideros sp.）、猕猴（Macaca sp.）、竹鼠（Rhizomys sp.）、黑鼠（Rattus rattus L.）、豪猪（Hystrix sp.）、柯氏熊（Ursus thibetanus kokeni M. et G.）、鼬科（Mustelidae indet）、最后鬣狗（Crocuta ultima Matsumoto）、虎（Panthera tigris L.）、东方剑齿象（Stegodon orientalis Owen）、巨貘（Megatapirus augustus M. et G.）、中国犀（Rhinoceros sinensis Owen）、野猪（Sus sp.）、麂（Muntiacus sp.）、鹿（Cervus sp.）、山羊亚科（Caprinae sp.）、牛亚科（Bovinae indet）。绝灭种有柯氏熊、最后鬣狗、东方剑齿象、巨貘、中国犀5种。下部堆积的地质时代推测为更新世中晚期，文化时代可能为旧石器时代中期；上部堆积为晚更新世晚期，文化时代为旧石器时代晚期。

2）普定县穿洞遗址（旧石器时代晚期—新石器时代早期）

该遗址位于普定县西南5千米处的后塞公社，于1979年、1981年和1984年多次发掘，出土古人类化石（头骨、右上颌骨带2枚门齿），大量石制品，1000多件骨角制品，发现用火痕迹（灰烬、烧骨、烧石、炭屑）[6]。动物化石很破碎：碎骨约1.8万件，兽牙约500枚，下颌骨和鹿角、鹿角等较少。哺乳动物约12个种属：黑鼠（Rattus sp.）、猕猴（Macaca sp.）、箭猪（Hystrix sp.）、板齿鼠（Bandicota indica）、鼬（Mustela sp.）、猪（Sus sp.）、熊（Ursus sp.）、鹿（Cervus sp.）、猪獾（Artonyx collaris）、赤麂（Muntiacus muntjak）、犀牛（Rhinoceros cf. sinensis）、麝（Moschus sp.）。其中犀牛可能为中国犀（绝灭种）。下部的一个测年数据为约距今1.6万年；中部测年数据为距今9610±100年；上部的三个测年数据为：距今8080±100年、距今8670±100年和距今8540±100年。早期文化层属旧石器时代晚期；晚期文化层属新石器时代早期。

3）开阳县打儿窝遗址（旧石器时代晚期、新石器时代早期）

该遗址位于贵阳市东北约57千米处的开阳县哨上镇，于2003年进行试掘。下部堆积发现灰坑、骨堆、灰堆（用火遗迹）等遗迹，出土大量骨制品（2173件）、石制品（1674件）及较多动物化石；上部堆积发现火塘、灰坑、红烧土面等遗迹，出土陶片、骨制品、石制品和动物化石等遗物[7]。该遗址的动物化石出自晚更新世地层与全新世地层：牙齿化石2270颗，其中晚更新世地层1906颗，全新世地层364颗；上下颌骨115个，其中晚更新世地层108个，全新世地层7个。牙齿化石以鹿类最多（占80.3%），其次有牛类（占9.5%）和犀类（4.1%）。哺乳动物约14个种属：猴科（Cercopithecidae）、猕猴（Macaca muatta）、竹鼠（Rhizomys sp.）、豪猪（Hystrix hodgsoni）、熊（Ursus sp.）、獾（Aretonyxs sp.）、虎（Felis tigris）、犀

（*Rhinocerossp.*）、巨貘（*Megatapirus* sp.）、野猪（*Sus scrofa*）、水鹿（*Cervus unicolor*）、麂（*Muniacus* sp.）、水牛（*Bubaluss* sp.）、羊（*Ovis* sp.）。另外在全新世地层发现一定数量的田螺科（Viviparidae）和蚌科（Unionidae）。绝灭种仅巨貘或犀。下部文化层属旧石器时代晚期（距今 2.7 万 ~ 1.5 万年）；上部文化层从陶片等文化遗物看属于新石器时代早期（距今 6500 ~ 4300 年）。

4）平坝县飞虎山洞穴遗址（旧石器时代晚期 新石器时代）

该遗址位于贵阳市以西约 60 千米的平坝县飞虎山，由分布在飞虎山（岩溶孤峰）的一组石灰岩洞穴构成。旧石器时代文化遗物包括较多石制品和 79 件骨角器；新石器时代文化遗物有磨光石器、骨制品、陶器等[8]。旧、新石器时代地层出土兽牙、兽骨基本相当，共 1370 块（含骨器）。哺乳动物约 10 个种属：剑齿象、牛、鹿、大熊猫、猪、竹鼠、虎或豹、羊、麂、豪猪，但绝灭种剑齿象数量很少；另外有鸟类和较多的螺、蚌等。牛和鹿最多（占 70%）。下部文化层属旧石器时代晚期（距今约 1.3 万年，部分探方下层距今 4 万 ~ 2 万年）；上部文化层属新石器时代（距今 6000 ~ 4000 年）。

5）贵安新区牛坡洞遗址（旧石器时代晚期—春秋战国时期）

该遗址位于贵安新区马场镇平寨村牛坡山，东北距贵阳市区约 40 千米，是迄今为止云贵高原东部，特别是黔中地区保存状况最好、堆积最厚、内涵最丰富的旧石器时代晚期至春秋战国时期的洞穴遗址之一[9]。出土极其丰富的哺乳动物碎骨、少量贝类及植物遗存等。文化遗物包括石器、骨器、陶器等，并有灰坑、用火痕迹、墓葬、活动面等遗迹。哺乳动物约 60 余种，以鹿类材料最多（超过 80%），其他材料量少但种类丰富，相对较多的有牛类和猪类等。

6）贵安新区招果洞遗址（旧石器时代

晚期—新石器时代）

该遗址位于贵安新区高峰镇岩孔村，于 2017 年进行正式发掘，发现大量旧石器时代晚期、新石器时代的石器、骨器和动物骨骼，还发现火塘等用火痕迹，以及疑似的飞石索弹丸等[10]。动物种属待正式报道。

7）贵阳市金阳新区史前洞穴遗址群（旧石器时代晚期、新石器时代）

该洞穴群位于贵阳西北部的金阳新区，共计 16 处洞穴遗址，于 2002 年进行初步的调查工作，除了石制品（含 2 件磨制石器）、人牙化石、陶片、用火痕迹之外，还发现一定量的动物骨骼，如鹿类动物等[11]。遗址群年代推测为旧石器时代晚期至新石器时代。

8）长顺县老洞遗址（晚更新世）

该遗址位于长顺县广顺镇石洞村石洞组，于 2009 年进行采集和清理，发现石制品和动物化石碎骨[12]。种属待正式报道。

9）长顺县广顺神仙洞遗址（旧石器时代、新石器时代）

神仙洞又名马洞，位于长顺县北 27 千米的广顺来远寨附近，于 1978 年试掘，从上至下为浮土层、灰烬层、黄土层和原生土。在浮土层之下的地层中发现一批石制品和哺乳动物化石，及少量骨制品（骨铲）[13]。哺乳动物种属有 7 个：巨貘、猕猴、李氏野猪、偶蹄目、豪猪、鹿、猪。地质时代推测为晚更新世，文化时代为旧石器时代。浮土层发现新石器时代遗物：陶器、蚌器、磨光石片（残）；另有鹿角化石。两者之间的延续交替关系不明。

10）遵义市凤貌山旧石器时代地点（旧石器时代晚期）

该地点位于遵义市北关乡沿河村，1990 年进行了调查。采集到 62 件石制品和少量哺乳动物化石（鼢鼠、豹）[14]。地质时代推测为晚更新世后期，文化时代为旧石器时代晚期。

11）清镇市仙人洞新石器遗址（新石

器时代）

该遗址位于清镇市东南约 1.5 千米的城关镇，于 1980 年试掘，出土骨器、陶器、装饰品等遗物，并有古人类牙齿化石 1 枚，较多动物化石[15]。A 组地层的动物化石有：腹足类（蜗牛）、鸟类和哺乳类。哺乳类有 8 个种属：豪猪、羊、鹿、獾、猫、黑鼠、黑熊、野猪。鹿和羊的数量较多。A 组动物均为现生种，地质时代为全新世。B 组地层的动物化石有：腹足类（蜗牛、螺）和中国犀、鹿两种哺乳类，有绝灭种中国犀，地质时代为晚更新世。

2. 黔北地区

12）桐梓县岩灰洞旧石器遗址（旧石器时代早期）

该遗址位于桐梓县西北 10 余千米的九坝公社。1972 年及 1983 年共发现 6 枚直立人牙齿化石、较多石制品、少量烧骨（南方地区较早的用火证据）[16]。1972 年在第 IV 层出土古人类牙齿与哺乳动物化石约 25 个种属：金丝猴（*Rhinopithecus* sp.）、长臂猿（*Hylobates* sp.）、猩猩（*Pongo* sp.）、飞鼠（*Pheromys cf. brachydus* Young）、竹鼠（*Rhizomys* sp.）、豪猪（*Hystrix cf. subcristata* Swinhoe）、硕豪猪（*H. magna* Pei）、狼（*Canis lupus* L.）、古爪哇豺（*Cuon javanicus* Matthew and Granger）、大熊猫（*Ailruopoda foverlis* Matthew and Granger）、獾（*Aretonyx* sp.）、柯氏熊（*Ursus kokem* Matthew and Granger）、最后鬣狗（*Crocuta crocuta ultima* Matsumoto）、虎（*Felis tigris* L.）、豹（*Felis pardus* L.）、东方剑齿象（*Stegodon arientalis* Owen）、巨獏（*Megatapirus augustus* Matthew and Granger）、中国犀（*Rhinoceros sinensis*）、野猪（*Sus scrofa* L.）、鹿（*Cervus* sp. A）、鹿（*Cervus* sp. B）、鬣羚（*Capricornis cf. sumatraensis*）、牛类（*Bovidae* Gill）、陆龟（*Testudinidae gen. et sp. indet.*）。绝灭种有硕豪猪、古爪哇豺、化石大熊猫、最后

鬣狗、东方剑齿象、巨獏和中国犀牛 7 种。地质时代推测为中更新世；文化时代属于旧石器时代早期。

13）桐梓县马鞍山旧石器遗址（旧石器时代晚期）

该遗址位于桐梓县东南约 2 千米处。1981 年的试掘发现丰富的用火遗迹（薄灰烬层、烧石、红烧土块、烧骨）、大量石制品、少量骨制品[17]。第 2～7 层出土哺乳动物化石约 11 个种属：啮齿目（Rodentia）、竹鼠（*Rhizomys* sp.）、豪猪（*Hystrix* sp.）、巨獏（*Megatapirus* sp.）、犀（*Rhinoceros* sp.）、中国犀？（*R. sinensis*？）、鹿（*Cervus* sp.）、鹿（*Muntiacus* sp.）、水牛（*Bubalus* sp.）、山羊（*Caprinae gen. et sp.indet.*）、猕猴（*Macaca* sp.）。属于华南大熊猫—剑齿象动物群。绝灭种仅巨獏一种。地质时代推测为晚更新世后期；文化时代为旧石器时代晚期。第 3 层的两个测年参考值为（1.8±0.1）万年，（1.51±0.15）万年；第 3 层以下各层的年代估计超过 2 万年。

14）桐梓县马鞍山南洞旧石器文化遗址（旧石器时代晚期）

该遗址位于桐梓县西南约 1.5 千米处。1990 年的试掘获得较丰富的用火痕迹（炭屑、烧骨）和石制品，4 枚晚期智人牙齿化石，大量哺乳动物碎骨[18]。哺乳动物化石约 15 个种属：熊（*Ursus* sp.）、虎（*Felis* sp.）、獾（*Arctonyx* sp.）、大熊猫（*Ailruopoda melanoleuca*）、黑鼠（*Ruttus* sp.）、豪猪（*Hystrix cf. subcristata*）、竹鼠（*Rhizomys* sp.）、中国犀牛（*Rhinoceros sinensis*）、巨獏（*Megatapirus augustus.*）、鹿（*Cervus* sp.）、麝（*Moschus* sp.）、水牛（*Bubalus* sp.）、猪（*Sus* sp.）、猕猴（*Macaca* sp.）。绝灭种有巨獏与中国犀牛。地质年代为晚更新世后期；文化时代属于旧石器时代晚期。

3. 黔西地区

15）黔西县观音洞旧石器遗址（旧石

器时代早期）

该遗址位于黔西县以南约19千米的沙窝区沙井公社，于1964~1973年进行了四次发掘，获得了大量的石制品和动物化石[19]。A组地层化石有豪猪（Hystrix sp.）、剑齿象（Stegodon sp.）、中国犀（Rhinoceros sinensis Owen）、牛亚科（Bovinae）4个种属。B组地层的动物化石最丰富，除了蜗牛（Eulota sp.）、龟科（Testudinidae indet）之外，哺乳动物化石有20个种属：猕猴（Macaca sp.）、豪猪（Hystrix cf. subcristata Swinhoe）、竹鼠（Rhizomys cf. sinensis Gray）、狐（Vulpes cf. vulgaris L.）、柯氏熊（Ursus thibetanus kokeni M. et G.）、大熊猫化石种（Ailruopoda melanoleuca fovealis M. et G.）、鼬科（Mustelidae indet.）、最后鬣狗（Crocuta ultima Matsumoto）、嵌齿象科（Gomphotheriidae indet）、似东方剑齿象（Stegodon cf. orientalis Owen）、贵州剑齿象（Stegodon guizhouensis Li et Wen sp. nov）、马（Equus sp.）、巨貘（Megatapirus augustus M. et G.）、中国犀（Rhinoceros sinensis Owen）、野猪（Sus cf. scrofa L.）、鹿（Muntiacus sp.）、鹿（Cervus sp.）、水鹿（Rusa sp.）、牛亚科（Bovinae）、苏门羚（Capricornis sumatraensis Bechstein）。综合A、B组地层来看：绝灭种有柯氏熊、大熊猫化石种、最后鬣狗、贵州剑齿象、似东方剑齿象、巨貘、中国犀、嵌齿象科等。地质时代为中更新世早期阶段；文化时代属于旧石器早期。依照出土个体数，牛类和剑齿象最多，犀类也相当多；貘、猪、鹿类较少。肉食类除熊的标本稍多外，其余都较少。动物堆积的主要因素系人类狩猎活动。

16）盘县大洞遗址（旧石器时代早中期）

该遗址位于盘县以东约49千米的珠东乡十里坪村。1992年及此前的2次发掘获得大量石制品（1352件）及人工碎骨，并有灰烬、炭屑等用火遗迹[20]。动物化石有少量鸟类骨骼和1件鱼骨，哺乳类多达39种：皮氏毛儿飞鼠（Belomys pearsoni）、似复齿飞鼠（Trogopterus xanthipes）、岩松鼠？（Sciurotamias sp.?）、社鼠（Niviventer coufaciandus）、安氏白腹鼠（Niviventer andersoni）、爱氏巨鼠（Leopoldamys edwardst）、绒鼠（Eothenomys sp.）、竹鼠（Rhizomys sp.）、华南豪猪（Hystrix cf. subcxistata）、猴科（Cercopithecidae）、猩猩（Pongo sp.）、最后鬣狗（Crocuta ultima）、中国鬣狗（Hyaena sinensis）、豹（Panthera pardus）、虎（Panthera cf. tigris）、豹（Panthera pardus）、狼（Canis lupus）、狐（Vulpes cf. vulpes）、鼬（Musrela sp.）、獾（Meles sp.）、大熊猫（Ailuropoda melanoleuca）、熊（Ursus sp.）、假猫（Pseudaeilurus sp.）、真猫（Felis sp.）、犬科（Canidae）、东方剑齿象（Stegodon orientalis）、亚洲象（Elephas sp.）、巨貘（Megatapirus augustus）、中国犀（Rhinoceros sinensis）、野猪（Sus scrofa）、猪（Sus sp.）、水鹿（Rusa unicolor）、鹿（Cervus sp.）、麝（Moschus sp.）、野牛（Bison sp.）、獐（Hydropotes sp.）、鬣羚（Capricornis sp.）、鹿（Muntiacus sp.）、青羊（Naemorhedus goral）。绝灭种有东方剑齿象、中国犀、巨貘和鬣狗等。地质时代推测为中更新世后期至晚更新世初期。碎骨人工痕迹较明显。象类以幼年个体为主，犀类以老年个体为主，可能反映了狩猎活动。

17）毕节市麻窝口洞化石点（中更新世晚期或晚更新世早期）

该地点位于毕节市以北约45千米的团结乡，于2009年、2012年和2013年三次发掘，获得3枚古人类牙齿化石和5000多件哺乳动物化石（大多为单颗牙齿）[21]。其中偶蹄类2152件，主要是野猪和鹿类；食肉类564件，黑熊最多；奇蹄类469件，中国犀最多，并有少量巨貘；长鼻类164件，其中东方剑齿象161件，亚洲象仅3件；啮齿类963件，豪猪居多。大哺乳动物约23种：猩猩（*Pongo pygmaeus*）、长臂猿（*Hylobates* sp.）、猕猴（*Macaca* sp.）、金丝猴（*Rhinopithecus* sp.）、叶猴（*Trachypithecus* sp.）、中国黑熊（*Ursus thibetanus*）、大熊猫巴氏亚种（*Ailuropoda melanoleuca baconi*）、虎（*Panthera tigris*）、豹（*Panthera pardus*）、豺（*Cuon* sp.）、猪獾（*Arctonyx collaris*）、鼬科（*Mustelidae gen.* sp. indet.）、东方剑齿象（*Stegodon orientalis*）、亚洲象（*Elephas maximus*）、中国犀（*Rhinopithecus sinensis*）、华南巨貘（*Megatapirus augustus*）、马（*Equus* sp.）、野猪（*Sus scrofa*）、水鹿（*Cervus unicolor*）、鹿（*Cervus* sp.）、麂（*Muntiactus* sp.）、苏门羚（*Capricornis sumatraensis*）、水牛（*Bubalus bubalus*）。另外有小哺乳动物约30种：中华鼩猬、长尾鼩鼱、大臭鼩、灰麝鼩、中麝鼩、灰腹水鼩、微尾鼩、小缺齿鼩、大缺齿鼩？、褐腹长尾鼩、大长尾鼩、黑齿短尾鼩、菊头蝠、皮氏菊头蝠、花鼠、小飞鼠、皮氏毛儿飞鼠、滇绒鼠、灰猪尾鼠、华南豪猪、硕豪猪、丛林小鼠、大耳姬鼠、中华姬鼠、滇攀鼠、社鼠、针毛鼠、川西白腹鼠、东亚屋顶鼠、白腹巨鼠。地质时代推测为中更新世晚期或晚更新世早期；测年结果显示，包含古人类牙齿和动物化石的地层年代为距今17.8万~11.2万年。

18）毕节市扁扁洞遗址（旧石器时代中期或稍早）

该遗址位于毕节市北东约13千米的海子街乡。1985年的发掘获得60余件石制品和大量动物化石[22]。除了腹足类（Gastropoda）、龟鳖类（Chelonia）以外，哺乳动物化石约有12个种属：啮齿目（Rodentia）、虎（*Panthera tigris* L.）、中国黑熊（*Ursus thibetanus* Cuvier）、剑齿象（*Stegodon* sp.）、东方剑齿象（*Stegodon orientalis* Owen）、中国犀（*Rhinoceros sinensis* Owen）、巨貘（*Megatapirus augustus*）、鹿（*Cervus* sp.）、水鹿（*Rusa* sp.）、羊亚科（*Ovvinae indet*）、牛亚科（*Bovinae indet*）、犪牛（*Bibos* sp.）。绝灭种有剑齿象、中国犀、巨貘、犪牛4种。地质时代推测为晚更新世早期或稍早（第3~4层化石的铀系测年为距今17万~13万年）；文化时代属于旧石器时代中期或稍早。

19）水城县硝灰洞旧石器遗址（旧石器时代中晚期）

该遗址位于水城县西北25千米的三岔河右岸。1973年底到1974年初的发掘获得1枚古人牙齿化石、53件石制品及一批动物化石，并有用火遗迹（灰烬层、烧骨、烧石等）[23]。哺乳动物有剑齿象（*Stegodon* sp.）、牛（*Bovinae* sp.）、羊（Ovinae）、野猪（*Sus* sp.）、鹿（*Cervus* sp.）5个种属。绝灭种仅剑齿象。地质时代推测为晚更新世，文化年代可能为旧石器时代中晚期。

20）毕节市青场老鸹洞（旧石器时代晚期）

该遗址位于毕节市七星关青场镇，出土了古人类牙齿化石、4件骨制品、少量植物果核、大量石制品和动物化石，并有富积的灰烬层（含炭屑、烧骨等）[24]。

1985年发掘获得哺乳动物化石9个种属：大熊猫（*Ailuropoda* sp.）、熊（*Ursus* sp.）、犀（*Rhinoceros* sp.）、貘（*Tapirus* sp.）、牛亚科（Bovinae）、羊亚科（Caprinae）、鹿（*Cervus* sp.）、竹鼠（*Rhizomys* sp.）、猕猴（*Macaca* sp.）。地质时代推测为晚更新世，测年结果为距今1.8万年左右；文化时代属旧石器时代晚期。

2013年发掘获得哺乳动物化石约15个种属：猕猴（*Macaca* sp.）、金丝猴（*Rhinopithecus* sp.）、竹鼠（*Rhizomys* sp.）、豪猪（*Hystrix* sp.）、黑熊（*Ursus* sp.）、大熊猫（*Ailuropoda melanoleuca*）、灵猫？（*Viverra* sp.?）、猪獾（*Arctonyx* sp.）、貘（*Tapirus* sp.）、犀（*Rhinoceros* sp.）、麝（*Moschus* sp.）、麂（*Muntiacus* sp.）、水鹿？（*Rusa unicolor*?）、鬣羚（*Capricomsis* sumatraensis)、牛亚科（Bovinae）。中大型鹿类是动物群的主要成员，食肉类化石数量很少。化石表面缺乏食肉类啃咬痕迹，表明古人类对肉食资源选择可能具明显的倾向性，对居址具备较强的控制力。

地质时代为晚更新世晚期；文化时代为旧石器时代晚期。早期层位距今 3.7 万 ~ 2 万年，晚期层位距今约 1.4 万年；中间有长时段的缺失，可能和末次冰期最盛期的人类活动减弱有关。

21）毕节市青场海子街大洞（晚更新世）

该遗址位于毕节市北东约 13 千米的海子街乡，距离扁扁洞很近。上下层均包含石制品和动物化石[25]。哺乳动物化石约 10 个种属：大熊猫（Ailuropoda sp.）、熊（Ursus sp.）、剑齿象（Stegodon sp.）、犀（Rhinoceros sp.）、貘（Tapirus sp.）、牛亚科（Bovinae）、羊亚科（Caprinae）、鹿（Cervus sp.）、猪（Sus sp.）、猕猴（Macaca sp.）。地质时代推测为晚更新世。

22）威宁县草海旧石器遗址（露天湖相堆积遗址）（旧石器时代晚期）

该遗址位于威宁县西南的王家院子村北。1982 年的发掘获得 41 件旧石器及一批动物化石[26]。除了大量腹足类（Gasropoda）和少量的鲤（Cyprinus sp.）之外，哺乳动物有约 6 个种属：剑齿象（Stegodon sp.）、马（Equus sp.）、牛（Bovinae gen. et sp. indet.）、鹿（Cervus sp.）、水鹿（Rusa sp.）、威宁轴鹿（Axis weiningensis sp. nov.）。绝灭种有剑齿象、马和威宁轴鹿。地质时代推测为晚更新世晚期，文化时代为旧石器时代晚期。

23）威宁县中河新石器地点（新石器时代）

系露天遗址，位于威宁中河与云南交界处的中河坝子北端，距云南昭通 20 千米。1972 年发现大量新石器时代的文化遗物，包括陶片、木炭、红烧土等，另外发现大量螺壳[27]。

24）威宁县吴家大坪新石器遗址（新石器时代）

该遗址位于威宁县中水区附近的中河与后河之间的平缓土梁子之上。1981 年的调查发现较多动物骨骼（碎骨）和螺壳，其他遗迹、遗物有陶片、灰渣和烧土颗粒[28]。

4.黔西南地区

25）兴义县猫猫洞遗址（旧石器时代晚期）

该遗址位于兴义县东北 25 千米的顶效公社。1975 年的发掘获得 7 件人类化石、4000 多件石制品、6 件骨角器和较多动物碎骨；另发现用火遗址（烧骨、烧石、炭屑）[29]。动物化石包括少量牙齿、头骨、肢骨和大量碎骨，约 9 个种属：犀牛、熊、鹿、麂、牛、野猪、獾、竹鼠和象。发掘者认为是古人类猎获食用的残留。绝灭种有中国犀、窄齿熊 2 种。地质时代推测为晚更新世晚期（距今约 1.2 万年），文化时代属于旧石器时代晚期。

26）安龙县观音洞遗址（旧石器时代晚期—旧、新石器时代过渡）

该遗址位于兴义县以东 40 千米的龙广区五台乡。1990 ~ 1991 年的发掘获得人类遗骸（头骨片、肢骨和牙齿）和石制品、骨制品（打制和磨制骨器、似鸟形艺术品）、陶片等文化遗物，以及大量动物碎骨[30]。动物材料约 20 多个属种。无脊椎动物有螺、蚌类 4 或 5 种；脊椎动物包括鱼类、爬行类、鸟类和哺乳类，以哺乳类最丰富：有鼠（至少 2 种）、竹鼠、豪猪、鼩鼱、蝙蝠、猕猴、獾、熊、猪、鹿、麂、牛、羊等。螺壳个体数量占较大比例，各文化层之间有差异，基本上是下至上由少至多。此外还采集到一定数量的植物籽，未见绝灭种。地质时代推测为晚更新世晚期到全新世早期，文化时代属于旧石器时代晚期到旧、新石器时代过渡期。

5. 黔南地区

27）惠水县岩洞边遗址（晚更新世）

该遗址位于惠水县大龙乡长征村洞口组，于2009年进行采集和清理，在洞外堆积层中发现石制品和动物化石碎骨[31]。

28）惠水县清水苑大洞遗址（旧、新石器时代过渡期）

该遗址位于惠水县以东约26千米的摆金镇清水苑村，于2012年发掘，出土丰富的石制品、骨制品、哺乳动物化石，并有灰烬层[32]。分A、B两区。A区出土石制品2398件，动物化石及碎骨等2000余件。哺乳动物化石约11个种属：无颈综豪猪（*Hystrix* sp.）、竹鼠（*Rhizomys* sp.）、金丝猴（*Rhinopithecus* sp.）、黑熊（*Ursus thibetanus*）、巨貘（*Megatapirus augustus*）、犀科（Rhinocerotidae gen et sp. indet.）、野猪（*Sus scrofa*）、水鹿（*Cervus unicornis*）、獐（*Hydropotes* sp.）、斑羚或青羊（*Naemorhedus* sp.）、牛（*Bos* sp.）；另外有鲤科（Cyprinidae gen et sp. indet.）、鸟类（Aves *indet.*）、双壳类（Bivalvia indet.）。动物群以鹿类（水鹿和獐等）、竹鼠、黑熊及野猪等动物为主。灭绝种只有巨貘。遗址测年结果在距今1.35万~1.216万年之间，文化年代为旧、新石器时代过渡期。

二、讨论与初步认识

1. 贵州高原动物群的演化

就地质时代而言，上述28处遗址的动物骨骼材料早至中更新世，晚至全新世，大致反映了贵州高原从剑齿象–大熊猫动物群向现代哺乳动物群演化的过程。李炎贤认为我国南方的大熊猫–剑齿象动物群的地质时代为中–晚更新世，据动物群的组合情况可分为四个不同的发展阶段：①含第三纪残留种类或古老种类；②含中更新世典型种类；③含早期智人化石；④含晚期智人化石或相当于这一阶段的人类制造的文化遗物[33]。

依据该意见，贵州高原目前仅3处遗址（黔西县观音洞、盘县大洞和桐梓县岩灰洞）的动物群可早至中更新世。以黔西观音洞为例，其B组地层有残留的第三纪种类（乳齿象），但大部分种类均为中更新世洞穴之中常见的大熊猫–剑齿象动物群的成员（如猕猴、猩猩、豪猪、竹鼠、柯氏熊、大熊猫、最后鬣狗、虎、巨貘、中国犀、野猪、麂、水鹿、水牛、苏门羚等）；一些种类与中更新世成员大体相同，但仍保留了一些较原始的特征（如似剑齿象）。综上，黔西观音洞动物群的时代下限应为中更新世。盘县大洞和桐梓县岩灰洞的动物群呈现出类似的组合特征。

另外约6处遗址（普定县白岩脚洞、长顺县老洞、盘县大洞、毕节市扁扁洞与海子街大洞、水城县硝灰洞）的上限可能至晚更新世早中期；动物群成员延续了中更新世的典型种类，常见绝灭种有巨貘、中国犀、剑齿象、大熊猫化石种等，且绝灭种较中更新世的遗址要少。

大多数遗址的动物群呈现出晚更新世晚期的特征：绝灭种进一步减少；要么包含晚期智人化石，要么包含晚期智人的各种文化遗址（用火痕迹、石制品、骨制品等）。部分晚更新世晚期的遗址仅包含2种或1种绝灭种，甚至不再包含绝灭种，仅包含地理分布发生变化的一些种类（如黔中地区的牛坡洞遗址包含的哺乳动物多达60余种，但未见灭绝种）。这表明贵州高原的动物群在此期已经基本过渡到现代哺乳动物群。

2. 贵州高原出土动物骨骼的旧、新石器时代遗址的年代

依据现有发掘信息，贵州高原出土动物骨骼的旧、新石器时代遗址的年代主要

集中在旧石器时代晚期至新石器时代早期之间：约20处遗址可能包含旧石器时代晚期段；约12处遗址可能包含新石器时代早期段，但包含新石器时代中晚期及更晚年代的遗址相对较少。这种现象可能说明了如下问题。

首先，旧石器时代晚期古代居民在贵州高原的活动趋于强化。在贵州高原一地集中较多旧石器时代晚期遗址，除了埋藏保存条件之外，可能还反映了此期具备较适宜的气候、植被和动物群条件，适合狩猎生计的开展。骨骼材料已经揭示当地有较多适合狩猎的鹿类动物，但气候与植被环境复原工作还比较少，需要进一步的工作。

其次，新石器时代材料的缺失可能与发掘认识有关。早期发掘者主要关注较早人类的遗存及其文化现象，对上部堆积及表层堆积的关注不够，可能忽略了新石器及其以后的遗迹、遗物[34]。而最近10余年发掘的洞穴多覆盖了新石器时代甚至更晚的年代范围，这实际上是发掘者认识转变的结果。

3. 主要肉食资源利用对象的变化

当地古代居民主要肉食资源利用对象的变化，主要取决于中更新世以来动物群的演化与构成。

旧石器时代早期的主要肉食利用对象以大型哺乳动物为主。以黔西县观音洞为例[35]：部分动物骨骼可见啮齿类与肉食类的啃咬痕迹，但大多动物骨骼的改造痕迹还是以人工打砸破碎痕迹为主，人类因素是骨骼堆积形成的主要原因。从最小个体数分析，牛类和剑齿象最多，犀类也相当多，构成了肉食资源利用的主要对象。而貘、猪、鹿类等较少；肉食类仅熊较多，其余均较少。再以盘县大洞为例[36]，该遗址的象类以幼年个体为主，犀类以老年个体为主，也可能反映对大型哺乳动物的倾向性选择。

旧石器时代晚期及旧、新石器过渡时代的肉食利用对象发生了变化：鹿类等中型哺乳类占到相当比例，螺、蚌等水生贝类以及鸟类等开始出现。开阳县打儿窝的牙齿化石以鹿类占据主要地位（占80.3%），牛类（占9.5%）和犀类（4.1%）占据一定比例[37]。平坝县飞虎山出土牛和鹿最多（占70%），并有较多螺和蚌及少量鸟类[38]。贵安新区牛坡洞的初步整理结果显示也是以鹿类为主（占80%以上），牛类占一定比例，螺壳在各期地层也较常见，并发现少量鸟类。毕节市青场老鸹洞动物群的主要成分是中大型鹿类，食肉类很少[39]。马鞍山遗址早期文化层的水牛、中国犀、剑齿象具有较高比例；而晚期文化层以水鹿为主，其比例远高于其他动物[40]。安龙县观音洞的螺壳个体数量占较大比例，各文化层的螺壳基本是下至上由少至多，此外还采集到一定数量的植物籽[41]。

虽然不能对贵州高原所有旧新石器时代遗址进行再观察和统计，但上述初步统计基本表明两个特征：其一，鹿类动物在贵州高原旧、新石器过渡时代已经在古代居民的肉食结构中占据主导地位；其二，螺、蚌、鸟类等开始出现，食物结构已经呈现出广谱化的特征。

4. 与狩猎生计紧密相关的骨器文化

目前，贵州高原共计13处遗址有骨制品出土（表一）。其中，桐梓县马鞍山遗址的骨制品被认为是中国已知最早的骨器材料[42]。邻近的广西地区有20余处遗址出土骨制品，但其年代普遍较贵州地区的更晚[43]。虽然贵州的部分骨制品（特别是所谓打制骨器）的性质还存有争议，但较多磨制骨器的出土表明：贵州高原是南方地区旧石器晚期及旧、新石器时代过渡期出土骨制品最集中、最丰富的地区。这种现象的出现，一方面可能和当地洞穴堆积保存较好有关；另外一方面可能反映了当地

表一　贵州高原出土动物骨骼的旧、新石器时代遗迹一览表

分区	序号	遗址名称	旧石器时代 中更新世 早期	旧石器时代 晚更新世 中期	旧石器时代 晚更新世 晚期	全新世 新石器时代 早期	全新世 新石器时代 中期	全新世 新石器时代 晚期	商周	哺乳动物（种）	其他动物（种）	绝灭种（种）	人类化石	用火痕迹	石制品	陶片	骨制品
黔中	1	普定县白岩脚洞遗址		■						18	3	5	■	■	■		■
	2	普定县穿洞遗址		■	■	■				12		1?	■	■	■		■
	3	开阳县打儿窝遗址						■		14		1或2			■	■	■
	4	平坝县飞虎山洞穴遗址			■		■	■		10		1		■	■	■	■
	5	贵安新区牛坡洞遗址			■	■	■	■	■	>50	7		■	■	■	■	■
	6	贵安新区招果洞遗址			■	■	■	■		?	?	?		■	■	■	■
	7	金阳新区史前洞穴群			■					?	?	?			■		
	8	长顺县老洞遗址		■	■					?		1	■				
	9	长顺县广顺神仙洞遗址						■		7				■	■	■	■
	10	遵义市风貌山地点			■					2							
	11	清镇市仙人洞遗址				■	■	■		8	3			■	■	■	■
黔北	12	桐梓县岩灰洞遗址	■							25		7		■	■		
	13	桐梓县马鞍山遗址		■	■					11		1	■				■
	14	桐梓县马鞍山南洞遗址			■					15		2					
黔西	15	黔西县观音洞遗址	■	■						20	2	8			■		
	16	盘县大洞遗址	■	■						39	2	4			■		
	17	毕节市麻窝口洞穴地点	■							53	2	4	■				

分区	序号	遗址名称	中更新世 早期（旧石器时代 早期）	晚更新世 早中期（旧石器时代 中期）	晚更新世 晚期（旧石器时代 晚期）	全新世 新石器时代 早期	全新世 新石器时代 中期	全新世 新石器时代 晚期	全新世 商周	哺乳动物（种）	其他动物（种）	绝灭种（种）	人类化石	用火痕迹	石制品	陶片	骨制品
黔西	18	毕节市扁扁洞遗址	■	■						12	2	4			■		
	19	水城县硝灰洞遗址		■						5		1	■	■	■		
	20	毕节市青场老鸦洞遗址			■					15		2？		■	■		■
	21	毕节市青场海子街大洞		■						10		3？			■		
	22	威宁县草海遗址								6	2	3					
	23	威宁县中河新石器地点				■	■	■			1		■	■		■	
	24	威宁县吴家大坪地点								?	1		■	■		■	
黔西南	25	兴义县猫猫洞遗址		■						9		2	■		■		■
	26	安龙县观音洞遗址		■		■				14	7或8		■		■	■	■
黔南	27	惠水县岩洞边遗址								?					■		
	28	惠水县清水苑大洞遗址				■				11	3	1			■	■	■

较发达的狩猎生计。

当地骨制品的类型相对单一，以骨锥和骨铲最为常见，其他如骨叉、骨镞、骨针等都较为稀少；并有少量的个人装饰品，如穿孔兽牙、骨笄等。制作工艺显得较为娴熟：包括打、琢、刮、磨等多种技术的综合应用，部分骨制品可能还经烧灼加工。除了骨制品之外，还有少量角、牙制品。

骨制品的功能还有争论，认为可能与畜体处理、植食类采集具有关系。本文作者认为这些骨制品体现了一种发达的狩猎经济，是史前居民对动物骨骼的开发利用形式；就具体功能而言，其尺寸较小、并不适合挖掘，可能与动物资源利用行为（如取用肉脂骨髓、处理皮张等）有更紧密的联系。

三、结　语

从旧石器时代晚期开始，贵州高原地区的狩猎生计面貌发生了一些较明显的变化：鹿类动物成了主要的肉食利用对象，而牛类、猪类仅占一定的比例；这种变化可能主要是当地动物群基本构成发生变化的结果。与此同时，古代居民对小型哺乳类、水生动物等开始有更多的利用；遗址普遍含有破碎程度较高的碎骨堆积。此期的生业经济呈现出广谱化的特征。另外，当地从旧石器晚期开始有较多的骨制品出现。上述现象描绘了一种长期延续的、较发达的狩猎生计图景。

注　释

［1］　贵州省地方志编撰委员会：《贵州省志·地理志·下册》，贵州人民出版社，1988年，第710～770页。

［2］　张兴龙、王新金、毕忠荣等：《贵州省中部和西南部新发现的洞穴遗址调查简报》，《人类学学报》2015年第4期；王红光：《贵州考古的新发现和新认识》，《考古》2006年第8期。

［3］　贵州省地方志编撰委员会：《贵州省志·地理志·下册》，贵州人民出版社，1988年，第710～770页。

［4］　周儒凤、张兴龙：《贵州石笋的古气候记录与古人类活动关系初探》，《第十四届中国古脊椎动物学学术年会论文集》，海洋出版社，2014年。

［5］　李炎贤、蔡回阳：《贵州普定白岩脚洞旧石器时代遗址》，《人类学学报》1986年第2期；蔡回阳：《白岩脚洞的人化石和骨制品》，《第十三届中国古脊椎动物学学术年会论文集》，海洋出版社，2012年。

［6］　张森水：《穿洞史前遗址（1981年发掘）初步研究》，《人类学学报》1995年第2期；俞锦标：《贵州普定县穿洞古人类化石及其文化遗物的初步研究》，《南京大学学报（自然科学版）》1984年第1期；曹泽田：《贵州省新发现的穿洞旧石器时代文化遗址》，《贵州社会科学》1982年第4期。

［7］　贵州省文物考古研究所：《贵州开阳打儿窝岩厦遗址试掘简报》，《长江文明》2013年第1期。

［8］　李衍垣、万光云：《飞虎山洞穴遗址的试掘与初步研究》，《史前研究》1984年第3期；李衍垣：《贵州的新石器与飞虎山洞穴遗址》，《贵州社会科学》1982年第4期。

［9］　中国社会科学院考古研究所华南一队、贵州省文物考古研究所、平坝县文物管理所：《贵州平坝县牛坡洞遗址2012～2013年发掘简报》，《考古》2015年第8期。

［10］　黄黔华：《贵安新区史前考古发现：招果洞沉积3万年前人类文明》，《贵阳晚报》2017年8月14日。

［11］　贵阳市金阳新区建设管理委员会办公室、贵州省博物馆：《金阳史前文化探秘》，贵州人民出版社，2003年，第4～143页。

［12］　张兴龙、吴红敏、龙小平：《贵州省惠水县和长顺县发现的两处旧石器时代洞穴遗址》，《第十三届中国古脊椎动物学学术年会论文集》，海洋出版社，2012年。

［13］　谭用中：《广顺神仙洞旧石器时代文化遗址》，《贵州文物稿》，铜仁县印刷厂印制，1985年。

［14］　遵义市文物管理所、遵义地区文物管理委员会：《遵义市风帽山旧石器时代地点调查报告》，《贵州田野考古报告集（1993—2013）》，科学出版社，2014年。

［15］　傅贵中：《贵州清镇仙人洞新石器遗址的发现》，《贵州民族学院学报（社会科学版）》1987年第3期。

［16］　吴茂霖、王令红、张银运等：《贵州桐梓发现的古人类化石及其文化遗物》，《古脊椎动物与古人类》1975年第1期；吴茂霖：《贵州桐梓新发现的人类化石》，《人类学学报》1984年第3期。

［17］　张森水：《马鞍山旧石器遗址试掘报告》，《人类学学报》1988年第1期。

［18］　黄泗亭、龙凤骧、安家瑗等：《马鞍山南洞旧石器文化遗址试掘报告》，《人类学学报》1992年第1期。

［19］裴文中、袁振新、袁一朴等：《贵州黔西县观音洞试掘报告》，《古脊椎动物与古人类》1965 年第 3 期；李炎贤、文本亨：《观音洞——贵州黔西旧石器时代初期文化遗址》，文物出版社，1986 年，第 6～29 页。

［20］斯信强、刘军、张汉刚：《盘县大洞发掘简报》，《人类学学报》1993 年第 2 期；刘军、张汉刚、斯信强：《盘县大洞旧石器遗址的新发现》，《贵州文史丛刊》1993 年第 6 期。

［21］赵凌霞、张立召、杜抱朴等：《贵州毕节发现古人类化石与哺乳动物群》，《人类学学报》2016 年第 1 期。

［22］蔡回阳、王新金、许春华：《贵州毕节扁扁洞的旧石器》，《人类学学报》1991 年第 1 期。

［23］曹泽田：《贵州水城硝灰洞旧石器文化遗址》，《古脊椎动物与古人类》1978 年第 1 期。

［24］许春华、蔡回阳、王新金：《贵州毕节旧石器地点发掘简况》，《人类学学报》1986 年第 3 期；关莹、蔡回阳、王晓敏等：《贵州毕节老鸦洞遗址 2013 年发掘报告》，《人类学学报》2015 年第 4 期。

［25］许春华、蔡回阳、王新金：《贵州毕节旧石器地点发掘简况》，《人类学学报》1986 年第 3 期。

［26］吴茂霖、张森水、林树基：《贵州省旧石器新发现》，《人类学学报》1983 年第 4 期。

［27］贵州省博物馆：《贵州威宁中河发现新石器时代遗物》，《文物》1973 年第 1 期。

［28］宴祖伦：《威宁吴家大坪新石器时代遗址的调查》，《贵州田野考古四十年 1953—1993》，贵州民族出版社，1993 年。

［29］曹泽田：《兴义猫猫洞文化》，《贵州文史丛刊》1981 年第 3 期。

［30］蔡回阳、王新金：《安龙观音洞遗址首次发掘及其意义（一）》，《贵州文史丛刊》1998 年第 3 期。

［31］张兴龙、吴红敏、龙小平：《贵州省惠水县和长顺县发现的两处旧石器时代洞穴遗址》，《第十三届中国古脊椎动物学学术年会论文集》，海洋出版社，2012 年。

［32］张兴龙、毕忠荣、龙小平等：《贵州清水苑大洞遗址发掘简报》，《人类学学报》2016 年第 4 期。

［33］李炎贤：《我国南方第四纪哺乳动物群的划分和演变》，《古脊椎动物与古人类》1981 年第 1 期。

［34］傅宪国研究员在与本文作者讨论时提出该意见。

［35］李炎贤、文本亨：《观音洞——贵州黔西旧石器时代初期文化遗址》，文物出版社，1986 年，第 6～29 页。

［36］斯信强、刘军、张汉刚：《盘县大洞发掘简报》，《人类学学报》1993 年第 2 期；刘军、张汉刚、斯信强：《盘县大洞旧石器遗址的新发现》，《贵州文史丛刊》1993 年第 6 期。

［37］贵州省文物考古研究所：《贵州开阳打儿窝岩厦遗址试掘简报》，《长江文明》2013 年第 1 期。

［38］李衍垣、万光云：《飞虎山洞穴遗址的试掘与初步研究》，《史前研究》1984 年第 3 期；李衍垣：《贵州的新石器与飞虎山洞穴遗址》，《贵州社会科学》1982 年第 4 期。

［39］许春华、蔡回阳、王新金：《贵州毕节旧石器地点发掘简况》，《人类学学报》1986 年第 3 期；关莹、蔡回阳、王晓敏等：《贵州毕节老鸦洞遗址 2013 年发掘报告》，《人类学学报》2015 年第 4 期。

［40］张乐、王春雪、张双权等：《马鞍山旧石器时代遗址古人类行为的动物考古学研究》，《中国科学 D 辑：地球科学》2009 年第 9 期。

［41］蔡回阳、王新金：《安龙观音洞遗址首次发掘及其意义（一）》，《贵州文史丛刊》1998 年第 3 期。

［42］Zhang S Q, d'Errico F, Backwell L R. Ma'anshan Cave and the Origin of Bone Tool Technology in China. Journal of Archaeological Science, 2016, 65: 57-59.

［43］陈文：《广西史前骨角器初探》，《动物考古（第 2 辑）》，文物出版社，2014 年。

Excavated Animal Bones during Paleolithic and Neolithic Ages on Guizhou Plateau and Its Primary Research

Wang Yunfu

Abstract: Paleolithic And Neolithic Cave sites of Guizhou Plateau are mainly distributed in central, northern, western, southwestern and southern Guizhou Province, most of which are dated during the transition period of Paleolithic-Neolithic ages. Archaeological excavation and research work upon Neolithic cave sites is not extensive relatively. The uncovered sites contained skeleton remains of *Homo sapiens sapiens*, and extremely abundant stone objects, mamma bones and rich artifacts made of bone and horn. The faunal remains are the type of late Pleistocene period, the majority of them belong to current species, containing small number of extricated species. During Late Paleolithic age and Paleolithic-Neolithic transition period, the hunting subsistence of ancient human population showed the transformation of preys used as meat source, which transformed from big-size mammals(such as elephants and rhinoceroses) towards medium-size ones(such as deer and pigs), with the emergence of shellfish, clams and birds, showing the tendency of diversity. Relatively rich artifacts of bone and horn perhaps indicated the developed hunting subsistence, which function should be closely related with carcass-processing and plant-gathering activites.

杨家湾彩绘陶俑颜料及西汉彩绘陶俑使用颜料对比研究

成小林　刘　薇

（中国国家博物馆，北京，100006）

1965 年 8 月，在陕西咸阳杨家湾出土了大批西汉彩绘陶兵马俑，为西汉权臣周勃之墓的陪葬品。包括骑兵俑 583 件，步兵俑 1965 件，盾牌 1170 件，是我国发现最早的大规模兵马俑群体。这些陶俑中文官武士、乐舞杂役应有尽有，他们的服饰、铠甲、武器、头巾以及发式都描绘得非常细致，为研究我国汉代的军制、战阵、兵种之间的协同配合及雕塑艺术、人物服饰、埋葬制度提供了丰富的实物资料[1]。1970 年，杨家湾部分骑兵俑入藏中国国家博物馆（原中国历史博物馆）。

这批陶俑表面残存大量的彩绘颜料，通过对彩绘的深入科学分析，有助于我们了解汉代陶器颜料使用状况及其制作工艺，同时，明确所用颜料成分与种类对彩绘陶器后期的保护修复和价值评价也具有重要的意义。

近年来，综合运用多种分析技术鉴定彩绘陶器的颜料并了解其制作工艺已在汉代陶俑研究中使用。主要分析手段包括 X 射线衍射仪（XRD）、激光拉曼光谱仪（Raman）、偏光显微镜（PLM）、扫描电镜—能谱仪（SEM-EDS）、X 射线荧光分析显微镜（μXRF）和三维激光扫描技术。由于拉曼光谱具有灵敏度高、无损检测、可操作性强等优点，在考古艺术品颜料分析领域的应用越来越广泛。因此，本文主要采用无损和微损分析方法——Raman 和 SEM-EDS 对藏于中国国家博物馆的咸阳杨家湾西汉彩绘骑兵俑进行检测，以确定所绘颜料组成及其陶俑的制作工艺，通过查阅文献，并与其他 4 处西汉早中期王陵、贵族墓葬出土的彩绘陶俑颜料进行对比，包括咸阳汉阳陵、江苏徐州狮子山楚王陵、山东章丘危山汉墓和山东青州香山汉墓，以期探讨西汉彩绘陶俑颜料使用情况。

一、实验样品与方法

（一）实验样品

本次分析样品来源于中国国家博物馆藏杨家湾编号为 1340-B、1353-B 骑兵俑中的马俑以及 1393-A 中的骑兵俑。通过初步观察，1340-B 和 1353-B 陶马整体为暗红色打底，在此之上描绘所需颜料，如 1340-B 陶马俑左脚上方和马鞍上方绘制紫色颜料，马鞍上方同时绘有红色、暗红色和白色颜料；1353-B 马鞍后侧绘有绿色、黑色和粉色颜料，马鞍边缘则施以红色和白色彩绘。陶俑面施粉彩，墨笔点眉目及发饰，着两重衣，外衣曲裾下绘暗红色，之上绘红色。

（二）分析方法

将各种颜料分别刮取少量，分为两份，一份用于 SEM-EDS 分析，一份用于 Raman 分析。样品基本情况及所绘颜料参见表一和图一～图三。

表一 杨家湾彩绘陶俑颜料取样情况

编号	文物	文物名称	取样位置	样品描述	图示
1-1	1340-B	马俑	马鞍上方	紫色颜料	图一
1-2			马鞍上方	红色颜料	
1-3			马鞍上方	棕红色颜料	
1-4			马腹部下方白色带子	白色颜料	
1-5			马臀部	马体棕红色	
2-1	1353-B	马俑	马鞍后侧	绿色颜料	图二
2-2			马鞍边缘	红色颜料	
2-3			马鞍后侧	黑色颜料	
2-4			马鞍附近	白色颜料	
2-5			马身上方，近马尾处	马体棕红色	
3-1	1393-A	骑兵俑	颈部	粉色中的红色	图三
3-2				粉色中的白色	

图一 1340-B 陶马取样位置图

图二 1353-B 陶马取样位置图

图三 1393-A 骑兵俑取样位置图

扫描电镜—能谱仪：FEI 公司生产的 Quanta 600 型环境扫描电镜，配置牛津 Inca Energy 能谱仪，实验条件为低真空模式，加速电压 15kV 或 20kV，Pressure 80Pa，Spot Size 4.0，样品不喷金直接放入样品室进行观察。

拉曼光谱仪：英国 Renishaw 公司 invia reflex 显微拉曼光谱仪，配有莱卡 DM-2500 显微镜。采用 785、633 和 532 三个激光器，配备 1800gr/mm（532）和 1200gr/mm（785

和 633）光栅。×5，×50 物镜，光谱分辨率 1 ~ 2cm⁻¹，分析时直接将样品放置在 ×5 物镜下观察，找到待测点后在 ×50 物镜下检测。

二、分析结果

（一）Raman 分析结果

1. 红色颜料

图四是样品编号为 1-2 和 2-2 的红色颜料的拉曼光谱图。从拉曼光谱中可以看出拉曼峰位于 340、281 和 250cm⁻¹，经与仪器所带标准谱对比，应为朱砂（HgS）。

2. 紫色颜料

图五是样品编号为 1-1 紫色颜料的拉曼光谱图。其特征峰位于 984、585、514、465、378、274、184 和 145cm⁻¹，经与文献对比[2]，确定该颜料为汉紫。

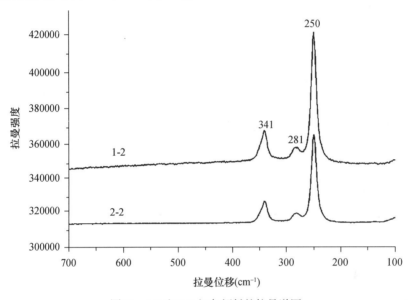

图四　1-2 和 2-2 红色颜料的拉曼谱图

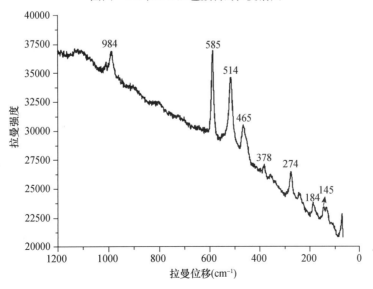

图五　1-1 紫色颜料的拉曼谱图

3. 绿色颜料

图六是样品编号为 2-1 的绿色颜料的拉曼光谱图。特征峰位于 1490、1098、1057、533、432、352、269、220、179、152 和 77cm⁻¹，应为石绿 [$CuCO_3 \cdot Cu(OH)_2$]。

4. 基底暗红色颜料

图七是编号为 2-5 马体棕红色颜料的拉曼图。样品特征峰位于 608、407、290 和 219cm⁻¹，与文献 [3] 的数据为：610（m），407（m），291（vs）和 224（vs）cm⁻¹，对应较好，应为铁红（α-Fe_2O_3）。

5. 黑色颜料

图八是编号为 2-5 黑色颜料的拉曼图。特征峰位于 1600 和 1371cm⁻¹，峰形较宽，为炭黑（C）。

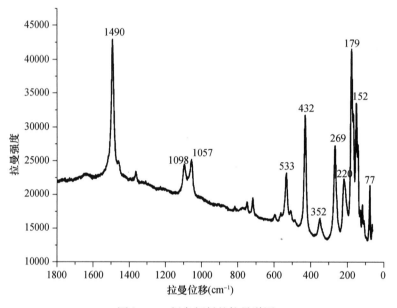

图六　2-1 绿色颜料的拉曼谱图

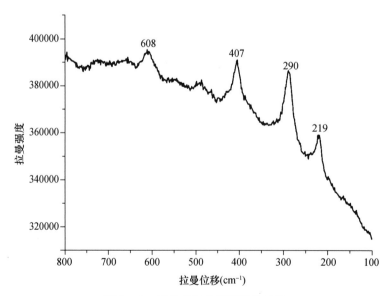

图七　2-5 马体棕红色颜料的拉曼图

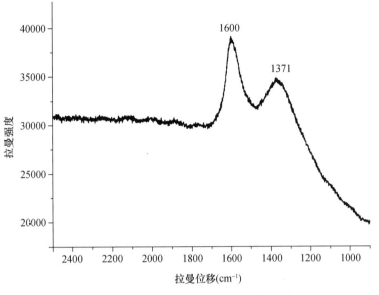

图八　2-3 黑色颜料的拉曼图

6. 粉色颜料

粉色主要是由红色和白色相配而成。图六为陶俑粉色颜料中的红色（3-1）和白色（3-2）的拉曼图。红色拉曼峰位于 339、280 和 251cm^{-1}，为朱砂；白色由于荧光较强，只有一个稍弱的峰 1009cm^{-1}，与文献对比，推测其为石膏（$CaSO_4 \cdot 2H_2O$）。

（二）SEM-EDS 分析结果

编号为 1-3 和 1-5 棕红色颜料以及编号为 1-4 和 2-4 的白色颜料由于样品荧光较强，无法获得 Raman 信号，采用 SEM-EDS 对其进行元素分析，其分析结果参见表二。

通过表二可知，样品 1-3 和 1-5 中，元素 Fe 含量分别为 86.3% 和 18.8%，表明两

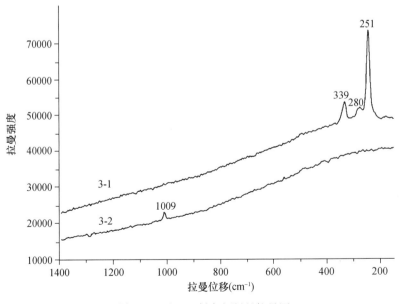

图九　3-1 和 3-2 粉色颜料的拉曼图

表二　样品的 SEM-EDS 分析结果（wt%）

	Na	Mg	Al	Si	P	S	K	Ca	Ti	Mn	Fe	Cu
1-3	—		—	13.7	—	—					86.3	
1-4	—	1.7	21.0	28.8		10.6	10.5	25.7	—	—	1.7	
1-5	1.4	4.5	14.0	40.6	1.9	1.0	6.7	8.7	1.5	0.9	18.8	
2-4	—	1.6	29.1	47.7			16.2	2.2			2.4	0.8

个棕红色颜料的显色物相应为铁红，与拉曼对 2-5 样品的分析结果相对应。此外，样品 1-5 的马体棕红色中，同时含有 Na、Mg、Al、Si、P、S、K、Ca、Ti 和 Mn 元素，应为胎体黏土所含。

样品 1-4 和 2-4 的白色颜料，其中样品 1-4 元素含量较高的有 Al、Si、S、K 和 Ca，而样品 2-4 中元素 Al、Si 和 K 含量较高，对比两者成分含量，推测两个白色样品中均含有以元素 Al、Si 和 K 为主的白云母（$KAl_2Si_3AlO_{10}$），此外，1-4 中含有一定量的 S 和 Ca 表明样品同时含有石膏，这与拉曼检测粉色中的白色颜料的结果相一致。

通过上述 Raman 和 SEM-EDS 的分析可知，骑兵俑所绘颜料包括有：红色颜料为朱砂，暗红色以及基体为铁红，粉色为朱砂和石膏的混合，紫色为汉紫，绿色为石绿，黑色为炭黑，白色为石膏和白云母。

杨家湾骑兵俑骑俑的上下身是分开制作的，陶俑的下身和马体是连在一起烧制的。马俑整体采用赤铁矿打底，称为"胎衣"，骑俑的胎衣则与马体不同，其俑身、四肢均用白色打底，面部则为白、粉或棕红色打底。待入窑焙烧好之后，根据需要在胎衣上赋彩。彩绘的颜色有红、黑、白、紫、绿、褐等色，骑俑的眉毛、眼球、胡须、外衣等都是靠陶工用笔绘而成的[4]，体现出制作水平的精良。

三、汉代彩绘陶俑使用颜料探讨

在崇尚厚葬的西汉早期王侯陵墓中，陶俑是陪葬品的重要组成部分，并相对较完整地保存下来。已发现的西汉早中期墓葬中，最具代表性的 5 处遗址都采用兵马俑陪葬。包括杨家湾汉墓、陕西咸阳汉阳陵、江苏徐州狮子山楚王陵、山东章丘危山汉墓以及山东青州香山汉墓[5]。汉阳陵是西汉第四代皇帝汉景帝刘启和王皇后合葬陵园的总称，从葬坑及陪葬坑出土了大量精美陶俑，据其身份分为：骑兵俑、舞女俑、文官俑、铠甲武士俑、宦官俑、粉彩仕女俑等，精美陶俑自发掘伊始就受到学者极大关注[6]，汉阳陵彩绘颜料种类相对较少，主要以红、黑和白为主。1984～1985 年在徐州东郊狮子山发现的兵马俑，推测应属西汉楚王的陪葬品，俑坑出土了不同类型的兵马俑 2700 余件，包括跪坐俑、执笏俑、发辫俑、背箭箙俑等，在俑身上多涂有红、白、黑等彩绘[7]。2002 年在山东章丘圣井镇发掘的危山墓葬，墓主为西汉时期唯一的一代济南国王——刘辟光，出土了大批彩绘陶车、马、仪仗俑群等文物，彩绘有红、白、暗红、黑、蓝等[8]。香山汉墓属西汉早中期，墓主可能与西汉淄川国有关，2006 年发掘出土约 2000 余件彩绘陶器，包括人物俑和动物俑两大类，彩绘颜料多以黑、紫和红为主[9]。

随着上述 5 处彩绘陶俑的出土发掘，文物科技工作者先后对其彩绘和制作工艺展开了详细的检测研究。对杨家湾彩绘颜料种类的鉴别与检测研究开展得并不多，容波[10]等通过对杨家湾出土骑兵俑、持盾俑、指挥俑等彩绘陶器颜料的分析，得出共有 6 种颜料，为朱砂、铁红（赤铁矿）、石青、炭黑、磷灰石和白云母。汪娟丽等[11]在对杨家湾彩绘兵马俑保护修复过程中，应用 XRD 和 SEM-EDS 方法对采集的红、棕红、白、黑和绿色颜料进行分析，结果表明显色物相为朱砂、铁红、铅白、炭黑和群青（笔者对群青这一结果存有异议，在文后的讨论部分将有详述）。而本次我们对杨家湾彩绘的分析，进一步确认了朱砂、铁红、炭黑和白云母颜料的存在，同时检测出另三种显色物相，白色的石膏、绿色的石绿和紫色的汉紫，至此综合统计杨家湾彩绘颜料，共发现有 11 种。研究者通过对汉阳陵彩绘陶俑颜料的检测，发现主要有 8 种，分别为朱砂、铁红、铁黄、石青、炭黑、汉紫、方解石和骨白（磷灰石）[12]。狮子山汉墓彩绘陶俑以红、白、黑为主，间杂有少量的绿、蓝、紫等颜色，相关颜料分析的研究文献较少[13]，目前共发现有 5 种颜料，分别为朱砂、铁红、石膏、炭黑和汉紫，作者并没有对其中的绿色和蓝色颜料进行分析，因此，这 5 种颜料并不完全代表狮子山彩绘陶俑整体颜料的使用情况。夏寅等[14]在对危山汉墓彩绘陶俑的颜料研究中，检测有代表性的彩绘土块 11 块，得出主要显色物相共有 6 种，分别为朱砂、铅丹、铁红、汉紫、铁黑和白土。2006 年发现的香山汉墓，彩绘颜料多以黑、紫和红为主，已有的文献表明[15]，使用颜料种类包括有朱砂、铁红、汉紫、方解石、高岭土、磷灰石以及石膏。5 座王陵、贵族墓葬出土彩绘陶俑具体颜料使用对比情况参见表三。

表三　5 处西汉早中期墓葬彩绘陶俑颜料应用情况

	颜料	杨家湾	汉阳陵	狮子山汉墓	危山汉墓	香山汉墓
红色	朱砂	√	√	√	√	√
	铅丹				√	
	铁红	√	√	√	√	√
黄色	铁黄		√			
蓝色	石青	√	√			
蓝色	青金石（群青）	√				
绿色	石绿	√	√			
黑色	炭黑	√	√	√	√	√
紫色	汉紫	√	√	√	√	√
白色	方解石（白垩）		√			√
	铅白	√				
	高岭土（白土）				√	√
	磷灰石（骨白）	√	√			√
	石膏	√		√		
	白云母	√				
文献		[16]	[17]	[18]	[19]	[20]

通过对表三的分析，可得出以下几点结论。

西汉陶俑彩绘中使用率最高的矿物颜料为朱砂、铁红、炭黑和汉紫，以上 4 种颜料在 5 座汉墓的陶俑中均有发现。这与汉代墓葬陶俑彩绘以红、黑、白和紫为主相一致。

而古代常见的红色颜料——铅丹，除

危山汉墓外在其他4座汉墓中均未有使用报道。除上述5处王陵、贵族墓外，山东临淄山王村俑坑出土汉代彩绘陶俑[21]、榆林地区馆藏汉代陶俑[22]、西安理工大学西汉墓壁画[23]、河南永城柿园汉墓壁画[24]、陕西历史博物馆藏西汉彩绘铜镜[25]、马王堆一号汉墓出土的帛画[26]等所用的颜料中，经分析，红色的显色物相为朱砂或铁红，并未发现铅丹。甘肃武威磨咀子出土汉代彩绘木马红色颜料为朱砂和铅丹[27]，仅汉文帝霸陵陪葬墓出土的一件裸体女俑[28]和山东东平汉墓壁画[29]两处是单独使用铅丹颜料。从目前所发表材料看来，铅丹在汉代彩绘中的使用率远低于朱砂和铁红。一方面是因为朱砂和铁红两种矿物颜料在我国均有丰富的矿产来源，我国古代对它们的开发和使用一直在世界上处于遥遥领先的地位。史前时期，铁红和朱砂就作为主要红色颜料大量发现于彩陶和岩画表面，如甘肃秦安大地湾遗址出土的彩陶以及块状颜料，分析显示红色为铁红和朱砂[30]，陶寺遗址陶器上的少量赭色颜料可能为赤铁矿粉末[31]，广西花山岩画采用了铁红颜料，并夹杂有一定量的朱砂[32]，近年发现的龙山中期陕西神木石峁遗址出土壁画中的红色颜料亦为铁红[33]。另一方面虽然我国制造铅丹的记载首见于公元前2世纪的《淮南子》一书，"铅之丹异类殊色，而可以为丹者，得其数也"，意思是铅与铅丹不是同一类物质，颜色也迥然不同，但铅可以转化为铅丹，关键还在于要用适当的方法。秦俑彩绘中发现的铅丹肯定了上述记载的可靠性[34]。汉代随着炼丹术的正式兴起，铅丹成为方士们的"仙丹大药"，但迄今流传下来的最早制铅丹法的要诀应是东汉末年狐刚子在《五金粉图决》记录的"九转铅丹法"，约2500字详细记载了制造铅丹所需的原料及方法[35]。因此，可以推测铅丹真正大规模用作绘画颜料应是东汉之后，汉代特别是西汉时期彩绘陶俑中铅丹较少作为红色颜料符合当时的时代特征。

蓝色和绿色颜料中，杨家湾陶俑中使用了石绿和石青，汉阳陵陶俑中有使用石青的报道，其他3座汉墓的陶俑中未提及对蓝绿色颜料的使用。从已发表的有关这3座汉墓彩绘陶俑的图片来看，应施以少量绿色和蓝色颜料，只是因为没有大面积应用未能引起研究者的重视。需要注意的是，汪娟丽等在对杨家湾陶俑战袍绿色条纹的检测中，发现该绿色颜料的显色物相为群青，但笔者对该结果持有质疑。对于群青（天然群青也称"青金石"），因多用于佛教绘画，在我国莫高窟、西千佛洞、麦积山石窟、炳灵寺石窟等地多个时期均用过大量群青[36]。洛阳北魏墓出土彩绘陶马俑上发现青金石[37]。而在汉代，对于群青的使用，鲜有报道。魏璐[38]在对榆林地区汉代彩绘陶器的检测中，发现蓝色颜料为群青；李青会[39]对河南地区东汉晚期玻璃耳铛检测时，发现了一件伴随有透辉石的青金石质耳铛。惠任、刘成等[40]对陕西旬邑东汉壁画墓紫色颜料的分析结果表明，该颜料是由青金石等几种红蓝颜料调配而成的。但是，王伟峰[41]对惠任等的分析结果持有异议，他认为两汉时期壁画和彩绘陶器上的紫色颜料更应该是汉紫。这是截至目前我国古代最早使用青金石颜料的两篇文献，从时间来看，均为东汉或东汉后期。王进玉[42]通过对我国青金石文物及其古代青金石颜料应用的综合调研，认为我国古代青金石颜料最早在新疆克孜尔石窟被发现，并在克孜尔石窟上大面积使用，而且是该石窟所用唯一的蓝色颜料，据推算，该时期为公元3～4世纪，为东汉之后的两晋时期。由此可见，西汉杨家湾陶俑中是否使用群青颜料还存在疑问，群青在汉代尚没有大规模地应用于彩绘颜料中。

5座汉墓的陶俑中均发现有汉紫颜料。汉紫颜料的发现与研究已有20多年，研究成果主要集中于汉紫颜料在古代文物上的发现[43]、成分分析[44]、晶体结构[45]、溯源[46]和现代模拟制备[47]等方面。目前普遍认为该颜料应为人工制造，且与古代中国玻璃制造技术和原料有关[48]。汉紫在战国晚期至东汉晚期大量使用，主要用于八棱柱、料珠、料管等费昂斯制品及用作宫殿壁画、墓葬壁画、彩绘陶俑、彩绘陶器的着色颜料，使用地区主要为甘肃、陕西、河南、河北、江苏、内蒙古和山东等。在秦代开始用于宫殿壁画和彩绘陶俑，西汉时期其使用达到高峰，东汉晚期后逐渐消失[49]。汉紫颜料在汉代大量出现于彩绘陶俑、彩绘陶器中，除上述5座汉墓陶俑外，在其他彩绘陶器上也发现有汉紫，如藏于美国赛克勒美术馆的汉代彩绘陶器[50]，江苏徐州骆驼山西汉贵族陪葬墓出土彩绘陶盒，满城汉墓刘胜墓出土彩绘陶盘。汉紫颜料在汉代的一些宫殿遗址和墓葬壁画中也有使用，如西安西汉长乐宫宫殿遗址壁画、秦咸阳宫壁画、西汉晚期洛阳卜千秋墓壁画、洛阳烧沟西汉墓打鬼图壁画[51]、西安理工大学西汉墓壁画[52]、山东东平汉墓壁画[53]等均发现有汉紫颜料。此外，汉紫颜料还多见于其他器物上，如河南宝丰和新郑出土战国晚期至西汉时期的蜻蜓眼[54]，汉代彩绘青铜甗、青铜碗和彩绘鎏金青铜器[55]，河南三门峡南交口汉墓出土的镇墓瓶内装的蓝紫色矿物[56]均发现汉紫颜料。由于国内对于汉紫的相关研究工作较少或者开展较晚，目前尚有大量汉代彩绘陶器和墓葬壁画中的紫色颜料的分析检测研究未能开展，初步推测这些紫色颜料应为汉紫。曾磊[57]认为"虽然紫色遭到孔子及后世的贬斥，然而它所具有的高贵意涵在秦汉并未消减，反而有所增长，紫色逐渐成为高贵与神秘的代称"。这充分说明了汉紫在秦汉时期广泛使用并被王公贵族乃至普通百姓喜好亦是情理之中。咸阳杨家湾西汉陶兵马俑表面的汉紫颜料，

为汉紫在西汉时期的应用又增加了一个例证。

白色颜料使用种类最多且无明显规律可循。西汉彩绘陶俑的施彩工艺中最重要的一道工序是先用白色打底，制作"胎衣"，然后再根据需要绘彩，因此，对白色矿物颜料的需求较多。5座汉墓的彩绘陶俑中，共发现有6种白色的矿物颜料，分别为方解石、铅白、高岭土、磷灰石、石膏和白云母。杨家湾陶俑所取的两个白色颜料中，其中一个是石膏和白云母的混合物，另一个为单一白云母，粉色颜料则是由红色的朱砂和白色的石膏配色而成。此外，容波[58]在对杨家湾出土的一件编号为3-0843的持盾俑表面白色颜料分析时，检测出该颜料为磷灰石和白云母的混合物。可见，杨家湾陶俑中白色颜料混合现象在西汉时期比较普遍。白云母很少用作白色颜料，而它在杨家湾陶俑中的使用，可能是因为当时人们对白色矿石识别不清。

四、结　语

（1）通过分析检测，发现杨家湾彩绘陶俑使用的颜料包括有朱砂、铁红、炭黑、石绿和汉紫。进一步补充了该墓葬应用彩绘颜料的种类。

（2）通过对西汉早中期5座王陵、贵族墓葬陶俑彩绘颜料的对比分析，使用率最高的颜料为朱砂、铁红、炭黑和汉紫。这四种颜料与汉代墓葬陶俑彩绘以红、黑和紫为主相一致，体现了西汉彩绘颜料的时代特征。

（3）铅丹和群青两种古代常见的矿物颜料在汉代并没有被大规模地使用。

致谢：国家博物馆文物科技保护中心器物修复室提供分析所用样品。修复室赵家英研究员、张鹏宇、晏德付、雷磊，以及国家博物馆保管一部赵玉亮为本文提供图片和相

关文物基本信息,在此一并致谢!

注 释

[1] 陕西省文物管理委员会、咸阳市博物馆:《陕西省
咸阳市杨家湾出土大批西汉彩绘陶俑》,《文物》
1966 年第 3 期;陕西省文管会、博物馆,咸阳市博
物馆杨家湾汉墓发掘小组:《咸阳杨家湾汉墓发掘
简报》,《文物》1977 年第 10 期。

[2] Bouherour S, Berke H, Wiede-mann H. Ancient Man-
made Copper Silicate Pigments Studied by Raman
Microscopy. CHIMIA International Journal for
Chemistry, 2001, 55: 942-951.

[3] Burgio L, Clark R J H. Library of FT-Raman Spectra
of Pigments, Minerals, Pigment Media and Varnishes,
and Supplement to Existing Library of Raman Spectra
of Pigments with Visible Excitation. Spectrochimica
Acta Part A: Molecular and Biomolecular Spectroscopy,
2001, 57(7): 1491-1521.

[4] 吴红艳:《香山汉墓和杨家湾汉墓出土彩绘陶俑制
作工艺研究》,《文博》2010 年第 6 期。

[5] 赵耀双:《两汉墓葬出土陶俑的研究》,吉林大学硕
士学位论文,2009 年。

[6] 晏新志、刘宇生、闫华军:《汉景帝阳陵研究的回
顾与展望》,《文博》2009 年第 1 期。

[7] 中国国家博物馆,徐州博物馆:《大汉楚王——徐
州西汉楚王陵墓文物辑萃》,中国社会科学出版社,
2005 年,第 106 ~ 121 页。

[8] 王守功:《危山汉墓——第五处用兵马俑陪葬的王
陵》,《文物天地》2004 年第 2 期。

[9] 刘华国:《山东青州香山汉墓陪葬坑出土大批精美
文物》,《中国文物报》2006 年 9 月 13 日第 2 版。

[10] 容波、兰德省、王亮:《咸阳地区出土汉代彩绘
陶器表面颜料的科学研究》,《文博》2009 年第 6 期。

[11] 汪娟丽、李玉虎、邢惠萍等:《陕西杨家湾出土西
汉彩绘兵马俑的修复保护研究》,《文物保护与考古
科学》2008 年第 4 期。

[12] 夏寅、周铁、张志军:《偏光显微粉末法在秦俑、
汉阳陵颜料鉴定中的应用》,《文物保护与考古科
学》2008 年第 2 期;左键、赵西晨、吴若等:《汉
阳陵陶俑彩绘颜料的拉曼光谱分析》,《光散射学
报》2002 年第 3 期;郑利平、王丽琴、李库等:《汉
阳陵彩绘陶俑颜料成分分析及其病因探讨》,《考古
与文物》2000 年第 3 期。

[13] 马燕如、成小林:《徐州西汉楚王陵出土彩绘陶俑保
护处理中的分析检测》,《昆明理工大学学报(理工
版)》2006 年第 31 卷增刊;万俐、徐飞、范陶峰
等:《徐州狮子山汉楚王陵彩绘陶俑的保护研究》,

《文博》2009 年第 6 期。

[14] 夏寅、吴双成、崔圣宽等:《山东危山西汉墓出土
陶器彩绘颜料研究》,《文物保护与考古科学》2008
年第 2 期。

[15] 张尚欣、付倩丽、王伟锋等:《山东香山汉墓出土
陶质彩绘文物材质及制作工艺的初步研究》,《文物
保护与考古科学》2014 年第 1 期;张治国、马清林、
Berke H:《山东青州西汉彩绘陶俑紫色颜料研究》,
《文物》2010 年第 9 期。

[16] 容波、兰德省、王亮等:《咸阳地区出土汉代彩绘
陶器表面颜料的科学研究》,《文博》2009 年第 6
期;汪娟丽、李玉虎、邢惠萍等:《陕西杨家湾出
土西汉彩绘兵马俑的修复保护研究》,《文物保护与
考古科学》2008 年第 4 期。

[17] 夏寅、周铁、张志军:《偏光显微粉末法在秦俑、
汉阳陵颜料鉴定中的应用》,《文物保护与考古科
学》2008 年第 2 期;左键、赵西晨、吴若等:《汉
阳陵陶俑彩绘颜料的拉曼光谱分析》,《光散射学
报》2002 年第 3 期;郑利平、王丽琴、李库等:《汉
阳陵彩绘陶俑颜料成分分析及其病因探讨》,《考古
与文物》2000 年第 3 期。

[18] 马燕如、成小林:《徐州西汉楚王陵出土彩绘陶俑保
护处理中的分析检测》,《昆明理工大学学报(理工
版)》2006 年第 31 卷增刊;万俐、徐飞、范陶峰
等:《徐州狮子山汉楚王陵彩绘陶俑的保护研究》,
《文博》2009 年第 6 期。

[19] 夏寅、吴双成、崔圣宽等:《山东危山西汉墓出土
陶器彩绘颜料研究》,《文物保护与考古科学》2008
年第 2 期。

[20] 张尚欣、付倩丽、王伟锋等:《山东香山汉墓出土
陶质彩绘文物材质及制作工艺的初步研究》,《文物
保护与考古科学》2014 年第 1 期;张治国、马清林、
Berke H:《山东青州西汉彩绘陶俑紫色颜料研究》,
《文物》2010 年第 9 期。

[21] 蔡友振、夏寅、吴双成等:《山东临淄山王村俑坑
出土陶质彩绘颜料初步分析》,《文物保护与考古科
学》2011 年第 2 期。

[22] 魏璐:《榆林地区馆藏汉代彩绘陶器的保护研究》,
西北大学硕士学位论文,2012 年。

[23] 冯健、夏寅、Blaensdorf C 等:《西安理工大学曲
江校区西汉壁画墓颜料分析研究》,《西北大学学报
(自然科学版)》2010 年第 5 期。

[24] 郑清森:《河南永城柿园汉墓壁画浅析》,《中原文
物》2002 年第 6 期。

[25] 罗黎:《汉代彩绘铜镜的绘制工艺及颜料研究》,
《考古与文物》2002 年第 4 期。

[26] 刘炳森:《临摹马王堆西汉帛画的点滴体会》,《文
物》1973 年第 9 期。

［27］ 陈庚龄、韩鉴卿：《甘肃武威磨咀子出土汉代彩绘木马颜料分析与修复保护》，《文物保护与考古科学》2011 年第 1 期。

［28］ 西安文物保护修复中心科学实验室：《"黑色"陶俑的科学分析与鉴别》，《文博》2003 年第 4 期。

［29］ 徐军平、鲁元良、宋朋遥等：《东平汉墓壁画制作工艺初探》，《文博》2009 年第 6 期。

［30］ 马清林、胡之德、李最雄：《甘肃秦安大地湾出土彩陶（彩绘）颜料以及块状颜料分析研究》，《文物》2001 年第 8 期。

［31］ 中国社会科学院考古研究所实验室李敏生、黄素英、李虎侯：《陶寺遗址陶器和木器上彩绘颜料鉴定》，《考古》1994 年第 9 期。

［32］ 郭宏：《广西花山岩画颜料及其褪色病害的防治研究》，《文物保护与考古科学》2005 年第 4 期。

［33］ 邵安定、付倩丽、孙周勇等：《陕西神木县石峁遗址出土壁画制作材料及工艺研究》，《考古》2015 年第 6 期。

［34］ 李亚东：《秦俑彩绘颜料及秦代颜料史考》，《考古与文物》1983 年第 3 期。

［35］ 赵匡华：《狐刚子及其对中国古代化学的卓越贡献》，《自然科学史研究》1984 年第 3 期。

［36］ 周国信：《我国古代颜料漫谈（二）》，《涂料工业》1991 年第 1 期；王进玉：《敦煌、麦积山、炳灵寺石窟青金石颜料的研究》，《考古》1996 年第 10 期；苏伯民、李最雄、马赞峰等：《克孜尔石窟壁画颜料研究》，《敦煌研究》2000 年第 1 期；李最雄：《敦煌莫高窟唐代绘画颜料分析研究》，《敦煌研究》2002 年第 4 期。

［37］ 程永建、马毅强、方莉等：《北魏墓彩绘陶俑颜料的显微拉曼光谱分析》，《光散射学报》2012 年第 3 期。

［38］ 魏璐：《榆林地区馆藏汉代彩绘陶器的保护研究》，西北大学硕士学位论文，2012 年。

［39］ 李青会、董俊卿、赵虹霞等：《浅谈中国出土的汉代玻璃耳铛》，《广西民族大学学报（自然科学版）》2011 年第 1 期。

［40］ 惠任、刘成、尹申平：《陕西旬邑东汉壁画墓颜料研究》，《考古与文物》2007 年第 3 期。

［41］ 王伟峰：《先秦至两汉壁画和彩绘陶器的发现及其蓝紫色颜料的应用》，《文物保护研究新论（第十届全国考古与文物保护化学学术研讨会）》，文物出版社，2008 年，第 289～295 页。

［42］ 王进玉：《中国古代彩绘艺术中应用青金石颜料的产地之谜》，《文博》2009 年第 6 期。

［43］ Cheng X L, Xia Y, Ma Y R, et al. Three Fabricated Pigments (Han purple, indigo and emerald green) in Ancient Chinese Artifacts Studied by Raman Microscopy, Energy-dispersive X-ray Spectrometry and Polarized Light Microscopy. Journal of Raman Spectroscopy, 2007(38): 1274-1279; Thieme C, Emmerling E, Herm C, et al. Research on Paint Materials, Paint Techniques and Conservation Experiments on the Polychrome Terracotta Army of the First Emperor Qin Shi Huang//Vincenzini P. Monographsin Material and Society 2, The Ceramics Cultural Heritage, CIMTEC Conference Proceedings, Florence, Italy, 1994: 591-601; 马清林、张治国、夏寅：《中国蓝和中国紫研究概述》，《文物科技研究（第六辑）》，科学出版社，2009 年，第 64～76 页。

［44］ Ma Q L, Portmann A, Wild F, et al. Raman and SEM Studies of Man-Made Barium Copper Silicate Pigments in Ancient Chinese Artifacts. Studies in Conservation, 2006, 51(2): 81-98; 马清林，Reto G.，张治国等：《中国古代人造硅酸铜钡费昂斯制品的 LA-ICP-MS 分析》，《文物科技研究（第八辑）》，科学出版社，2012 年，第 1～15 页。

［45］ McKeown D A, Bell M. Four-membered Silicate Rings: Vibrational Analysis of $BaCuSi_2O_6$ and Implications for Glass Structure. Physical Review B, 1997,56(6): 3114-3121; Finger L W, Hazen R M, Hemly R J. $BaCuSi_2O_6$: A New Cyclosilicate with Four Membered Tetrahedral Rings. American Mineralogist, 1989(74): 952-955.

［46］ Brill R H, Tong S S C, Zhang F K. The Chemical Composition of A Faience Bead from China. Journal of Glass Studies, 1989(31): 11-15; Berke H. Chemistry in Ancient Times: The Development of Blue and Purple Pigments. Angew. Chem. Int. Ed. 2002, 41(14), 2483-2487.

［47］ 张治国、马清林、梅建军等：《中国古代人造硅酸铜钡颜料模拟制备研究》，《中国国家博物馆馆刊》2012 年第 2 期。

［48］ 张治国、马清林、海因兹·贝克等：《中国古代人造硅酸铜钡颜料研究进展》，《中国文物科学研究》2011 年第 4 期。

［49］ 张治国：《中国古代人造硅酸铜钡颜料研究》，北京科技大学博士学位论文，2011 年。

［50］ Elisabeth W F H, Zycherman L A. A Purple Barium Copper Silicate Pigment from Early China. Studies in Conservation, 1992, 37(3): 145-154.

［51］ 张治国：《中国古代人造硅酸铜钡颜料研究》，北京科技大学博士学位论文，2011 年。

［52］ 冯健、夏寅、Blaensdorf C 等：《西安理工大学曲江校区西汉壁画墓颜料分析研究》，《西北大学学报（自然科学版）》2010 年第 5 期。

［53］ 徐军平、鲁元良、宋朋遥等：《东平汉墓壁画制作工艺初探》，《文博》2009 年第 6 期。

［54］ 付强、赵虹霞、董俊卿等:《河南宝丰和新郑出土硅酸盐制品的无损分析研究》,《光谱学与光谱分析》2014 年第 1 期。

［55］ 张治国、马清林、海因兹·贝克等:《中国古代人造硅酸铜钡颜料研究进展》,《中国文物科学研究》2011 年第 4 期。

［56］ 马清林,Reto G.,张治国等:《中国古代人造硅酸铜钡费昂斯制品的 LA-ICP-MS 分析》,《文物科技研究(第八辑)》,科学出版社,2012 年,第 1 ~ 15 页;魏洪涛、赵宏、隋建国等:《河南三门峡南交口汉墓(M17)发掘简报》,《文物》2009 年第 3 期。

［57］ 曾磊:《秦汉紫色观念的演进》,《史学月刊》2013 年第 2 期。

［58］ 容波、兰德省、王亮等:《咸阳地区出土汉代彩绘陶器表面颜料的科学研究》,《文博》2009 年第 6 期。

A Comparative Study of the Pigments on the Polychrome Terracotta Figurines of Yangjiawan Site between Pigments Employed in the Western Han Dynasty

Cheng Xiaolin   Liu Wei

Abstract: The pigments on the polychrome terracotta figurines of the Yangjiawan Site were analyzed using Raman spectrometer and scanning electron microscope equipped with energy dispersive X-ray spectrometer. The figurines were excavated from a Han tomb at Yangjiawan county, Xianyang city in Shaanxi province, and now collected in National Museum of China. The results indicate that the pigments used on these figurines are cinnabar(red), iron oxide(dark red), Han purple, malachite(green) and carbon black. The pink pigment is a mixture of cinnabar and gypsum, and the white is gypsum and muscovite. The analysis revealed several new pigments which were previously not identified in this tomb. A comparative study of pigments on polychrome terracotta figurines from five imperial and elite tombs in the Han Dynasty indicates cinnabar, iron oxide red, carbon black and Han purple were frequently used in this period, while minium(red lead) and lasurite were not commonly employed.

高分子聚合物加固木质文物的影响机制

郑利平[1]　陈政宇[2]　王　青[3]　武仙竹[1]　刘　蒋[4]　刘春鸿[4]

（ 1. 重庆师范大学科技考古与文物保护实验室，重庆，401331；2. 北京数字万方文化科技有限公司，
北京，100101；3. 重庆中国三峡博物馆，重庆，400015；
4. 重庆市渝北区文化遗产中心，重庆，401120 ）

引　言

中国木质文物具有悠久的历史，有学者认为早期人类使用木棒作为重要工具击落树上的野果采食或驱赶猛兽防卫；或披荆斩棘开路；或抬运大型猎物；或用于农业生产，甚至认为人类在进入石器时代前，经历了一个木器时代[1]。这种论述虽然并没得到考古学家的普遍认可，但也能看出木质器具从人类文明伊始，就被人类所利用，在历代的房屋家具、兵器手柄、生产工具、生活容器、运输工具等方面都发挥着重要的作用。从河姆渡文化遗址出土的、目前认为最早的木质红色漆碗能看出[2]，在石器时代木质器具已经比较精致，应该在此之前还有一个漫长的发展时期，只是木质容易腐朽毁坏，难以存留至今，因此早期文明中的古遗址、古墓葬中出现的木质文物很少，多数已经炭化，找不到痕迹。

博物馆收藏的木质文物种类颇丰，传世文物有木雕、家具、神龛、匾额、木构件等，考古出土、出水历代木质文物有木容器、木农具、木马车、木棺椁、木俑、木船等。古人为了使木质文物增加寿命并使其美观，多在外面施有漆层，称为木漆器。木漆器形制多样，工艺精美，是传统手工业的典型代表之一。然而在温暖潮湿的气候环境下，木质文物极易滋生霉菌和害虫。调查发现，南方地区木质文物普遍存在糟朽和虫蛀病害现象，特别是木质文物接触地面的位置，这类现象十分显著，木质发霉虫蛀后逐渐糟朽易碎，多孔疏松，严重危害文物的安全。严重糟朽和虫蛀后的脆弱木质文物在消毒杀虫后必须进行加固修复，传统的加固修复是采用锯切法将木质文物已经糟朽或者虫蛀严重的部位切除，制作与已切除部位相同质地和形状的木配件来进行配补，并仿色、做旧，这种传统修复技术对体量较大、侵蚀相当严重、已出现大面积残缺、稳定性完全丧失的木质文物，是较为理想的方法。对于体量较小、侵蚀较为严重但未出现残缺或者残缺较少的木质文物来讲，可不用切割木质文物部件的技术来进行修复，大多采用高分子加固材料加固修复，这种技术方便、易操作，不需锯切，符合文物保护的最小干预原则。木质文物天然有机高分子加固材料有蜂蜡、松香胶、乳香胶、壳聚糖等天然树脂[3]，但天然树脂都存在一定的局限性，如影响色泽、黏结力较低，有些成分还对生物有滋养作用，易受到霉菌、细菌、害虫等的侵害，因此不适合木质文物的加固修复。现代高分子聚合物在木质文物加固中已普遍使用，已被公认为具有良好的加固效果[4]。如Paraloid B72（简称 B72）是由 66% 甲基丙烯酸乙酯和 34% 丙烯酸甲酯组成的一种聚合

物，是目前文物保护中使用得最多的一种丙烯酸树脂，被广泛用作加固剂、黏结剂和封护剂[5]；Primal AC33（简称AC33）为丙烯酸乳液，具有涂膜光泽柔和、耐候性、保光性、保色性、耐水解性及机械物理性能较好等特点，已广泛用于国内外的壁画、彩绘陶器、饱水木器等文物加固[6]；PEG即聚乙二醇，对热稳定，与许多化学试剂不起反应，在饱水木质文物脱水定型中也广泛使用[7]。

高分子聚合物具有良好的性能，既可起到加固脆弱木质文物提高其机械强度，还具有成膜性能好、耐老化、耐光、耐水等性能。但是高分子聚合物与木质材料完全不同，应用到脆弱木质文物的加固过程中，却很少有人研究其对木质文物的影响机制[8]，尤其是高分子聚合物加固木质文物后负效应的研究更是少之又少。鉴于此，实验选取上述常用的三种加固材料，针对这类侵蚀较为严重但未出现残缺或者残缺较少的木质文物，采用实验法探讨高分子聚合物对木质文物的影响机制，以期为脆弱木质文物的加固保护提供可靠的参考依据，为木质文物的保护与传承提供技术指导。

一、糟朽木质文物样品介绍与加固材料的选择

（一）样品来源与制备

实验样品由重庆市渝北区文化遗产保护中心提供的需加固木质文物病害标本。为保证加固材料各项性能的测试能顺利进行，馆藏木质文物保护课题组针对性选择了糟朽木质文物标本进行制样，木样糟朽较为严重，表面有较多明显的开裂纹，且表面的漆层几乎全部老化脱落，残余的少量漆层也经腐朽后已看不出原有的本色，还有明显发霉现象。该样品的绝干含水率为16.57%，基本符合长期放置在温暖潮湿环境下木质文物的绝干含水率值，基本密度为0.4743g/cm³。

为探讨高分子聚合物加固脆弱木质文物的影响机制，将木样标本加固前后抗压强度、色度等实验标本统一制作成尺寸为20mm×20mm×2mm的标准规格；干缩实验样品尺寸约为40mm×20mm×5mm的木片规格，测量尺寸精确到0.1mm。根据硬度计需求，木样标本加固前后木材硬度测木样品尺寸为20mm×20mm×20mm正方体标准规格。在切割木块制样的过程中，因木样材质糟朽，样品制作过程较为困难，很难一次性成功制成实验测试标本。制作中用游标卡尺测量，对于不符合样品尺寸标准规格的木样，使用200目、600目、800目、1200目等不同型号的耐水砂纸进行多次打磨，直至符合样品尺寸标准规格。对木材硬度测量需要的测木样品，还需用7000目德国进口砂纸进行打磨抛光。

（二）加固材料的选择

加固剂选择原则首先是无须加压、加温即可固化的加固剂，同时与木质文物本体不可相互影响。加固材料筛选的要求和目标是加固后尽可能不影响文物外观；加固后能增强木质文物的机械强度；处理后文物表面无反光膜；具有较好的渗透性和较强的黏结力；具有良好的化学稳定性和抗老化性能；具有简便的施工工艺。

一般来讲，加固剂使用的浓度需要根据木质文物实际的疏松、脆弱程度来选择。据文献与实践经验，选择效果较好的B72、AC33和PEG-600作为筛选加固材料。实验中使用的B72为德国生产，样品为无色透明固体小颗粒，AC33为白色乳液，PEG-600为分析纯。B72、AC33和PEG-600作为筛选加固材料的最低浓度为3%，最高浓度为10%，所以按质量分数梯度为3%、5%、7%、9%对木样标本进行加固，并以色度、硬度、抗压强度等物理量来表征加固前后的变化，以此来评估加固材料的理化性能。加固材料溶剂选择按照尽可

能无毒或低毒的原则，实验溶剂选择无水乙醇（分析纯）。

二、高分子聚合物对木质文物变形性的影响机制

（一）加固渗透的影响

将准备好的 16 块 20mm×20mm×2mm 木样标准，分为 3 组，每组分别滴注四种不同浓度（3%、5%、7% 和 9%）的 B72、AC33 和 PEG 溶液，每个木片单面滴注溶液。在滴加溶液的过程（表一），发现具有白色乳状液的 AC33 渗透速度最慢，这是由这种溶液本身的性质所决定的，PEG 溶液的渗透速度最快，B72 的渗透速度介于两者之间。此外，溶液的浓度越高，渗透速度越慢，反之越快。

表一　高分子材料加固糟朽木样过程中的渗透速度与加固后的变形性

试剂	浓度	渗透速度	变形现象	最大弯曲拱高或偏离高度	翘曲率或扭曲度
B72	3%	渗透速度较快，随着浓度的增大，渗透速度变慢	无	0	0
	5%		无	0	0
	7%		无	0	0
	9%		瓦状弯曲	0.50mm	2.50%
AC33	3%	渗透速度很慢，有白色絮状物，随着浓度的增大，渗透速度变慢	无	0	0
	5%		无	0	0
	7%		无	0	0
	9%		瓦状弯曲	0.30mm	1.50%
PEG	3%	渗透速度最快，随着浓度的增大，渗透速度变慢	无	0	0
	5%		无	0	0
	7%		无	0	0
	9%		扭曲变形	1.00mm	5.00%

在渗透加固的过程中，B72 仅有浓度为 9% 时加固木样有瓦状弯曲，其他略无形状变化；AC33 浓度为 7% 和 9% 时，加固木片向滴注面凸出，呈瓦状弯曲，而且浓度越大变形越严重；PEG 浓度为 5%、7% 和 9% 时均有扭曲变形，且向未滴注面凸出。木样加固后放置 24 小时后，上述用 AC33 浓度为 7% 和 PEG 浓度为 5%、7% 加固后的木样变形现象消失，恢复原状，只有三种加固材料加固浓度为 9% 的木样，仍然有瓦状弯曲或扭曲变形现象（表一）。木材变形后的弯曲率（P）或扭曲度（N）用最大弯曲拱高（h）或最大偏离高度（h）与内曲水平长（L）或检尺长（L）

相比的百分数表示[9]：$P(N) = h \div L \times 100\%$。

从翘曲率和变形度（表一）得出，三种不同浓度加固材料加固木样后有较为明显的差异，9%AC33 溶液滴注的木片变形最小，9%B72 溶液滴注的木片变形略多，9%PEG 溶液滴注的木片变形最为显著。此外，实验中发现，溶液的浓度越高，变形越严重。实验用木样体积小且薄，变形极易观测到。笔者曾在 2008 年用 10%B72 加固修复过一个严重虫蛀的木桌杖子标本[10]，在刚修复完成时效果极佳，而后长时间放置在实验室，到 2016 年观察时发现，放置 8 年后的木桌杖子，虽然颜色变得古色

古香，但是已有轻度的、不易观察到的弯曲变形现象。这种高分子加固材料在高浓度加固木质文物后的变形现象不得不引起高度重视，因其严重违背了文物保护的基本原则——不改变文物的原状。究其原因，其一是采用高分子材料浓度过高时，木质内部空隙结构中骤然吸收了过多的高分子材料，这些高分子材料对木材组织结构的不均匀挤压作用，导致木样迅速发生变形，显示出加固剂浓度大小与木材空隙结构不相匹配；其二是木质材料与高分子加固材料热膨胀系数不同，在环境温度变化影响下，不均匀的热膨胀也会导致加固后的木样发生变形。

（二）加固后保存环境变化的影响

为了探讨高分子聚合物加固后在不同干湿条件下变化的特点，特设置干缩实验来观察变化效果。干缩实验在恒温恒湿干燥箱中进行，样品为 40mm×20mm×5mm 的木片，用游标卡尺精确测量 6 片木样的长宽高后，分为 3 组，每组两片，分别用 10% 的三种高分子加固材料 B72、AC33、PEG-600 溶液加固 3 组木样，留 1 块未加固的木样（空白）作对照，并置于恒温恒湿干燥箱中，在 45℃ 下持续加热 220 小时，每隔 6 个小时观察一次样品，最后再测量木样在高温干燥环境下干缩后的尺寸。糟朽木质样品在实验室加固时温度约为 12℃，相对湿度约为 75%，放入干燥箱加热后，温度为 45℃，相对湿度为 48%，由低温高湿环境转变为高温低湿的环境，在该环境下加热 220 小时后观察外观效果。

干缩实验中（图一），1、2 为 10% B72 加固的木块木样，3、4 为 10% AC33 加固的木块木样，5、6 为 10%PEG-600 加固的木块木样。加固过的 6 块木样，在 45℃ 的恒温干燥箱中，放置 220 小时后，颜色都有加深。木样的干缩率[11]为加热前体积（V_1）减去加热后体积（V_2）的差与加热前体积（V_1）相比的百分数表示：（V_1-V_2）/V_1×100%（表二）。实验结果表明：用 10% B72 加固的木样在高温干燥环境下放置 220 小时后，前后颜色变化最大，加固后呈黑褐色，但没有明显变形的现象，平均干缩率为 10.27%；用 10% AC33 加固的木样在高温干燥环境下放置 220 小时后，前后颜色变化较小，没有明显变形的现象，平均干缩率为 10.21%，表明 AC33 加固的木块木样，抗变形能力较强，能够较好地保持加固木块的形状；用 10% PEG-600 加固的木样在高温干燥环境下放置 220 小时后，前后颜色变化较小，但有明显的弯曲变形现象，平均干缩率为 10.81%。综合干缩实验结果，三种加固材料耐干缩能力 AC33＞B72＞PEG-600。

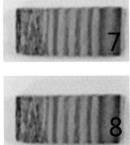

图一　干缩实验后糟朽木样实验对照

（1、2.10%B72 加固木样　3、4.10%AC33 加固木样　5、6.10%PEG 加固木样　7、8.空白样）

编号	加固剂	加热 220 小时	长（mm）	宽（mm）	高（mm）	体积（mm³）	体积变化（mm³）	干缩率（%）	平均体积变化（mm³）	平均干缩率（%）
1	B72：10%	加热前	39.8	19.8	5.2	4097.8	−375.4	9.16	−425.3	10.27
		加热后	37.6	19.8	5.0	3722.4				
2	B72：10%	加热前	40.2	20.0	5.2	4180.8	−475.2	11.37		
		加热后	38.6	19.2	5.0	3705.6				
3	AC33：10%	加热前	41.8	19.8	5.2	4303.8	−403.4	9.37	−421.7	10.21
		加热后	39.8	19.6	5.0	3900.4				
4	AC33：10%	加热前	39.6	20.0	5.0	3960.0	−439.9	11.11		
		加热后	38.2	19.2	4.8	3520.5				
5	PEG：10%	加热前	38.2	21.0	5.2	4211.2	−749.1	17.79	−458.0	10.81
		加热后	36.8	19.6	4.8	3462.1				
6	PEG：10%	加热前	40.6	20.0	5.2	4264.6	−166.8	3.91		
		加热后	39.8	19.8	5.2	4097.8				

三、高分子聚合物对木质文物色度与机械强度的影响机制

（一）色度影响

颜色测量用 CM-2500d 色度计光源为 2 个脉冲疝弧灯，积分球尺寸 52mm，测定波长范围为 360nm 到 740nm，测定波长间隔 10nm，分光反射率标准偏差 0.1% 以内（但 360nm 到 380nm：0.2% 以内），反射率测定范围 0 到 175%。在进行色度测量时，为了精确测量加固前后的色度值，需保证加固前后测量的点为同一位置，因此将各组木样的表面，用圆规等测量工具依次进行画圆，这个圆圈的尺寸规格正好与色度计中的取镜器看过去的样品测量口的口径一致，直径均约为 11mm，保证加固前后的颜色测量位置都能在这个圆内。

用三种高分子加固材料，加固糟朽木样后色度变化值见表三。在表中，L，a 和 b 为测量值。其中：L 代表了物质的亮度，白色物质全部反射光，L 值最大为 100，最小为 0。a 和 b 代表色品坐标，a 值越大，物质颜色偏红；a 值越小，物质颜色偏绿；b 值越大，物质颜色偏黄；b 值越小，物质颜色偏蓝。ΔE 称色差值，其大小决定了颜色变化的程度，计算公式[12]：$\Delta E=[(\Delta L)^2+(\Delta a)^2+(\Delta b)^2]^{1/2}$。

表三　糟朽木样加固前后色度变化

加固材料	浓度	编号	加固前			加固后			色差变化	平均色差
			L	a	b	L	a	b	ΔE	
B72	3%	24	58.17	10.59	29.29	52.98	13.67	38.49	11.0028	16.63
	5%	15	57.9	10.22	30.45	49.14	13.88	40.09	13.5301	
	7%	16	57.93	11.06	31.13	47.43	17.15	47.79	20.6129	
	9%	27	62.4	10.07	29.1	52.04	20.56	44.56	21.3631	

加固材料	浓度	编号	加固前			加固后			色差变化	平均色差
			L	a	b	L	a	b	ΔE	
AC33	3%	30	60.25	9.38	27.68	59.01	10.18	31.63	4.2166	4.80
	5%	18	60.06	11.11	29.83	57.31	11.55	33.7	4.7679	
	7%	25	58.17	9.37	26.38	54.62	11.02	29.09	4.7612	
	9%	32	59.98	9.9	27.99	55.88	11.47	31.23	5.4564	
PEG	3%	22	48.13	14.65	26.93	48.06	12.37	25.3	2.8036	8.44
	5%	29	57.18	11.85	31.26	54.17	13.17	37.3	6.8763	
	7%	28	54.21	9.75	30.02	43.03	13.17	40.1	15.4368	
	9%	31	59.49	9.27	28.42	54.47	11.14	35.18	8.6252	

色度测量数据见表三，B72溶液滴注的木样前后色差最大，平均色差16.63；AC33溶液滴注的木样前后色差较小，平均色差4.80；PEG溶液滴注的木样前后色差值跨度较大，平均色差8.44。此外，三种溶液中的一个普遍的规律是溶液浓度越大，色差值也就越大，反之越小。因此AC33加固材料加固前后对木质文物表面颜色影响最小，可忽略不计；PEG加固材料影响次之，肉眼能看出变化；B72加固材料加深了文物表面颜色，肉眼能明显看出变化，影响最大。

（二）抗压强度的变化率

木材抗压强度是重要的力学性质指标之一，实验测量木样的横纹抗压强度以表征加固剂加固前后力学性质的变化[13]。木材横纹抗压强度指垂直于木材纹理方向承受压力荷载。运用微机控制电子万能试验机ETM103B开始测试各组木样（木样为上述色度计测试后的）横纹抗压强度，准确度等级为0.5级，按照《电子式万能试验机》标准GB/T16491-2008设计，按JJG475-2008计量检定规程检验。将各组木样依次放进试验机球面活动支座的中心位置，并使其保持横纹水平状态。

将不同浓度（3%、5%、7%、9%）的B72、AC33和PEG-600溶液加固后木样横纹抗压强度（MPa）与空白木样（未做加固）横纹抗压强度进行比较（表四），计算其差值及其变化率，可以看出：①使用同一溶液加固的不同木样，其加固后的抗压强度大小与溶液浓度大小相关。三种加固溶液在加固浓度为3%时，木样的抗压强度都是最大的，随着浓度升高抗压强度反而逐渐降低。②3% AC33加固样品，测量的抗压强度是在三种加固溶液中是最高的，但随着浓度的增大，抗压强度逐渐降低。③随着B72溶液浓度的增大，加固后木材木样强度下降较为缓慢，其抗压强度最低值为2.48MPa，1MPa（兆帕）$=1×10^6$Pa（帕斯卡）。④PEG-600加固后的木样抗压强度在三组中最差，最高抗压强度为三组中最小，同时随着浓度增大相应的抗压强度降低幅度最大，从5%～9%其抗压强度均小于2MPa。

由上述分析得出，三种加固材料的浓度以3%为最佳浓度，此浓度加固木样后，AC33在提高抗压强度方面最佳，抗压强度变化率为77.25%，加固后抗压强度值为1.63MPa，与未加固的空白样2.11MPa最接近；B72抗压强度变化率为48.34%；PEG-600抗压强度变化率为41.71%。随着浓度的增加，由于木样吸收高分子聚合物过多，木质内部空隙结构受到骤然增加高分子的挤压作用变得脆弱，

试剂	浓度	编号	抗压强度（MPa）	抗压强度变化（MPa）	平均抗压强度变化（MPa）	抗压强度变化率（%）	平均抗压强度变化率（%）
空白	–	6	2.11	–	–	–	–
B72	3%	24	3.13	+ 1.02	0.6750	+ 48.34	31.99
	5%	15	2.94	+ 0.83		+ 39.34	
	7%	16	2.59	+ 0.48		+ 22.75	
	9%	27	2.48	+ 0.37		+ 17.54	
AC33	3%	30	3.74	+ 1.63	0.4375	+ 77.25	20.73
	5%	18	2.46	+ 0.35		+ 16.59	
	7%	25	2.17	+ 0.06		+ 2.84	
	9%	32	1.82	− 0.29		−13.74	
PEG	3%	22	2.99	+ 0.88	0.0625	+ 41.71	2.96
	5%	29	1.94	− 0.17		−8.06	
	7%	28	1.93	− 0.18		−8.53	
	9%	31	1.83	− 0.28		−13.27	

因此抗压强度反而下降。B72 加固木样的平均抗压强度变化率为 31.99%，AC33 加固木样的平均抗压强度变化率为 20.73%，PEG-600 加固木样的平均抗压强度变化率只有 2.96%。

（三）硬度的变化

硬度测量用仪器为数显式维氏硬度计。维氏硬度采用正四棱锥体金刚石压头，在试验力作用下压入木样表面，保持规定时间后，卸除试验力，测量木样表面压痕对角线长度。按照国家标准规定维氏硬度压痕对角线长度范围为 0.020 ~ 1.400mm，维氏硬度试验的压痕是正方形或菱形，轮廓清晰，对角线测量准确，因此，维氏硬度试验是常用硬度试验方法中精度最高的，同时它的重复性也很好。

对木材木样的硬度测量[14]，要求木块较厚，木样规格为 20mm×20mm×20mm。用维氏硬度计测量结果见表五。加固剂加固前后横纹维氏硬度（HV）明显增加，随着浓度的增加，硬度增加越趋明显。可以看出，三种加固剂中 B72 加固木样后硬度增加最高，平均硬度变化达到 91.19（HV），甚至超过新鲜木材的硬度，AC33 次之，平均硬度变化为 82.54（HV），PEG-600 最低，平均硬度变化为 46.65（HV）。加固后木材硬度的提高并不是越高越好，在一定范围内是有利的，但是当硬度增加过大时反而质硬而脆。与现代木材的实际硬度相比，AC33 加固木样后更接近木材的质感，富有木材的韧性。

表五　糟朽木样加固前后维氏硬度（HV）变化

试剂	浓度	编号	测量方向	测试点	加固前硬度	加固后硬度	硬度增加值	平均硬度增加值
B72	3%	1	横纹	深色年轮	14.38	100.7	86.32	91.19
	5%	5	横纹	深色年轮	16.19	112.24	96.05	
AC33	3%	2	横纹	深色年轮	11.50	85.92	74.42	82.54
	5%	6	横纹	深色年轮	17.61	108.26	90.65	
PEG	3%	7	横纹	深色年轮	17.57	62.12	44.55	46.65
	5%	3	横纹	深色年轮	20.80	69.54	48.74	

四、结　语

高分子聚合物加固糟朽、虫蛀、腐朽等脆弱的木质文物后，要求能提高机械强度（抗压强度、硬度等），维持文物的安全性，并与木质文物本体相匹配，而且还要求尽可能不影响文物的原状，包括器型、质感、色泽、尺寸等多方面，更不能出现变形、开裂等现象，从前述高分子聚合物 B72、AC33、PEG 对木质文物变形、色度、机械强度等影响机制的分析研究，可得出以下结论。

（1）三种现代高分子聚合物加固木质文物均以浓度 3% 最为理想，其浓度的大小与木质文物变形性相关，浓度增大，木质文物的变形性提高，当浓度为 9% 及以上时，木质文物易产生瓦状弯曲或扭曲变形。为了不改变文物原状，加固剂浓度与木材结构空隙要相匹配，低浓度渗透可以有效控制加固后引起的变形现象。

（2）对比三种高分子材料的加固性能，得出 AC33 是一种相对良好的木质文物加固材料，引起的变形性、干缩率、色差最低，在有效控制 3% 的浓度基础上加固木质文物后的抗压强度也是最高的，而且最接近木材的抗压强度，硬度的提高也最接近木质原有的质感。AC33 为乳液，渗透速度相对较慢，不易因渗透速度过快造成木质文物变形。

（3）木质文物加固后，不能任其在自然环境下存放，高温干燥环境或温湿度急剧变化均会导致加固后的木质文物引起干缩变形等现象。三种高分子聚合物是广泛应用在文物加固保护中的材料，但因木质文物具有特殊性，不能盲目采用，需充分验证其效果，并在完全遵循文物保护基本原则的基础上使用，该研究对木质文物的保护与传承具有重要的指导意义。

注　释

［1］罗建举：《木与人类文明》，科学出版社，2016 年，第 1～10 页；陈明远、金岷彬：《人类的第一个时代是木 - 石器时代》，《社会科学论坛》2012 年第 8 期；范志文：《木质工具在原始社会中的地位和作用》，《农业考古》1989 年第 1 期。

［2］张蓉：《古代漆器》，文物出版社，2005 年，第 5 页。

［3］南京博物院：《古建彩画保护与修复》，译林出版社，2013 年，第 155 页；王蕙贞：《文物保护学》，文物出版社，2009 年，第 218 页；Rehab E, Efstratios N, Georgios I Z. The Use of Chitosan in Protecting Wooden Artifacts from Damage by Mold Fungi. Electronic Journal of Biotechnology, 2016, 24: 70-78.

［4］苏伯民、张化冰、蒋德强等：《壁画保护材料纯丙乳液的性能表征》，《涂料工业》2014 年第 2 期；和玲：《艺术品保护中的高分子聚合物》，化学工业出版社，2003 年，第 10 页。

［5］Anton D M. Conservation of Wooden Works of Art in Bulgaria. Studies in Conservation, 2014: 115-136；周旸、张秉坚：《丙烯酸树脂 Paraloid B72 用于脆弱丝绸文物加固保护的工艺条件和加固效果评价》，《蚕业科学》2012 年第 5 期；卢燕玲：《武威磨嘴子汉墓新近出土木质文物的抢救保护与修复》，《文物保护与考古科学》2010 年第 4 期；杨璐、王丽琴、王璞等：《文物保护用丙烯酸树脂 Pariaiod B72 的光稳定性能研究》，《文物保护与考古科学》2007 年第 3 期。

［6］邵安定、张勇剑、夏寅等：《明代上洛县主墓出土彩绘木质文物的保护与研究》，《文博》2009 年第 6 期；赵静、王丽琴、何秋菊等：《高分子彩绘类文物保护涂层材料的性能及应用研究》，《文物保护与考古科学》2006 年第 3 期。

［7］张尚欣、付倩丽、黄建华等：《秦俑二号坑出土一件彩绘跪射俑的保护修复》，《文物保护与考古科学》2012 年第 4 期；黄湛、汪灵：《中国出土漆器文物及其保护研究现状》，《南方文物》2009 年第 1 期。

［8］Weaver M E. Successes and Failures in the Conservation of Wooden Structures. Journal of Architectural Conservation, 2003, 9: 36-50.

［9］刘一星：《进出口木材检验技术》，化学工业出版社，2005 年，第 77 页。

［10］郑利平、贺艳梅、王云庆：《糟朽传世木质文物修复研究》，《华夏考古》2012 年第 3 期。

［11］刘亚兰：《木制品质量检测技术》，化学工业出版社，2005 年，第 197 页。

［12］　汤顺青：《色度学》，北京理工大学出版社，1990 年，
第 95 ~ 100 页。

［13］　《木材横纹抗压强度试验方法（GB/T1939—2009）》
［14］　《木材硬度试验方法（GB/T1941—2009）》

Influence Mechanism of High Molecular Polymer Reinforcing Wooden Relics

Zheng Liping　　Chen Zhengyu　　Wang Qing　　Wu Xianzhu　　Liu Jiang　　Liu Chunhong

Abstract: In ancient China, there were many kinds of wooden artifacts which were very exquisite. However, most of them had been damaged by worms and molds in the long-term influence of the warm and humid environment. Therefore, many wooden artifacts became fragile and delicate. At present, the decayed parts of wood artifacts, which had been damaged seriously but not been rot away completely, were solidifying with macromolecule polymer. This technology followed strictly the minimal intervention principle of the conservation of the cultural relics and widely used in the consolidation of the fragile and delicate relics. In order to discuss the influence mechanism of macromolecule polymer solidifying the wooden artifacts, B72, AC33 and PEG, which were used currently in conservation, were selected by comparing with the properties of the wooden specimens after the consolidation. The experimental results showed that three kinds of materials with concentration of 3% were relatively ideal. Studies considered that the deformation rate of the wooden artifacts was associated with the concentration of modern macromolecule polymer. AC33 was a kind of relatively good material by analyzing deformation rate, color difference and the change of mechanical strength after the consolidation of the wooden artifacts. When the concentration of the macromolecule polymer increased, the deformability of wooden artifacts increased. Infiltration of low concentration to be strictly controlled was effective method in practice. The research had fundamental significance in the conservation and inheritance of wood artifacts.

石窟寺造像石质本体保护技术

——以大足千手观音造像为例

陈卉丽

（大足石刻研究院，重庆，402360）

中国的石窟分布广泛，历史悠久，气势恢宏，是中华民族的瑰宝。因我国南北方气候环境的差异性，导致南北方石窟保存现状的差异，北方石窟受风沙大，气候干燥，温差大，冬季结冰等因素影响，其风化破坏主要以物理性破坏为主。而南方石窟处于高温高湿，雨水充沛，生物生长活跃，酸雨的环境，其风化破坏更多的是化学、生物性的。但主要的病害类型——岩体失稳、水害侵蚀、石质风化等以及保护的技术方法——危岩加固、水害治理、石质加固等有共通性。

处于南方湿润气候环境下的大足千手观音造像位于大足石刻宝顶山大佛湾南崖，编号第 8 号，开凿于南宋淳熙至淳祐年间（公元 1174～1252 年），是我国最大的集雕刻、贴金、彩绘于一体的摩崖石刻造像，占崖面积 88 平方米。千手观音造像历经八百载沧桑岁月，病害严重，多达 34 种病害，其中石质存在风化、残缺、断裂、空鼓等 9 种病害。石质本体对造像的稳定性和完整性有着极其重要的作用，同时也是造像表面贴金层和彩绘层的载体。千手观音石质病害不仅影响造像的长久保存，还导致其所承载的历史、艺术等多种信息丢失。2008 年国家文物局将千手观音保护项目列为全国石质文物保护一号工程加以保护，同年 7 月，项目承担单位中国文化遗产研究院联合国内多家科研院所一起针对千手观音保护修复复杂问题，开展了扎实有效的前期勘察研究及试验工作，并编制完成总体保护修复方案，在方案获得审批后，分区域开展造像石质本体修复工作。

一、保护修复研究

千手观音造像在长期自然营力和人类活动的影响下，造像本体产生了石质风化、雕刻品断裂、脱落，金箔开裂、起翘，彩绘粉化、起甲等多种病害，同时因地质、水文、大气等影响因素复杂，工程难度很大。为此，先期开展了大规模勘察研究以及试验工作。

（一）岩土体工程地质勘查

了解岩体的稳定性和渗水状况是石窟寺文物保护的基础，采用物探、钻探、坑探，地质测绘相结合，多种技术手段交替使用、互相验证、综合分析，建立三维水文地质仿真模型，以查明千手观音造像崖壁岩体内地下水的分布和渗流情况，为千手观音造像的保护工程设计提供科学依据。勘察表明，千手观音造像区内岩体完整，不受地下水影响。千手观音造像区的潮湿主要受凝结水的影响。

（二）雕与塑工艺研究

千手观音造像的雕、塑工艺调查，发现千手观音造像存在与大佛湾其他石刻造像同一水平线的风化带，造像雕造者采取了去除软弱风化层，补配新石材的方式进行调整，补配石材呈"品"字形拼接，通过腰带和衣褶的处理来掩饰石材的接缝处，最终完成雕刻。

通过造像的正射影像图，发现了千手观音雕刻的设计规律：有三条隐线把整龛造像分为四块区域，据推测这三条隐线是当时雕凿之初用来标注大型及比例的，并辅助于整体布局和雕刻分工；此外，以主尊为中轴线，两侧手的姿势走向、法印和持握法器具有较高的对称相似现象。虽然千手观音每只手的雕刻手法不同，但通过对称位置可以捕捉到相对称的两者间的表现主题、形制等基本信息。这种对称性的发现，不仅使我们了解了古人雕刻造像的方式，为本次的保护、修复工作分区提供依据，更对辨识、修复千手观音残损手、残损法器有着重要参考意义，使一些原本找不到修复依据的手印、法器的修复成为可能。

此外，千手观音造像还存在泥塑部分，主要是用于表现千手、法器之前穿插、流动的云气。泥塑在千手观音造像中发挥着审美和实用的双重功能。通过观察，发现泥塑的云朵造型实际上在整个千手观音造像中起到泥质填充物的作用。这种填充物主要用来掩盖千手观音雕刻中的瑕疵。但不是千手观音上全部的云朵造型都是泥塑的，有相当一部分云朵是石质的。它们有的在手部的背后，有的在手臂旁边，主要用来发挥"填满"手臂和法器留下的空白空间的装饰作用。

（三）保存现状及主要病害调查

对文物保存现状的调查是认识文物的最直接手段，也是对文物进行保护、修复干预的前提和基础工作。千手观音造像保存基本完整，总体依然保持着恢宏博大的气势和金碧辉煌的壮丽景观（图一）。但仔细观察发现，千手观音造像雕刻品断裂、石质风化、表面金箔的剥落、彩绘的脱落加剧了石质风化病害。为此，以千手观音造像本体表层现状为对象，将石质、彩绘、金箔作为病害分类的材质基础，确定了三类材质的基本病害术语及图示；通过将平面考古探方立面化的形式，将千手观音立面划分为9层11列共计99个单元。分别以单元格、造像、手为调查单位，针对文物病害种类与面积、手臂数量和残缺数目、法器数量等方面，采用现场文字记录、绘制病害图、X射线探伤等手段进行病害调查（图二）。

调查结果显示：千手观音造像现存手臂数量为830只，其中手817只，臂13只，石质存在风化、残缺、断裂、裂隙、空鼓、盐析、涂覆、尘土、补塑材料劣化等多种病害。石质风化面积约91平方米，断裂和裂隙约有90处，据统计千手观音手指总数3840只，有残缺的手指3015只，占手指总数的78.52%，其中残缺1个指节966只，残缺2个指节319只，残缺3个指节52只，指尖残缺1676只，手残缺2只。在揭取手表面不稳定金箔层后，展露出的泥塑手指数量大大增加，泥塑手指多达429只，占手指总数的11.17%，其中1个指节为泥塑的294只，2个指节为泥塑的109只，3个指节为泥塑的26只（图三）。

（四）历史修复调查

千手观音造像历史上经历4次修复，有明确记载的最后一次大规模修复在清朝光绪十五年（公元1889年），新中国成立后持续开展保养维护工作。本次调查获得了古人大量使用的楠竹缠麻锚杆以及部分

图一　千手观音造像修复前正射影像图

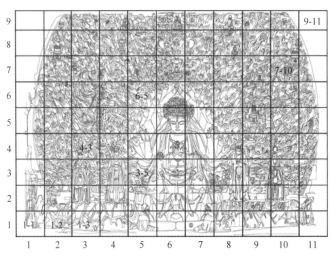

图二　现状调查：网络布控＋区域编号
（手臂编号、法器编号）

手指使用木材、铁质、石材等锚杆，黄泥、黏土混合物补塑材料，多层金箔，多重彩

绘，石质表面涂刷铜粉、黄色颜料等诸多信息（图四）。

千手观音石质典型病害		

风化	残缺	裂隙切割

千手观音手指残缺类型	

残缺指尖	残缺 1 个指节

残缺 2 个指节	残缺 3 个指节

千手观音手指泥塑类型		

一指节泥塑	二指节泥塑	三指节泥塑

图三　千手观音现存状况

千手观音手指泥塑类型

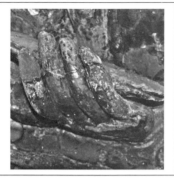		
指甲泥塑	泥修补残缺	泥地仗

千手观音历史修复痕迹类型

石质表面涂刷铜粉	石质表面涂黄色颜料	修补体涂红色颜料	泥补塑手指

千手观音历史修复用锚杆类型

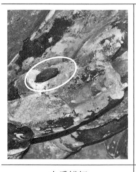	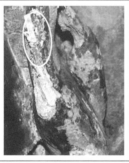		
木质锚杆	楠竹缠麻锚杆	铁质锚杆	石质锚杆

图四　千手观音历史修复状况

（五）雕刻品稳定性调查

使用便携式 X 射线探伤仪检测千手观音造像石质，结果表明，看似完好的手指内部存在风化、断裂等病害，结合前期现状勘察记录和地质环境勘察评估报告，对手（手掌、手臂、手指）的裂隙病害和风化病害情况进行测试分析并开展初步评估研究。

检测结果：千手观音雕刻品整体稳定性较差。千手观音石质雕刻品中，法器发生裂隙的情况比手指严重，手指发生裂隙的情况比手掌和手臂严重；法器发生严重风化的情况比手指严重，手指发生严重风化的情况比手掌和手臂严重。手指有补接处的裂隙基本发生在补接处，且严重裂隙程度较高。

1. 手和法器石质裂隙（图五）

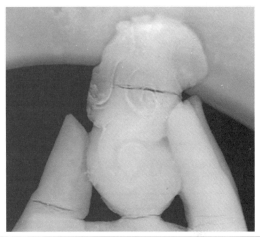

| 4-9-S4 及所持法器现状 | 4-9-S4 及所持法器 X 射线探伤图片 |

图五　4-9-S4 现状及 X 射线图像

2. 补形镶嵌楠竹锚杆（图六）

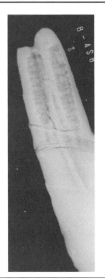

| 8-4-S8 现状 | 8-4-S8 X 射线探伤照片 |

图六　8-4-S8 现状及 X 射线图像

3. 风化裂隙（图七）

 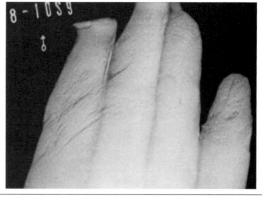

| 8-10-S9 现状 | 8-10-S9 X 射线探伤照片 |

图七　8-10-S9 现状及 X 射线图像

4. 贯穿性裂隙（图八）

 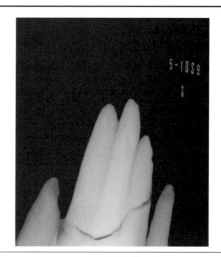

| 5-10-S9 现状照片 | 5-10-S9 X 射线探伤照片 |

图八　5-10-S9 现状及 X 射线图像

（六）石质劣化机理分析

千手观音造像材质为砂岩，硬度适中便于雕刻，但易于风化。不可移动文物千手观音受气候环境、地质及水文环境影响因素复杂。

（1）千手观音砂岩化学成分主要为 SiO_2，其次为 Al_2O_3 和一定量黏土矿物，砂岩 Al_2O_3 含量比较高，抗风化能力较弱。胶结类型为孔隙式胶结，胶结物主要为易风化的钙质。

（2）千手观音风化砂岩中主要成分为石英和长石，另有一定量的黏土矿物，胶结物方解石含量最低为3%，最高为18.4%，石膏为风化产物，含量低于1%。

（3）水和以硫化物为代表的酸性阴离

子以及可溶盐的协同作用是石质本体劣化的主因。

（4）环境中干湿交替和酸雨作用加速石质风化。

（七）修复材料研究

根据前期调查的结果，千手观音石质病害主要有手指结构的残缺、断裂，石质表面粉化剥落、片状剥落，以及少量生物病害和渗水，整体安全性和完整性受到严重影响。存在残缺440处，主要是手指和法器部位，残缺手的数量占到总手数的34%；除残缺外，存在断裂/裂隙90处，手的断裂基本在手指上。因此，对千手观音造像石质胎体的加固是非常重要的。

在前期现状调研过程中同时发现石质胎体在历史上经历过多次修复，主要的修复材料有：补塑材料黄泥、黏土混合物，补塑材料中添加的麻、棉纤维，木、竹、铁、石等锚件材质等。其优点在于材料易得、塑形方便、易操作、易更改；而缺点是这种泥质胎体在当地常年湿度较大的气候环境中，会吸收空气中的水分，使泥质胎体，乃至岩体的水含量过高，长时间会造成胎体的粉化、生物病害、漆皮空鼓、起翘等病害，对造像胎体的稳定性造成危害。

慎重选择加固材料对严重风化的石质胎体进行加固；对具备参照条件的局部缺失进行修补；对修补工艺和锚固材料在进行处理后使用。其中加固材料的选择对于胎体风化的控制及修补效果的体现意义重大。2008年10～11月、2009年2～4月，先后两次选择不同区域典型病害的2只手、13只手和1次尊像局部分别使用丙烯酸乳液、5%ZB-WB-S砂岩加固材料对风化石质渗透加固。结果显示，由于大足地区环境湿度大，千手观音石质风化严重，水溶性材料丙烯酸乳液加固砂岩，达不到加固效果；而ZB-WB-S材料加固效果较好。2010年9～12月，再次对加固材料进行了大量实验室试验及分析后，使用5%ZB-WB-S砂岩加固材料，对粉化石质渗透加固；5%ZB-WB-S砂岩加固材料与石粉配置的砂浆对残缺石质补形。

经过以上的资料收集、材料研究、试块的实验室试验，以及2008年、2009年和2010年三次材料和工艺试验、专家的评审之后，最终确定石质胎体的加固和补全材料：即研制的纤维素ZB-WB-S砂岩加固材料作为千手观音风化砂岩的加固材料；ZB-WB-S石粉砂浆作为千手观音造像的石质补全材料；锚杆选择楠木和现代材料碳纤维作为备选材料，在使用时根据需补形量大小及位置关系，确定是否钻孔，置入经脱盐、灭菌、加固处理的楠竹或碳纤维锚杆作为连接件，钻孔时应根据石质断面及补形量确定孔深和孔径，避免对石材造成新的损伤。

二、石质修复工艺及重要案例分析

（一）石质修复工艺

依据千手观音造像历史雕凿工艺痕迹，按"自上而下，由外到内，先易后难"的修复思路，本体石质修复分上、中、下三层进行。

根据千手观音石质病害类型及病害发育程度，实施本体金箔表面除尘，为下步修复提供操作条件；为最大限度保留历史信息，镊子揭取表面不稳定金箔层至稳定层位；手术刀去除劣化修补材料和灰地仗，棉签蘸2A（乙醇：纯净水=1：1）清洗残留物质；纯净水浸湿多层绵纸贴敷裸露基岩脱盐；根据石质粉化程度，先用3%ZB-WB-S岩体加固材料多次渗透加固粉化石质，再用5%ZB-WB-S岩体加固材料加固到不再渗透为止；为保留手指和法器雕刻的原始形态，对断裂面用3%ZB-WB-S岩体加固材料渗透加固，再用10%ZB-WB-S石粉砂浆进行原位或复位粘接，5%ZB-WB-S石粉砂浆修补粘接缝；石质空鼓部位采用5%ZB-WB-S石粉砂浆灌注，干燥后5%ZB-WB-S石粉砂浆找平石质空鼓边缘；10%ZB-WB-S加麻石粉砂浆填充石质裂隙，5%ZB-WB-S石粉砂浆修补裂隙边缘；为恢复千手观音造像的稳定性和完整性，使用5%-10%ZB-WB-S石粉砂浆对残缺石质多次补形和塑形，干燥后手术刀修形砂纸打磨；泥塑手指用5%ZB-WB-S石粉砂浆更换泥质胎体等修复。

（二）重要案例分析

1.残缺手指修复（案例：9-4-S9）

1）保存现状

拇指指甲局部残缺，无名指一二指节残缺、残留第三指节向手心弯曲并与拇指相连，小指第一指节残缺，第二指节残缺1/3。

2）补形依据

① 缺失部位残留痕迹。小指靠岩体有一二指节残缺后的痕迹，无名指与拇指间残留部位有叠加相连的关系。②千手观音造像左右对称手形。该手与9-8-S7手形对称。所以拇指、小指残缺部分可参考9-8-S7手的拇指、小指走向按照残缺石质补形工艺进行延伸补形；无名指残缺部分依据残留部位的弯曲程度，按照9-8-S7手无名指与拇指的叠加关系，进行残缺石质补形（图九）。

| 9-4-S9 现状 | 与9-4-S9有对称关系的9-8-S7 |

图九　9-4-S9现状及9-8-S7

3）补形工艺

修复刀将较稀10%ZB-WB-S石粉砂浆涂抹于残缺断面，增加砂浆与本体的结合度；稍干，配制10%ZB-WB-S石粉砂浆多次补粗形，8%ZB-WB-S石粉砂浆塑形，干燥后，修复刀修形，砂纸打磨光滑（图一〇、图一一）。

2.残缺手的修复（案例：4-6-S1）

1）保存现状

此手位于主尊像胸右侧，与4-7-S1成

图一〇　9-4-S9石质修复前

图一一　9-4-S9 石质修复后

对称分布，臂向前伸，为原雕刻；手自腕部残缺，现存手掌及所持物是后期用黏土材料做的想象补塑，表面涂刷红色颜料。由 X 射线探伤结果可知：手掌镶嵌部分为黏土混合物补塑，可见内部存在金属、木质或者竹质锚杆以及铁丝环绕修复的部位（图一二）。

4-6-S1 在揭取手臂表面不稳定金箔层和去除后期黏土混合物劣化修补材料后仅剩手臂，手掌和手指全无，手臂断面石质轻微风化，断面局部石质残缺，手臂残留金箔存在脱落、地仗脱落、点状脱落等多种病害。现存手镯的开口向右偏下约 30°（图一二 ~ 图一四）。

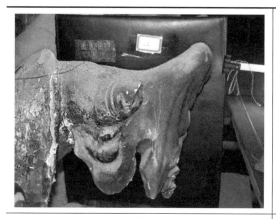

4-6-S1 右侧面现状

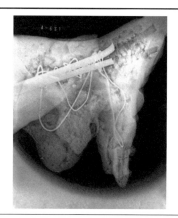

4-6-S1 右侧面 X 射线探伤图片

图一二　4-6-S1 现状及 X 射线图像

千手观音主尊现状

4-6-S1 手正面现状

4-6-S1 揭取后期补塑材料后

图一三　4-6-S1 现状及后期补塑后

2）修复依据研究

①川渝地区以及南北方石窟不同时期手观音造像调查研究。②查阅同类造像和文献记载的相关图像资料。③千手观音造

图一四　手镯开口向右偏下约 30°

像对称性和手型研究。

3）三维扫描及虚拟修复效果

三维虚拟修复过程：

油土模拟试验修复效果。根据相关调查结果，使用精雕硬油土对主尊残缺手及手指进行模拟修复。

4-6-S1 作为如意珠手存在的问题：

千手观音手腕戴手镯，手镯开口（接口）方向与手心方向一致，由此可确定手心、手背的方向。

仅剩手臂的 4-6-S1 手镯开口向右偏下约 30°，因此，4-6-S1 手心向上握如意珠。

4）研究成果

通过对 4-6-S1 手型的研究，以及 2013 年 7 月 17 日和 2014 年 7 月 11 日 2 次专家评估会的意见；基于对文物修复的真实性要求，对历史价值和艺术价值的综合考虑，为恢复千手观音造像的完整性，确定 4-6-S1 手修复参考依据为具有对称关系的 4-7-S1 如意珠手，并采取可拆卸式的修复方法来修复此手，以利后期找到更确凿、更科学的依据以便再次修复处理。

5）4-6-S1 修复方法

①雕刻 4-6-S1 如意珠手。参照 4-7-S1 如意珠手型，用雕塑油泥复制 4-6-S1 如意珠手模型并用玻璃钢翻模；使用"点线机"在选定砂岩上雕刻 4-6-S1 如意珠手，待后期补接使用。②去除补塑材料。使用修复刀、凿子等去除想象补塑材料。③石质断面加固。清除石质断面尘土，3%ZB-WB-S 砂岩加固材料对断面进行多次渗透加固，直至不再渗透为止。④补接如意珠手。特制螺纹钢套管的固定。第一步，不锈钢锚杆的固定：根据 4-6-S1 手腕断面残留锚孔及按照石质断面粘接吻合线，找出新雕刻如意珠手粘接面对应连接锚孔位置，使用电动磨钻钻锚孔，孔深 11cm，孔径 3.5cm；清洁锚孔后用 3%ZB-WB-S 砂岩加固材料多次渗透加固，再在锚孔内灌入丙烯酸快干胶调制的石粉砂浆，把准备好的不锈钢锚杆安装在锚孔内，调整好锚杆角度待固化（图一五~图二三）。

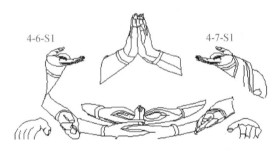

图一五　主尊胸前 12 只手拟修复线图

  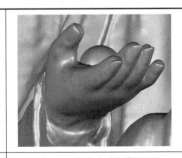

| 对称手 4-7-S1 如意珠手现状 | 4-6-S1 线图 | 4-6-S1 如意珠手白模图 |

图一六　4-6-S1 现状及模拟图

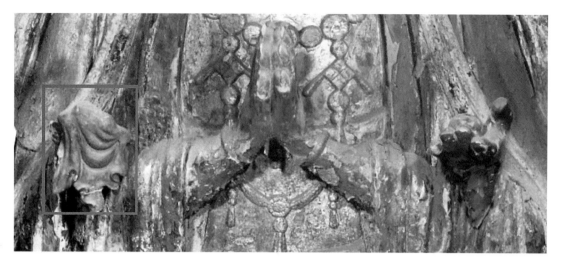

图一七 主尊手部修复前正射影像图（2011 年）

图一八 主尊手部修复前白模图（2011 年）

图一九 4-6-S1 如意珠手与 4-7-S1 如意珠手组合虚拟修复效果图

图二〇　4-7-S1 如意珠手和 4-6-S1 如意珠手油土模拟修复效果

图二一　手镯开口方向与手心方向

| 手镯开口方向确定手心方向 | 如意珠手手心方向在上 |

图二二　手心方向的确定

| 4-6-S1 现状 | 4-6-S1 去除补塑材料后 |

图二三　4-6-S1 现状及去除补塑材料后

第二步，套管的安装固定：利用 4-6-S1 手腕残缺断面残留的锚孔安装套管。在残留锚孔内灌注 10%ZB-WB-S 石粉砂浆，再把准备好的套管植入该锚孔内，24 小时固化后，套管安装完毕（图二四）。调整手的位置并固定。完成以上所有工序后，实施 4-6-S1 的拼对、粘接及补形工作。调整对接手的上下左右位置后卸下，在粘接面涂抹 10%ZB-WB-S 石粉砂浆，将新雕刻的手植入手腕断面已固定好的套管中，用砂浆固定（图二五、图二六）。勾缝、补形。粘接材料完全固化后，用 10%ZB-WB-S 石粉砂浆进行勾缝、补形（图二七、图二八）。

图二四　4-6-S1 新雕手不锈钢锚杆安装固定后

| 利用 4-6-S1 断臂原来锚孔安装套管 | 4-6-S1 断臂涂抹石粉砂浆 |

图二五　4-6-S1 断臂锚孔安装及涂抹石粉砂浆

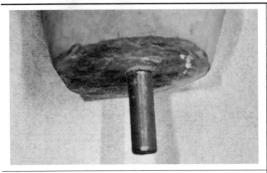

4-6-S1 新雕手粘接断面涂抹砂浆

4-6-S1 新雕手粘接中

图二六　4-6-S1 新雕手断面涂抹砂浆及粘接

图二七　4-6-S1 修复前

图二八　4-6-S1 修复后

3. 断裂手指修复

为保留手指等雕刻品的原始形态，增强其稳定性，对断裂手指进行原位或复位粘接。以 9-3-S11 断裂手指修复为例。

1）保存现状

X 射线检测表明，无名指、小指第二三指节部位存在贯通性裂隙，且裂隙面石质粉化严重，无名指、小指贯穿性裂隙：长 21.5cm，宽 1mm（图二九）。

9-3-S11 现状

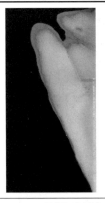

9-3-S11 X 射线探伤图片

图二九　9-3-S11 现状及 X 射线图像

2）修复方法

①手术刀沿裂隙切开取下无名指、小指第一二指节，毛笔去除断面粉化石颗粒。②3%ZB-WB-S砂岩加固材料加固断面至不再渗透为止。③按照手指断裂吻合线，用电磨钻在断面钻锚孔，孔深2cm，清洁孔后，5%ZB-WB-S砂岩加固材料加固锚孔。④10%ZB-WB-S石粉砂浆灌注锚孔，在孔内置入5cm长缠麻楠竹锚杆，粘接断面填补10%ZB-WB-S石粉砂浆使手指粘接为一体并固定。⑤达到一定强度后，8%ZB-WB-S石粉砂浆修补粘接缝（图三〇、图三一）。

图三〇　9-3-S11 修复前

图三一　9-3-S11 修复后

4. 脱落手的修复（案例：6-5-S2）

1）6-5-S2 现状

此手在历史上受到外力作用，从手腕处断裂脱落，手臂断面石质风化；脱落手长35cm、宽20cm、厚25cm，断裂面长16cm、宽11cm；脱落手局部残留环氧树脂粘接材料（图三二）。

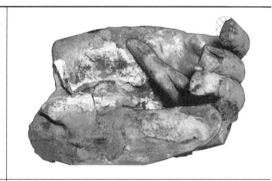

| 6-5-S2 手臂现状 | 6-5-S2 脱落手现状 |

图三二　6-5-S2 现状

2）修复历史记录

此手在历史上实施过多次粘接修复。为给千手观音本体修复积累经验，2009年10月，此手被带到中国文化遗产研究院实验室进行修复试验，试验内容有：开裂金箔揭取，劣化材料去除，风化石质加固，残缺石质补形，髹漆、回贴金箔等。2013年8月，再运回到千手观音现场实验室（图三三）。

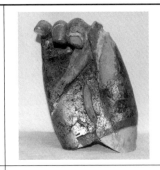

| 6-5-S2 修复后侧面 | 修复试验后手正面 | 修复试验后手俯视面 |

图三三　6-5-S2 修复试验后

3）修复方法

① 去除残留粘接材料。用 125W 小型电动磨棒机以及合金钢特制修复刀，小心谨慎去除石质断面残留及高出石质本体表面的环氧树脂粘接材料（图三四）。② 钻粘接锚孔。用 125W、钻头 4～7cm 的小型电动磨棒机，在手臂断面开孔 2 个且间距为 4cm，孔大小为：孔深 10cm，孔径 2.5cm；根据断裂粘接缝以及锚孔的对应位置，在脱落手石质断面钻 2 个锚孔，孔深 8cm，孔径 2.5cm。③ 石质加固。3%ZB-WB-S 砂岩加固材料多次渗透加固石质断面及锚孔，到不再渗透为止（图三五）。④ 复位锚杆选择及制作。锚件选择。因需要粘接复位手的体积和重量较大，故使用合成材料碳纤维作为 6-5-S2 手粘接复位锚杆。锚件的制作。根据锚孔尺寸截取合适长度的 2 根碳纤维锚杆，靠近大拇指底部为第一根锚杆长 17cm，靠近小指底部第二根锚杆长 16cm。在锚杆上缠绕少量麻纤维后放入较稀 10%ZB-WB-S 石粉砂浆里浸泡 24 小时，使碳纤维锚杆和麻及砂浆达到很好的粘接效果。⑤ 锚杆安装及固定。在手臂锚孔内灌入调制好的环氧树脂材料，将制作好的缠麻碳纤维锚杆植入锚孔内固定并待固化；在脱落手断面锚孔内灌入环氧树脂材料，按照断裂粘接缝并让其固定在手臂的锚杆上以适当支撑，待粘接材料完全固化后去除支撑（图三六）。⑥ 残缺手指的修复。电动磨钻在食指断面钻锚孔，3%ZB-WB-S 砂岩加固材料渗透加固锚孔。将预先制作好的缠麻楠竹锚杆，植入灌有 10%ZB-WB-S 石粉砂浆的锚孔内并固定。待锚杆固定后，10%ZB-WB-S 石粉砂浆多次补粗型，8%ZB-WB-S 石粉砂浆塑形。补形材料干燥后，雕刻刀修型，砂纸打磨光滑（图三七～图四〇）。

| 合金钢修复刀剔除环氧树脂 | 小型电动磨棒机剔除环氧树脂 |

图三四　6-5-S2 去除粘接材料

脱落手粘接断面锚孔

粘接断面石质加固

图三五 6-5-S2 断手断面锚孔及石质加固

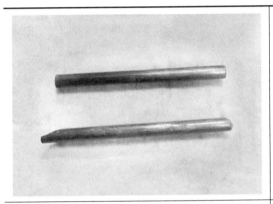

碳纤维锚杆

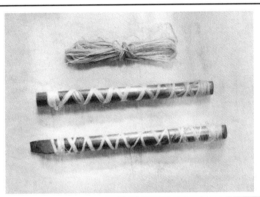

缠麻碳纤维锚杆

断手粘接后支撑固定

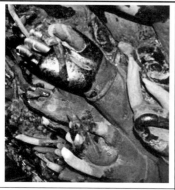  

| 6-5-S2 断手粘接后左面 | 6-5-S2 断手粘接后正视面 | 6-5-S2 断手粘接后右面 |

图三六　6-5-S2 断手粘接步骤

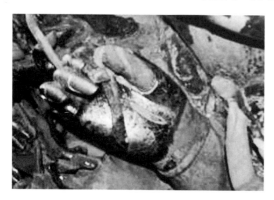 

图三七　6-5-S2 断手粘接后　　　　　　图三八　6-5-S2 残缺手指植入补型楠竹锚杆

图三九　6-5-S2 修复前　　　　　　　　图四〇　6-5-S2 修复后

5. 泥塑手指修复

案例 1：9-4-S4

1）保存现状：小指指形完整，第一指节、第二指节 1/2 为泥补塑，泥补塑部位与石质结合部位存在明显分界面，泥塑材料老化失效（图四一）。

2）修复方法

为保证小指泥塑部位的形状，暂保留金箔层。

①修复刀与凿子配合掏空手指泥塑部位。②电动磨钻在小指断面钻锚孔，5%ZB-WB-S 砂岩加固材料加固锚孔。③锚孔内灌入 10%ZB-WB-S 石粉砂浆，

9-4-S4 修复前现状

9-4-S4 揭取不稳定金箔后现状

图四一　9-4-S4 修复前及金箔揭取后现状

接着在锚孔和金箔空腔里置入缠麻"L"形楠竹锚杆，10%ZB-WB-S 石粉砂浆固定锚干。④达到一定强度后用 10%ZB-WB-S 石粉砂浆多次填补塑形。⑤干燥后，去除因形态保留的金箔层，8% ZB-WB-S 石粉砂浆塑形（图四二～图四五）。

图四二　9-4-S4 修复前

图四三　9-4-S4 修复后

图四四　9-4-S4 修复前

图四五　9-4-S4 修复后

案例2：8-4-S4

1）保存现状

小指第一指节为泥补塑，泥补塑部位与石质结合部位存在明显分界面，且泥塑材料老化失效。

2）修复方法

将泥塑手指取下存放，做补形参考依据。

①手术刀沿石质与泥质分界处切取手指泥塑部分，并放于密封袋留存做补形参考依据。②毛笔去除石质断面粉化石颗粒，5%ZB-WB-S砂岩加固材料渗透加固石质断面。③电动磨钻在石质断面钻锚孔，清洁锚孔，5%ZB-WB-S砂岩加固材料加固锚孔。④锚孔内灌入10%ZB-WB-S石粉砂浆，接着植入缠麻楠竹锚杆。⑤待锚杆固定后，10%ZB-WB-S石粉加麻砂浆，根据泥塑手指的形状补粗形，再用8%ZB-WB-S石粉砂浆塑形。⑥补塑材料干燥后，雕刻刀修型（图四六、图四七）。

图四六　8-4-S4修复前

图四七　8-4-S4修复后

三、修复效果评估

为了跟踪监测千手观音造像石质胎体修复效果，评估修复质量，在修复过程中，通过Equotip R3硬度仪、Sint DRMS Cordless阻尼抗钻仪、DDS-11A型电导率仪等多种技术手段对石质胎体加固强度、补形及脱盐效果等进行科学检测。检测结果表明，千手观音风化石质使用3%或5%ZB-WB-S砂岩加固材料渗透加固后，其强度为未风化石质强度的50%以上，并随时间推移趋于稳定；石质残缺部位使用8%或10%ZB-WB-S石粉砂浆补形后，补塑部分与原石质结合密实，无明显分界面，其补塑部位强度为未风化石质强度的50%以上，并随时间推移趋于稳定，达到预期修复效果。

千手观音造像病害严重，仅石质胎体部分存在九种病害；需采用传统修复技艺与现代科学手段相结合，优先研发、应用新型保护材料，同时结合地域特点，继续使用原材料（楠竹锚杆、麻纤维）、原工艺修复。另一方面注重现代科学手段的创新应用，借助X射线探伤技术，首次针对岩体雕刻结构稳定性进行研究与分析，指导了千手观音造像石质保护修复工作。利用红外热成像、回弹仪岩体硬度检测、电导率脱盐效果检测等无损科学检测手段指导、检查石质本体修复质量（图四八、图四九）。

图四八　电导率仪检测脱盐效果

图四九 回弹仪检测石质强度

体修复实践中，千手观音造像呈现的病害比前期调研的结果更为严重和复杂，石质风化和残缺面积增大；在许多细节问题，如加固材料浓度、粘结材料配比、补形材料配比以及补形依据等仍需进一步研究，根据修复中面对的具体情况随时进行再讨论、再研究，用研究的成果指导修复。在石质修复中，最大限度保留了千手观音原始雕刻形态以及表面贴金、彩绘等历史信息。通过石质胎体修复，确保了千手观音雕刻品的稳定性，恢复了千手观音造像的完整性，满足了文物的审美需求；为下步贴金层和彩绘层修复提供了良好的操作条件。

在千手观音造像石质本体修复实践中秉承"思与行"的工作思路与研究方法，在具

The Technology of Protecting Statue Stone of the Cave Temple —Example of the Statue of Thousand-Hand Kwan-yin

Chen Huili

Abstract: China's grottoes are widely distributed and have a long history. There are differences in the current preservation situation of Cave Temples because of the climate environment in the south and north, but they have a intercommunity between the main types of diseases and the protection and restoration technology. This paper takes the Dazu Avalokitesvara in the humid climate of the south as an example to introduce the protection and research of stone, the restoration technology and the important cases. During the practice of repairing stone cultural relics, we always insisted an idea—think must be together with action—to maximally save historical massages, including the original engraving form of Avalokitesvara and the information of coating gold foil on the statue's surface. Repairing the stone cultural relics has been helped eliminate or relieve diseases effectively, ensure the stability of stone carvings, restore the integrity of Avalokitesvara, and meet the demands of preservation and aesthetics. Meanwhile, this practice of gilding and painting for Avalokitesvara provides great experience for others to repair historical stone.

晋城博物馆馆藏木雕板病害分析与保护

王沐琪　程　勇

（晋城博物馆，晋城，048000）

木雕是以木材为原料进行雕刻创作的工艺美术品，是古建筑及古家具上的一种重要装饰构件。它作为祖先留给我们的宝贵物质和精神文化遗产，不仅具有重要的历史、科学和艺术价值，而且随着社会的发展，也有了教育、欣赏、收藏等其他功能。现藏于晋城博物馆的木雕板，主要来自于晋城地区历年来的民间征集，年代均为明清时期，造型精美多变，工艺灵巧至极，具有很高的保护修复意义。目前，由于这批木雕板均保存于馆内，通风条件有限，且受到晋城地区气候以及软硬件条件的影响，存在不同程度的病害。本文通过对晋城博物馆馆藏的部分木雕板目前存在的问题分析，阐述了一些保护修复方法，期望可以使它们在今后的岁月里能以更好地状态迎接观众的阅览，展示木雕文化的巧夺天工之美。

一、晋城博物馆的木雕文物资源

（一）木雕概念浅识

木雕是以木材为原材料进行雕刻的一种民间工艺美术品，是古建筑及古家具上的重要装饰构件。木雕本身是珍贵的物质文化遗产，而它反映出来的工艺与审美意识又是难得的非物质文化遗产。我国的木雕文物，从被发现的距今7000年前的河姆渡文化时期木雕鱼开始，该方面技艺在秦汉日趋成熟。而后又经历了唐宋大发展，明清之鼎盛等。因此，我国木雕工艺是在历史长河中始终传承、发展着的一门特殊工艺。时至今日，我国民间或各类博物馆中，仍收藏着大量精美绝伦的木雕艺术品。作为文物工作者，我们要考虑如何将这些保留至今的木雕作品保存、传承下去，让木雕文物资源作为我国的特色文物永远流传。

（二）晋城博物馆馆藏木雕板概况

晋城博物馆现有馆藏木雕180余件，均来自历年来晋城地区的民间征集。它们一般为古建筑及古家具上的构件。这些木雕版造型精美多变，雕刻内容丰富逼真，以雕刻和描绘为主的创造手法，并且采取一木连作式的基本结构，以硬木为主要选材且具有木材不混用的特点。晋城博物馆收藏木雕种类多，特色鲜明。譬如其中一个喜鹊花卉木雕版（图一），长1.03米，宽0.34米，厚0.2米，非常逼真地雕刻了动植物的姿态，栩栩如生，令人叹为观止。目前，这些馆藏木雕板除部分在展厅进行展览外，较多仍在库房

图一　JB-1490 喜鹊花卉木雕版

内存放。由于保存环境的一些限制，这些木雕存在不同程度的病害，需要得到及时保护与修复。

二、木雕文物受损状况分析

晋城博物馆馆藏木雕目前存在的病害主要有物理病害、生物病害、化学病害以及人为损害几个方面。

（一）物理病害

主要有裂隙、断裂、裂缝、木纹龟裂、残损、表面风蚀、变形、颜料脱落、漆膜卷曲等几种。

从自然环境来看，晋城市的地理坐标为北纬35°11′~36°04′，东经111°55′~113°7′。东、南依太行、王屋二山，西依中条山，北依丹朱岭、金泉山等山脉。四季分明，春季干旱多风，夏季湿热多雨，秋季晴朗，日照充足，冬季寒冷少雪。年平均气温9.9℃，年平均日照时数2675小时，年平均降水量441.8毫米，无霜期171.2天。往往会出现不同程度的旱、涝、风、雹、霜等自然灾害，其中以干旱现象最为普遍。

从保存环境来看，这些木雕除少部分在展厅展览外其余都保存在博物馆库房内，环境较为密闭，通风不佳，二氧化碳含量相对较高，保存环境较为干燥。

而就木雕板本身来讲，木质纤维属吸湿性物质，对干、湿最为敏感。木纤维中一般都含有水分，其含水量通常是本身重量的12%~15%。如果空气湿度过低，木材含水量不足，这些木雕板就会翘曲变形、干裂发脆、缝隙增多、扩大、结构松动、强度降低；但空气湿度过高，也会使木材膨胀，产生变形等病害。温湿度的变化还会引起木材的湿胀干缩现象，导致木质文物干裂或变形，产生裂缝、变形、错位等病害。

另外，少数木雕的饰件为金属类材质，

如果长期处于潮湿环境中对文物饰件损害也很大，会产生锈蚀等病害。

（二）生物病害

主要有虫蛀、微生物损害、糟朽等几类。

引起生物病害的原因就自然因素来看主要包括温、湿度、紫外线、红外线、有害气体、霉菌、害虫等方面。当室温超过30℃、相对湿度高于70%时即为高温高湿，再加通风不顺畅，这时易滋生霉菌、害虫等，并使其生长繁殖速度加快，加速对木雕的侵蚀及污染。

就木雕板材料来说，采用解剖学方法对部分木雕局部部位进行切面、剖面显微分析及颜料偏光分析[1]。可以得知，其所用木质坚硬，年轮成直丝状，呈浅红色，经初步鉴定属柳木。由于木材是天然高分子复合材料，硬度适中，营养丰富，因此，木雕很容易遭到各种真菌、昆虫的危害。引起木材缺陷损坏的真菌主要有木腐菌、软腐菌、霉菌或细菌等，危害文物木材的昆虫主要有长蠹、粉蠹及某些种类的天牛、白蚁等。湿度过高的天气，非常适宜霉菌及害虫的生长繁殖，从而使木雕极易发生发霉、生虫、腐朽等病害。

（三）化学病害

主要有浮尘覆盖、泥污覆盖、表面附积物、颜料变色、盐类病害等几类。

对于颜料变色来说，这些木雕板用材涉及不同木材种类，表面髹饰工艺存在不同情况，其中还带有彩料的已经寥寥无几，大部分木雕板由于物理及化学老化彩料已经脱落。对于还带有彩料的部分木雕来说就十分珍贵了，针对其彩料的保护就显得十分重要。

采用偏光显微分析法，通过分辨晶体的大小、形状、颜色、表面形态、折射率和双折射率等性质，结合已知颜料的标准样来鉴别颜料种类（表一）。

样品编号	取样位置	颜色	颜料成分	制样照片（单偏光／正交偏光）
PG01	15 号缠枝花饰木雕板（残留红色颜料处）	红	朱砂	
PG02	35 号人物形象木雕（残留红色颜料处）	红	朱砂	

通过显微镜观察，并结合器物宏观颜色及偏光分析结果来看，这些木雕板使用的红色颜料均类似朱砂状、颗粒小、形状均一、无共生矿石杂质，故判断所用为类似朱砂的人造银珠，而非天然矿石的朱砂。

除颜料变色外的几类化学病害的保护修复方法均比较类似。另外，由于高温高湿环境也会使各种化学反应速度加快，使各种腐蚀加速，故也对后期库房日常通风保持干燥提出了要求。

（四）人为损害

主要有人为不当补配、人为不当修复、人为破坏等几种。

图二　GJ-71-1 祥云飞马木饰板

木雕类木质文物一般属于实用性较强的文物，在前人的使用过程中，或多或少会对其产生一些影响，例如饰件的松动以及缺失等。

另外，个别木雕曾按照一般修补方法作过修补，如用普通白乳胶粘接或铁丝捆绑及塑料胶带粘接，导致其风格、色泽均不协调，既破坏了整体风貌，也影响了价值。如祥云飞马木饰板（GJ-71-1）解决粘接问题就是采用塑料胶带，产生了不稳定的问题（图二）。

三、木雕文物保护实验及修复路线

本批抽取 32 件木雕板进行保护和修复，工作内容包括对其进行病害检测分析，制定科学合理的保护修复方案。按照方案依次进行灭菌杀虫，除尘去污，木工修整、补全，损伤处理，表面髹饰和保养等。希望通过治理木雕文物现存病害，延长其文物寿命，以期达到长久保存和陈列展示的要求。

文物保护和修复实施过程中，严格按照"修旧如旧，不改变文物原状"及最小介入、最大兼容的可再处理原则和安全高效的基本原则；补配所用材料应与原物一致，雕刻纹饰应与原物风格一致；保存尚好、无修复史的孤品，以预防性保护为主，做好日常保养；真实全面地保留和延续木雕板全部历史信息以及所包含的历史、艺术、科学等价值。

修复一般分为前期、中期和后期三个阶段。

（一）前期修复（预加固→清洗）

1. 预加固

前期要先行进行预加固和清洗两个步骤，就抽样进行保护修复研究的 32 件木雕来讲，除了 JB-1478 扇形花卉木饰板由于花样造型简洁、一木连作且无彩绘层的原因在清洗之前无须预加固步骤外，其余 31 件木雕的前期修复都进行了预加固。

由于经历时间的变迁，受外部空气及其他因素的影响，使整个彩绘层变得很脆弱，表面彩绘出现龟裂、起翘、卷曲、空鼓、酥、粉化等的病害，因此，在清洗前必须对疏松严重的部位及有颜料及漆皮的部分进行预加固，通过预加固可防止木材本身和疏松部位的脱离，以便于清洗工作的顺利进行。

具体操作是，在局部除尘后对待加固部位进行软化，选用乙二醇、2A[2] 作为润湿剂，选用加固剂对有颜料有漆皮的部位和疏松部位进行回贴及粘接。

（1）已翘离或脱离的漆皮：首先采取加强附着力的措施，用润湿剂乙二醇将需要加固的漆皮层润湿后用小毛笔将加固剂沿漆皮翘离处的边缘点涂，使加固剂渗入漆皮层与木材之间，再用隔离纸压实；已脱离的漆皮则需要在漆皮层背面涂加固剂，然后复位压实。

（2）空鼓：出现空鼓现象而又没有断裂痕迹的部位，需使用很细的注射器及针头扎入空鼓部位，先注入溶湿剂乙二醇再注入加固剂后，用隔离纸压实。

（3）起翘、卷曲：先用溶湿剂在漆皮层与木材之间，利用表面张力将彩绘层拉平，对好缝隙后抚平，用隔离纸压实后，再向隔离纸上点涂加固剂（聚硼酸树脂），使加固剂渗入漆皮层。

2. 清洗

清洗是为了去除灰尘及较疏松的土垢等表面沉积物，以及成堆积状致密而坚硬的污垢等各类盐类。原则是必须在保证文物不受损伤的前提下，尽可能地彻底消除污垢物。

对于清洗来讲，清洗试剂的选用无疑是非常重要的，对此进行了实验（图三、图四）。选取三种实验试剂分别为去离子水、2A 溶液[3]、3A 溶液[4]。

图三　实验试剂

图四　实验工具

选取表面污渍较为严重的部位，分三个区域用不同试剂进行清洗，以便最后观察效果。实际操作过程及最终效果可以看出（图五～图七），各个区域相比较，使用去离子水清洗效果一般，在清洗过程中操作时间较长；使用2A清洗效果较强，但是由于其效力过大，如操作不当或者用量过大会清洗过度；使用3A试剂清洗效果较好，介于去离子水与2A之间。故一般污渍选取去离子水与3A溶剂作为清洗剂，若遇到较顽固的污渍选取2A作为清洗溶剂。

 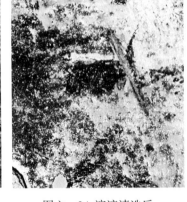 

图五　去离子水清洗后　　　　图六　2A溶液清洗后　　　　图七　3A溶液清洗后

确定试剂之后的具体操作，先用润湿剂对其进行软化，用小竹签轻轻地扎，使土层或污垢层松散，然后再用手术刀将竹片刮掉，此法适宜漆层或彩绘层面。

空气中的灰尘牢固地吸附在文物表面，形成难溶的覆盖物，为了使花纹图案更加清晰，需要对覆盖物进行清除。用机械法会伤及花纹和颜料，采用化学试剂进行清理，可根据情况选择相应的浓度，清洗后要彻底清除残痕、不留痕迹，应考虑到木雕文物的整体效果。整个清理过程中，要根据具体情况灵活运用各种手段，对浓度比例要精心细心，防止因过急造成对文物的损伤。

（二）中期修复

修复的中期过程，要根据木雕板自身的病害具体情况具体分析，分别制定修复方案，就此次所抽样的木雕板来说，中期修复步骤主要有以下几类情况。

1. 加固

对于存在裂缝以及糟朽等病害的木雕板要进行加固，提高其稳定性、坚固性，对此要尽可能选用对木雕本身干扰小的方法和材料，可根据实际采用整体加固或局部加固，加固材料选择 Paraloid B72[5] 为首选材料，加固时我们可根据不同木雕不同部位的不同糟朽程度配比不同比例的加固剂，分别喷到所需位置，使其渗入木材组织中让木质硬度和拉深强度得到较大提高。如 JB-1472 人物形象木雕板（图八）

图八　JB-1472 人物形象木雕

即使用此加固方法。

2. 木雕修补

对外形完好的木雕板无须做修补处理，而对外形微损的则要补全残缺部分，按图案对称原则补上颜料，大面积无颜料区不予补全。对于残破较多的，根据确凿依据，能粘接恢复原形则予以粘接，无法恢复原形则不粘接；对于部分木雕板漆皮起泡、卷曲、脱落的情形，通过校正病害形状，粘接回原来位置。对于大面积漆皮缺失的，不补全彩绘；对于木质大面积缺失的，如果不影响长期存放，不补全木质本体。如 GJ-71-1 祥云飞马木饰板（图二）即使用此操作。

3. 开裂疏松易碎部位的加固

采用聚乙二醇渗透法[6]。原理是为了减少由于吸收水分所引起的木材膨胀，因此要使用具有极性的、水溶性的、低分子量的化学试剂填充木材细胞壁，聚乙二醇的分子量能够渗透细胞壁，处理后，聚乙二醇填充的细胞壁恢复到它原有的体积。

4. 防蛀防腐药物渗透处理

经过溴甲烷[7]熏蒸杀虫灭菌处理的木质文物，若无防蛀防腐药物渗透处理，以后还会遭受虫菌的再次侵害。众所周知，木材本身为生物有机体，由纤维素、半纤维素和木质素组成，这些都是虫菌侵蚀的材料。为了有效防止木雕被虫菌二次感染和破坏，需要对其用有效的防腐防蛀药物进行渗透处理。

采用 Sparpec08[8] 木材防蛀防腐剂进行处理，在此之前的木质文物模拟对比试验中，Sparec08 防腐剂取得较好的效果。

（三）后期修复

对于木雕的后期修复来讲，流程基本一致，均为贴面保护→防光老化与防霉保护→后期预防性保护处理几个步骤。

1. 贴面保护

为了在后续的保护措施中使刚修复好的颜料层及漆皮层不受损伤，必须对表层进行贴面保护。

修复保护过程中需要移动的，为避免移动过程中对颜料及漆皮造成损伤，要采用木质夹板，夹板靠颜料及漆皮一侧需要衬 5 厘米厚海绵。

2. 防光老化与防霉保护

为了增强木雕板对环境中有害物质的抵御能力，从而使其得到更有效的保护，需要采用保护剂对其表面做封护处理。根据木雕板的具体情况，我们选用 Paraloid B72、紫外线吸收剂 UV-9[9]、木宝[10]对表面进行喷涂防护处理。

3. 后期预防性保护处理

后期从文物病变的现象出发，不只是单纯地处理病变，而是从环境检测着手，分析环境和文物材料之间的关系，找到文物病变的原因，从根本上遏制病变的发生。注意检测温湿度，做好定期维护工作。选择适当的环境，温湿度不要剧变，并且要干燥、避光、防火、防震等，理想的环境为：温度 18~24℃，湿度 55%RH~65%RH。

此外，在木雕板保护修复后，展示存放环境要符合木雕板适宜保存的温湿度条件。将温度控制在 15~25℃，湿度控制在 55%RH~75%RH，在此温湿度条件下，木材伸缩性低、漆皮耐久性高、不易变形。湿度可以通过加湿器来调节，照射光源可选用过滤紫外线的冷光源，照度 100~150 勒克斯。

四、结　语

晋城博物馆馆藏木雕板除了专门的保

护修复以外，在今后的日常保存维护工作中也要注意一些问题。

平时用质地细软的毛刷将灰尘拂去、再用干棉麻布料缓缓擦拭。若木雕沾上了污渍，可以蘸取少量水或油剂擦拭，切勿用湿布擦拭清除灰尘。尽量保证木雕不受到阳光过度照射、保持一定干燥；木雕在搬运时候，一定要将其抬离地面，轻抬轻放，绝对不能在地面拖拉，防止擦碰。放置时要放平放稳，地面不平，需垫实，以防损坏及造成不必要的伤害，如脱漆、刮伤、磨损等，并保护足部。部分木雕易受潮腐蚀，其下可置垫块，避免吸收地面潮气，进行定期保养，每季度上蜡一次，没上漆的木雕可用核桃油擦拭。上蜡时要在完全清除灰尘之后进行，否则会形成蜡斑或造成磨损，产生刮痕，要掌握由浅入深、由点及面的原则，循序渐进，均匀上蜡。

另外，库房要定期通风，避免潮湿环境对其再次产生伤害，还有就是防火，摆放场所一定要有严格防火措施。

只有在平时把这些维护工作做细做好，就能保证木雕类文物的良好保存状态，延长它们的寿命，让今后更多的人有机会一睹古人于木材之上的那巧夺天工之艺术，让晋城博物馆馆藏木雕板的风采为人们所了解、熟悉并由衷赞叹。

保护工作及实验材料说明。

取样原则：切面显微分析、剖面显微分析及颜料偏光分析的取样，在方法上属于微损检测，一般取样量最小值为皮克（pg）和纳克（ng）级，不至对文物造成视觉可见的明显损害。但是出于文物保护原则，在选择取样位置时，仍需注意尽量选择隐蔽或已出现明显损坏的部位。如构件交接缝隙处、构件脱落部位、漆膜卷曲脱落处等。另一方面，取样前需要明确研究目的，先仔细进行目测观察。在初步分析判断后，有针对性地选择典型髹饰部位，

尽量不重复、不浪费，以最大限度地减少对文物的损害。

实验材料介绍如下：

① 水和乙醇 1∶1。

② 丙酮 1∶1 水溶液。

③ 去离子水 1∶1 水溶液。

④ B72，现今世界文物保护领域使用最广泛的一种聚合物材料。是一种无色、透明的热塑性树脂，用作文物保护加固剂、黏结剂、封护剂。

⑤ 聚乙二醇又叫碳蜡，简写为 PEG。

⑥ 甲基溴，常用于植物保护作为杀虫剂、杀菌剂、土壤熏蒸剂和谷物熏蒸剂。也用作木材防腐剂、低沸点溶剂、有机合成原料和制冷剂等。

⑦ Sparpec08，木材防蛀防腐剂，是一种淡黄色水性液体，有刺激气味，其主要活性成分有：丙环唑、戊唑醇、碘代甲氨酸酯、氯氰菊酯。

⑧ 2- 羧基，4- 甲氧基，二苯甲酮。

⑨ 铁道部鹰潭木材防腐中心为解决我国南方橡胶木家具防腐问题而研制的木材防腐剂，该实验材料易溶于水，毒性低，无异味。

注　释

[1] 《中华人民共和国文物保护法》（2015 年修正）。

[2] 《中华人民共和国文物保护法实施条例》（2013 年修订）。

[3] 《中国文物古迹保护准则》（2015 版）。

[4] 《馆藏出土竹木漆器类文物保护修复方案编写规范（WW/T/0008-2007）》。

[5] 《馆藏出土竹木漆器类文物病害分类与图示（WW/T/0003-2007）》。

[6] 晋城博物馆：《2015 晋城博物馆馆藏木雕保护方案》。

[7] 胡晓伟、费利华、李国清等：《泉州闽台馆馆藏木质类文物的保护处理》，《文物保护与考古科学》2007 年第 3 期。

[8] 石鹤：《几种防腐剂在古坑木中的吸收量固化率及抗流失性研究》，《文物保护与考古科学》1997 年第 1 期。

[9] 杨璐、王丽琴、王璞等：《文物保护用丙烯酸树脂

Paraloid B72 的光稳定性能研究》,《文物保护与考古
科学》2007 年第 3 期。

[10]　武仙竹、郑利平:《重庆地区馆藏木质文物病害调
查与保护》,《重庆师范大学学报》2008 年第 6 期。

Disease Analysis and Protection of Woodcarving Board in Jincheng Museum Collection

Wang Muqi　　Cheng Yong

Abstract: Wood carving is a kind of folk art which is made of wood as a carving material. It has a long history in China and is widely distributed. It has the dual attributes of material and intangible cultural heritage. The Jincheng Museum's collection of carved wood panels, with fine workmanship and ingenious shapes, they reflect the exquisite craftsmanship and artistic aesthetics of ancient craftsmen. Because wood is an organic biological material, and it is vulnerable to natural and human-induced damage, needs to be protected and restored with modern technology. Based on the analysis of the damage of some carved wood panels in Jincheng Museum collection, this article explores some methods of protection and restoration, and carries out the protection and restoration of wood carving panels in Jincheng Museum collection. It is hoped that this type of technology will be applied to the protection of other units' woodcarving cultural relics.

佐藤小太郎日式士官军刀的修复

吕冬梅

（河南省孟津县文物管理局，孟津，471100）

关于文物保护中的修复理念、原则等，一般主要侧重于对古代文物方面进行的讨论[1]。而对于近现代革命文物或战争遗存证据等，保护修复中应遵循的理念、原则等很少有专业讨论。实践工作中，该方面修复理念和技术方法只有一些较少的探讨。如肖贵洞在《近现代文物要研究的 100 个课题》[2]中指出："近现代文物在入库前，要进行清洁。其中包括要达到洁净无瑕、无污染、无异物、无隐患等"；《近现代文物修复的重点要求——功能恢复》[3]中谈到"近现代文物修复不要求整旧如旧，重点在于对它们功能的恢复，使已经失效的近现代文物恢复其原始的价值"。为使在该领域中逐步积累技术方法、建立工作范例，本文作者在重庆师范大学研究生学习阶段，在武仙竹、郑利平老师的指导下，对一件川军在抗战中缴获的日本军刀进行了修复和技术保护。本文对该项工作的技术过程进行记述，并对实践中的相关心得进行探讨。

一、军刀的来历、收藏单位及保护修复价值

2013 年 7～10 月，重庆师范大学科技考古创新团队在三峡库区文物保护项目——丰都县瓦啄嘴遗址进行抢救性考古发掘时，获悉民工秦小林（丰都县高家镇官田沟村二组居民）父亲在川军服役期间，曾为下级军官，参加抗战并带回一件战利品——日本士官军刀。该军刀作为纪念品被收藏于家，其父去世后由其子秦小林收藏。但近年有数次险些失窃，秦小林随将该物转赠重庆师范大学考古队负责人武仙竹，嘱武仙竹代为修缮和保存。考古队结束田野工作后，武仙竹将该军刀交与重庆师范大学科技考古与文物保护技术实验室收藏，并与郑利平老师指导本文作者对其进行修缮和保护。

抗日战争，是中国现代史上有关中华民族生死存亡的一次伟大战争。中国军队在经济、军备、生活条件等极端落后的情况下，通过与敌人的浴血奋战，终于打败了日本军队。保护了民族生存权和国土完整。本人记述的这件日本士官军刀，作为中国军人在战争中缴获的战利品，具有较高的纪念意义，可以利用其开展抗日战争史研究和爱国主义教育。修复和保护该件战利品，可以见证中华民族不畏强敌、不怕牺牲、团结一致、英勇抗战的可歌可泣精神。传承和展示该件战利品，可以宣传我国人民群众的无私奉献精神，教育现代人铭记历史和积极投身祖国建设事业。

二、军刀修复目标及流程

（一）修复目标

作为文物的军刀，我们对其本体的修复、保护设定有以下几点目标。

第一，保存其完整性。在日本军刀的修复过程中，要尽可能地保持其完整性，不能对其进行主观破坏。例如，此把军刀修复的难点在于刀鞘底端的整形复原，如果运用锯解法，可能是比较快而容易的修复方法，但锯解法肯定会对军刀本体造成一定损害。这种损害修复对象本体的做法，在文物保护工作中是受到学术界普遍批判的。因此，我们拟采用难度较高的手工工艺和物理方法相结合，先将刀鞘底端的护铛取下，然后再对其进行整形复原。

第二，恢复其原有的金属质感，不要求修旧如旧。古代文物在保护修复时，要考虑其历史价值、艺术价值等。作为战利品的日本军刀属于近现代历史遗物，它的重点体现在纪念价值以及教育价值上。因此，在修的过程中要尽可能地修得光亮，将上面的锈蚀、污物等去掉，恢复原有的金属质感，同时不能破坏军刀上的纹饰和文字。

第三，消除病害，尽可能延长其完好保存时间。在了解日本军刀质变机理的基础上，采取预防性保护为主、防治结合的方针。阻止病害继续对其本体造成破坏。强调军刀修复的持久性，使其可以长期完好地保存。因此，在修复中选用了B72—丙酮溶液，进行必要的封护处理工作。

（二）修复流程

保护修复操作流程如下：

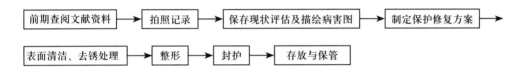

三、军刀基本信息以及保存现状

该军刀为日本"九五"式士官刀，机制，单环。带鞘总长84.8厘米，刀鞘68.2厘米，刀长64.1厘米，刀柄16.6厘米，刀最大宽度2.7厘米，刀最大厚度为0.5厘米。总重0.95千克。刀柄与刀刃的比例为1∶4，军刀柄形为平衡的扁棒状。刀鞘是使用黄色铜皮包镶木质材料制成，刀鞘正面中央有日本旗和"天皇昭和十五年"的铭文。其余部位布满菱形纹，菱形纹内有的带4个点，有的带4个圈。刀鞘反面中央为龙形纹，其余部位也布满菱形纹。菱形纹内也同样有的带4个点，有的带4个圈。刀身两面近柄处均压有印文。正面：上为日本军旗，旗内有樱花，中部压印有"天皇"二字，下部为横排的"29318"编号。反面：竖排压印有两行字，

左上角为"昭和十五年"，右下角为"佐藤小太郎"。其他相关修复信息见表一。

表一　标本保护修复基本信息表

标本名称	日本"九五"式士官刀	收藏单位	重庆师范大学科技考古与文物保护技术实验室
标本来源	丰都县高家镇官田沟村二组居民秦小林捐赠	标本时代	日本昭和十五年
标本材质	刀鞘为铜皮包镶木质材料制成，刀刃为钢质		
方案设计单位	重庆师范大学科技考古与文物保护技术实验室	保护修复工作人员	吕冬梅　郑利平

刀鞘表面有不同程度的浅绿色粉末状锈蚀、片状绿锈、红锈和灰质、黑色氧化物。刀鞘底端临近铛的部位被压扁，凹陷变形严重。铛上除有片状绿色锈蚀外，还有一面积约1.5平方厘米的浅绿色

疏松锈蚀物。看不清其表面纹饰，并且锛上有凹陷的痕迹。刀刃上大面积锈蚀严重，并且有划痕。刀柄上也是大面积的黑色氧化物，并有小面积的绿色锈蚀，几乎看不清原来的颜色。刀柄与刀刃的连接处镡这个部位有红锈、黑色氧化物，几乎看不清原来的纹饰，如图一～图五所示。

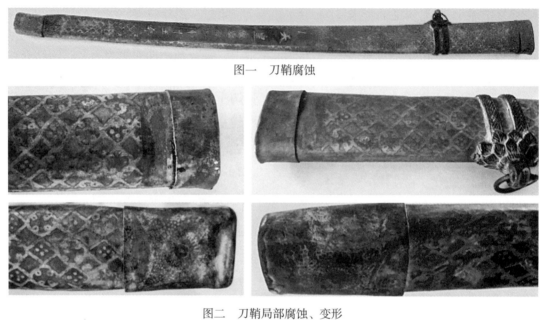

图一　刀鞘腐蚀

图二　刀鞘局部腐蚀、变形

图三　刀刃、刀柄腐蚀

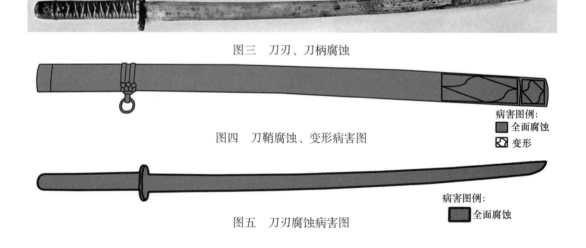

病害图例：
■ 全面腐蚀
◇ 变形

图四　刀鞘腐蚀、变形病害图

病害图例：
■ 全面腐蚀

图五　刀刃腐蚀病害图

四、军刀的保护与修复

（一）刀身的清洗去锈处理

整个刀身（刀刃、刀柄、镡）的清洗去锈，分为以下几个方面。

1. 刀刃的清洗去锈

第一，用鬃毛刷蘸取白醋在刀刃正反两面上反复刷上几遍，将附在刀刃上易溶于弱酸的污物去除，随后用脱脂棉蘸上蒸馏水在刀刃正反两面来回擦拭。这样做的目的是防止刀刃上有白醋残留，对刀刃造成二次破坏。

第二，针对刀刃上厚厚的锈蚀，选择机械打磨的方法。使用电动吊模机，选择合适的探头，在刀刃上来回打磨（图六）。待其氧化物疏松后，用脱脂棉轻轻地擦去。注意在使用电动吊模机时，一定要在刀刃上进行轻轻的打磨，以免刀刃上出现新的划痕，对刀刃造成二次破坏。另外，使用时一定要小心，不要伤到手。

第三，使用电动吊模机进行打磨后，对于一些除不掉的顽固锈蚀、污垢，选用欧德素的金属擦亮膏进行擦拭。用法是先在脱脂棉上蘸取适量的金属擦亮膏（AUTOSOL 擦

图六　对刀刃进行打磨

铜膏，型号 AT-01000），然后在刀刃表面擦拭。重复上面的步骤，反复用脱脂棉进行擦拭，直到刀刃光亮为止。另外，对于刀刃表面坑洼处的顽固污垢，先用手术刀剔除，再用脱脂棉蘸取适量的金属擦亮膏擦拭（图七）。

图七　修复后的刀刃

2. 镡的清洗去锈

第一，先将镡上的疏松锈蚀用小刻刀慢慢地剔除，然后用棉签蘸取蒸馏水在镡上来回擦拭，将剔除的污物清洗干净。

第二，将刀直立，使用 1000 目的金相砂纸在镡上反复摩擦，尽量将镡上能摩擦到的地方擦亮。

第三，使用电动吊模机，选择合适的探头，在镡上轻轻地打磨，再用棉签将打磨出的污物擦掉。然后用脱脂棉蘸取金属擦亮膏在镡上先轻力，然后根据其擦拭效果，逐渐用力擦拭。在此过程中，电动吊模机和欧德素的金属擦亮膏来回配合使用，直到将镡擦拭干净为止。

3. 刀柄的清洗去锈

第一，使用 1000 目的金相砂纸，在刀柄处来回打磨，将能打磨到的地方擦

得光亮。然后用脱脂棉蘸取蒸馏水将打磨出的污物清洗干净。需要注意的是还要用手术刀将刀柄死角处的污物清洗干净。

第二，在脱脂棉上蘸取适量的金属擦亮膏，来回在刀柄上进行擦拭。同时配合使用电动吊模机，在刀柄镂空处的小孔以及缝隙处轻轻打磨。最后取得的效果见图八。

图八　修复后的刀柄

（二）刀鞘的清洗去锈处理

刀鞘的清洗去锈，有以下几个步骤。

1. 刀鞘表面的清洗去锈

第一，用脱脂棉蘸取少量白醋在刀鞘表面来回擦拭，将易容于弱酸的污物擦掉。然后用蒸馏水进行清洗。

第二，用脱脂棉蘸取适量金属擦亮膏，在刀鞘表面来回擦拭。在擦拭过程中，要先用轻力，然后根据擦拭的效果再逐渐加力，最终将刀鞘表面擦拭干净，露出光亮的黄铜。对于藏在缝隙处的一些污垢，先用手术刀轻轻地刮，然后在脱脂棉上蘸取金属擦亮膏反复擦拭，直到擦拭干净为止。

2. 刀鞘上责金的清洗去锈

第一，使用 1000 目的金相砂纸在责金上来回打磨，直到达到理想的效果为止。然后用脱脂棉蘸取少量蒸馏水将打磨出的污物清洗干净。

第二，使用电动吊模机，将责金上缝隙处的污物慢慢打磨出来。然后用脱脂棉蘸取适量的金属擦亮膏反复擦拭。在擦拭的过程中与电动吊模机配合使用，最终将刀鞘上的责金清理干净（图九）。

图九　刀鞘修复后

（三）刀鞘底部的整形

关于青铜文物的整形，目前主要有 5 种方法。包括锤打法、模压法、工具整形法、加温矫形法，以及锯解法[4]。军刀刀鞘底部压扁、变形，对刀鞘底部的整形，根据刀鞘的实际情况，采取工具撬压矫形的办法。其整形包括以下几个程序。

1. 刀鞘底端铛的拆除

要对刀鞘底端进行整形，就需要先将刀鞘底端镶嵌的铜皮铛取下，才能进行整形。首先在超声波清洗机中倒入适量的蒸馏水，使刀鞘底端的铛完全浸在水里。打开按钮，清洗一定的时间，将铛缝隙处的部分污物清洗干净。然后将一字螺丝刀裹上塑料膜（这样做的目的是为了防止其与刀鞘直接接触）一手扶着刀鞘，另一只手拿着一字螺丝刀在铛的缝隙处慢慢往外撬，待其松动后，用长嘴钳夹住铛将其慢慢往外拔，反复使用一字螺丝刀与长嘴钳，最后将铛取下（图一〇）。

图一〇　铛取下

2. 压扁部位的整形

选择一根合适的木棒，用塑料膜将木棒包裹上，在外部测量刀鞘需要整形的部位，同时用记号笔对应在木棒上进行标记。然后根据标记的地方，将木棒伸进被压扁的部位，利用杠杆原理，一手按住刀鞘，另一只手拿着木棒，以桌子边缘为杠杆点，慢慢向外顶。一边操作，一边观察其凹陷变形部位，直到其恢复形状。在挤压的过程中不要太用力，以免用力过度对文物造成二次破坏。

铛的整形为：先在铛内竖一根合适的木棍，并且可以撑满其内部三分之二。然后左手扶着木棍，右手用一字螺丝刀在铛变形处慢慢往外撬，直到恢复形状为止（图一一）。

3. 刀鞘底端铛的镶嵌

经过整形后，需要将铛重新镶嵌到刀鞘里。操作方法是：镶嵌前要保证刀鞘表面清洗干净，然后将铛嵌入刀鞘中，用锤子慢慢敲打，使其完全嵌入刀鞘里。整体修复后的效果见图一二。

图一一　对刀鞘压扁部分整形

图一二　整体修复后

（四）表面的封护

封护的目的是为了使日本军刀可以有效地抵抗外界有害成分的侵蚀，尽量不受环境因素、人为因素的影响。于烧杯中配制 1.0% 的 B72—丙酮溶液，然后用毛笔蘸取进行封护。要注意的是由于 B72—丙酮溶液有毒，在封护的时候要选择通风口，并且戴上口罩。

（五）存放与保管

经过清洗、去锈、整形以及表面封护处理后，并不意味着工作就结束了。我们还要在了解其锈蚀机理的情况下，采取预防性保护为主，防治结合的方针。根据其存放环境，应注意以下几个情况。

（1）空气中不能存在氧化性气氛，如 O_3、O_2 等。

（2）避免其与空气中的有害气体以及尘埃接触。

（3）要求存放军刀的场所相对湿度要小于 45%。

五、结　　语

通过对日本佐藤小太郎士官军刀的修复实践，我们获取了以下技术心得。

第一，学术界关于青铜器保护修复工作中，有"没有绝对标准，只有因病施之"、"原则性与灵活性有机结合"的理念[5]。佐藤小太郎士官军刀作为近现代金属质文物，"修旧如旧"并不适用于该标本的保护修复。因为在该标本修复前，其已产生变形、变色，并发生多种锈质病害。因此，在把握好"度"的前提下，应"因地制宜"，选择将该军刀的刀鞘、刀刃等修复光亮，尽量使其恢复到初始，未受到损害时的情况。

第二，古代青铜器的去锈方法有传统去锈法、机械去锈法、化学试剂去锈法、封闭去锈法、电化还原去锈法[6]。金属质文物标本修复中，多使用 2A、3A 溶液以及 EDTA 钠盐、离子交换树脂、罗歇尔式盐、六偏磷酸钠等材料[7]。在本次我们对军刀进行修复实验中，发觉恢复军刀原有的金属光泽时，如采用高浓度的化学试剂，会产生较大的破坏性。因此，经过挑选、对比，我们选择使用了欧德素金属擦亮膏（AUTOSOL 擦铜膏，型号 AT-01000）。该材料挥发性低，不含毒素，环保性好。并且集去污、去锈、抛光三大功能为一体。通过欧德素金属擦亮膏的使用，可将军刀上的锈蚀、污物等全部清出，恢复标本原有的金属光泽。

第三，金属质标本在整形、去锈和恢复其光亮后，一般可采用 B72—丙酮溶液进行表面封护。但不同材质标本所用封护材料的浓度不一。如马文婷《馆藏汉连弧纹铜镜保护与修复》中，采用的 B72—丙酮溶液封护材料浓度为 1%[8]。史本恒等《西安南郊隋墓出土青铜壶的保护修复与相关问题探讨》，所使用 B72—丙酮溶液封护材料浓度为 2%[9]。苏广德《大连地区汉墓群出土部分青铜器的修复与保护》中，使用 B72—丙酮溶液封护材料浓度为 3%[10]。孙海岩《西周柿蒂纹铜尊的修复》[11]中，所用 B72—丙酮溶液封护材料浓度为 8%。上述工作实践中，使用材料的浓度差距是比较大的。我们对日本军刀所使用的 B72—丙酮溶液封护材料，通过实验，在采用 1% 的浓度进行工作时，达到了较好的保护效果。

注　释

[1]　王惠贞：《文物保护学》，文物出版社，2009 年，第 26～31 页；郭宏等：《文物保存环境概论》，科学出版社，2001 年，第 20～29 页。

[2]　肖贵洞：《近现代文物要研究的 100 个课题》，《中国文物科学研究》2008 年第 1 期。

[3]　肖贵洞：《近现代文物修复的重点要求——功能恢复》，《中国文物报》2007 年 1 月 5 日。

[4]　贾文忠：《文物修复与复制》，北京出版社，2000 年，第 31～35 页。

[5]　陈仲陶：《对青铜器保护修复理念、原则的探讨》，《文物保护与考古科学》2010 年第 3 期。

[6]　贾文忠：《文物修复与复制》，北京出版社，2000 年，第 31～35 页。

[7]　梁宏刚、王贺：《青铜文物保护修复技术的中外比较研究》，《南方文物》2015 年第 1 期。

[8]　马文婷：《馆藏汉连弧纹铜镜保护与修复》，《博物馆研究》2015 年第 3 期。

[9]　史本恒、党小娟、杨军昌等：《西安南郊隋墓出土青铜壶的保护修复与相关问题探讨》，《文物保护与考古科学》2015 年第 3 期。

[10]　国家文物局博物馆与社会文物司、中国文物学会文物修复专业委员会：《文物修复研究（第 5 辑）》，民族出版社，2009 年。

[11]　国家文物局博物馆与社会文物司、中国文物学会文物修复专业委员会：《文物修复研究（第 5 辑）》，民族出版社，2009 年。

Restoration of Taro Sato's Japanese Sergeant Saber

Lyu Dongmei

Abstract: It is few doubt about relic preservation theory of revolutionary cultural relics or war relics in early modern time. Through restoration of donated Taro Sato's Japanese sergeant saber in the Laboratory of Scientific Archaeology Chongqing Normal University, we will talk about this kind historic preservation theory. From this practice, we know we should protect these relics totally, eliminate pests and recovery these original shape. In restoration, we use shaping, scaling, recovering, sealing up and different methods. About scaling, we use the Germanic AUTOSOL(type: AT-01000) which has three specific functions: cleaning, scaling, polishing and find it works perfectly. About sealing up, after testing, we use B72-acetone solution(concentration: 1%) and have a good result. To exhibit this recovered Japanese sergeant saber from anti-Japanese war, it is proved Chinese brave and defying national spirit and is used to patriotism education.

文物保护的忒修斯悖论之辩

叶 琳[1] 卢 轩[2]

（1. 重庆市文化遗产研究院，重庆，400013；2. 陕西历史博物馆，西安，710061）

公元 1 世纪末期，希腊历史家普鲁塔克（Plutarch）提出质疑：雅典人为纪念忒修斯，将其从克里特岛返回时留下的 30 号船舰作为纪念碑保存。然而，随时间流逝，木材发生腐朽。雅典人为持续保存它，不得不使用新的木头来替代腐化的木材。最后，该船的每根木头都被换过了，那么，这只船还是当初的船吗？它还具有原来的纪念意义吗？这就是"忒修斯之船"或"忒修斯悖论"（Theseus' paradox）。作为最为古老的思想实验之一，同一性构成元素的渗透和替换问题格外引人思考。面对于文物保护而言，这个问题似乎未必达到哲学层次的高度，但在实际工作中带来不少困惑。如凯撒·布兰迪（Cesare Brandi）在《修复理论》（Teoria del restauro）中开篇就强调了修复的目标只是材料，但是随着材料自身的劣化，是否会出现如同"忒修斯悖论"那样将文物完全替换掉的情形，这直接影响到我们采取保护方式的选择，到底是保存了文物，还是偷换了文物的概念。

一、关于"文物"的思考

通常意义上来说，文物是人类在历史发展过程中遗留下来的遗物、遗迹。它是人类宝贵的历史文化遗产。我国现行文物的概念，最初在 1962 年《文物保护管理暂行条例》中对"文物"一词的范畴给予了定义。1982 年《中华人民共和国文物保护法》公布实施，随将"文物"一词及其包含的内容用法律形式固定了下来。最近的一次的《文物保护法》修订，将文物的定义确定为："即包括具有历史、艺术、科学价值的古文化遗址、古墓葬、古建筑、石窟寺和石刻、壁画；与重大历史事件、革命运动或者著名人物有关的以及具有重要纪念意义、教育意义或者史料价值的近代现代重要史迹、实物、代表性建筑；历史上各时代珍贵的艺术品、工艺美术品；历史上各时代重要的文献资料以及具有历史、艺术、科学价值的手稿和图书资料等；反映历史上各时代、各民族社会制度、社会生产、社会生活的代表性实物。"

从文物法规的内涵上，对文物的概念可以简单概括为：文物的本质就是指具体的物质遗存。它的基本特征包括，第一，必须是由人类创造的，或者是与人类活动有关的；第二，必须是已经成为过去的历史，不可能再重新创造的。

由于人与文物相互关系的缘故，就一个"文物"而言，当它可以称之为"文物"时，它实际涵盖了本体存在、价值用途和意象意义三个层次的属性。

第一个层面，本体存在。所谓本体，就是物质形态的基本组成。微观上可以具体到有无数原子集团组成的无机质类和无数分子集团组成的有机质类。本质上，就是构成文物存在的物质基础，可以简单地理解为材料，即所谓的铜鼎的铜，铁剑的铁，丝绸的丝，纸张的纸。它们是实际存在的，其物质本身与它是否是文物并未有差别，只是一种存在的状态。一切形而上的附加概念，都是建立在物质存在的基础之上。

第二个层面，价值用途。价值用途，就是体现物质存在的价值表现意义。即体现其由自然资源状态加工生产出新的物质（体）形态的目的和意义。如铜鼎之于烹饪，铁剑之于劈刺，丝绸之于穿着，纸张之于书写，等等。其使用价值的体现，即是价值用途所存在的实际意义，也就是所谓的"材料溢价"。价值用途，体现的是"存在"与"用途"相辅相成的关系。也就是说没有无用途的存在，也没有有用途的不存在。

第三个层面，意象意义。所谓意象意义，就是超越物质本身存在和用途的意义。是形而上的通过社会认同或约定，所形成的一种理念和规矩。正如青铜鼎被寓意天下，铁剑被寓意杀威，丝绸被寓意富庶，纸张被寓意知识，等等。意象意义，是对物质本身进行用途上的升华和外延方面的扩大，它可以离开物质本体而存在。是以一种形而上的抽象意向而存在，而不需依附于实际的具象而存在。它的特殊作用，是可以作为一种抽象概念进行实物方面的表征或证明。

二、文物保护对象的思考

对于文物保护工作者而言，工作的对象即是文物。但说到底，真正要保护的对象是什么？实际工作中，文物保护工作者对此也常常思考。在此，我们试从三个层次进行阐述。

第一层，本体存在。

文物是在过去的历史中创造的，即是过去历史的存在。也就是说，文物本身应以历史过去的某种材质来存在，该材质保留着历史过去的基本状态。但随着材料自身的劣化机制，材料性能逐步退化，其形态已经在逐步丧失。针对其开展的文物保护，就应该着手于物质存在的前提，如同凯撒·布兰迪（Cesare Brandi）在《修复理论》（Teoria del restauro）中所强调的只是修复材料并展示其内在统一性，即采用原材料、原工艺对原有组成物质进行替换和修缮，并不更改其他属性。这就像埃菲尔铁塔数年一次的构件更换。即更换同类型必要零件，保持其原始状态的真实存在。而萨尔瓦多·穆尼奥斯·比尼亚斯（Salvador Munoz Vinas）的《当代保护理论》（Contemporary Theory of Conservation）中提升到恢复其可识别特征的"修复"与恢复其不可识别特征的"保护"，即不仅仅作必要构件替换或补充，还有对不可替换构件进行补强或加固。

出于此目的，对于文物保护修复中，采用原材料或选择近似材料，皆应该保证其物质存在为先决条件，尽可能地避免对原有材质的损伤或引入新的危害。而对于一些发生了变化材质，以至于影响了原有形态的物质，应不予保留地去除，并填补完善其应有形态。当然，这个层面的要求，也可以以保证其历史过去珍贵性的存在为由，在没有可以替换修缮材料和技术的客观条件下，完完全全地不做接触干预，只是以环境控制等手段，延缓该材料自身劣化进行，拉长该材质的存在周期，保证其外观的"真实性"并留存更多未被干扰的历史信息痕迹，以图达到保存的目的。这样做，也是没有争议的。

第二层，价值用途。

用途是物质作为工具或者用具的体现，恢复其功能性，成为文物保护修复更高一级的追求。功能性的恢复，就对其材质的物理性能提出要求，如铜鼎是否可以烹煮，铁剑能否开刃劈刺，弓弦是否可以驾驭弓箭。为了满足其功能性的体现，则有两种方案可以选择。其一就是更换其材质，辅以原材料或近似材料，更甚者用新材料为龙骨，覆以颜料使其外观一致，满足其使用功能。现代设施设备修缮中如元器件更换，大都是此种做法。但这种忽略了该材质自身也是一种时代性的文化信息的证明，这样更替的做法对历史文物而言，基本是对原有历史过去存在材料的颠覆性摒弃，一般文物保护修复人员并不以此为宜。

另一种，则是采用间接旁证的方式来证明其所用所在。如铜鼎中烹煮后的剩骨、铜壶中密封的酒。但因出土环境的复杂性，使其附属物不具备普遍性，因此仅局限在有明确非干扰附属物的情况。而眼下大多数，则是采用以充分研究和模拟实验为基础，进行实物仿制或数字化 3D 展示。这样可以避免对原文物的干预，也能展现出文物应有的使用价值。如秦始皇帝陵博物院展示马车撑伞的精巧使用设计、扬州萧后冠仿制件的制作。但缺点在于，研究和模式实验的准确性，特别是在原有记录不存，模拟效果多是以今评古的结果，多是一家之言。

第三层，意象意义。

由于文物在历史过去中的特殊性，常附带有事件、法令、习俗等社会概念的证明作用。在针对这种目的时，文物保护工作的开展，就有着与之前两个层面不同的要求。如宗庙宫殿的富丽堂皇，即必须恢复到能发挥其原有精神作用的状态，如忒修斯号船之于雅典人、金阁寺之于日本人。因为作为纪念碑的忒修斯号船、作为象征性建筑物的金阁寺，已不能具备下海远航、僧侣修行的基本用途，其精神象征这一额外功能已经完全取代了它们本来的功能。说到底，精神象征作用的产生，已经与象征性物体本身的存在与否关系不大，真正起着作用的，是人们心中的某种存在。

此种情况下，采用尽可能相似的原材料、原工艺，又能展现出原有色彩威仪的方式，才是正确之法。并不能仅仅是控制现状或恢复用途就万事大吉。是否采用近年时兴的虚拟实境的互交技术来达到感官体验等意象性感受，似乎是一个可以探讨、趋于折中的手法。但其纯数字化的实物脱离感，或许是另一个悖论了。

三、讨　　论

忒修斯悖论之辩之于文物而言，原本就是由物质加工转变为历史时期工具（或用具）的使用。但在历史长河中，曾经为人类所使用的工具，会逐步丧失其使用的客观条件和主观需求。它们的价值，更多是作为一种历史证明而存在。而这种证明，有材质证明、用途证明或者概念证明。不同文物的证明价值，需要视文物自身的类别情况而定。如青铜鼎首先需要体现材质证明，砝码需要体现用途证明，宫殿庙宇或者墓葬规制则需要体现作为礼数规矩方面的证明。因此，在文物保护（修复）工作中，可以根据不同类别文物价值体现的侧重点，在更换零部件或使用修复材料时，尽可能照顾文物本体所体现的价值需求。文物保护工作中的忒修斯悖论之辩，启迪我们如何根据不同类别文物的证明价值，科学开展文物保护工作中的实施方案和选择使用材料，来进行不同类别文物的保护工作。帮助我们在文物保护实践中，将文物的价值信息以最需要或者最恰当的方式展现出来，并长久地保存下去。

The Paradox of Theseus of Relic Preservation

Ye Lin   Lu Xuan

Abstract: In recent decades, China has great progress in relic preservation, but there still are many theory problems disturbed archaeological conservator such as what we protect to? After restoration, is the relic still relic? What is the most important restoration theory? Like these philosophical problems, the western academia found "The paradox of Theseus". In this article, we will discuss the theory of "relic", objects protection and principles we should follow in preservation though the way of "The paradox of Theseus" thinking. In our opinion, we should protect the probative value of relics in history.

隋史射勿墓出土壁画的科学分析

李 倩[1] 刘 成[1] 武 瑛[2]

（1.西北大学文化遗产学院，西安，710069；2.固原博物馆，固原，756000）

引 言

1987年7～11月，宁夏文物考古研究所固原工作站对固原南郊小马庄村隋代史射勿墓进行了发掘[1]，在墓道、天井和墓室均发现绘有壁画，其壁画既有承袭北周执仪仗刀的武士形象，又有唐墓壁画常见的执笏板侍者，对于研究南北朝到隋唐墓葬壁画的发展与转变具有极其重要的参考价值[2]。

史射勿墓由于早年盗墓，墓室已全部坍塌，因此在发掘时采取了大揭顶的方式，在墓室上部开方，并将壁画搬迁到固原博物馆进行下一步的处理和保存。1987年11月中旬揭取工作完成，共揭取了13副壁画。1989年夏修复工作基本结束[3]。由于史射勿墓壁画没有地仗层，是将土铲平后，直接在一层很薄的白灰浆上作画，且墙体土质疏松，因此在修复过程中先涂刷了聚醋酸乙烯酯加固壁画背部，再用1:1乳胶水溶液涂刷一层防止留有空隙，以免壁画与补做地仗层之间因为粘接不牢而形成鼓泡。之后用熟石灰混合乳液、羊毛等制成胶泥在壁画背面磨平，厚度约为1.5厘米。其后再用环氧树脂和玻璃纤维布制作壁画新支撑体[4]。修复好的史射勿墓壁画保存在固原博物馆库房内，至今已有近30年时间。

由于库房温湿度的变化较大、保护加固材料自身的老化，以及与壁画本体材料的不适应性，使得壁画出现了眩光、起甲、开裂、变形等一系列病害，已经严重影响壁画的保护和利用[5]。

为了解决壁画画面受损、保护材料失效等问题，必须要先对壁画进行科学检测分析，了解壁画的制作材料、制作工艺和加固材料老化状况。利用便携式近红外仪分析壁画颜料的矿物成分，通过便携式X荧光仪检测壁画失效封护层、原始白粉层、原始泥土层、补做地仗层的组成元素，以上两项分析均不需采样，为现场无损分析，不会对壁画本体产生破坏。同时在实验室内通过采集的样品对壁画的层位关系进行显微观测，利用扫描电子显微镜观察分析壁画各层的微观特征。结合以上数据研究史射勿壁画的制作材料、制作工艺、壁画目前的保存现状及保护加固材料的老化程度，为之后失效材料的清除奠定科学研究基础，同时也为早期修复壁画的再次保护提供参考。

一、样品与实验方法

（一）样品

本文所采的样品均来自于GB05504史射勿墓武士壁画，遵循不在壁画表面直接取样、尽量不破坏壁画本体的原则，在壁画边缘选取了原始白粉层、原始泥土层、补做地仗层、修补泥层、表面封护材料聚乙烯醇缩丁醛、背部支撑材料环氧树脂6类10件样品（附表一）。

（二）实验方法

（1）采用三维超景深显微系统对样品进行形貌观察，仪器型号为日本浩视公司生产的 KH-7700 型。

（2）采用扫描电镜 - 能谱分析仪对样品进行微观结构分析，仪器型号为捷克 TESCAN 公司生产的 VEGA-3XMU 型。

（3）采样样品成分检测采用德国布鲁克公司生产的 ARTAX-400 型便携式 X 射线荧光光谱仪。测试条件为：电压 30kV，电流 900μA，时间 300s，气氛为氦气环境。标样为康宁玻璃 -27。

13 幅壁画各部分成分分析采用手持式 X 射线荧光光谱仪现场打点测量。仪器型号为美国赛默飞世尔科技有限公司生产的 Niton 3t950 型。测试条件为：高性能微型 X 射线管，SDD 探测器，Ag 靶 50kV/200μa。

（4）13 幅壁画颜料矿物识别采用手持式近红外矿物识别仪打点测量。仪器型号为美国 ASD 公司生产的 Terra Spec Halo 型。测试条件为：波长范围 350 ~ 2500nm；光谱分辨率为 3nm@700nm、9.8nm@1400nm、nm@2100nm。

二、分析结果

（一）壁画层位关系

从样品的形貌观察可知，史射勿墓壁画由上到下依次为聚乙烯醇缩丁醛、颜料层、原始白粉层、原始泥土层、补做地仗层，壁画的背后还有环氧树脂和玻璃纤维布作为壁画搬迁后的新的支撑材料。在壁画部分位置，聚乙烯醇缩丁醛下还有为齐平画面所补的泥土层（图一 ~ 图三）。

（二）壁画制作材料

1. 泥土层

史射勿墓壁画是在极其松散的湿陷性黄土层上直接作画，早期分析结果显示土样属于粉砂中壤质黄绵土。结合超景深和扫描电镜的观察结果，可以看出史射勿墓

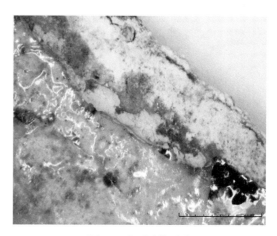

图一　壁画层位照片

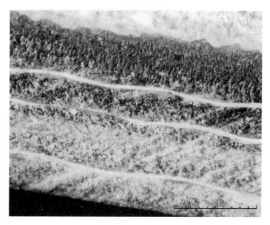

图二　壁画支撑体显微照片

壁画的原始泥土层中含有多种砂粒，但各种砂粒的粒径相差不大，且组分相对均匀。推测在制作壁画的过程中将墓室土铲平后人为去除了颗粒比较大的砂粒。而后补的泥土层明显比较粗糙，空隙大，有结团现象且各组分不均匀。通过微观特征可以区分原始泥土层与后补泥土层。

由隋史射勿墓壁画泥土层成分表可知，壁画原始黄土层和后补的黄土层的元素含量基本一致，主要是 Ca、Si、Fe、Al，其中 Si 的含量在 40% 左右，Ca 的含量在 30% 左右，Fe 的含量在 10% ~ 20%，Al 的含量在 5% ~ 7%。原始黄土层的 Fe 的含量要高于后补黄土层，而后补黄土层的 Si 的含量要高于原始黄土层（图四 ~ 图七；附表二）。

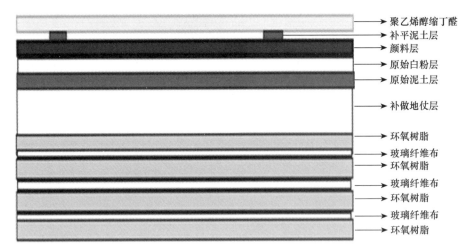

图三　壁画层位关系图

右侧标注（从上到下）：
聚乙烯醇缩丁醛
补平泥土层
颜料层
原始白粉层
原始泥土层
补做地仗层
环氧树脂
玻璃纤维布
环氧树脂
玻璃纤维布
环氧树脂
玻璃纤维布
环氧树脂

图四　原始泥土层显微照片

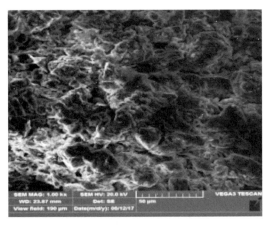

图六　原始泥土层扫描电镜照片

图五　后补泥土层显微照片

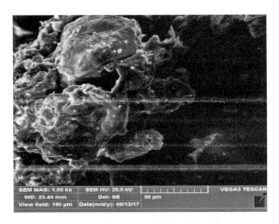

图七　后补泥土层扫描电镜照片

2. 白粉层

由原始白粉层与后补白粉层的显微照片和扫描电镜照片观察可知：两者中都夹杂着橙色和褐色杂质，后补白粉层杂质含量相对较多。原始白粉层比较细腻，应该是经过了均匀调和后才上在泥土层上，而后补白粉层有很多碎屑堆积，彼此之间没有联结。此外，后补白粉层含有大量长纤维，分布密度不均匀，颜色有红色、绿色、橙色、白色、黑色等。而在原始白粉层中没有发现明显的棉、麻等古代常见的掺合料，此外在原始白粉层中发现有蓝紫色物质，其应该是在白粉层中加入了胶结材料增大了其颗粒之间的联结力，同时获得了比较细腻的白粉层。通过微观特征可以区分原始白粉层与后补白粉层（图八~图一〇）。

通过便携式荧光光谱仪对壁画的白粉层进行成分分析，实验数据如附表三所示，白粉层的主要元素是 Ca，S 的含量很少，推测白粉层的主要成分应该是 $Ca(OH)_2$ 或 $CaCO_3$。

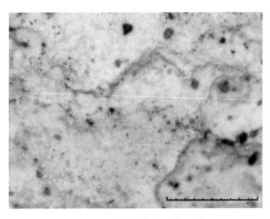

图八 原始白粉层显微照片

图九 后补白粉层显微照片

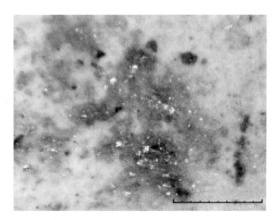

图一〇 原始白粉层蓝紫色物质显微照片

3. 颜料层

隋史射勿墓壁画主要由红、黑、橘三种颜色绘制而成，虽然颜色种类少，但通过不同颜色的搭配对比，巧妙利用白粉层的底色，将人物的面部、服饰描绘得栩栩如生，人物形象立体，体现出高超的绘画审美水平。

便携式 X 荧光光谱仪可以对壁画进行多点无损测量，有利于对壁画颜料元素组成进行大面积综合现场分析，具有分析快速、可移动等特点，尤其适合不可移动壁画的成分检测，但因为便携式 X 荧光光谱仪激发的能量是固定值，所以会击穿颜料层，不同程度地反映白粉层和地仗层材料的组成成分，所以需要同实验室 X 荧光光谱仪、拉曼光谱等仪器结合起来确定壁画颜料的种类[6]。

1）红色颜料

由于红色颜料位于壁画中间部位，无法对其进行采样，因此红色颜料的确定主要是依据便携式 X 射线荧光光谱仪和手持式近红外矿物识别仪确定。

为了避免底层对颜料层成分测定的干扰，每幅壁画的红色颜料成分都与其底层地仗层材料进行对比。由附表四隋史射勿墓红色颜料成分表可知，红色颜料测试点共 13 个，均未检测出 Hg 元素，基本上都检测出了 Fe 元素和 Pb 元素。因为 Pb 和 As 的谱峰在 10.54keV 和 10.53keV，检测时会产生重叠峰相互干扰，便携式荧光光谱仪分析能力差不易识别重叠峰，可能会导致测量出的 Pb 的含量不准，需要结合近红外光谱仪确定这些红色颜料的种类。由隋史射勿墓红色颜料近红外光谱图可知，被测点在 750cm⁻¹，860cm⁻¹ 处出现赤铁矿的特征峰，因为电荷转移在急剧下降，在 700～500cm⁻¹ 这一范围内光谱图会有一个非常明显的下降趋势，这也是含铁氧化物的特征。这个斜坡的坡度可以作为判断样品中含铁氧化物的依据。结合近红外谱图和便携式 X 荧光光谱仪检测出的元素数据，隋史射勿墓壁画所使用的颜料应该为铁红（图一一）。

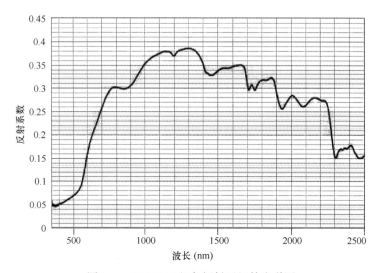

图一一　FL03646 红色颜料近红外光谱图

2）黑色颜料

隋史射勿墓壁画黑色颜料主要是用于武士的束发、五官胡须、手持环刀、靴以及服饰勾线；侍者的幞头、五官胡须、腰束黑革带、靴以及服饰勾线。这种墓葬壁画绘画方式和风格与唐墓壁画非常相似，体现出其一脉相承性。

采样 1 号样品背部带有壁画原始黑色颜料，在实验室通过 X 荧光光谱仪对其进行组成元素的定性分析，同时对隋史射勿墓 13 幅壁画中有黑色颜料的部分进行了便携式 X 荧光分析检测，二者的数据如附表五和附表六所示，结合二者的实验数据可知，Ca、Si 的含量高应该是 X 荧光在检测时击穿颜料层检测到地仗层的成分。黑色颜料未检测出 Pb、As、Hg，不是变色发黑，

其也无明显的主元素，由于 X 荧光不能检测出 Na 以前的元素，推测史射勿墓壁画中使用的黑色颜料应该为炭黑。

3）橘色颜料

隋史射勿墓壁画使用橘色颜料的只有 GB05507 墓室仕女图中五位仕女齐胸橘条长裙，其颜色比该墓葬其余壁画所使用的红色颜料偏暗，宁夏固原博物馆将其暂时定性为橘色。通过便携式 X 荧光仪的成分检测，GB05507 墓室仕女图的橘色颜料比起其他同墓室壁画的红色颜料 Fe 的含量低，而 Ca 的含量明显增多（附表七）。对比橘色颜料和红色颜料的近红外光谱图可以看到，橘色颜料在 750cm⁻¹、860cm⁻¹ 处出现赤铁矿的特征峰，其主要成分仍旧是铁红，推测是在铁红颜料中加入了石

灰、石膏等以 Ca 为主要元素的物质以调色，而其是否与墓室壁画的特殊性作用有关，还需要进一步的研究分析（图一二、图一三）。

（三）早期加固材料老化分析

1. 环氧树脂

环氧树脂老化后表面的孔洞会增多，阴影面积增加，颜色加深。孔洞数量越多，阴影面积越大，颜色也越深（图一四）[7]。从环氧树脂断面显微照片（图一五）可知

图一二　史射勿墓仕女图壁画

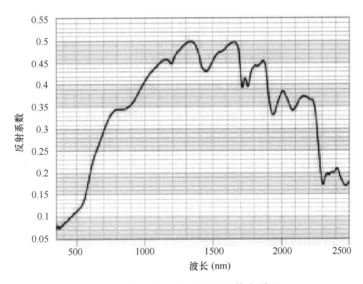

图一三　仕女图近红外光谱图

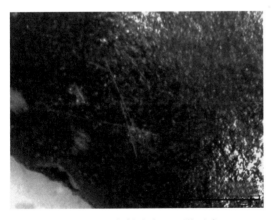

图一四　环氧树脂表面显微照片

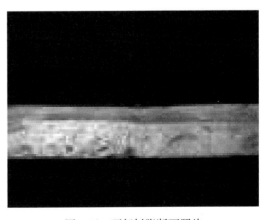

图一五　环氧树脂断面照片

隋史射勿墓壁画作为背部支撑材料的环氧树脂内部的颜色要深于表面。这说明环氧树脂老化的原因既包括外界紫外线、热、湿等环境因素，也包括其自身的老化。而这两种原因究竟哪一种起主要作用，取决于环氧树脂的主剂、固化剂、工艺手法和保存环境等因素。

2. 聚乙烯醇缩丁醛

聚乙烯醇缩丁醛能溶于水，性能比较稳定，溶液有很好的成膜性。但是浓度过高时会在封护表面产生眩光，影响壁画等文物的信息提取，同时还会引发更多的病害问题。固原博物馆馆藏史射勿墓的13幅壁画都有严重的眩光问题，由图一六、图一七可以看出壁画表面的聚乙烯醇缩丁醛因为在壁画表面涂刷不均

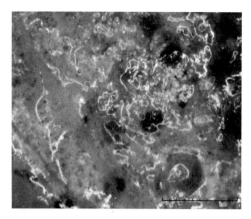

图一六　壁画表面

图一七　史射勿墓眩光武士壁画

匀，随着长时间的老化过程已经发生了褶皱，引起壁画的变形、起甲等病害[8]。

三、结果与讨论

由以上分析结果可知：

（1）隋史射勿墓壁画是直接在墓室墙壁上刷了一层白粉后直接作画。但事先对墙壁进行了处理，将表面铲平并且去除了大的砂粒，使壁画表面尽可能平整便于作画。壁画白粉层的主要成分是 $Ca(OH)_2$ 或 $CaCO_3$。在白粉中有意识地加入了胶结材料增大了其颗粒之间的联结力，同时获得了比较细腻的白粉层。

（2）壁画所使用的红色颜料是铁红，黑色颜料是炭黑，橘色颜料只在墓室壁画中使用，推测应该是在铁红颜料中加入了石灰、石膏等以 Ca 为主要元素的物质用以调色。

（3）作为壁画支撑材料的环氧树脂已经老化，且越靠近壁画老化越严重。作为壁画表面封护材料的聚乙烯醇缩丁醛产生了严重的眩光，并且表面已经产生褶皱，需要对其进行进一步的研究确定其老化对壁画的影响。

隋史射勿墓壁画是目前国内发现为数不多的隋代墓葬壁画，具有极高的历史价值和艺术价值。从绘画内容来看，处于南北朝到隋唐的过渡阶段，新旧内容都有涉及，以单幅人像为主，仅在墓室绘制侍女群组。而从制作工艺上来看，更加接近隋唐时期墓葬壁画，但是在白粉层与支撑墙体之间没有草拌泥层，白粉层的厚度也不及唐代壁画。而在颜料的选择上也属于比较常见的铁红和炭黑，与唐代这两种颜色的主要颜料相同。由此可见，隋史射勿墓壁画已经初具唐代墓葬壁画的雏形，但是无论从绘制工艺、绘制内容上都仍旧包含南北朝的元素，同时还没有形成一定的规

范，处于壁画发展的过渡时期，这对于研究南北朝到隋唐壁画的转变过程和原因具有很重要的参考价值。

注　释

[1] 宁夏文物考古研究所、宁夏固原博物馆：《宁夏固原隋史射勿墓发掘简报》，《文物》1992年第10期。

[2] 罗丰：《北朝、隋唐时期原州古墓》，文物出版社，1999年；马建军：《二十世纪固原文物考古发现与研究》，宁夏人民出版社，2004年。

[3] 罗丰：《固原南郊隋唐墓地》，文物出版社，1996年。

[4] 冯国富、黄丽荣：《固原北周隋唐墓部分壁画修复》，《固原师专学报》2001年第4期；徐毓明：《北周李贤墓壁画的揭取和修复新技术》，《文物保护与考古科学》1990年第1期。

[5] 武瑛：《固原地区墓葬壁画现状调查》，《宁夏师范学院学报》1990年第1期。

[6] 崔强、张文元、苏伯民等：《便携式X荧光光谱仪在莫高窟壁画原位无损检测的初步应用》，《敦煌研究》2010年第6期；王乐乐、李志敏、郭清林等：《高光谱技术无损鉴定壁画颜料之研究——以西藏拉萨大昭寺壁画为例》，《敦煌研究》2015年第3期；李志敏、王乐乐、张晓彤等：《便携式X射线荧光现场分析壁画颜料的适用性研究——以西藏拉萨大昭寺壁画为例》，《中国文物科学研究》2013年第4期。

[7] 徐毓明：《高分子材料在古文物保护中的应用》，《化学世界》1984年第6期；杨璐、王丽琴、冯楠：《文物保护用环氧树脂的光稳定剂研究》，《文物保护与考古科学》2007年第4期；王思嘉、方世强、张秉坚：《典型环氧类粘接材料老化过程的探索性研究》，《文物保护与考古科学》2017年第2期。

[8] 胡钢、刘文兵：《库伦一号辽墓壁画表面失效封护材料分析与清洗》，《耕耘录：吉林省博物院学术文集（2012—2013）》，吉林人民出版社，2014年。

附表一　采样样品清单

样品编号	样品介绍	取样位置	样品详情
1	早期表面封护材料聚乙烯醇缩丁醛残块，背部带有壁画原始黑色颜料、白粉层和泥层		
2	原始泥层粉末		
3	原始白粉层粉末		

样品编号	样品介绍	取样位置	样品详情
4	环氧树脂残块		
5	早期修补泥层残片		
6	早期修补白粉层残块		
7	早期修补白粉层和泥层混合碎屑		
8	早期修补白粉层和泥层与壁画原始白粉层和泥层碎屑		

样品编号	样品介绍	取样位置	样品详情
9	早期修补白粉层掺和羊毛		
10	早期支撑体环氧树脂和聚酯纤维切割断条	早期修复切割余料	

附表二 隋史射勿墓壁画泥土层成分表

样品编号	Na₂O	MgO	Al₂O₃	SiO₂	K₂O	CaO	Ti₂O	Fe₃O₄
原始土层1	4.32	1.088	6.096	31.942	4.547	26.655	1.901	19.165
原始土层2	0.139	0.613	5.2	32.858	4.651	34.859	1.621	16.752
后补土层1	2.08	2.598	7.145	40.383	5.08	26.027	1.199	13.397
后补土层2	3.362	2.774	6.452	44.76	4.411	23.805	1.287	10.981

附表三 隋史射勿墓壁画白粉层成分表

样品编号	未测出	Fe	Ca	K	Al	Si	Cl	S
FL03646底（1）	75.537	0.739	20.083	0.382	0.4	2.231	0.187	0.244
FL03646底（2）	75.258	0.489	20.686	0.287	0.349	2.232	0.216	0.304
FL03645底	71.359	0.533	24.523	0.291	0.476	2.201	0.115	0.306
FL03649底	72.28	0.586	22.528	0.376	0.67	2.913	0.134	0.344
GB05502底（1）	62.634	0.78	27.561	0.47	1.31	6.473	0.137	0.429
GB05502底（2）	64.653	0.81	25.243	0.533	1.273	5.667	0.116	0.397
FL03647底	72.484	0.455	23.686	0.245	0.316	1.472	0.155	0.249
GB05507底	79.273	0.815	16.638	0.375	0.376	1.945	0.132	0.291
GB05504底	73.587	0.689	21.002	0.349	0.58	3.167	0.125	0.332
FL03648底	72.64	0.924	19.599	0.493	0.725	4.833	0.134	0.45
GB05503底	68.915	0.472	23.758	0.289	0.924	4.98	0.104	0.365
FL03650底	69.793	0.627	22.89	0.469	0.728	3.316	0.141	0.343
GB05506底	73.684	1.07	18.567	0.631	0.651	4.586	0.118	0.409
FL03651底	72.039	0.635	21.819	0.275	0.668	2.81	0.259	0.284

样品编号	未测出	Pb	Fe	Ca	K	Al	Si	Cl	S
FL03646 底	75.258	0.005	0.017	0.489	0.287	0.349	2.232	0.216	0.304
FL03646 红（1）	81.949	0.82	2.271	7.909	0.642	0.435	4.89	0.204	0.458
FL03646 红（2）	81.211	1.246	1.733	11.342	0.509	0.384	2.361	0.161	0.563
FL03649 底	72.28	<LOD	0.002	0.586	0.376	0.67	2.913	0.134	0.344
FL03649 红（1）	80.211	0.133	1.232	15.309	0.474	0.319	1.544	0.17	0.347
FL03649 红（2）	78.357	0.226	1.073	15.882	0.471	0.493	2.586	0.206	0.443
GB05502 底	62.634	0.003	0.007	0.78	0.47	1.31	6.473	0.137	0.429
GB05502 红	73.36	0.935	0.842	16.083	0.49	1.047	5.58	0.172	0.899
FL03647 底	72.484	0.003	0.008	0.455	0.245	0.316	1.472	0.155	0.249
FL03647 红	85.098	0.012	0.156	2.88	0.967	0.404	2.753	0.222	0.396
GB05505 红	82.312	0.251	2.069	7.034	0.704	0.871	5.756	0.156	0.486
GB05504 底	73.587	<LOD	0.003	0.689	0.349	0.58	3.167	0.125	0.332
GB05504 红	75.877	0.183	1.667	14.514	0.639	0.781	4.31	0.159	0.526
FL03648 底	72.64	0.002	0.003	0.924	0.493	0.725	4.833	0.134	0.45
FL03648 红	77.939	1.014	1.957	13.352	0.44	0.713	3.392	0.168	0.594
GB05503 底	68.915	<LOD	0.002	0.472	0.289	0.924	4.98	0.104	0.365
GB05503 红	76.276	1.982	0.732	15.256	0.362	0.659	2.986	0.216	0.824
FL03650 底	69.793	<LOD	0.002	0.627	0.469	0.728	3.316	0.141	0.343
FL03650 红	78.08	4.238	1.846	8.297	0.509	0.714	3.159	0.171	1.346
GB05506 底	73.684	<LOD	0.003	1.07	0.631	0.651	4.586	0.118	0.409
GB05506 红	77.616	0.259	1.451	14.468	0.556	0.576	4.179	0.121	0.454
FL03651 底	72.039	<LOD	<LOD	0.635	0.275	0.668	2.81	0.259	0.284
FL03651 红	76.131	0.516	1.724	14.781	0.637	0.709	3.451	0.22	0.453

样品编号	Ba	未测出	Fe	Ca	K	Al	Si	Cl	S
FL03646 黑（1）	0.036	74.168	0.839	16.171	0.53	0.609	4.806	1.49	0.419
FL03646 黑（2）	0.041	75.411	0.725	18.849	0.446	0.527	3.08	0.357	0.374
FL03645 黑	0.037	72.606	0.874	18.738	0.488	0.631	4.799	0.264	0.453
FL03649 黑	0.033	73.418	0.755	21.361	0.451	0.494	2.684	0.181	0.469
GB05502 黑	0.044	73.455	1.449	18.305	0.748	0.847	4.295	0.179	0.4
FL03647 黑	0.031	79.676	1.056	14.613	0.416	0.587	2.843	0.154	0.417
GB05507 黑	0.036	77.08	1.163	13.85	0.665	0.988	4.808	0.542	0.675
GB05505 黑	0.037	75.918	1.468	10.382	0.823	1.42	8.928	0.134	0.617
GB05504 黑	0.04	79.229	1.211	15.669	0.437	0.415	2.377	0.115	0.271
FL03648 黑	0.02	83.097	0.536	9.309	0.249	0.744	4.784	0.163	0.448
GB05503 黑	0.033	74.611	0.712	19.646	0.37	0.696	3.275	0.131	0.328
FL03650 黑	0.044	71.928	0.944	18.503	0.717	0.788	4.676	0.117	0.463
FL03651 黑	0.037	76.523	1.053	17.699	0.588	0.457	2.854	0.216	0.374

附表六　隋史射勿墓壁画 X 荧光黑色颜料成分表

样品编号	Na$_2$O	MgO	Al$_2$O$_3$	SiO$_2$	P$_2$O$_5$	K$_2$O	CaO	Fe$_3$O$_4$
1 号样品 01	2.805	3.661	8.872	50.358	0.373	4.094	20.227	7.417
1 号样品 02	2.325	0.574	1.382	11.507	0.361	0.553	81.421	1.273
1 号样品 03	0.02	2.467	8.492	48.259	0.013	3.743	26.892	7.496

附表七　隋史射勿墓仕女图橘色颜料成分表

样品编号	Ba	未测出	Fe	Ca	K	Al	Si	Cl	S
GB05507 底	0.029	79.273	0.815	16.638	0.375	0.376	1.945	0.132	0.291
GB05507 橘	0.043	77.617	1.057	16.365	0.4	0.537	2.891	0.14	0.557

A Scientific Analysis of the Murals Unearthed in the Sui Shishewu's Tomb

Li Qian　Liu Cheng　Wu Ying

Abstract: Multiple methods such as digital microscope, scanning electron microscopy(SEM), X-ray fluorescence spectrometer(XRF) and Near-infrared recognition device were performed to study the materials and technology of the mural paintings of the Sui Prime Minister Shishewu's tomb. Results suggest that the mural paintings were painted with a layer of white powder on the wall. The main component of the white powder layer is Calcium hydroxide or Calcium carbonate. The cementing material is also added. The red pigment used in the mural is Iron trioxide and black pigment is Carbon black. As the supporting material of the mural paintings, The internal epoxy resin is more serious than the external. As a protective material on the surface of mural paintings, The polyvinyl butyral has a severe glare and the surface is wrinkled. The research can provide scientific basis for the re-protection of mural paintings and provide references for the study of the transformation in mural painting from the Southern and Northern Dynasties to the Tang Dynasty.

考古新发现

东宁二道沟发现的旧石器研究[*]

陈全家¹　宋吉富²　魏天旭¹　杨枢通³

（1. 吉林大学边疆考古研究中心，长春，130012；2. 黑龙江省东宁县文物管理所，东宁，157200；3. 黑龙江省牡丹江市文物管理站，牡丹江，157000）

一、地理位置、地貌与地层

（一）地理位置

东宁二道沟地点位于黑龙江省牡丹江市东宁县老黑山镇二道沟村的Ⅲ级阶地上，海拔 318 米。地理坐标为北纬 43°50′54.42″，东经 130°42′08.51″，面积约 5000 平方米。东距二道沟村 1966 米，东南距绥芬河 157 米，西北距绥芬河 215 米（图一）。

（二）地貌

牡丹江市位于黑龙江省的东南部，地处中、俄、朝合围的"金三角"腹地，北

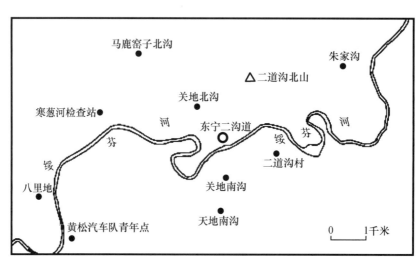

图一　地点位置图

---

* 本文是教育部人文社会科学重点研究基地重大项目（批准号：16JJD780008）研究成果。

邻哈尔滨市的依兰县和七台河市的勃利县，西通哈尔滨市的五常市、尚志市、方正县，南濒吉林省的汪清县、敦化市，东接鸡西市、鸡东县，并与俄罗斯接壤。

该地区Ⅰ级阶地为较宽的冲积阶地，Ⅱ级阶地缺失。东宁二道沟地点位于Ⅲ级阶地上，地势较高，地面开阔平坦。绥芬河在地点的西和南侧流经，在地点西侧呈"S"形弯曲，在河床内有少量的心滩。在地点的西北侧有低矮的山峰。

（三）地层

该地点无地层，石器分布在千枚岩风化壳上的黏土层中（图二）。

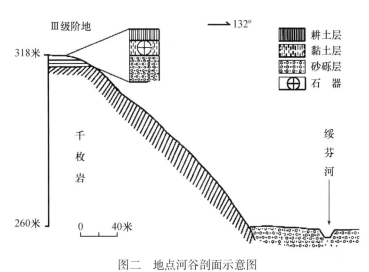

图二 地点河谷剖面示意图

二、石器的分类与描述

共发现石器30件。包括石核、石片、断块和工具。工具均为三类工具[1]。石器原料种类分散，包括玄武岩、黑曜岩、石英、流纹岩、流纹斑岩、砂岩、角岩和碧玉。以玄武岩和流纹斑岩居多，各占石器总数的30%和22%；其余原料数量都较少。总体看来，石器原料种类多，质地较好，不论是从原料脆性、韧性，还是纯度，均适于制作石器。下面对石器进行分类描述。

（1）石核 3件。其中2件为锤击石核，一件为平面垂直砸击石核。原料为砂岩和碧玉。根据石核的类型分为锤击石核和平面垂直砸击石核。

锤击石核 2件。根据台面数量可分为双台面石核和多台面石核。长35.5～121.5毫米，平均长78.5毫米；宽33.5～66.9毫米，平均宽52.0毫米；厚25.1～42.1毫米，平均厚33.6毫米；重35.2～490.1克，平均重262.65克。

双台面石核 1件。标本17DE：2，双台面石核。长121.5毫米，宽66.9毫米，厚42.1毫米，重490.1克。原料为砂岩，形状近似长方体。2个台面，A台面为主台面，修理台面，台面长55.3毫米，宽38.2毫米，台面角70°～85°。围绕台面边缘一周进行同向剥片，产生2个剥片面。AⅠ剥片面，有7个剥片疤，最大剥片疤长46.5毫米，39.0毫米。AⅡ剥片面，有2个剥片疤，最大剥片疤长24.2，宽24.0毫米。B台面位于A台面的对面，修理台面，台面角116°。有1个剥片面，2个剥片疤，最大剥片疤长42.2毫米，宽20.3

毫米。石核表面大部分为自然面。片疤均呈窄长形，因此，此石核应为石叶石核（图三，1；图四，1）。

多台面石核　1件。标本17DE：24，长35.5毫米，宽33.5毫米，厚25.1毫米，重35.2克。原料为碧玉，形状近似正方体。3个台面，3个剥片面。A台面为自然台面，台面角83°。有1个剥片面，2个剥片疤，最大疤长28.35毫米，宽30.75毫米。随后以A台面的剥片面AⅠ剥片面作为B台面继续剥片，台面角71°，产生1个剥片面即BⅠ剥片面，1个剥片疤，片疤长30.5毫米，宽25.9毫米。接着将

BⅠ剥片面作为C台面继续剥片，产生一个剥片面即CⅠ剥片面，3个剥片疤，最大片疤长14.2毫米，宽18.3毫米（图三，3），流程图如图四，2所示。

平面垂直砸击石核　1件。标本17DE：27，长28.1毫米，宽14.3毫米，厚8.8毫米，重3.6克。原料为碧玉，形状呈枣核形。一个台面，一个剥片面，4个剥片疤。台面为点状台面，台面角为45°，最大疤长28.1毫米，宽7.1毫米。石核以小卵石为原料，打击点和石核底部都有程度类似的对向崩疤，因此此石核应采用平面垂直砸击剥片（图三，2）。

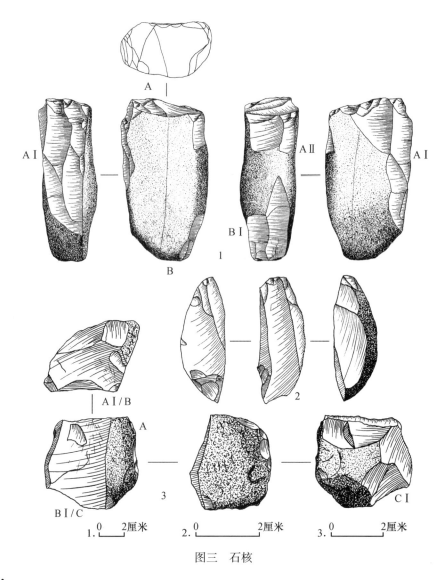

图三　石核

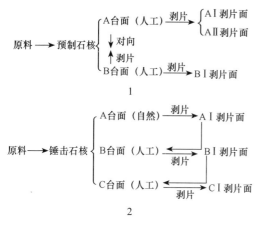

图四 石核的工艺流程

根据以上描述可见石核特征：①从石核的原料来看，有砂岩和较为少见的碧玉，属于优质原料。尺寸大小不一，长28.1～121.5毫米，宽14.3～66.9毫米，厚8.8～42.1毫米，重3.6～490.1克。可见石核毛坯多采用大小不等、原料优质的砾石。②从石核的类型来看。除了常见的锤击石核外还发现平面垂直砸击石核，其中一件锤击石核为石叶石核。从台面类型和数量来看，有单台面、双台面和多台面石核，自然台面和人工台面并存。其中人工台面均为打制台面，台面角多数小于90°。③从剥片方式来看，双台面石核采用对向剥片法；多台面石核采用交互、复向剥片法。尽量多地获得石片。④从剥片数量来看，石核的台面有1～3个，剥片面有1～2个，剥片疤最多的达7个。从石核的尺寸、重量和台面角来看，石核尺寸都较小；重量较轻，尤其是以碧玉作为原料的两件石核；台面角接近90°，并有台面角大于90°的情况，可见石核的使用率较高。

（2）石片　8件。均为锤击石片。根据石片的完整程度分为完整石片和断片。

完整石片　5件。长19.1～73.5毫米，平均长44.74毫米；宽14.1～69.4毫米，平均宽43.56毫米；厚2.5～16.3毫米，平均厚9.38毫米；重0.4～67克，平均重27.62克。原料类型不集中，但都属于较

为优质的原料。人工台面3件，自然台面2件。人工台面以打制台面居多。石片角70°～119°，平均95.8°。石片背面均为石片疤的有2件，既有石片疤又有自然面的有2件，均为自然面的有1件。背面石片疤数量多的达5个。

有学者将采用简单技术剥片的石片根据台面和背面的形制划分为六种类型[2]，在此，5件完整石片可划分为以下4种类型。

Ⅰ自然台面，自然背面　1件。标本17DE：25，长29.6毫米，宽25.1毫米，厚6.8毫米，重4.1克。原料为黑曜岩。自然台面，台面呈线状。石片角45°。劈裂面半椎体凸，有同心波，放射线清晰。

Ⅱ自然台面，人工背面1件。标本17DE：13，长63.7毫米，宽62.7毫米，厚10.7毫米，重48.6克。原料为流纹斑岩。自然台面，台面长21.3毫米，宽6.3毫米。石片角119°。背面有8个石片疤。

Ⅲ人工台面，部分自然背面，部分人工背面　2件。标本17DE：11，长73.5毫米，宽69.4毫米，厚16.3毫米，重67克。原料为流纹岩，形状不规则。打制台面，台面长51.1毫米，宽16.7毫米，石片角119°。背面为一半石片疤一半自然面。半椎体凸，同心波不显著，放射线清晰，两边关系为先扩展再聚敛，侧缘折断，远端尖灭（图五，1）。

Ⅳ人工台面，人工背面　1件。标本17DE：29，长19.1毫米，宽14.1毫米，厚2.5毫米，重0.4克。原料为碧玉。打制台面，台面长2.3毫米，宽1.2毫米。石片角100°。背面有3个石片疤。两边关系为扩展，侧缘未磨，远端状态为内卷。

断片　3件。均为锤击石片。石片的断裂方式均为横向断裂，三件断片均为近端断片。

长12.3～24.4毫米，平均长16.9毫米；宽13.8～26.5毫米，平均宽20.3毫米；厚2.2～8.4毫米，平均厚4.3毫米；

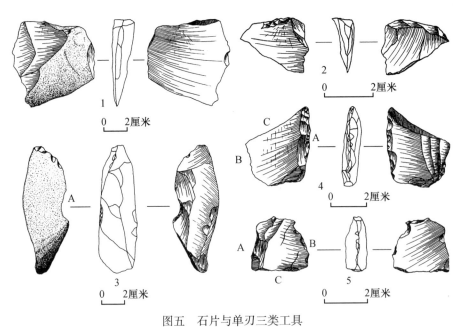

图五　石片与单刃三类工具

1. 完整石片（17DE：17）　2. 近端断片（17DE：26）　3. 凹刃刮削器（17DE：9）

4. 单直刃刮削器（17DE：19）　5. 单凸刃刮削器（17DE：23）

重 0.4～3.4 克，平均重 1.5 克。石英岩、角岩和黑曜岩各 1 件。

标本 17DE：26，长 24.4 毫米，宽 26.5 毫米，厚 8.4 毫米，重 3.4 克。原料为石英岩，形状近三角形。打制台面，台面长 15.8 毫米，宽 8.2 毫米，石片角 70°。打击点集中。半椎体凸，同心波显著，放射线清晰（图五，2）。

断片中并无明显人为截断的情况，大多为自然断裂，推测和剥片时力度不当有关。断片数量较少，推测可能和原料品质较好有关，也可能和石器制造者的技术纯熟有关。

（3）断块　3 件。长 44.3～64.6 毫米，平均长 52.9 毫米；宽 33.9～48.3 毫米，平均宽 41.5 毫米；厚 13.6～21.9 毫米，平均厚 17.3 毫米；重 26.6～48.1 克，平均重 36.9 克。原料为玄武岩和流纹斑岩。形状不规则，有解理面、自然面和剥片疤。断块的形成应该和石料内部解理发育有关，也可能是剥片时由于力度不当造成的自然断裂，还可能是在石器制造过程中的废品。

（4）工具　16 件。均为三类工具。类型包括刮削器、砍砸器、薄刃斧和两面器。其中一件为残器。

刮削器　7 件。根据刃的数量分为单刃和双刃。

① 单刃　5 件。根据刃的形状分为直刃、凸刃和凹刃刮削器。

直刃　2 件。长 41.6～49.4 毫米，平均长 45.5 毫米；宽 29.9～35.4 毫米，平均宽 32.65 毫米；厚 7.4～8.4 毫米，平均厚 7.9 毫米；重 11.6～15.6 克，平均重 13.6 克。原料均为流纹斑岩。均为片状毛坯。修理方法为硬锤修理。其中 1 件两面加工。修疤多为鱼鳞状。刃缘长 32.1～35.2 毫米。刃角 41°～52°。

标本 17DE：19，长 41.6 毫米，宽 35.4 毫米，厚 8.4 毫米，重 15.6 克。原料为流纹斑岩，形状近梯形。A 处为直刃，经过两面修理，有 2～3 层鱼鳞状修疤。B 处经过简单修理，使刮削器器形更加规整，应为修形。C 处断裂，推测该刮削器原本为一件更长的单直刃刮削器。修疤浅，刃缘较为平齐。刃长 35.2 毫米，刃角 52°。此件工具器形规整，修理精细。刃缘较钝，通常认为它的作用是处理动物毛皮时刮去皮下脂肪（图五，4）。

凸刃 2件。长 26.1～49.4 毫米，平均长 37.75 毫米；宽 26.4～45 毫米，平均宽 35.7 毫米；厚 9.3～17.2 毫米，平均厚 13.25 毫米；重 6.3～34.2 克，平均重 20.25 克。原料均为石英。均为片状毛坯。修理方法为硬锤修理。两件刮削器均为修理形状，刃采用石片自然锋利边缘，刃长 24.7～50.2 毫米，刃角 21°～41°，其功能应为切割。

标本 17DE：23，长 26.1 毫米，宽 49.4 毫米，厚 9.3 毫米，重 6.3 克。原料为石英。片状毛坯。A 处简单修理，C 处折断都是修形。B 处为凸刃，未经修理，但使用崩疤明显。刃长 24.7 毫米，刃角 21°（图五，5）。

凹刃 1件。标本 17DE：9，长 44.4 毫米，宽 109.7 毫米，厚 33.5 毫米，重 132.5 克。原料为玄武岩。片状毛坯。A 处为凹刃，刃部为反向加工，加工距离远，有单层的鱼鳞状修疤，刃长 29.5 毫米，刃角 54°（图五，3）。

② 双刃 2件。根据刃的形态分为双凸刃刮削器和凹凸刃刮削器。

双凸刃刮削器 1件。标本 17DE：7，长 124.7 毫米，宽 63.6 毫米，厚 15.8 毫米，重 169 克。原料为安山岩，形状近似长方形。刮削器由为一块扁平的砾石加工而成，因此两面都保留有大面积石皮。A、B 为两凸刃，A 刃长 120.7 毫米，B 刃长 124.6 毫米，刃角 38°～43°。A、B 两处经过对向加工，加工距离中等，形成层层叠叠细碎的修疤，但是修疤形态都不完整，形状也不规则，疤痕终端多呈阶状或折断状，贝壳状不占主流，这应该与石器原料内部矿物排列有关（图六，4）。

凹凸刃刮削器 1件。标本 17DE：12，长 72.2 毫米，宽 49.3 毫米，厚 28.5 毫米，

重 57 克。原料为玄武岩。片状毛坯。底部为自然面。A 处为凹刃，刃长 28.6 毫米；B 处为凸刃，刃长 41.6 毫米；A、B 两刃都利用石片自然锋利的边缘。C、D 两处对石片边缘进行修理，以使器形规整，是为修形（图六，2）。

端刮器 2件。长 73.9～114.6 毫米，平均长 94.25 毫米；宽 31.2～75.5 毫米，平均宽 53.35 毫米；厚 10.6～19.3 毫米，平均厚 14.95 毫米；重 29.3～267.3 克，平均重 98.3 克。原料为一件玄武岩，一件流纹斑岩，均近似水滴状。均为片状毛坯。修理方法为硬锤修理。两件刮削器均为既修理形状，又修理刃部。刃长 57.5～191.7 毫米，刃角 22°～74°。

标本 17DE：8，长 114.6 毫米，宽 75.5 毫米，厚 19.3 毫米，重 267.3 克。原料为玄武岩。毛坯为一大石片。A、B 和 C 处都经过正向锤击修理，有多层鱼鳞状修疤层层叠压，修疤连续，加工距离较近。刃部主要为 A 处，但 B、C 也兼做刃部，底部的修理应为修形。刃长 191.7 毫米，刃角 28°～74°。此端刮器较常见的端刮器器形更大，较为少见（图六，1）。

标本 17DE：16，长 73.9 毫米，宽 31.2 毫米，厚 10.6 毫米，重 29.3 克。原料为流纹斑岩。片状毛坯。A 处为刃，经过两面加工，使刃部更接近半圆。B、C 处都经过两面加工，有连续多层修疤，加工距离近，修疤浅平，有可能使用指垫法加工。B、C 处的加工使器形更加规整，是为修形。该端刮器刃长 57.5 毫米，刃角 22°，刃角较小，与常见的端刮器差别较大，较为少见。推测其功能更侧重切割而非刮削（图六，3）。

两面器 2件。根据形状与加工程度分析，都为"半月形"两面器，其中一件为成品，或者说两面器使用的后期阶段；另一件为毛坯，或者说是半月形两面器初步使用阶段。

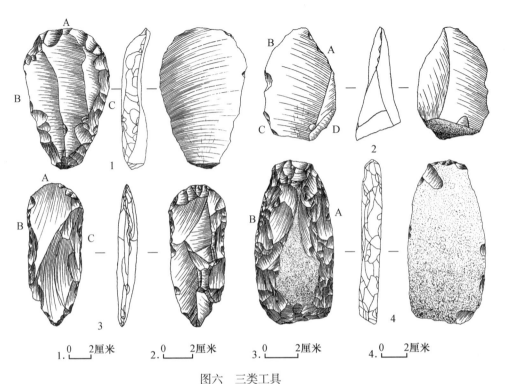

图六　三类工具

1.端刮器（17DE：8）　2.凹凸刃刮削器（17DE：12）　3.端刮器（17DE：16）

4.双凸刃刮削器（17DE：7）

长 46.5 ～ 91.6 毫米，平均长 69.05 毫米；宽 78.9 ～ 180.3 毫米，平均宽 129.6 毫米；厚 16.8 ～ 22.1 毫米，平均厚 19.45 毫米；重 57.1 ～ 352.3 克，平均重 204.7 克。原料均为硅质灰岩，形状都类似“半月”，因此，均为片状毛坯。修疤较深，修理方法应为硬锤修理。两件两面器均为通体修理，刃部都为复向加工，加工距离远，修疤均为鱼鳞状，连续且相互叠压。刃长 110.6 ～ 138.3 毫米，刃角 30° ～ 52°。

标本 17DE：1，长 91.6 毫米，宽 180.3 毫米，厚 22.1 毫米，重 352.3 克。原料为安山岩。片状毛坯，形状近似半月且两面加工，在此称其为“半月形两面器”。A 侧为刃部，刃长 138.3 毫米，刃角 40° ～ 52°，刃部复向加工，加工距离远，修疤连续呈鱼鳞状层层叠压，使用疤在 A 处分布密集。B 侧为把手，修理成断面，以便于把握。C 处也呈断面，而且此半月形刃部主

要在 A 侧的 C 处往下，推测也是为了修理把手而特意修钝，使用时可以手握 B 侧或者 B 与 C 之间夹角处，进行刮、削、切、割等行为。整个器型通体加工，修疤完整且面积较大，覆盖整个石器表面，使石器没有自然面，非常精美（图七，3）。

标本 17DE：14，长 46.5 毫米，宽 78.9 毫米，厚 16.8 毫米，重 57.1 克。原料为安山岩。片状毛坯。与标本 17DE：1 相比，除大小外完全相同。因此也属于“半月形两面器”。A 侧为刃部，刃长 110.6 毫米，刃角 37°，刃部复向加工，加工距离远，修疤连续呈鱼鳞状层层叠压；刃缘平齐，推测使用“指垫法”加工而成。B 处也为复向加工，刃缘较为锋利，因此推测 A 为主要刃部，B 侧除作为把手外有时兼做刃部。C 处修理成断面，边缘齐钝，为主要的把手。整个器形通体加工，修疤完整、连续且覆盖整个石器表面，使石器没有自然面，为此地点石器中

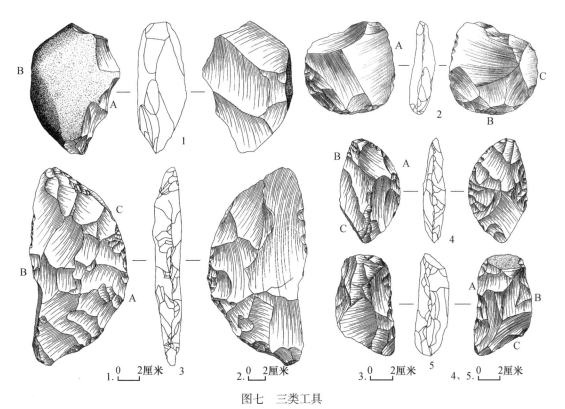

图七　三类工具
1.砍砸器（17DE：3）　2.薄刃斧（17DE：5）　3.半月形两面器（17DE：1）
4.半月形两面器器（17DE：14）　5.残器（17DE：10）

最为精美的一件（图七，4）。

　　本文石器命名的大原则一般按石器功能来确定，然后根据石器的功能与石器刃的数量与形态来具体定名。上文所描述的两件"半月形两面器"，初看似乎是根据石器的形状来命名的，实则不然。这里所介绍的"半月形两面器"是指一种形状特定、功能特定、加工方式为两面通体加工的器形。这种"半月形两面器"原料优质、修理精美、便于把握，而且加工难度大、耗费工时长，在打制过程中容易打废，因此推测此种"半月形两面器"功能相当于现代人随身携带的刀一样，在外出采集中用于割断植物根茎枝叶或者狩猎过程中由于猎物体积过大而用来肢解动物尸体或剥离兽皮等。一般随身携带，不像普通刮削器一样随打随用、随用随扔。在刃缘变钝后不是选择废弃，而是进一步修理

刃部，使之重新变得锋利。因此这种"半月形两面器"在加工初期应会选择尺寸较大的毛坯，在后期使用过程中，一边磨损或者崩坏，一边再次修理，因此器形会越来越小，直到小至不能再次加工时才会丢弃。

　　上文中所描述的两件"半月形两面器"，17DE：1，尺寸较大，而且刃缘一侧尚未完全修理成刃部，因为尺寸较大，刃部的长度足够使用，因此不需要修理出过于长的刃部，使用时间也不会很久，因此推测这件石器应处于石器毛坯阶段或者说初步使用阶段；而17DE：14，尺寸很小，不能再次加工或者说再次加工的可行度已经很小，刃缘一侧已完全修理成为刃部，甚至B处——本来作为石器把手部位的一部分，也被修理成刃部，以此来延长石器的使用时间，因此，几乎可以确定，这件

石器已处于使用的后期阶段。

砍砸器 2件。根据刃的数量和形态，两件砍砸器均为单凸刃砍砸器。

长均为109.9毫米；宽88.1~89.8毫米，平均宽88.95毫米；厚40.4~45.8毫米，平均厚46.6毫米；重412.5~524.2克，平均重468.35克。原料均为玄武岩。均为块状毛坯。修理方法均为硬锤修理，修疤较深。刃长69.5~115.6毫米，刃角48°~60°。

标本17DE：3，长109.9毫米，宽88.1毫米，厚45.8毫米，重412.5克。原料为玄武岩。块状毛坯。先将一面打薄，因此这一面都为石片疤，另一面为石皮，A侧为刃部，都是人为打制而成，加工方式为反向加工，双层修疤，相互叠压，加工距离中等，修疤连续。B为把手，利用砾石自然圆钝的边缘。刃长115.6毫米，刃角48°（图七，1）。

薄刃斧 2件。长86.7~108.4毫米，平均长97.55毫米；宽103.9~113.4毫米，平均宽108.65毫米；厚18.4~22.3毫米，平均厚20.35毫米；重200.2~321.2克，平均重260.7克。原料均为玄武岩。均为片状毛坯，修理方法均为硬锤修理。刃长70.1~92.8毫米，刃角21°~29°。

关于薄刃斧的概念，在国内外学术界一直被多次讨论。目前有两种观点：①包括石片、砾石或者断块为毛坯加工的使用远端直刃、凹刃或曲线状刃的重型工具。②以大型石片为毛坯，保留原始远端刃缘，不经过加工直接使用，而手执的部分和侧刃经过两面加工或单面加工[3]。我国学者普遍接受的薄刃斧的概念为第二种，而国外学者大多数也赞成第二种理解。

曾有学者根据把手和侧缘部分是否经过修理，将薄刃斧分为两种类型[4]。笔者认为，薄刃斧有三种类型，第一种，薄刃斧为直接使用大石片，刃缘、跟部和侧缘均不经过修理；第二种，以大石片为毛坯，刃部通常不经过修理，跟部与把手进行选择性修理；第三种，以大石片为毛坯，除了对把手和侧缘修理外，对刃部也进行修理的同时具有伐、劈、切、割、刮、削等功能的重型工具。本文根据以上观点，将薄刃斧根据是否进行修理分为三式。

根据已发表的材料和整个黑龙江省绥芬河流域的材料来看，薄刃斧和同为重型工具的砍砸器有很大的区别[5]，主要体现在功能和外形上，尤其体现在功能上。砍砸器的功能主要利用较钝的刃来砍和砸；而薄刃斧是利用石片锋利的边缘进行伐、劈、切、割、刮、削等（表一）。

表一 薄刃斧与砍砸器的区别

区别	薄刃斧			砍砸器
	Ⅰ式	Ⅱ式	Ⅲ式	
毛坯	片状			不定
长度	大于100毫米			不定
刃缘状态	平齐			明显曲折
刃角	小于45°			大于45°
修理部位	不经过修理	把手部位、侧缘经过修理	刃部经过修理	主要为刃部
工具形状	"U"形、"V"形、方形			不定
功能	切割、砍伐、劈裂、刮削			砍、砸

标本17DE：5，长108.4毫米，宽103.9毫米，厚22.3毫米，重321.1克。毛坯为石片，原料为玄武岩，形状近方形。A侧为刃部，未经修理，但是使用崩疤明显、呈不连续状态分布，刃长70.1毫米。刃角为23°。B侧和C侧边缘圆钝，便于把握，应为把手部位，有连续的多层修疤，修疤完整，加工距离远。根据修理方式判断，此件薄刃斧应属于Ⅱ式（图七，2）。

残器 标本17DE：10，长76.2毫米，宽43.8毫米，厚22.9毫米，重97.8克。原料为流纹斑岩。块状毛坯，形状不规则。A侧、B侧都经过复向加工，整个器形通体加工，加工距离远，修疤连续，层层叠压。但是无论是A侧还是B侧都较为钝，不适宜作为刮削器的刃部来使用。C处为一断面，因此推测此件石器应为一件残器，刃部已经断裂，根据石器残存的部分，推测该石器应为一件锛形器的把手部分（图七，5）。

根据以上描述，可见三类工具的工艺特点：①选择毛坯。以片状毛坯为主，片状毛坯占三类工具数量的81.0%；块状毛坯少量。片状毛坯主要用来制作刮削器、薄刃斧和两面器。块状毛坯均用于制作砍砸器。由此可知在制作工具之前，人们已经可以根据工具类型的不同选择不同的毛坯。②修刃、修形和修把手的有机结合。根据毛坯的情况和对毛坯进行选择性修理，即选择性地修刃、修形和修把手。修刃为修整刃缘形状和刃角，以使刃部更符合其功能需求。经过修理的刃缘一面或两面大多有多层修疤，刃缘不平齐，但也有刃缘较为平齐的情况，因此推测可能使用了

"指垫法"加工。修形以使器形的大小更加适当、形状更加规整。有时，在工具的顶端或底部留有人为截断的断面，这种现象在此也属于修形。修把手通常为单面或两面修理出圆钝边缘，便于把握。三种修理选择其一、其二或者均进行修理皆可。

三、结　语

（一）石器工业特征

（1）石器原料种类较分散，包括玄武岩、黑曜岩、石英、流纹岩、流纹斑岩、砂岩、角岩和碧玉。以玄武岩和流纹斑岩居多，各占石器总数的30%和22%；其余原料数量都较少。表明当时在此地生活的古人类选择石器原料时不拘泥于某几种固定原料，而是尽量选用优质的原料，其中碧玉这种较为罕见的石料，在此也被当作石器原料（图八）。

石器原料的数量和百分比

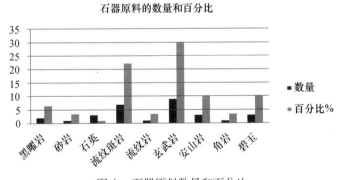

图八　石器原料数量和百分比

（2）根据标本的最大长度，大致将石器划分为微型（≤20毫米）、小型（>20毫米，≤50毫米）、中型（>50毫米，≤100毫米）、大型（>100毫米，≤200毫米）和特大型（>200毫米）5个等级。总体来看，大、中、小、微型者皆有，并各占一定数量。小型数量最多，占43%；其次为中型，占30%；再次是大型，占17%。微型最少，仅占3%；没有特大型石器。通

过分类统计来看：石核以小型居多；石片多为微型和小型；工具以小型和中型居多，其次为大型（表二）。

（3）石器类型丰富，包括石核、石片、断块和工具。三类工具最多，占53.3%；其次是石片，占总量的26.7%；再次是石核和断块。各占石器总量的10%。工具类型包括刮削器、砍砸器、两面器、薄刃斧和一件残器。

长度（毫米） 类型	≤20 数量 （件）	20~50 数量 （件）	50~100 数量 （件）	100~200 数量 （件）	>200 数量 （件）
石核	0	2	0	1	0
石片	3	3	2	0	0
断块	0	2	1	0	0
三类工具	0	6	6	4	0
总计	3	13	9	5	0

（4）石核尺寸多为小型。石核除采用锤击剥片法外还出现平面垂直砸击剥片。有单台面、双台面和多台面石核，三者数目相当。打制台面和自然台面并存。剥片方式包括复向、对向和交互，其中复向占多数。有2件石核有主次台面之分。石核最多有3个台面，3个剥片面，7个剥片疤，台面角多数小于90°。其中一件石核为石叶石核，表明该地区存在石叶剥片技术。

（5）石片均为锤击石片。石片人工台面居多，占完整石片台面总数的60%，均为打制台面。完整石片中长大于宽的居多。

（6）工具均为三类工具。类型多样，包括刮削器、砍砸器、两面器和薄刃斧。其中刮削器数量最多，占三类工具总数的43.75%。三类工具以片状毛坯为主；片状毛坯中以锤击法石片为主。单刃数量最多，占三类工具数量的81.25%；其次为双刃。多数修疤较深，应为硬锤修理；软锤修理亦可见，其中两件刃缘平齐，推测应使用了"指垫法"加工。正向修理居多。三类工具修形有硬锤修理和人为截断两种；而把手部位需要修出圆钝的边缘，多为修疤，较少为断面。修疤形态以鱼鳞状为主，个别为阶梯状、平行条状。修形、修把手和修刃的修疤大小不同。根据修疤大小的五个等级[6]，修形和修把手的修疤大，而修刃的修疤疤多属于中型。由此体现出石器制造者在工具修理过程中的顺序性和规划

性。根据刃角的五个等级[7]，刮削器刃角的等级为斜，平均39°；砍砸器刃角等级为中等，平均54°。三类工具多利用石片自然锋利的边缘，因此刃角较小。

（7）在此遗址中发现的两件两面器，提醒我们，对一组出土石制品的静态观察所划分的各种类型，并不一定是通常所认为的标准工具，而可能是不同使用阶段的废弃物[8]。两件两面器属于同种工具类型的不同加工使用阶段，石器的加工是一个动态过程，而如果按照传统的类型学标准划分的各种石器类型，往往有可能是石制品加工过程中不同阶段的产物，而不一定就是古人类刻意加工的不同石器类型。因此在进行石器类型研究时就需要利用动态类型学与操作链的研究模式，这种模式是将石器加工视为一个技术系统的动态过程，通过对动态过程的研究来分析工具的生命轨迹，重现其技术程序，包括原料获得，工具生产，使用、维修直至废弃等全过程[9]。因此，器物不仅仅是静态的类型标本，而是动态过程中某一环节的产物，它所反映的应该是这个工艺流程的具体环节。由这两件石器可以推测此类石器随着使用时间的延长，器形的演变过程（图九）。不应将两种石器单纯地因为大小不同而定为两种不同的石器类型，而应该根据石器的加工方式、程度、使用方式推测其演变的过程，利用动态类型学和石器操作链的视角来分析石器，从而做到透物见人，还原古代人类生活面貌。

（二）与周边遗址关系的对比

有学者根据文化特点、工业传统和分布地区将我国东北地区的旧石器划分为三种类型。第一种类型是主要分布在东部山区的以大石器为主的工业，包括庙后山地点、新乡砖厂、抚松仙人洞和小南山地点等。第二种类型是主要分布在东北中部丘陵地带的以小石器为主的工业，包括金牛

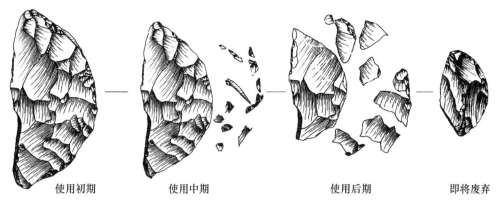

| 使用初期 | 使用中期 | 使用后期 | 即将废弃 |

图九 石器加工与使用不同阶段的演变图

山、小孤山、鸽子洞、周家油坊和阎家岗等。第三种类型是主要分布在东北西部草原地带的以细石器为主的工业，包括大布苏、大坎子、大兴屯和十八站等地点[10]。而东宁二道沟地点的石器明显不属于以上三种的任何一种，应属于石叶工业。它的突出特点是以预制石核的方法生产石叶，直接使用石叶或以此为毛坯进行加工。工具组合既包括石叶工业典型类型，如直接使用的石叶断片；也包括大石片工业的典型器形，如刮削器、一定比例的重型工具。

与该地点同属于东北地区的石叶工业旧石器遗址为黑龙江支流呼玛河畔的十八站旧石器遗址[11]。同 2005 年补充发掘出土的石器相比较：同样直接使用石叶而不经过修理，较少或不见块状毛坯制成的工具，工具类型中可见端刮器和两面器。但是两个遗址的原料相差较大；东宁二道沟地点不见石叶工具，只有石叶石核，而十八站发现较多能剥下长石叶的石核与使用石叶为毛坯的工具；东宁二道沟地点的三类工具以石片为毛坯，而十八站的三类工具以石叶为毛坯。这些异同可见东宁二道沟地点虽属于石叶工业，但技术上没有十八站遗址先进。

华北大部分地区，石叶技术缺失或者并不发达。"石叶在中国的发展脉络很不清晰，总是零星地、不成规模地出现，很少

成为某个文化的主体"[12]。真正能算得上石叶工业的遗址是水洞沟遗址[13]。但是把东宁二道沟地点和有强烈莫斯特文化特征的水洞沟遗址相比可见，异大于同。不论是从原料、石叶石核的剥片方式，或是从工具组合来看，都有很大的区别。

（三）地点性质

该地点石器的原料种类不集中，但都属于较为优质的原料，可见当时人类在选择石器原料时经过了筛选，选择易于制造石器的多种原料。而总观石器类型可以发现工具的数量最多，占石器总数的 53%，均为三类工具；工具类型多样，其中"半月形"两面器修理最为精美。而石核、石片也占一定数量。可见当时人类在此进行了一定时间的生活、生产活动。

从周围环境来看，此地点临近绥芬河，水资源丰富。且位于河流两岸最高的Ⅲ级基座阶地上，地面开阔平坦。山坡向阳，日照充足。此地是当时人类进行生产、生活的理想场所。通过对东宁二道沟地点石器工业特征的分析，此地点的性质不仅为当时人类狩猎、采集活动的临时性场所，也是古人类理想的居住点。

（四）年代分析

从石器的分布和层位分析，分布在河流最高的Ⅲ级阶地上；地表出露的黄色耕

土层应为更新世的典型堆积，而石器发现于耕土层下的黏土层中。地点发现的石器属于石叶工业类型。另外在石器采集的区域内不见新石器时代以后的磨制石器和陶片。从石器表面的风化程度来看，该地点石器的风化程度远轻于庙后山[14]和牛鼻子[15]遗址的石器风化程度。综上所属，推测地点年代应为旧石器时代晚期。

附记：参加调查人员有吉林大学边疆考古研究中心的陈全家教授、林森和刘石拓硕士研究生；牡丹江市文物管理站的杨枢通；东宁市文物管理所所长宋吉富。调查期间得到黑龙江文物考古研究所、吉林大学边疆考古研究中心、牡丹江市政府和文物管理站、东宁县政府和文物管理所等单位领导的大力支持，在此一并表示感谢。

注　释

[1]　陈全家：《吉林镇赉丹岱大坎子发现的旧石器》，《北方文物》2001 年第 2 期。

[2]　Toth N. The Stone Technologies of Early Hominids at Koobi Fora, Kenya: An Experimental Approach. Ann Arbor: University Microfilm, 1982.

[3]　Kleindienst M R. Variability within the Late Acheulian Assemblage in Eastern Africa. S Afr Archaeol Bull, 1961, 16:35-52; Clark J D, Kleindienst M R. The Stone Age Culture Sequence: Terminology, Typology and Raw Material//Clark J D. Kalambo Falls Prehistoric Site II: The Later Prehistore Cultures. Cambridge: Cambridge University Press, 1974: 71-106; Clark J D, Kleindienst M R. The Stone Age Culture Sequence: Terminology, Typology and Raw Material//Clark J D. Kalambo Falls Prehistoric Site III: The Early Cultures: Middle and Early Stone Age. Cambridge: Cambridge University Press, 2001: 34-65; Ranov V. Cleavers: Their Distribution, Chronology and Typology//Milliken S, Cook J. Avery Remote Period Indeed: Papers on the Palaeolithic Presented to Derek Roe. Oxford: Oxbow Books, 2001: 105-113.

[4]　石晶、陈全家、李霞等：《辽宁桓仁南山地点的石制品》，《人类学学报》2017 年第 2 期。

[5]　林圣龙：《中国的薄刃斧》，《人类学学报》1992 年第 11 期。

[6]　李炎贤、蔡回阳：《贵州白岩脚洞石器的第二步加工》，《江汉考古》1986 年第 2 期。

[7]　李炎贤、蔡回阳：《贵州白岩脚洞石器的第二步加工》，《江汉考古》1986 年第 2 期。

[8]　Frison G C. A Functional Analysis of Certain Chipped Stone Tools. American Antiquity, 1968, 33(2): 149-155.

[9]　陈淳：《"操作链"与旧石器研究范例的变革》，《第八届中国古脊椎动物学学术年会论文集》，海洋出版社，2001 年，第 235 ~ 244 页。

[10]　陈全家：《旧石器时代考古（东北）》，《东北古代民族考古与疆域》，吉林大学出版社，1997 年。

[11]　张晓凌、于汇历、高星：《黑龙江十八站遗址的新材料与年代》，《人类学学报》2006 年第 2 期。

[12]　侯亚梅：《水洞沟：东西方文化交流的风向标？——兼论华北小石器文化和"石器之路"的假说》，《第四纪研究》2005 年第 6 期。

[13]　宁夏文物考古研究所：《水洞沟：1980 年发掘报告》，科学出版社，2003 年。

[14]　魏海波：《辽宁庙后山遗址研究的新进展》，《人类学学报》2009 年第 2 期。

[15]　陈全家、李霞、王晓阳等：《辽宁桓仁闹枝沟牛鼻子地点发现的旧石器》，《边疆考古研究（第 13 辑）》，科学出版社，2013 年。

The Research of Paleolithic Artifacts Found in Erdaogou in Dongning, Heilongjiang Province

Chen Quanjia　Song Jifu　Wei Tianxu　Yang Shutong

Abstract: The Erdaogou Paleolithic Locality, which is located in Dongning, Mudanjiang, Heilongjiang Province, was found in April, 2017. The locality is on the third Erosion terrace. There were 30 stone artifacts collected in the locality, including cores, flakes, debris and tools. The raw materials were mainly basalt. Besides, they also userhyolite porphyry. Most of the stone artifacts were tools. Repair methods of the third tools were used hammer. The tools made by flakes were the dominance. According to the characteristics of these artifacts, we suggest that the site is the type from Blade Industry, probably in the period of the late Paleolithic Age.

重庆市奉节县马家湾洞遗址 2014 年度发掘简报 *

重庆中国三峡博物馆 奉节县文物管理所

引　言

自龙骨坡遗址[1]和兴隆洞遗址[2]发现以来，地处巫山山脉的巫山－奉节一带便成为古人类学研究的热点区域之一。2010年，重庆中国三峡博物馆古人类研究所在这一地区进行调查时，发现了马家湾洞遗址。此遗址位于重庆市奉节县兴隆镇清泉村七社，地理坐标为 N 30°36′28.1″，E 109°26′14.6″，海拔1435米，因所在位置的小地名为马家湾，故而被命名为马家湾洞。此洞穴为水平溶洞，长约40米，洞口向北东，洞口处宽约6米，最宽处不到8米，最窄处仅1米左右。马家湾洞遗址地处天坑地缝旅游景区，属于典型的喀斯特峰丛地貌。该区的岩层属三叠纪嘉陵江灰岩，地质构造为鄂湘黔隆起褶皱带的延伸地段，系巫山山脉和七曜山脉的组成部分，在新构造运动和水的溶蚀作用下，产生了不同形态的岩溶景观：天坑、地缝、峰丛以及大量的洞穴。

马家湾洞的考古发掘工作是在2011年和2014年进行的，但由于2011年的发掘因故中断，因而此简报主要是对2014年的发掘状况进行的总结。2014年度共发现石制品84件，动物化石34件。

一、地貌与地层

马家湾洞遗址的发掘面积比较小，在2014年仅布设一个2米×6米的探方于洞口附近，因而尚不能完成整个洞穴的剖面绘制工作，从发掘揭露的探方四壁来看，此洞穴的地层自上而下可分为5层（图一）：

第1层：表土层，黑色砂质黏土，土质疏松，内含有部分灰烬及少量现生的动物肢骨、陶片等物，厚0～19厘米；现代石灰坑开口于该层。

第2层：浅灰色黏土，土质较疏松，内含少部分黑灰色的石灰岩角砾、磨圆度极好的砾石、泥岩，地层不水平，厚17～30厘米。

第3层：夹杂大量燧石块及少许石灰岩块的棕灰色黏土，土质较疏松，部分砾石的磨圆度极好，砾径多在2～6厘米范围内，个别砾径超过10厘米，厚10～42厘米。

第4层：夹大量燧石块及少量石灰岩角砾的浅灰黄色黏土，土质较致密，靠近洞壁处有灰色黏土团块，砾石的数量比较少，厚0～27厘米；现代石灰坑的底部至该层。

第5层：夹燧石块及灰岩角砾的棕黑色砂质黏土，可见黏土团块，靠近洞壁处有灰色河砂透镜体，含有少量砾石及硅酸盐岩块，未到底。

* 本文是重庆市社会科学规划项目青年项目（编号：2017QNLS48）的阶段性研究成果。

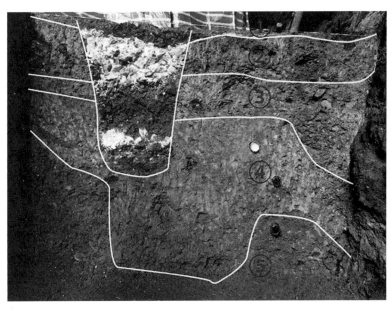

图一 地层剖面图

现代石灰坑开口于表土层，打破①～④层，平面形状近似圆形，口径约70厘米，底径约37厘米，深约86厘米，剖面形状为弧形圜底，填土可分为3层：上层为黑褐色黏土，厚7～13厘米；中层为石灰，厚5～25厘米；底层为红烧土，厚50～68厘米。填土内还发现有现代的陶罐残片、碗底、石臼和动物骨头。

二、遗　物

（一）第1文化层

共出土石制品26件，其中石核2件、石片6件、角尖尖状器2件、断块7件、碎片9件。原料均为燧石。

1.石核和石片

石核2件，包括1件单台面石核和1件双台面石核。台面属性均为自然台面。剥片方法为锤击法。

14MJWDT1②：56，单台面石核，原型为燧石结核，形状不规则，表面较为光滑，长宽厚分别为61.9毫米×40.3毫米×35.3毫米，重42.43g；自然台面，仅有一个

剥片面，片疤数量1个，片疤大小为27.2毫米×16.6毫米，台面角88°；该石核的利用率较低（图二，18）。

14MJWDT1②：44，双台面石核，原型为部分带灰白色表皮的燧石结核，形状不甚规则，长宽厚分别为72.3毫米×22.9毫米×31毫米，重40.93克；两台面均为自然台面，大小分别为61.4毫米×20.3毫米、69.2毫米×18.3毫米，台面间关系为相对，台面角75°～118°；相向剥片；主剥片面的底端及一打击点处呈阶梯状，较完整片疤的大小为18.5毫米×12.6毫米；该石核的利用率较高，剩余部分已不适合剥片（图二，6）。

石片6件。石片的尺寸均不大，其中微型石片（＜20毫米）1件、小型石片（20～50毫米）5件。长最大者34毫米、最小者18.8毫米、平均27.45毫米；宽最大者38.3毫米、最小者14.7毫米、平均21.85毫米；厚最大者14.8毫米、最小者3.1毫米、平均7.53毫米；重最大者29.9克、最小者0.56克、平均9.25克。台面属性，除1件无法观察到台面的石片除外，其余5件均为自然台面。背面部分片疤部分自然面的石片4件，背面全疤的石片2件。打片方

图二　石制品

1.14MJWDT1②：31 石片　2.14MJWDT1⑤：27 石片　3.14MJWDT1③：61 钻　4.14MJWDT1②：38 石片
5.14MJWDT1⑤：90 石片　6.14MJWDT1②：44 双台面石核　7.14MJWDT1⑤：113 单台面石核　8.14MJWDT1⑤：98
直刃刮削器　9.14MJWDT1②：39 石片　10.14MJWDT1⑤：94 石片　11.14MJWDT1③：70 石片　12.14MJWDT1⑤：97
凹缺器　13.14MJWDT1④：84 石片　14.14MJWDT1②：42 石片　15.14MJWDT1②：34 角尖尖状器　16.14MJWDT1②：47
石片　17.14MJWDT1⑤：118 双台面石核　18.14MJWDT1②：56 单台面石核　19.14MJWDT1④：87 直刃刮削器
20.14MJWDT1④：86 直刃刮削器

法均为锤击法。

14MJWDT1②：39，自然台面，半椎体微凸，同心波清晰，放射线不清晰，背面部分自然面部分片疤；左侧边和远端缺失；长 34 毫米、宽 18.7 毫米、厚 6.8 毫米，重 1.62 克（图二，9）。

14MJWDT1②：47，自然台面，半椎体微凸，同心波和放射线清晰，背面部分自然面部分片疤，远端薄锐且微蜷曲；长 32 毫米、宽 23.1 毫米、厚 11.2 毫米，重 2.99 克（图二，16）。

14MJWDT1②：31，自然台面，半椎体突出，同心波清晰，放射线不清晰，背面全疤；远端和左侧边薄锐，右侧边部分缺失、断口明显；石片表面覆盖有少部分钙质胶结；长 18.8 毫米、宽 17.3 毫米、厚 3.1 毫米，重 0.56 克（图二，1）。

14MJWDT1②：38，远端断片，近端沿节理面断裂，半椎体突出，同心波清晰，背面全疤；石片表面覆盖有少部分钙质胶结；残长 23.6 毫米、宽 14.7 毫米、厚 4.5 毫米，残重 0.56 克（图二，4）。

14MJWDT1②：42，自然台面，半椎体突出，同心波清晰，放射线不甚清晰，背面少部分自然面大部分片疤、可见一清晰的石片阴痕；远端薄锐，右侧边残缺、断口明显；左侧边薄锐；长 22.5 毫米、宽 19 毫米、厚 4.8 毫米，重 0.72 克（图二，14）。

2. 工具

角尖尖状器 2 件。

14MJWDT1②：34，角尖尖状器，燧石质块状毛坯，平面近似三角形，两面均平坦；两边往一端同向加工夹成一短尖，尖角 71°；一侧片疤深凹，一侧片疤浅平。长 38.3 毫米、宽 36.9 毫米、厚 12.4 毫米，重 11.29 克（图二，15）。

14MJWDT1 ②：18，角尖尖状器，燧石质片状毛坯，平面形状不规则，两面均较平坦；两边往一端加工夹成一短尖，尖角 62°；片疤较深凹侧为单向加工，片疤浅平侧仅在靠近尖部处有两个交互的小片疤。长 23.2 毫米、宽 26.8 毫米、厚 10.8 毫米、重 6.72 克。

3. 断块和碎片

断块 7 件。这类石制品多数为燧石石块，表面有人工痕迹，但在石制品分类时很难将其归入某种类型。长最大者 50.3 毫米、最小者 21.8 毫米，平均 31.78 毫米；宽最大者 40.2 毫米、最小者 15.2 毫米，平均 24.07 毫米；厚最大者 32.2 毫米、最小者 6.7 毫米、平均 16.39 毫米；重最大者 59.93 克、最小者 2.22 克，平均 16.73 克。

碎片 9 件。在剥片或石制品二次加工时剥落的小片。长最大者 16.7 毫米、最小者 7.4 毫米，平均 12.22 毫米；宽最大者 12.7 毫米、最小者 5.5 毫米，平均 9.87 毫米；厚最大者 8 毫米、最小者 2.9 毫米，平均 5 毫米；重最大者 11.6 克、最小者 0.2 克，平均 1.7 克。

（二）第 2 文化层

该层的石制品 18 件，包括石片 3 件、钻 1 件、断块 8 件和碎片 6 件。3 件石片的背面均为全疤。原料均为燧石。

14MJWDT1 ③：70，石片，左端断片，燧石质，自然台面，打击点清晰，半椎体凸出，放射线不明显，背面全疤，远端薄锐，右侧缺失、断口明显；长 24.1 毫米、宽 12.7 毫米、厚 5.9 毫米，重 0.83 克（图二，11）。

14MJWDT1 ③：65，石片，燧石质，自然台面，打击点清晰，半椎体微凸，放射线不清晰，背面为一完整的石片阴面，两侧边和远端薄锐；长 20.8 毫米、宽 14.5 毫米、厚 5.7 毫米，重 0.63 克。

14MJWDT1 ③：61，钻，燧石质块状毛坯，形状不规则，一面较平坦；两边往一端同向加工夹成一钻尖，已残断，断口明显；长 20.4 毫米、宽 19.1 毫米、厚 9.2 毫米、重 1.85 克（图二，3）。

断块 8 件。长最大者 65 毫米、最小者 26.6 毫米，平均 40.08 毫米；宽最大者 47.7 毫米、最小者 18.4 毫米，平均 31.29 毫米；厚最大者 26.7 毫米、最小者 11.5 毫米，平均 19.36 毫米；重最大者 77.4 克、最小者 8.92 克、平均 30.19 克。

碎片 6 件。长最大者 14.3 毫米、最小者 8.1 毫米，平均 11.07 毫米；宽最大者 9.9 毫米、最小者 6.3 毫米，平均 8.23 毫米；厚最大者 7.4 毫米、最小者 3.2 毫米，平均 4.88 毫米；重最大者 0.71 克、最小者 0.15 克，平均 0.39 克。

（三）第 3 文化层

该层的石制品数量较少，仅 5 件，包括石片 1 件、直刃刮削器 2 件和断块 2 件。原料均为燧石。

14MJWDT1 ④：84，石片，燧石质，打击点不清晰，半椎体不明显，放射线较清晰，背面为自然面，两侧边薄锐，远端较厚；长 31.6 毫米、宽 25.2 毫米、厚 11.3 毫米，重 7.29 克（图二，13）。

14MJWDT1 ④：87，直刃刮削器，燧石质块状毛坯，一端厚重一端薄锐；在薄锐端交互加工出刃缘，刃口长 3.23 厘米，刃角 55° ~ 70°；修疤连续，大小均匀；长 4.22 厘米、宽 4.07 厘米、厚 2.63 厘米，重 29.26 克（图二，19）。

14MJWDT1 ④：86，直刃刮削器，燧石质块状毛坯，横截面呈菱形；在一侧边交互加工出刃缘，刃口长 3.17 厘米，刃角 62° ~ 88°；修疤清晰连续，大小均匀；长 5.58 厘米、宽 2.87 厘米、厚 1.56 厘米，重 14.16 克（图二，20）。

断块 2 件。长 38.3 ~ 65.5 毫米、宽

36.1 ~ 45.3 毫米、厚 19.1 ~ 20.9 毫米，重 30.94 ~ 78.46 克。

（四）第 4 文化层

共出土石制品 35 件，包括石片 7 件、石核 6 件、刮削器 1 件、凹缺器 1 件、断块 17 件、碎片 1 件。石制品的原料均为燧石。

1. 石核和石片

石核　7 件，包括单台面石核 4 件和双台面石核 3 件。石核的台面均为自然台面。石核的片疤数多为 1 ~ 2 个。从石片疤的特征分析，打片方法为锤击法。长最大者 66.7 毫米、最小者 38 毫米，平均 48.9 毫米；宽最大者 52.7 毫米、最小者 19 毫米，平均 34.36 毫米；厚最大者 47.5 毫米、最小者 18.4 毫米，平均 28.51 毫米；重最大者 124.42 克、最小者 6.36 克，平均 52.21 克。

14MJWDT1 ⑤：114，单台面石核，原型为燧石块，长 44.6 毫米、宽 25.5 毫米、厚 23.7 毫米，重 17.8 克；自然台面，台面角 75° ~ 80°；锤击法剥片，仅剥下一个大小为 23.2 毫米 ×20.1 毫米的片疤，石核的利用率低。

14MJWDT1 ⑤：113，单台面石核，原型为燧石块，两面均较平坦，长 66.7 毫米、宽 45.2 毫米、厚 30.9 毫米，重 131.41 克；自然台面，台面角 65° ~ 68°；锤击法剥片，仅剥下一个大小为 26.8 毫米 ×19 毫米的片疤，石核的利用率低（图二，7）。

14MJWDT1 ⑤：118，双台面石核，原型为燧石块，长 41.4 毫米、宽 19 毫米、厚 18.4 毫米，重 6.36 克；两台面均为自然台面，大小分别为 8.1 毫米 ×6 毫米、14.5 毫米 ×9.4 毫米，台面间关系为相对，台面角 98° ~ 120°；相向剥片；现可观察到的共 3 个石片阴痕，均为长大于宽，其中一个已不完整，完整片疤的大小分别为 34.8 毫米 ×22.2 毫米、40.5 毫米 ×18.8 毫米；该石核的利用率较高，剩余部分已不适合继续剥片（图二，17）。

14MJWDT1 ⑤：89，双台面石核，原型为燧石块，长 49.1 毫米、宽 40.2 毫米、厚 34.2 毫米，重 43.64 克；两台面均为自然台面，大小分别为 38.1 毫米 ×32.1 毫米、40.7 毫米 ×30.6 毫米，台面间关系为相邻，台面角 48° ~ 90°；异向剥片；两个台面都只有一次成功的剥片，大小分别为 42.7 毫米 ×30.1 毫米、37.4 毫米 ×32.7 毫米；该石核的利用率较低。

石片　7 件。岩性均为燧石。石片的尺寸均不大，长最大者 47.5 毫米、最小者 11.5 毫米，平均 30.51 毫米；宽最大者 48.6 毫米、最小者 15.6 毫米，平均 28.91 毫米；厚最大者 20.3 毫米、最小者 3.1 毫米，平均 10.27 毫米；重最大者 27.37 克、最小者 0.35 克，平均 8.65 克。均为自然台面。石片的打击点清晰、半椎体凸出。4 件石片的背面全为自然面，其余 3 件的背面部分片疤部分自然面。打片均采用硬锤直接打击，打片方法为锤击法。石片的两侧及远端多较薄锐，其中 1 件石片右侧边及远端有明显的断口。

14MJWDT1 ⑤：29，燧石质石片，自然台面，背面部分自然面部分片疤，打击点清晰，半椎体凸出，有锥疤，放射线不清晰，远端薄锐；长 11.5 毫米、宽 16 毫米、厚 5 毫米，重 0.53 克。

14MJWDT1 ⑤：90，燧石质石片，自然台面，背面均为自然面，打击点和同心波清晰，半椎体凸出，有锥疤，放射线不清晰，右侧边及远端残缺，断口明显；长 18.8 毫米、宽 15.6 毫米、厚 3.1 毫米，重 0.35 克（图二，5）。

14MJWDT1 ⑤：27，燧石质石片，自然台面，背面小部分片疤大部分自然面，打击点和同心波清晰，半椎体凸出，放射线清晰，远端有一正向的小片疤；长 22.6 毫米、宽 34.8 毫米、厚 7.3 毫米，重 3.05 克（图二，2）。

14MJWDT1 ⑤：94，燧石质石片，自

然台面，背面部分自然面部分片疤，打击点和同心波清晰，半椎体凸出，有锥疤，放射线不清晰，远端和右侧边局部薄锐；长31.6毫米、宽22.5毫米、厚5.8毫米，重2.13克（图二，10）。

14MJWDT1⑤：111，燧石质石片，自然台面，背面、两侧及远端均为自然面，半椎体凸出，同心波和放射线清晰，远端厚；长29.1毫米、宽38.9毫米、厚14.7毫米，重8.28克。

2. 工具

共4件，包括1件直刃刮削器和3件凹缺器。4件工具的毛坯都是燧石质的块状毛坯。

14MJWDT1⑤：98，直刃刮削器，燧石质块状毛坯，平面近似三角形，两面均较平坦；在薄锐的一端加工出刃缘，刃口长2.8厘米，刃角54°～78°；以单向加工为主，片疤清晰而连续；长3.87厘米、宽3.56厘米、厚1.1厘米，重10.08克（图二，8）。

14MJWDT1⑤：97，凹缺器，燧石质块状毛坯，形状不规则，两面较为平坦；在一侧单向加工出凹缺刃，修疤较大，刃口长2.23厘米，刃角68°～100°；长4.54厘米、宽3.75厘米、厚1.27厘米，重25.31克（图二，12）。

14MJWDT1⑤：112，凹缺器，燧石质块状毛坯，形状不规则，一面平坦；在一端单向加工出凹缺刃，修疤清晰，刃口长11.5毫米，刃角50°～67°；长81.5毫米、宽43.2毫米、厚16.7毫米，重59.38克。

3. 断块和碎片

断块 14件。长最大者59.7毫米、最小者23.8毫米，平均39.7毫米；宽最大者58.2毫米、最小者16.4毫米，平均28.89毫米；厚最大者41毫米、最小者10.6毫米，平均19.41毫米；重最大者83.52克、最小者6.81克，平均26.06克。

碎片 3件。长最大者19.2毫米、最小者11.3毫米，平均14.97毫米；宽最大者12毫米、最小者5.9毫米，平均9.93毫米；厚最大者3.9毫米、最小者2.5毫米，平均3.3毫米；重最大者0.97克、最小者0.18克，平均0.59克。

三、年代与工业特征

（一）年代

2014年发掘接近尾声时，曾在探方的东、西、南壁采集光释光测年的样品，但样品不理想，最终并未获得准确的测年数据。参照2011年采集标本的 ^{14}C 测年结果，遗址的时代为距今9.6～30ka，处于旧石器时代晚期阶段。 ^{14}C 测年结果与石制品的面貌吻合。

从动物化石来看，各年度发掘和采集的种类计有：金丝猴（*Pygathrix roxellance*）、巴氏大熊猫（*Ailuropoda melanolecua baconi*）、中国黑熊（*Ursus thibetanus*）、东方剑齿象（*Stegodon orientalis*）、华南巨貘（*Megatapirus augustus*）、猪獾（*Arctonyx collaris*）、野猪（*Sus scrofa*）、水鹿（*Cervus unicolor*）、鬣羚（*Capriconis sumatraensis*）、水牛（*Bibos* sp.）和部分尚不能鉴定的小哺乳类。这一组合属我国华南中 - 晚更新世常见的大熊猫 - 剑齿象动物群，符合测年结果。

（二）石制品工业特征

综合分析遗址各层位石制品，其工业特征主要表现为：

（1）原料来源与选择：遗址中存在的原料有大量的石灰岩、燧石、泥岩和少量的石英小砾石，这4种原料中制作石器的最优原料为燧石。该遗址目前发现的石制品的原料均为燧石，可见生活在马家湾洞的古人类对原料的特性有了较好的认识，可以从现有原料中选择最优的来制作石制品。燧石原料来源于洞内，属于就地取材，现在在洞壁的中下部可以看到燧石条带。

（2）石制品的类型：各层的石制品多为小型；类型以断块和石片的数量较多；工具的数量较少，种类也不多。

（3）剥坯：遗址中石制品剥坯以获取石片为目的，从片疤的特征分析剥片的方法为锤击法；也许是燧石原料容易获得，所以石核的利用率普遍较低；目前仅发现1件工具的毛坯为片状，其余的均为块状，且现已发现的石片边缘多为薄锐的，并有少部分石片薄锐处有明显的断口，推测剥取石片的目的是直接使用。

（4）工具的加工：毛坯以块状毛坯为主；加工方法为锤击法；加工方式有单向加工和交互加工；加工程度不高，对毛坯的改变较小。

（5）工具组合：工具的数量较少，类型不丰富，是旧石器时代晚期常见的轻型工具组合。

四、结　语

马家湾洞遗址是一处原地埋藏的旧石器时代晚期的洞穴遗址。虽然它经过现代的人为扰动，对遗址造成了较严重的破坏，但其文化内涵从2014年度所发现的文化遗物中也可窥见一二。它的石制品工业特征与同时期的阶地遗址[3]相比具有独特性，但总体特征与三峡地区传统的砾石石器工业相近，它们应是一脉相承的。

致谢：马家湾洞遗址的发掘工作得到了国家文物局、重庆市文物局、重庆中国三峡博物馆、奉节县文物管理所等单位及各级领导的大力支持与帮助，魏光飚博士为领队，汤启凤、张真龙参与了发掘工作，刘光彩拍照、制图，在此一并致谢。

执笔者：吴　雁　陈厚清
陈少坤　黄万波

注　释

[1]　黄万波、方其仁：《巫山猿人遗址》，海洋出版社，1991年。

[2]　高星、黄万波、徐自强等：《三峡兴隆洞出土12~15万年前的古人类化石和象牙刻划》，《科学通报》2003年第23期。

[3]　高星、裴树文：《三峡远古人类的足迹：三峡库区旧石器时代考古的发现和研究》，四川出版集团巴蜀书社，2010年。

A Preliminary Report on the 2014 Excavation of the Majiawan Cave Site, Fengjie, Chongqing

Chongqing China Three Gorges Museum　　Cultural Relics Administration Bureau of Fengjie

Abstract: The Majiawan Cave Site was excavated in 2014. During this excavation, an area of $12m^2$ with four prehistoric layers was exposed. A total of 84 stone artifacts, 14 bone fossils and 20 tooth fossils were uncovered during the field season. The stone artifacts include cores, flakes, retouched tools, chunks and fragments. The raw material is chert. The age of this site was correlated to Late Paleolithic by the AMS ^{14}C dating method, mammalian fauna and the stone artifact features. The Majiawan Cave Site enriched the late Paleolithic culture in Chongqing and provided valuable information for improving Paleolithic cultural sequences of the Three Gorges area.

丰都柑子园遗址发掘简报

重庆师范大学历史与社会学院　重庆市文化遗产研究院

柑子园遗址位于丰都县十直镇楼子村三社，东北距忠县洋渡镇约 5 千米，南距十直镇约 7.2 千米，地理坐标为东经 107°51′20.1″，北纬 30°05′18.3″。海拔 165 ~ 180 米（图一）。这一地带地理环境较特殊。长江由西南经高家镇再往东北从遗址东边流过。柑子园遗址即位于长江西岸的几座不高的山坡处的河坎边上。山坡后面是该村村民的房屋。柑子园遗址一带沿长江边约 3 千米的多座山包上，均有明代当地窑工们烧制陶器后遗留下来的废弃堆积（残次品），另还发现有东汉至六朝时期的墓地，但破坏严重。

该遗址是 2009 年丰都县文物管理所的毛卫、彭瑞华、刘玉珍三人在第三次全国文物普查时发现的。当时在长江边的河坎及缓坡（河漫滩上）多有被江水冲刷后暴露在外的陶器。器形主要有罐、壶、碗、缸、匣钵等残片及大量木炭渣。在这一地带沿长江的一些山包上多发现有这类文化遗存，据当地村民讲，在这一地带沿长江边共有 40 多个这样的小山包上都发现有烧制陶器的窑址以及大量烧坏后废弃的陶器（残次品）。从当时在遗址处采集的标本来看，文化遗物的时代可能为宋元明时期（以明代为主）。

据我们的实地调查和勘探情况，因在

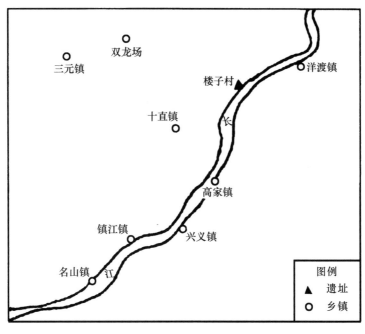

图一　柑子园遗址位置示意图

柑子园遗址一带沿江多处小山包的河坎及一些缓坡上几乎都发现有古人类活动的文化遗存，为了有效地保护好这些古文化遗存，也因受发掘面积限制，此次我们选择考古发掘范围主要集中在从西南边的王家河到东北沿长江而下往东到岩屋嘴，全长约400米、宽约50米的山坡及河岸边的台地上，在山包靠长江边的河坎边上可观察到有着丰富的文化堆积层，厚一般在1~2米之间。

柑子园遗址因紧挨着长江，故长江历年发生洪水都会使该遗址受到冲击，从而导致山包（坡）崩塌至江中，尤其是近10年来，因三峡工程试验性蓄水检验，沿岸山包崩塌速度加快，使得这一地带的古遗址、古墓葬遭到严重破坏，也有的是因当地村民开荒种田、平整土地而被破坏，正是因为江水长年的冲击，当地村民的开荒改田，部分古文化遗存暴露出来，面临被毁坏，故对这些暴露出来的古文化遗存必须进行抢救性保护。受重庆市文化委员会的委托，重庆市文化遗产研究院、重庆师范大学历史与社会学院两家单位联合承担了2016年度丰都柑子园遗址800平方米的发掘任务。

此次发掘地点分为三个区，分别定为A区（上包）、B区（下包）、C区（岩屋嘴）。其中在A区布10米×10米探方2个；在B区布10米×10米探方8个（T3未发掘，T5、T6、T7、T8只发掘了靠江边的局部）；在C区布10米×10米探方2个。此外，另在A区为了发掘两座窑址，共扩方81平方米。以上三个发掘地点共布探方12个，实际发掘面积（包括扩方）共810平方米（图二）。具体发掘情况如下。

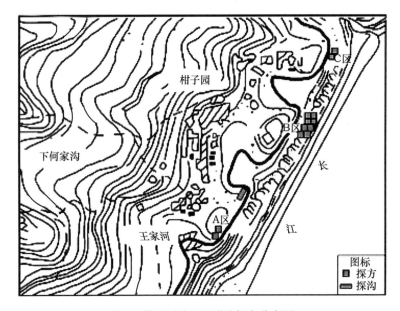

图二 柑子园遗址地形及探方分布图

一、地层堆积

柑子园遗址处的A区、B区、C区相距不太远，地层堆积的资料情况基本一样，地层堆积都比较简单，依据土质土色和包含物，可分为3个大层，地层堆积皆由西（山坡处）向东（长江）呈坡状分布，西端薄、东端厚，如B区地层堆积最厚的可达2米多。因三个发掘区的地层堆积资料情况大致一样，故本文仅以三个发掘区中地层堆积资料保存相对完整、文化遗物较丰富的 B 区 T6 西壁剖面的地层堆积资料情况来举例说明（图三）。

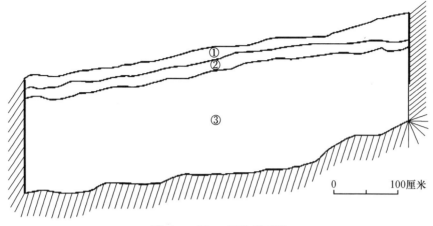

0　　　　　　100厘米

图三　B 区 T6 西壁剖面图

第 1 层：灰褐色，为种植树木、竹子挖掘扰乱及山坡上下雨冲下来的泥土，局部已露出文化层、质松软，厚 15 ~ 45 厘米。

第 2 层：黄褐色，质松软，出土一些陶器，器形主要有罐、匣钵、擂钵、器盖、碗等，厚 10 ~ 25 厘米，陶器皆为当时烧制时遗弃下来的一些残次品。

第 3 层：黄褐色，质松软，基本可以说是当时窑工们在烧制陶器后遗留下来的一些残次品和各类器物的残片，火候较高，可辨识的器形主要有匣钵、罐、擂钵、碗、碟、缸、杯、壶、盏、器盖等，厚 125 ~ 160 厘米。

依据地层堆积的土色、土质及包含物，可知柑子园遗址文化遗存时代特征比较明显，其 A 区、B 区、C 区的第 3 层以及柑子园遗址一带沿长江边多处山坡上发现的这类文化遗存，基本上都属于明代。柑子园遗址的地层叠压关系比较简单，第 1 层、第 2 层为近现代扰乱层，第 3 层为明代文化层。此次发掘出的文化遗存以第 3 层内容最丰富，数量也很多。下面我们将本次发掘的文化遗存的资料情况介绍如下。

二、遗　　迹

本次发掘遗迹现象较为单纯，共发现 3 处遗迹单位，其中窑址 2 座，位于 A 区，编号为 2016FGAY1、2016FGAY2，形制皆为龙窑；灰坑 1 个，位于 B 区，编号为 2016FGBH1。

1. Y1

Y1 位于 A 区（上包）的南端，T1 的中部，由西南延伸至山包顶部。残存长 19.1 米，宽约 2 米，距地表 5 ~ 70 厘米不等，属龙窑，开口（窑头）在第 3 层下，坐落在生土上；窑尾因毁坏，其开口位于第 1 层下。该窑址的火膛、火门、窑门、窑尾等均遭到破坏，仅残存窑室的中间部位。

窑室　平面为一自西南至东北走向的长方（条）形，西南低，东北高，方向为北偏东 45°，坡度为 20°，清理窑址残长 19.10 米，窑头、窑及火膛等已遭破坏，仅残存中部的窑室。窑室顶部已塌毁，仅残存靠底部的部分，结构较简单，横断面呈"凹"形，内宽 200 厘米。窑壁残高 5 ~ 70 厘米，多用长 20、宽 15、厚 7 厘米的烧砖并夹杂有一些长 30 ~ 45、宽 18、厚 8 ~ 10 厘米（有的是长短不一的残砖）的汉砖混砌而成，汉砖有纹饰的一面朝内侧，窑壁厚 18 ~ 20 厘米。窑壁外侧均有厚 15 ~ 20 厘米红烧土附着，内侧因长期火烤形成一层青灰色烧结面（窑汗），厚约 5 ~ 10 厘米。窑床未用烧砖铺砌，仅在挖好的沟槽上面均匀铺垫一层细沙（防止器物与窑床烧结在一起）。窑床基本为同一斜度的坡面，因长期烧烤从而形成一层坚硬的青灰色烧结面，厚约 5 厘米左右，其质地为烧结的砂土，烧结层下为一层厚约 10 厘米的红烧土。窑床的西南端因修公路遭到破坏，东北端为 20 世纪 50 ~ 60 年代坡改梯田时将山包顶部挖平，故窑头结构不清楚，仅残留有清晰可见的红烧土痕迹。

窑室内堆积可分二层：第 1 层为耕土层，灰褐色沙性土，含有较多的扰乱物，杂草、根茎、残砖块，以及当地村民种植的竹子根、果树根等杂物，厚 5 ~ 20 厘米；第 2 层红褐色沙土混杂一定数量的烧土粒，含有一些陶片、残断砖块和比较完整的器物，陶片火候较高，胎多呈青灰色，能辨识出器形的主要有匣钵、罐、钵、擂钵、碟等，另还发现铁质钱币一枚，本层厚 10 ~ 50 厘米，应为后来窑址破坏后因回填形成的堆积，其下为窑床青灰色烧结面。

2. Y2

Y2 位于 A 区（上包）的北端，与 Y1 东北方向相距约 50 米，残存长约 15.8 米。大部分被揭露出来，据地表 3 ~ 60 厘米不等，属龙窑，开口位于第 1 层下（东北端的火膛部分暴露在外），坐落在生土（砂岩）上，由东北向西南延伸至山包半腰，东北端的窑头及西南端的窑尾均遭破坏，仅残存火膛、火门及窑室部分。

窑室 平面为一自东北至西南走向的长方（条）形，窑室顶部已塌毁，横断面呈"凹"形，东北低，西南高，方向为西偏南 30°，坡度为 20°，清理出窑址残长 14.30 米，窑头与窑尾已遭到破坏，仅存部分火膛及窑室。窑壁残高约 70 厘米，窑壁外侧均有 12 ~ 20 厘米红烧土附着，也有的外侧直接就是砂岩，内侧因长期火烧形成一层青灰色烧结面（窑汗），窑壁厚 5 ~ 10 厘米。窑壁厚 6 ~ 15 厘米，由烧砖和少许汉砖、匣钵混砌而成，烧砖长 20、宽 18、厚 6 ~ 7 厘米。窑壁上半部分均被破坏，窑室内东北端（火门处）宽约 60 厘米，西南端宽为 226 厘米，从东北端向西南端由窄渐增宽，室内残存有陶片及倒塌窑壁堆积。窑床基本为同一斜度的坡面，横断面中部略凸，两边略凹，呈弧形状，因长期烧烤表面形成一层坚硬的青灰色烧结面，厚约 4 厘米，烧结面下为一层厚 5 ~ 20 厘米含砂烧结层，烧结层下为红烧土层，整个窑室残长 12.40 米。

火膛 位于东北的山包下，火膛残长 190 厘米，内宽 50 厘米。火膛与窑室中间具有火门的挡火墙，挡火墙厚 6 ~ 10 厘米，墙外为砂岩，火膛底部皆用汉砖错缝平铺。火门位于火膛与窑室交界处，宽 36、进深 30 厘米。挡火墙两边各用一块汉砖砌筑，厚 72 厘米，长 30 厘米，残高约 36 厘米。

窑室内堆积与 Y1 一样，可分二层：第 1 层为农耕土层，灰褐色沙性土，含有较多的扰乱物，杂草、根茎、残砖块，以及当地村民种植的竹子根、桂圆和枇杷树等各类杂物，厚 5 ~ 20 厘米；第 2 层红褐色沙土混杂一定数量的烧土粒，含有一些陶片、残断砖块和比较完整的器物，陶片火候较高，胎多呈青灰色，能辨识出的器形主要有匣钵、罐、钵、碟、擂钵、碗等，本层厚 10 ~ 30 厘米，应为后来窑址破坏后因回填窑内形成的堆积，其下为窑床青灰色烧结面。

3. 灰坑

BH1 位于B区T8内东南部，平面呈椭圆形，东端靠长江边处因江水冲刷已垮塌，仅残存靠山坡（西部）的局部，坑壁斜弧，横断面呈锅底形状，开口于第3层下，打破生土，坑口东西残长240、南北宽174、深约100厘米。坑内填土为灰褐色沙土，夹有大量陶片。可辨识的器形主要有罐、钵、匣钵、盆、碗、瓮等，出土一件完整的陶钵。

三、遗　　物

此次发掘遗址以窑址及烧造的未成品废弃物堆积为主，故出土大量不同类型的器物残片，主要为釉陶器，亦称缸胎陶，将这种所谓的釉陶器与瓷器相比，其火候、质地及釉色都存在有一定的差异，故学者们一般都称之为釉陶器，本文也一般称之为釉陶器。器类包括有制陶工具和窑具，生活器皿。制陶工具有陶拍，窑具主要为大小高矮不一的匣钵、托垫和器垫；生活器皿主要有罐、擂钵、研磨器、杯、碗、碟、盏、器盖、器垫、缸、盆壶等。釉陶器烧造的火候较高，仅次于瓷器，轮制的轮修痕迹明显，胎料和制作工艺比较粗糙。釉陶颜色主要为红褐色，也有一定数量的砖红色、灰褐色、灰色。部分器物施釉，施釉部位多在器物上半部，以酱釉居多，其次是米黄色釉、土黄色釉、浅绿色釉，不少气雾釉已剥落露胎，还有一定数量的陶器（缸胎）施化妆土。器物内、外壁大多为素面，少量施刻划或彩绘。其年代约为明代。除大量陶器外，还有极个别的铜钱和铁钱。现按遗迹单位窑址、灰坑、地层堆积将出土遗物分别进行如下介绍。

1. 2016FGAY1 内出土遗址

Y1内出土遗物较丰富，各种类的器物数量都比较多，但多是一些残釉陶片。主要器物是托垫、匣钵、灯盏。在Y1内共挑选出标本6件。分述如下。

托垫 3件。高度一般在4~5厘米，据腹壁及底部变化可分A、B、C三型。

A型 1件。敞口，腹壁斜直，向下逐渐内收，平底。AY1:2，灰褐色胎，器身有弦纹，底部内壁有旋痕。口径8.8、底径8、高4.8厘米（图四，1）。

B型 1件。敛口，腹壁斜直，向下逐渐外敞，平底。AY1:6，内外壁施青灰色釉，器身底部有按窝。口径10.2、底径11.6、通高4.4厘米（图四，2）。

C型 1件。束腰，平底。AY1:3，砖红色胎，底部外壁有弦纹，内壁有旋痕。口径10.5、底径11.8、通高4.2厘米（图四，3）。

匣钵 1件。AY1:7，器身较高，束腰，底部有一通孔，红褐色胎，外壁施青灰色釉，内外壁有旋痕，腰部有按窝痕迹。口径14.5、底径16.5、通高30.8厘米（图四，4）。

灯盏 2件。AY1:10，胎色不匀，灯盘极浅，已残。灯盘和柄身表面附着致密的黑色烧结残留物。柄身下部残缺，残高21.6厘米（图四，5）。AY1:11，胎色不均，灯柄外壁红陶胎，内壁为灰色胎质，灯盘和柄附着一层似油烟的黑色物质。灯盘与柄均残，残高9.4厘米（图四，6）。

2. 2016FGAY2 内出土遗物

Y2内出土遗物丰富，各种类的器物数量都较多，绝大多数都是残釉陶片。能辨认出的器物主要有匣钵、钵、罐。在Y2内挑选出标本共19件。分述如下。

匣钵 4件，据腹壁变化可分为A、B、C三型。

A型 2件。形制大体相同，直口，圆唇，腹壁斜直外撇，底平略凹，轮制，外壁为砖红色胎。AY2:3，壁较厚，上部呈青灰色。底面有螺旋痕，内壁有旋纹。

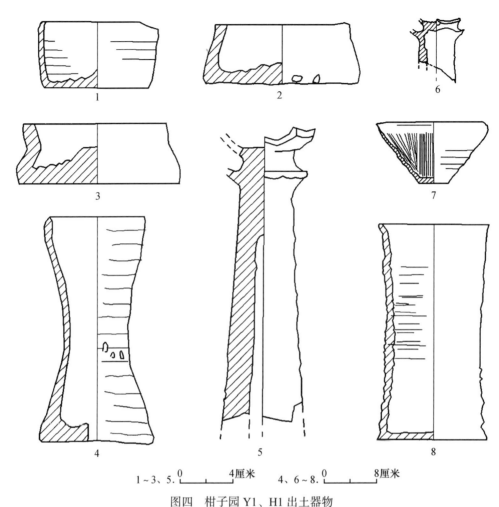

图四　柑子园 Y1、H1 出土器物

1. A 型托垫（AY1：2）2. B 型托垫（AY1：6）3. C 型托垫（AY1：3）4. 匣钵（AY1：7）

5、6. 灯盏（AY1：10、AY1：11）7. 擂钵（BH1：1）8. 匣钵（BH1：2）

口径 10.2、底径 11.1、通高 6.9 厘米（图五，1）。AY2：4，筒状，平底，底略大于腹径，内壁和底部有弦纹，底部有磕缺，砖红色胎。口径 8.8、底径 11、残高 8 厘米（图五，4）。

B 型　1 件。腹部内收。AY2：2，器壁较厚，外壁局部为棕褐色，轮制。底面有旋痕，内壁有螺旋纹。口径 9.8、底径 12.7、通高 8.5 厘米（图五，2）。

C 型　1 件。腹部略鼓，中间有一凸棱。AY2：1，圆唇，敛口，腹部微鼓，轮制。底面有旋痕，内外壁有旋纹，器壁较厚，砖红色胎，壁外局部为灰褐色。口径 9、底径 12.4、通高 5.8 厘米（图五，3）。

钵　3 件。据高矮分为二型。

A 型　1 件。AY2：11，器身较矮，口沿内卷，圆唇，腹壁斜收，平底略内凹，壁内有螺旋状瓦棱纹。青灰色胎，内外施黄褐色釉，内、外壁都有泪滴釉。口径 24.2、底径 12、通高 8 厘米（图五，5）。

B 型　2 件。器身较高，深腹，口沿略内卷，圆唇，腹壁斜收，平底，青灰色胎。AY2：12，烧致略变形，器腹上部施灰白色釉，有泪滴釉。残口径 2.6、底径 11.2、残高 18 厘米（图五，6）。AY2：13，外壁的上腹局部施灰褐色釉，内、外壁都有泪滴釉，壁内外和底外皆有旋痕。口径 12、腹径 20、底径 10.5、通高 13.5 厘米（图五，8）。

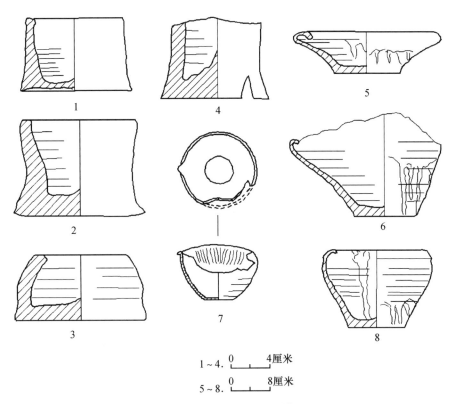

1~4. ⊢0———┴———4厘米

5~8. ⊢0———┴———8厘米

图五　柑子园 Y2 出土器物

1、4. A 型匣钵（AY2：3、AY2：4）　2. B 型匣钵（AY2：2）　3. C 型匣钵（AY2：1）　5. A 型钵（AY2：11）

6、8. B 型钵（AY2：12、AY2：13）　7. 擂钵（AY2：9）

擂钵　1件。曲弧壁。AY2：9，口沿略残，有一流，器身和底部有弦纹，内壁有梳篦纹，砖红色胎，局部施釉。口径 13.2、底径 5.2、高 10 厘米（图五，7）。

罐　11件，据罐系（把）分为 A、B 二型。

A 型　7件，可分为二式。

Ⅰ式：6件。单系（把）。AY2：7，器身变形，圆唇，肩部的单耳与口沿相粘连，斜圆肩，腹微鼓，平底。器身通体饰弦纹，青灰胎。口径 8、腹径 17.2、底径 8.5、通高 18.8 厘米。AY2：8，器身变形，口残，有流，单耳，鼓腹，平底。灰色胎，局部施釉，有滴釉。腹径 13.3、底径 4.8、通高 11 厘米。AY2：23，罐身残，圆尖唇，敛口，斜颈略外鼓，斜肩，腹微鼓，肩部有一竖系环耳，罐壁有较规整螺旋状瓦棱

纹，青灰色胎，外壁涂灰白色化妆土。口径 10、腹径 17、残高 11 厘米。AY2：24，罐身残缺，直口，圆唇，弦纹，灰色胎质，有流釉现象。最大口径 9.8、残高 8 厘米。AY2：5，圆尖唇，矮颈，斜圆肩，带流，鼓腹，平底。青灰色胎，外壁红褐色，腹壁有螺旋状瓦棱纹，肩部有一竖系环耳。口径 9、底径 4.5、腹径 11、通高 12.5 厘米。AY2：6，罐身变形，口上部粘连一残缺陶钵，有流，束颈，单耳，鼓腹，平底。器身和底部有弦纹，局部施釉，有滴釉。底径 8、腹径 16.4、通高 26.8 厘米。罐口粘连陶钵为敛口、卷沿、平底。

Ⅱ式：1件。双系。AY2：14，器身下半部残，圆唇，矮颈，斜溜肩，肩部有对称两竖系环耳，鼓腹。青灰胎，内外壁都有旋痕，内壁上部施浅灰色釉和泪滴釉，

外壁施浅灰色釉。口径 4.3、腹径 18.2、残高 10.5 厘米。

B 型 2 件。无系。AY2：22，器身下半部残，仅残存上半部，圆唇，口沿外卷，矮颈，广肩，鼓腹。砖红色胎，上腹有两道弦纹，无釉，轮制。口径 12.3、腹径 28.3、残高 8 厘米。AY2：15，烧残变形，口部与底部叠压相连接。圆唇，口沿外卷，矮颈，广肩，鼓腹，平底。腹部有螺旋状瓦棱纹，青灰胎，口沿及器壁表外局部涂刷灰白色化妆土。口径 12、腹径 42、残高 16 厘米。

另有两件口沿部位残缺，无法判定是否有系。AY2：17，深鼓腹，下部斜收至底，平底略内凹，腹壁有螺旋状瓦棱纹，较规整，底外有旋痕，青灰色胎。腹径 18、底径 9.5、残高 14.5 厘米。AY2：18，口部残缺，腹微鼓，下部斜收至底，平底略内凹。青灰色胎，壁外刷浅黄色化妆土涂料，罐壁有螺旋状瓦棱纹，较规整。腹径 18.4、底径 9.4、残高 11.5 厘米。

3. H1

擂钵 1 件。BH1：1，口微敛，口沿部位有一小流，肩微鼓，腹斜收至底，平底。红褐胎，外壁施酱釉，内壁无釉泛红，饰梳篦纹。口径 14、底径 4.4、通高 8.8 厘米（图四，7）。

匣钵 1 件。BH1：2，筒状，敞口，圆唇，腹部微束，平底。紫红胎，外表红褐色，器内部泛白。底径 13.8、通高 31.6 厘米（图四，8）。

四、遗址堆积层中出土遗物

除窑址和灰坑中出土器物外，在遗址堆积中也出土了大量的器物，共挑选出标本 82 件，皆为釉陶器，火候较高，胎质较硬，器表多施釉，釉色主要有酱釉、青灰色釉、灰褐色釉、黑釉等。器物外壁除弦纹外，一般都素面无纹。器形主要有匣钵、罐、钵、器盖、碗、瓮、盆、壶、灯等，另有铁质钱币 1 枚，铜质钱币 2 枚。

托垫 8 件。按腹壁变化可分为二型。

A 型 4 件。BT4③：12，平沿外折，束腰，平底，红褐色胎，内外施青灰色釉，内底旋纹凸出。口径 8.7、底径 10.2、高 4.2 厘米（图六，1）。BT4③：13，平沿，圆唇，束腰，平底，内外壁施酱釉。内口径 9.1、外口径 10.9、底径 10.9、通高 4.7 厘米（图六，2）。BT4③：17，侈口，尖唇，口沿微残，束腰，平底，底部有旋痕，红褐色胎，外壁施酱红色釉，内壁口沿施青绿色釉。口径 9.2、底径 9.7、通高 4.3 厘米（图六，3）。BT7③：3，圆唇外折，平底，红褐胎，外壁施黑釉，内壁泛黑，内底有旋痕，器身有按窝。口径 9.8、底径 10.4、通高 4.3 厘米（图六，4）。

B 型 4 件。敛口直壁，平底。BT4③：7，平沿内折，圆唇，红褐色胎，腹部以下呈紫色，内底有旋痕。口径 8.1、底径 9.4、通高 3.9 厘米（图六，5）。BT4③：9，平沿内折，红褐色胎，外壁局部施酱釉，内壁泛黑，内底有旋痕。口径 10.8、底径 12、通高 4.4 厘米（图六，6）。BT6③：9，平沿敛口，内底有旋痕，胎质颜色不均匀，口径 9.3、底径 10.5、高 3.4 厘米（图六，7）。BT7③：8，红褐色胎，平沿内折，腹微弧，内壁局部呈黑色，内底有旋痕。口径 9.6、底径 9.8、通高 3.5 厘米（图六，8）。

匣钵 13 件。据高度可分为 A、B、C 三型。

A 型 共 6 件。高度为 5 ~ 10 厘米，按腹壁变化可分为二式。

I 式：5 件。筒状，束腰，平底，红褐色胎。AT1③：4，口微敞，器身较高，内底有一穿孔，外壁施米黄色釉，底径 10、口沿 9、通高 9.8 厘米（图六，9）。BT4③：21，圆唇，口微敞，器身较高，外壁局部施黑釉，内壁泛黑，内底有一穿孔。口径8.6、底径9.8、通高9.5厘米（图六，10）。BT4③：22，平沿外折，外壁局部施黑釉，内底有旋痕。口径9.4、底径10.8、通高6.4厘米（图六，11）。BT4③：24，尖圆唇，口外侈，局部施釉，内底有旋痕，底有一穿孔。口径10、底径11、通高10、穿孔径2.2厘米（图六，12）。BT5③：11，尖圆唇，局部施釉，内底有旋痕。口径9.5、底径10、通高10、穿孔直径3.5厘米（图六，13）。

Ⅱ式：1件。BT8③：8，口微侈，腰壁较斜直，平底。紫红色胎，外壁呈棕红色，局部施青绿釉，内壁有螺旋纹，顶面有弦纹，并有放置器物叠烧痕迹。口径11.5、底径11.5、高7.8厘米（图六，14）。

B型　共5件。高度为11~20厘米。BT4③：1，筒状，圆唇，口沿微敞，束腰，平底。红褐色胎，通体饰弦纹，内外壁有较多旋痕，底部呈螺旋状凸起。口径12.1、底径13、通高17厘米（图六，15）。BT4③：5，筒状，口部残，器身变形，腹

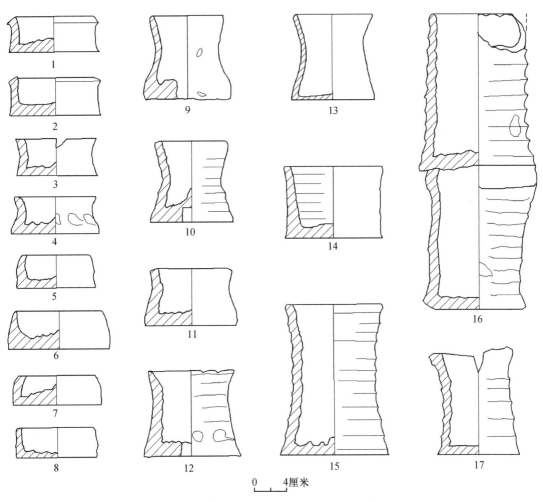

0   4厘米

图六　柑子园遗址出土托垫、匣钵

1~4.A型托垫（BT4③：12、BT4③：13、BT4③：17、BT7③：3）　5~8.B型托垫（BT4③：7、BT4③：9、BT6③：9、BT7③：8）　9~13.A型Ⅰ式匣钵（AT1③：4、BT4③：21、BT4③：22、BT4③：24、BT5③：11）　14.A型Ⅱ式匣钵（BT8③：8）　15~17.B型匣钵（BT4③：1、BT4③：5、BT4③：10）

部较直，平底。红褐色胎，外壁施釉，呈青褐色，外壁通体弦纹，器表有不规则按窝。口径11.6、底径14、残高18厘米。底下粘连一匣钵，底径12.4、高16.4厘米（图六，16）。BT4③：10，筒状，圆唇，唇部残一小口，束腰，平底，红褐色胎，外壁施黑釉，有弦纹。口径8.6、底径10.1、通高12.1厘米（图六，17）。

C型　共2件。高度均在20厘米以上。其中叠烧标本1件。BT4③：8，杯状，口沿局部残，平沿，圆唇，束腰，平底，底部有旋痕，中心有孔。红褐色胎，外壁饰宽弦纹，中下部有按窝，胎质颜色不均匀。底径14.8、通高22厘米。BT5③：18，筒状，平底，器身变形，红褐色胎，通体饰弦纹，器身有按窝。残高24厘米，底径14.4、口径10.8厘米。底下粘连一匣钵，高度8、底径14厘米。

罐　25件。据罐系（把）分为A、B二型。

A型　23件。根据罐系（把）可分为二式。

Ⅰ式：22件。均为单系（把），皆鼓腹平底，部分标本的系已残。BT2③：1，侈口，有流，颈肩之间有一弓形把手，残，红褐色胎，内沿及外壁施酱釉。口径7.3、腹径10.5、底径4.4、通高14.6厘米。BT4③：3，侈口，有流，口沿部分残缺，器身略变形，灰褐色陶，局部施釉，器身饰弦纹。腹径15、底径7.1、通高16.5厘米。BT4③：11，器耳饰弦纹，罐身烧制变形，红褐色胎，局部施釉，有泪滴痕。腹径19.6、底径7.3、通高13.5厘米。BT4③：15，侈口，器身烧制变形，口部粘连一器底，灰褐色胎。底径6.1、通高11.2、通宽17.3厘米。BT4③：16，侈口，厚圆唇，斜溜肩，颈部到肩处有一鋬，已残，鼓腹，下腹斜收，器身烧制变形，有气泡凸起。红褐色胎，通体施釉，有泪滴釉。底径6.3、通高16.9、通

宽15.8厘米。BT4③：18，器身偏瘦高，侈口，腹微鼓，青褐色胎，局部施酱黄色釉，有流釉。底径5.9、腹径11.4、通高14.8厘米。BT5③：1，圆唇，口沿及器壁烧制变形，有流，肩有宽扁状耳，鼓腹，灰褐色胎，局部施釉，通体饰宽弦纹。口径9、底径7.6、通高13厘米。BT5③：2，圆唇，有流，颈微束，斜溜肩，肩部附耳已残，圆鼓腹，红褐色胎，下腹内外壁皆有宽弦纹。口径8.8、底径6、通高13厘米。BT5③：3，口沿变形，微敛，有流有耳，皆残，斜溜肩。红褐色胎，局部施釉，通体宽弦纹，下腹部尤明显，下腹内壁亦可见宽弦纹。口径10、底径6、通高16.4厘米。BT5③：14，圆唇，侈口，有流，系残，直颈，溜肩，灰褐色胎，通体施釉，但大多脱落，通体宽弦纹，口部粘连一器底。口径9、底径7.6、通高16厘米。BT5③：16，器身变形，侈口，圆唇，器壁呈酱褐色，流釉，通体饰弦纹。底径7、通高17.8、通宽18厘米。罐口粘连一小罐，单流单把，皆残。BT5③：17，器身略有变形，口沿残，单耳，底部略内凹。灰褐色胎，口沿至颈部施釉，有流釉现象，器身通体弦纹。口径10.4、底径7.6、通高16.2厘米。BT5③：21，圆方唇，流微残，单把已残，鼓腹，平底。灰褐色胎，腹部饰宽弦纹，从口沿至颈部施青釉，有流釉现象，腹部变形，有一小破洞。口径11.4、腹径17.4、底径7、通高19厘米。BT6③：2，口沿和耳部残缺，器身变形。直口，圆唇，有流。灰褐色胎，局部施釉，有滴釉现象，器身和底部有弦纹。底径7.4、宽18、通高16.5厘米。BT6③：6，侈口，圆唇，有流，鼓腹，灰褐色胎，器身和底部有弦纹，局部施釉，有滴釉现象。腹径11、底径5.2、通宽14.8、通高12厘米。BT7③：2，敞口，圆唇，鼓腹，外壁局部施黄釉，器身饰弦纹，流和口部分

残缺。口径 8.2、腹径 10.7、底径 4.4、通高 12.6 厘米。 BT7③：7，圆唇，口沿变形，有裂痕，有流，斜溜肩，圆鼓腹。红褐色胎，罐身局部施釉，腹部饰弦纹。口径 8.2、腹径 10.2、底径 4.8、通高 11.6 厘米。 BT7③：10，口部有叠烧粘连，有流已残，短颈，斜圆肩，肩部有扁泥条状单把，鼓腹，红褐色胎，外壁饰弦纹。口径 9、腹径 12、底径 5.6、通高 14.3 厘米。 BT7③：13，圆唇，口微敛，有流，束颈，肩部单耳已残，圆鼓腹，灰褐色胎，腹部饰弦纹，器身整体变形。口径 6、腹径 11.8、底径 6.6、通高 13 厘米。 BT7③：19，圆唇，口微侈，肩部竖耳已残，鼓腹，紫红色胎，外壁饰弦纹，器身整体变形。口径 9.7、腹径 11.5、通高 11.5 厘米。 CT2③：1，侈口，圆唇，鼓腹，素面，青灰色胎，外壁施黑釉，腹部残破，器身变形。口径 9.5、底径 6.2、通高 13.5 厘米。

Ⅱ式：1件。三系。BT5③：4，圆唇，口微侈，有流已残，罐口变形且粘连一器底，颈两侧各有一系，肩部与流对应处有一提把，灰褐色胎，下腹外壁饰弦纹，口沿下有流淌状酱青色釉。口径 10、底径 8、通高 24 厘米。

B 型 2件。无系。BT8③：5，圆唇外折，口沿变形，短颈，斜溜肩，鼓腹，平底，红褐色胎，外壁局部施黑釉，有弦纹。口径 6.9、腹径 10.2、底径 5、通高 11.7 厘米。 BT8③：6，圆唇略外敞，短颈，颈和肩部挤压变形，腹壁斜收，红褐色胎，外壁局部施黑釉，内壁泛黑，内外壁均有弦纹。口径 8.6、底径 6.7、通高 14.2 厘米。

钵 4件。器形偏矮。敛口，肩部微鼓，腹壁斜收至底，平底，腹内外壁都有弦纹。BT8③：1，尖圆唇，唇部加厚，红褐色胎，上腹施酱黑釉，下腹有流釉。口径 20、底径 9、通高 10 厘米（图七，1）。

BT8③：2，肩微鼓，深腹，红褐色胎，口及肩部施酱黑釉。口径 25.5、底径 10.5、通高 12 厘米（图七，2）。BT8③：3，口沿部分残缺，口沿内卷，小平底，红褐色胎，口及钵表处施酱黑釉，肩以下有弧形纹。底径 8.5、腹径 20、残高 9 厘米（图七，3）。

擂钵 1件。BT6③：12，敛口，方唇，腹壁斜直，平底，红褐色胎，器壁有弦纹，内壁有很深的篦齿纹，口沿及部分器壁已残缺。口径 31、底径 11、高 20.5 厘米（图七，4）。

器盖 10件。按器盖钮形状可分为三型。

A 型 6件。AT1③：17，紫红色胎，顶端有刮削旋痕，平顶略内凹。顶径 5.4、残高 5 厘米。BT8③：4，紫红色胎，顶端刮削痕迹明显。顶径 6、残高 5.5 厘米。BT7③：6，平顶略内凹，盖面残，外壁无釉呈紫红色，内壁红褐色。顶径 6、残高 6 厘米。BT7③：4，红褐色胎，盖面及内壁施酱黑釉。顶径 5.5、盖径 1.7、通高 6 厘米。BT7③：5，盖面及内壁施酱黑釉。顶径 5.5、面径 21.6、通高 7 厘米。BT4③：39，薄饼状，平顶，紫红色胎，顶端刮削旋痕明显。顶径 6、面径 20、高 7 厘米。

B 型 3件。伞状形，子母口。AT1③：2，器形较小，盖上盖钮已残，沿较宽，沿残，红褐色胎，盖面施灰褐色釉，内壁无釉。盖径 3.7 厘米，残高 5.5 厘米。BT6③：13，器形较小，盖上纽部已残，沿较宽，盖面施青绿色釉，内壁无釉，盖内沿下有与罐叠烧现象。盖径 7.5、榫径 3.5、残高 4 厘米。BT8③：18，盖面施酱色黄釉。盖径 9、残高 4.6 厘米。

C 型 1件。AT1③：6，覆口，盖顶面有一亚腰形图案。盖径 7.1、通高 2.6 厘米。

杯 7件。口沿均残，据杯底可分为

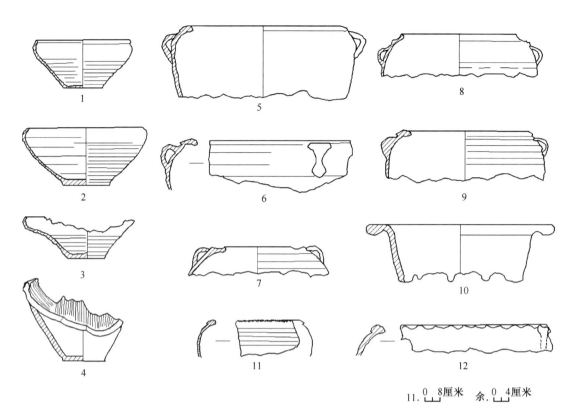

图七　柑子园遗址出土器物

1~3.陶钵（BT8③:1、BT8③:2、BT8③:3）　4.擂钵（BT6③:12）　5~9.陶瓮（BT4③·31、BT4③:34、BT4③:38、BT7③:25、BT8③:24）　10.B 型盆（BT8③:26）　11、12.大口缸（BT4③:35、BT7③:24）

A、B 二型。

A 型　2 件。弧底。AT1③:3，底外有刮削旋痕，青灰色胎，外壁青紫不均。底径 8.3、残高 8 厘米。AT1③:11，腹壁较厚，底外有叠烧贴连的器物口沿痕迹，青灰色胎，壁外施酱红色釉，有滴釉痕。底径 8、残高 7.5 厘米。

B 型　5 件。平底，深腹，腹壁外敞，矮柄，实心柄足。底外有刮削旋痕明显。AT1③:12，青灰色胎，外壁施红褐色釉。底径 8.2、残高 10 厘米。BT4③:40，杯壁内有旋痕，青灰色胎，黑壁内外都施有红褐色釉。底径 8、残高 9 厘米。BT4③:41，青灰色胎，外壁施灰黄色釉。底径 8.7、残高 8 厘米。BT7③:17，青灰色胎，外壁施青褐色釉，近底部有滴釉痕迹。底径 8、残高 8.5 厘米。BT8③:15，底外有刮削旋痕。紫红色胎，外壁施酱釉，

有滴釉痕迹。底径 8、残高 10.5 厘米。

碗　1 件。AT1③:14，尖圆唇，深腹，实心矮足，小平底，足底有刮削旋痕。砖红色胎，器腰有螺旋状瓦棱纹，口沿及上部施红褐色釉。口径 10.5、底径 4.5、通高 5 厘米（图八，1）。

瓮　5 件。均为竖系耳。BT4③:31，敛口，圆唇，斜肩，肩部有对称竖系耳，紫红色胎，外壁施青绿色釉，局部露胎。口径 33、残高 17 厘米（图七，5）。BT4③:34，敛口，圆唇，斜沿微凸，肩部有单耳竖系，紫红褐胎，外壁施青黄色釉，局部露胎。口径 45、残高 11 厘米（图七，6）。BT4③:38，敛口，圆唇，为子母口，肩部对称四竖系耳，斜弧腹，紫红褐胎，外壁施青绿色釉。口径 14.5、残高 6 厘米（图七，7）。BT7③:25，敛口，尖圆唇，为子母口，斜弧肩，紫红色

· 228 ·

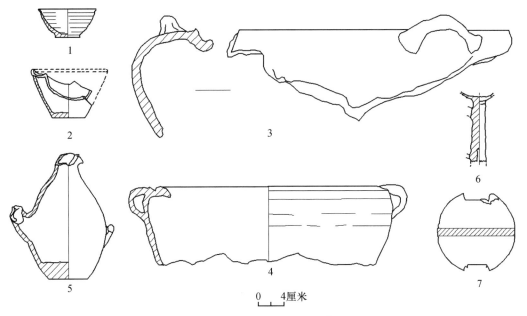

图八　柑子园遗址出土器物

1. 碗（AT1③∶14）　2. 钵（BT4③∶36）　3、4. A 型盆（BT7③∶27、BT7③∶28）　5. 壶（BT4③∶29）

6. 灯盏（AT2②∶7）　7. 器垫（BT7③∶30）

胎，外壁施米黄色化妆土，肩部对称两环耳竖系。口沿 30、残高 10 厘米（图七，8）。BT8③∶24，敛口，斜广肩，圆唇，肩部以下收至底，肩部有对称竖系耳，紫红色胎，外壁施酱红色釉。口径 25、残高 12 厘米（图七，9）。

大口缸　2件，仅存口沿。BT4③∶35，敛口，厚圆唇，鼓肩，斜壁内收，胎壁较厚。黑胎，器壁内外紫红色皮，口沿外唇呈花边状。口径 41、残高 18 厘米（图七，11）。BT7③∶24，敛口，尖圆唇，沿面微内斜收，斜溜肩，肩部饰竖系对称四环耳，酱红色胎，外壁施米黄色釉，局部露胎。口沿 50.3、残高 7 厘米（图七，12）。

盆　3件。据口沿有系无系及腹部形状可分为 A、B 二型。

A 型　2件。BT7③∶27，敛口，方圆唇，沿面内收，鼓肩，肩部以下内收，肩部饰一模系环耳，酱红色胎，壁施青黄色釉。口径 17.6、残高 7 厘米（图八，3）。

BT7③∶28，敛口，圆唇，唇下沿内卷，广肩，肩部以下内收至底。肩部饰对称竖系两环耳，酱红色胎，外壁施青绿色釉。口径 35.5、残高 12.7 厘米（图八，4）。

B 型　1件。无系。BT8③∶26，圆唇，宽平沿，唇内卷，青灰色胎，外壁施紫红色釉。口径 40、残高 12 厘米（图七，10）。

壶　1件。BT4③∶29，紫红色胎，口残，束颈，鼓腹，平底，底较厚，单流已残，单把残缺，外壁通体施青釉，内壁呈紫褐色。腹径 12.7、底径 6.2、残高 22 厘米（图八，5）。

灯盏　1件。AT2②∶7，柱状，底部向上约 2 厘米为中空。泥质红陶，柄身部分有釉，有流釉现象。上部有一弦纹，灯盘残。残高 10.6 厘米（图八，6）。

器垫　1件。BT7③∶30，完整，圆饼状，中部有两个对称缺口，砖红色胎。直径 12.5 厘米（图八，7）。

铁钱 1 枚、铜钱 2 枚，皆腐朽严重。

五、结　语

本次对柑子园遗址的发掘，在 A 区、B 区、C 区的第 3 层堆积中都发现有大量堆积如山的明代遗物（残次品），清理出多达 300 件文物标本是此次发掘的一大收获。不仅如此，在 A 区清理出窑址 2 座，在 B 区清理出灰坑 1 座，窑址属于龙窑，大大丰富了本年度的发掘内容。从发掘所获得资料看，地层堆积中出土遗物多为当时当地窑工们在烧制陶器后遗留下来的残次品，据此，我们认为所谓柑子园遗址亦可称为柑子园窑址。该遗址中出土遗物比较单一，均为轮制，纹饰较简单，多为凹弦纹，以素面为主，大多为釉陶及红褐硬陶，火候较高，烧制工艺粗糙，轮制成型后还稍加修整，器物外多有疤痕。在地层堆积和窑址中发现有不少完整器及一些可修复的器物，清理的器物主要有罐、钵、盆、瓮、缸、擂钵、壶、盏、器盖等，在这些器物种类中尤以罐、单把带流壶数量最多，这些器类当为日常生活实用器。发现的窑具亦为匣钵（筒形支垫具），在出土器物总数上占有相当大的比例，其匣钵形制高低不一，从 3 厘米到 30 多厘米不等，此乃柑子园遗址中的一大特色，表明当时曾有大批窑工们在这一地带烧制过陶器。从出土器物中我们还看到有不少器物烧结变形，有的相互粘连在一起，说明当时窑工们对窑温控制技术的掌握还不够成熟。据此，我们可认为柑子园遗址一带的窑址当是烧制一般日常生活用品的民窑。

从发现的两座龙窑内出土器物来看，其陶质陶色、器物形态、火候硬度、制作工艺、施釉方法等都与地层堆积中出土器物几乎一样，这也就是说，两座龙窑的砌筑时代与地层堆积中出土遗物的时代应该是同时的。这种龙窑一般选择山坡（山包）的斜坡地带，依其坡势而建。砌筑方法一般是：首先在斜坡上挖一沟槽，用细沙铺垫窑床；其次是用烧砖砌筑两侧窑壁（墙）及券顶（本次发掘的两座龙窑上半部分均遭破坏）。两座龙窑两侧窑壁砌筑多用烧砖，并夹杂有一定数量的汉砖，考虑到两座窑址砌筑方法基本一样，窑内与窑外遗址地层堆积中出土器物也无多大区别，由此说明两座窑址的建筑时间比较接近，使用的时间不是很长。从外侧烧砖所砌窑壁的残破程度，以及窑壁局部砌筑厚薄不均、烧砖大小不一的现象来分析，亦可说明这两座龙窑曾经进行过修整。

由于两座龙窑都遭到了严重破坏，尤其是 Y1 仅存窑室中间一段，Y2 保存稍好一些，从结构上看，当由火膛、火门和窑室等部分组成，窑内出土一些匣钵及各类陶器（残次品），基本上不见完整器，填土也较松软，推测该窑址遭到破坏后废弃陶器被随意丢入窑室内，不过，在靠窑床底部发现的少许窑具可能没有移动过，此现象表明该窑址可能在烧完最后一窑后就废弃不再使用了。

2016 年对柑子园遗址的发掘，在出土遗物中没有发现有明确纪年或题记的器物，因此要弄清楚柑子园遗址的时代，只能根据出土器物的形制特征和烧制工艺及其他资料来进行比较与分析。在柑子园遗址中发掘出了大批窑具和一些陶器残次品，这类窑具和残次品的形制特征和烧制技术等与 20 世纪 90 年代和 21 世纪初考古工作者在万州、忠县、丰都、涪陵等区县长江两岸的古遗址、古窑址、古墓葬中发现的同类器物相似，如万州滩垴窑址[1]、插柳子窑址[2]、方家岭[3]、丰都糖房[4]、黄燕嘴[5]、沙溪嘴[6]、石板溪[7]、大沙坝[8]、铺子河[9]等遗址和窑址中都发现有这类器物，由此我们认为，柑子园遗址的时代可能为明代，AY1 出土的两件灯盏（AY1：10、AY1：11）和 AT2 ② ：7 灯盏当为清代。

经过 2016 年度对柑子园遗址的考古发掘，以及我们对这一地带沿长江边多处山包的调查，使我们对丰都地区晚期窑址的资料情况有了比较清楚的认识，尤其是在 A 区两座龙窑的发掘，为我们研究三峡地区晚期龙窑的布局与结构、烧制工艺、筑窑水平等提供了较为珍贵的实物资料和研究信息。过去在十直镇管辖的沿江一带未有开展考古发掘工作，而本次发掘也仅只在楼子村三社沿江长约 400 米范围内进行，故对这一地带古文化遗存的资料情况只能是基本了解。鉴于这一地带沿长江边数千米的范围内都发现有古文化遗存，内容也很丰富，还可以继续开展考古发掘工作，以后必将会获得更多的考古信息。

附记：参加柑子园遗址 2016 年度田野发掘的有杨华、丁建华、梁有骏、余菀莹、周丽华、何世坤、娄雪、何学琳、李庆玲等。余菀莹、何学琳、梁有骏、杨巧、罗卓参加了本报告的整理工作。

执笔：杨　华　余菀莹　杨　巧

注　释

[1]　重庆市文物考古所、沈阳市文物考古研究所等：《滩垴窑址发掘简报》，《重庆库区考古报告集（2002 卷·上 ）》，科学出版社，2010 年，第 195 ~ 199 页。

[2]　重庆市文物考古所、沈阳市文物考古研究所等：《插柳子窑址发掘》，《重庆库区考古报告集（2002 卷·上 ）》，科学出版社，2010 年，第 203 ~ 211 页。

[3]　重庆市文物考古所、沈阳市文物考古研究所等：《方家岭窑址发掘简报》，《重庆库区考古报告集（2002 卷·上 ）》，科学出版社，2010 年，第 187 ~ 190 页。

[4]　内蒙古文物考古研究所、重庆市文物局等：《丰都糖房遗址发掘报告》，《重庆库区考古报告集（2001 卷·下 ）》，科学出版社，2007 年，第 220 ~ 227 页。

[5]　宁夏文物考古研究所、重庆市文物局等：《丰都黄燕嘴遗址发掘简报》，《重庆库区考古报告集（2001 卷·下 ）》，科学出版社，2007 年，第 185 ~ 191 页。

[6]　成都市文物考古研究所、绵阳博物馆等：《丰都沙溪嘴遗址 2001 年度发掘报告》，《重庆库区考古报告集（2002 卷·下 ）》，科学出版社，2010 年，第 216 ~ 225 页。

[7]　成都市文物考古所、绵阳博物馆等：《丰都石板溪窑址 2001 年度发掘报告》，《重庆库区考古报告集（2002 卷·下 ）》，科学出版社，2010 年，第 177 ~ 182 页。

[8]　湖南省文物考古研究所、长沙市文物考古研究所等：《丰都大沙坝窑址发掘简报》，《重庆库区考古报告集（2001 卷·下 ）》，科学出版社，2007 年，第 166 ~ 173 页。

[9]　山西省考古研究所、重庆市文物局：《丰都铺子河遗址考古发掘报告》，《重庆库区考古报告集（2001 卷·下 ）》，科学出版社，2007 年，第 155 ~ 165 页。

A Brief on the Excavation of the Ganziyuan Site in Fengdu

History and Social Work College of Chongqing Normal Univesity　The Research Institute of Cultural Heritage of Chongqing

Abstract： The Ganziyuan Site in Fengdu in the Three Gorges Area unearthed 2 dragon kilns and a large number of kiln tools, remnants of glazed pottery and so on .The types of the unearthed object are relatively simple and all are wheel-made. The surface of the objects is mainly composed of a plain surface. The decoration of the objects is simple, mostly decorate with concave string. The texture of the objects are mostly glazed pottery and terracotta, firing at higher temperature. The firing process is rough, and there are many scars on the outer surface of the apparatus. The types of utensils include pots, bowls, basins, urns, vats, leibo (the bowls with grooves on the inner wall), kettles, cups, vessel's lids, etc. Among these species, the largest number of pots and single-handle flasks are available. These utensils are practical appliances for daily life. The kiln tools found were mostly seggars and accounted for a large proportion of the total number of unearthed objects. The dragon kiln, which was built on the slope of the mountain, the construction method is to dig a groove on the slope, use fine sand to lay the kiln bed, then use brick to build two sides of the wall and the top of the bond. Judging from the construction method and the characteristics of the unearthed objects, the Ganziyuan Site is a folk pottery sintering site in the Ming Dynasty in the Three Gorges Area.

龙骨坡巫山猿人遗址研究现状与思考 *

庞丽波[1] 陈少坤[1] 黄万波[2]

（1. 重庆中国三峡博物馆，重庆，400015；2. 中国科学院古脊椎动物与古人类研究所，北京，100044）

龙骨坡遗址位于三峡腹地的重庆市巫山县庙宇镇新城村（原龙坪村）（图一），1984 年由中国科学院古脊椎动物与古人类研究所黄万波研究员等人首次发现，并在此后的发掘中发现了距今 204 万年前的"巫山猿人"（*Homo erectus wushanensis*）化石，因此该遗址又称"巫山猿人"遗址[1]。

图一　龙骨坡遗址的地理位置与周边地貌

1995 年，黄万波与美国古人类学家 Ciochon 等[2]在美国《自然》杂志上联合撰文，认为"巫山猿人"比中国已知人类化石都要早，比印度尼西亚的"爪哇人"也更古老，"巫山猿人"化石与亚洲的猿人化石在特征上很少有共同之处，而与东非人

———————————————

* 本项研究得到国家社科基金青年项目"重庆巫山玉米洞旧石器时代遗址之动物考古学研究"（批准号：16CKG023）资助。

属（Homo）中最早的种相似，因此，龙骨坡遗址出土的人类化石应为一新种，同时与非洲能人（Homo habilis）有亲缘关系。同年，美国出版的《科学新闻》在一则评论[3]中说："中国巫山龙骨坡的这个发现，动摇了人类演化的理论"，即人类从非洲扩散到亚洲的时间，不再是之前提出的几十万年前，而是提前到距今 200 万年前。

龙骨坡遗址保留了数十米厚的洞穴堆积（图二），已经历了四个阶段的系统发掘（1985 ~ 1988 年，1997 ~ 1999 年，2003 ~ 2006 年，2011 ~ 2012 年），发掘面积累计约 1300 平方米。除"巫山猿人"化石外，该遗址还出土了包括步氏巨猿（Gigantopithecus blacki）在内的大量动物化石，经鉴定有 120 种，其中哺乳动物化石 116 种，包括更新大灵猫（Megaviverra pleistocenica）、巫山剑齿象（Stegodon wushanensis）、山原貘（Tapirus sanyuanensis）等新属种[4]。除古生物群外，龙骨坡遗址还出土了大量用变质灰岩打制的石器和有疑似人工痕迹的化石骨块，比起传统意义上用燧石、石英岩等高硬度岩石打制的石制品，龙骨坡的变质灰岩石制品显得更加粗笨、简单和随意，具有更多原始的特征[5]。龙骨坡遗址出土的古人类化石、哺乳动物化石以及以变质灰岩石器为主的石制品，都反映了较中国其他猿人地点更加原始的面貌，具有非常高的学术价值，因而该遗址自发现之初就引起了国内外古生物学、古人类学、旧石器考古学及年代学等不同学科领域专家学者的广泛关注。1996 年，龙骨坡遗址被国务院列为第四批全国重点文物保护单位。

一、龙骨坡遗址的疑问

自龙骨坡遗址被发现以来，关于它的学术争论就一直存在。首先，"巫山猿人"到底是"人"还是"猿"？至今，在龙骨坡遗址发现的"巫山猿人"化石仅有最初发现的两件：一件是一段左侧下颌骨残端带 p4-m1，另一件是一枚上门齿。支持它是"人"的学者认为，"巫山猿人"化石代表了东亚地区最早的直立人（Homo erectus）[6]；而支持它是"猿"的学者认为，龙骨坡发现的下颌骨化石具有更多与人不同而与猿相近的形态学特征，是"猿"不是"人"[7]，并且上门齿的化石形态接近晚期智人，可能是后期混入到龙骨坡遗址洞穴沉积之中的[8]。甚至当初认为"巫山猿人"化石是"人"的 Ciochon 也在《自然》（Nature）上重新发表文章，否定了自己以前的观点，认为"巫山猿人"化石是一种"mystery ape（神秘的猿）"而不是直立人[9]。

其次，龙骨坡遗址出土旧石器的人工性质也在面临质疑。在龙骨坡遗址第一阶段的发掘中，仅发现了两件石制品：一件为石英岩的砸击石锤，一件为安山岩的凸刃砍砸器。石制品的缺乏，大大影响了对龙骨坡遗址属性的认定。传统的观点认为，制作石制品的首要条件是原材料要具有较高的硬度，如果石质太软，比如石灰岩，是不能用来做石器的。在后继的发掘中，考古工作者转变思路，认为龙骨坡遗址附近的基岩几乎都是石灰岩，那么以石灰岩为原料打制而成的石制品的比例高是能够成立的，符合古人类在石制品原材料的选择上"就地取材"的一般规律，而且龙骨坡遗址的地质时代距今久远，那时候的人可能还处于制作工具的初级阶段，对材料的选择和加工的技术不能与之后的"北京猿人"相提并论，这也反映了那时候的人智力水平相对较低。在这一思路的引领下，第二、三、四阶段的发掘都发现了大量以石灰岩为原材料的石制品，数量达到千余件[10]。另外，在距龙骨坡遗址很近的另一处时代相对较晚的旧石器遗址（玉米洞遗址）中，发现了大量以石灰岩为原材料的石制品[11]，并且两个地点石制品的面貌或

图二　龙骨坡遗址的地层堆积状况（发掘区南壁东西向剖面）[12]

制作技术可能存在一定的联系，可以进一步印证龙骨坡遗址石灰岩石器的性质。

二、龙骨坡遗址的发现与思考

对"巫山猿人"的种种争论长期存在的原因，一是化石材料太少且残破，二是旧石器工业面貌不够典型，或者说是研究深度不够。由于龙骨坡遗址存在滑坡、塌方的危险，目前发掘工作不得不暂停下来，遗址的加固、保护工作正在进行中，龙骨坡遗址公园的建设也在规划之中。虽然发掘工作暂时停止，科研人员对龙骨坡遗址的思考却一天也没有停止。综合多年来的发掘和研究，我们不难看到在龙骨坡遗址大量的堆积物中，蕴藏着大量的信息等待我们去思考和解读。

（一）丰富的文化遗物

龙骨坡遗址已出土的石制品近千件，类型多样，主要包括砸击石锤、石核、石片、砍砸器、尖状器、刮削器、原型薄刃斧、原型手稿、原型手斧等[13]。从上部第1水平层的 CI 1 层至下部第 11 ~ 15 水平层的 CIII 9 层均有记录可寻，总计 27 个文化层，遗址不同区域之间以及各地层之间，旧石器组合和加工工艺面貌都具有很高的相似度，说明了在龙骨坡遗址堆积形成的数十万年之间的技术传承性。从埋藏学的角度看，27 个文化层的石制品保存的新鲜度令人倍感惊异。遗址内 90% 以上的石器原料来源于三叠纪的泥晶灰岩[14]，这种材料非常易碎并且容易遭受物理、化学的风化，被加工成锋利的边缘后更加难以保存。然而，在大多数层位中出土的石制品，它们的刃缘保存非常好，风化程度很弱，这说明沉积地层在埋藏后期经历的物理、化学改造非常小，属于原地埋藏。

纵观龙骨坡多次发掘采集的石制品，从选料、制作到使用，大体上反映出如下几个方面的特点：

（1）在器物选料上，不刻意寻找优质材料，以就地取材为主，故石制品原料绝大多数为轻度变质的石灰岩。

（2）在毛坯的选择方面，较多依赖自然形态或初级人工石片。

（3）制作技术比较简单，以实用为特点，但也有小部分加工相对复杂一些。

（4）器形多为大中型砍砸器、尖状器、薄刃斧和手镐等，形制偏长、偏厚。

（5）器物长轴多数与地层走向是斜交或垂直的，属原地埋藏。

随着龙骨坡遗址石器研究的深入，我们可以看到，龙骨坡遗址的石器工业大大充实了我国早期人类的文化内涵，也改变了人们对人类起源和早期文化发展的诸多认识。

（二）大量的哺乳动物化石

在龙骨坡遗址第一次发掘过程中，包括人类化石在内共发现动物化石 120 种，其中哺乳动物化石 116 种，计有 3 个新属 25 个新种[15]。之后，经整理研究，新种的数量又有所增加[16]。这样的动物群规模在第四纪时期是非常少见的，在亚洲同时代的遗址中可谓首屈一指。

龙骨坡动物群具有鲜明的特色。首先具有明显华南色彩，其中的毛猬（*Hylomys suillus*）、狨鼠（*Hapalomys*）、原始笔尾树鼠（*Chiropodomys primitivus*）、中国犀（*Rhinoceros* cf. *sinensis*）、山原貘（*Tapirus sanyuanensis*）、小种大熊猫（*Ailuropoda microta*）、华南剑齿象（*Stegodon huananensis*）、广西巨羊（*Megalovis guangxiensis*）等均为热带-亚热带动物。其次，还有一定数量的北方物种，例如裴氏模鼠（*Mimomys peii*）、李氏川仓鼠（*Chuanocricetus lii*）、四川笨仓鼠（*Amblycricetus sichuanensis*）、转角羚羊（*Spirocerus* spp.）等。龙骨坡遗址位于三

峡的腹地，这一带在更新世之前一直是我国南北动物交流的枢纽地带，因而在遗址中发现南方、北方动物群混杂的现象也不足为奇。但在遗址中，还发现了相当数量的西南地区（或者说是横断山区）的物种，如中华鼩猬（Neotetracus sinensis）、肥鼩（Blarinella quadraticauda）、印度长尾鼩（Soriculus leucops）、大耳姬鼠（Apodemus latronum）等，它们的存在说明，在龙骨坡遗址形成时期，三峡地区的气候是有波动的，既有温湿，又有相对干冷的时段。

从化石的保存状况看，龙骨坡遗址的动物化石未见完整头骨，甚至上、下颌骨和完整的头后骨骼也非常少见。这样的保存状况有三种可能的因素：①自然营力的挤压和化学腐蚀。②食骨动物或啮齿动物的啃噬，如遗址中大量发现的鬣狗和豪猪。③古人类有意识的行为。从已进行研究的化石标本来看，这三种作用可能都是存在的[17]。例如下文提及的化石堆积体，就是非常典型的古人类有意识的取食行为。

龙骨坡遗址的第四次发掘还发现了两种之前不曾确认的物种：丽牛（Leptobos sp.）和建始鬣羚（Capricornis jianshiensis），使龙骨坡遗址哺乳动物群的种类数量由116种增加至118种，并且再一次增加了龙骨坡遗址和湖北建始龙骨洞遗址的生物群相似度。湖北建始龙骨洞以出土"魁人"化石而著称[18]，"魁人"是一个争议比较少的化石人种，龙骨坡和龙骨洞的生物群相似度非常高，地理位置也非常接近，最为重要的是龙骨坡"巫山猿人"下颌颊齿形态特征与龙骨洞的"魁人"也有一定的相似之处。这种情况下，将"巫山猿人"与"魁人"进行比较是符合情理的。

但也不能忽视龙骨坡遗址较龙骨洞遗址更为古老，例如龙骨坡的建始鬣羚化石就比龙骨洞发现的化石个体更小、更为原始。从鬣羚的进化水平来看，湖北建始龙

骨洞"魁人"化石层的时代要比龙骨坡"巫山猿人"的第八水平层更晚，即"巫山猿人"的时代比"魁人"更早，同时也早于我国其他地点的古人类化石。

（三）肢骨化石堆积体

龙骨坡遗址的考古记录还显示了一个特殊的现象，在第3～4水平层（图三）和第7～8水平层出土了上百件植食性动物的前、后肢骨，有些关节甚至还连在一起[19]。这些肢骨彼此重叠，并且在骨骼之间还发现了石器，但是并没有找到头骨、牙齿、脊椎骨或肋骨等其他部位的骨骼。

通过骨骼的鉴定[20]发现，这些肢骨代表了大约10个个体，以幼年或老年个体为主，有华南剑齿象（Stegodon huananensis）、狍后麂（Metacervulus capreolinus）、丽牛（Leptobos sp.）和鹿（Cervus sp.）等。其中，一些长骨比较完整，另一些缺失了两端的部分，有些发现的骨片甚至可以准确地对接起来。这些骨骼的断裂面是很光滑的，说明骨骼在断裂时比较新鲜。在骨骼间发现的比较大的石器非常适合用来肢解这些肢骨。骨体表面光滑，未见食肉动物的咬痕或水流侵蚀的痕迹，却有明显的砍砸和刮削的痕迹[21]。如此的埋藏状况说明这些骨骼堆积不是偶然形成的，也不是自然形成的，而是通过某些有智力生物的主动行为形成的。并且这种主动的行为不是敲骨吸髓，而是将肉比较多的肢骨运回居住地再行食用，这无疑是追求安全性但却是对动物资源利用程度较低的一种方法。

综合这些内容来看，遗址中大量石制品、动物化石及植食性动物肢骨堆积体的出土，证明在早更新世早期，龙骨坡一带有一种较高智力的生物进行过与石器制作和取食活动相关的主动行为，它们已经从依赖天然工具发展到自制石器进行生产劳动来获取物质生活资料的阶段，这一相对原始的旧石器文化就是"龙骨坡文化"，

图三　龙骨坡遗址第 3~4 水平层
出土的化石堆积体[22]

它是确实存在的。

（四）谁制造了龙骨坡文化？

至今，在龙骨坡遗址发现的高等灵长类化石有三种：一件残破的带 p4-m1 的下颌骨，一件上门齿和 14 枚步氏巨猿的单个牙齿。究竟是谁创造了龙骨坡史前文化？

就目前已有的证据来看，这三种高等灵长类都有可能是龙骨坡文化的创造者，但也不排除在龙骨坡遗址尚存在一种目前未知的远古人类的可能性[23]。在湖北建始龙骨洞遗址[24]、广西柳城巨猿洞遗址[25]、广西田东么会洞遗址[26]和吹风洞遗址[27]、广西崇左三合洞遗址[28]和百孔洞遗址[29]以及越南的 Tham Khuyen 遗址[30]都发现了与"巫山猿人"下颌骨相似的高等灵长类标本，由于标本的稀少，目前要确定它们的生物学系统分类地位还是比较困难的，但这些标本对探讨东亚古人类和非洲以外早期人类演化具有重要的意义。

"古猿"是否可以使用或制造工具，这仍是一个谜。在龙骨坡第三阶段的发掘中，还发现一枚巨猿牙齿与大量石器埋藏在一起的现象。如果说一些类人猿可以制造使用工具，那么"人"在生物学上和考古学上的定义将会不一致甚至相矛盾。生物学上，"人"与"猿"的区分侧重于以直立行

走为标志，而在考古学上则侧重于工具的制作和使用。然而，这两个标志的出现在时间和空间上并不是同步的，并在很大程度上受环境因素的影响。相比人类化石，文化遗存被发现得更多，也更加具有可比性。因此，如果以是否能够使用工具来作为区别"人"与"猿"的主要标志的话，就能更加容易地寻找文化的来源和发展轨迹。在过去的三十年中，对龙骨坡遗址的科学研究就是以文化遗存为基础来进行的，要解决谁是龙骨坡文化的缔造者以及龙骨坡三种高等灵长类究竟关系如何这些问题，还要依赖于今后的发掘。幸运的是，龙骨坡遗址仍有大量的原生地层保存，这也为今后的发掘工作带来了很大的希望和不可预知的可能性。

我们可以假设，龙骨坡文化的创造者无非两种——形态学上进化到"人"的水平的"人"和形态学上尚未进化到"人"的水平的"猿"。随着发掘和研究的进行，这个问题迟早会得到解决，倘若是第一种答案，那么我们可以毫无疑问地说巫山龙骨坡是我国已知最早的古人类化石地点，"巫山猿人"是我国最早的古人类化石；倘若是第二种答案，那它的意义将更加重大，因为这将涉及什么是"人"的概念，就需要我们重新思考"人"的定义和产生的原因，在地球上是否多次出现高智能生物？这将是哲学层次的问题，涉及认识论、历史观等诸多上层建筑的问题。

（五）龙骨坡遗址的年代

化石是确定地质时代概况的主要标准。之前的研究倾向于将龙骨坡化石动物群的年代归为早更新世早期（距今258万~180万年）[31]，这是因为有灵长目的步氏巨猿（ *Gigantopithecus blacki* ）、维氏原黄狒（ *Procynocephalus* cf. *wimani* ）、食肉目的小种大熊猫（ *Ailuropoda microta* ）、贾氏獾（ *Meles* cf. *chiai* ）、巴氏似剑齿虎

（Homotherium cf. palanderi）、长鼻目的华南剑齿象（Stegodon huananensis）、奇蹄目的山原貘（Tapirus sanyuanensis）、黄昏爪兽（Hesperotherium sp.）、云南马（Equus yunnanensis）和偶蹄目的最后双齿尖河猪（Dicoryphocerus ultima）、最后祖鹿（Cervavitus ultimus）等典型的早更新世物种，以及较多数量的已灭绝小哺乳动物的存在。但我们应该看到，在我国，上新世（距今533万~258万年）的动物群是非常少的，可对比的动物种类就相应较少。实际上，上述的早更新世典型物种仅有云南马等少数种类，在龙骨坡遗址中发现这些化石的层位都是比较靠上的，说明遗址靠上部的层位是更新世的，这并不能说明下部层位的时代。很多我们过去认为是早更新世早期的物种，完全可以下延至上新世时期。

我们从生物形态学进化的角度来看，龙骨坡的步氏巨猿（Gigantopithecus blacki）在这个种中是最小的，也是最原始的，说明它的时代应该是比其他早更新世步氏巨猿产地更早的；小种大熊猫（Ailuropoda microta）、山原貘（Tapirus sanyuanensis）的个体也是已知同种中最小最原始的；巫山剑齿象（Stegodon wushanensis）应当被更名为巫山（？）脊棱齿象（? Stegolophodon wushanensis）[32]，而脊棱齿象是上新世及之前才有的属种；龙骨坡的黄昏爪兽（Hesperotherium sp.）上臼齿带有小的原小尖，这是个原始的特征，在其他更新世的爪兽标本上尚未见到；湖鹿（Muntiacus iacustris）见于山西榆社上新世的地层；郑氏豪猪（Hystrix zhengi）是大型低冠豪猪，这一类型在欧洲仅见于上新世晚期。这些问题说明龙骨坡遗址堆积的靠下部位可能存在更新世–上新世的界限，即从龙骨坡遗址堆积的靠下部某个层位开始，时代将大于258万年，但这个层位在哪里，我们目前不得而知。

龙骨坡遗址出土"巫山猿人"化石的地层层位时代是根据古地磁的测年结果来确定的，为Réunion正向极性亚时的2r-1，即距今204万~201万年，之后又经过多次测年，结果多不超过200万年前。时至今日，国际古地磁时代标准早已发生变化，而我们经常说起的"巫山猿人"204万年的时代却没有更新，古地磁测年是根据古生物化石定年之后给出更加精确的数字，如果古生物化石的年代框架发生变化，相应的古地磁年代的数据也会发生变化。因此我们需要重新审视龙骨坡动物群的时代。按照国际地层委员会在2011年公布的全球地质年代时刻表的数字，Réunion正向极性亚时的2r-1时代为215万~214万年前，按照沉积速率来估算，龙骨坡"巫山猿人"化石的地层层位（第8水平层）时代应该是214万年前。然而在之前的古地磁分析中，都没有用到最新的龙骨坡洞穴地层堆积层序，故而这一结果多少会存在一些问题。

随着技术手段和测试精度的发展提高，一些新的测年方法逐渐出现。目前，又一轮对龙骨坡遗址的测年工作正在深入进行，其成果也许将会改写人们对龙骨坡遗址古老性的认识，并改写中国乃至东亚远古人类的演化历史。例如，韩非等人[33]利用ESR-铀系联合分析法测得龙骨坡遗址CIII堆积主体年代为距今250万~180万年之间，"巫山猿人"下颌骨层位年代约为220万年。

三、结　　语

龙骨坡遗址是过去三十年东亚地区发现的最重要的古人类遗址之一。虽然存在"巫山人"化石的属性有争议、部分研究深度不够等诸多问题，但通过过去三十余年的发掘和研究，我们可以清晰地看到在早更新世早期（距今大约200万年），龙骨坡遗址曾经生存过一批能够加工工具和进行生产活动的生物，它们是"龙骨坡文化"的主人。但是，揭开这个主人的面纱尚需时日和机缘。然而无论争议如何、结论如何，在龙骨坡一带进行深入调查和发掘将丰富人们对东亚地区古人类起源和发展的认识，对研究非洲以外古人类演化具有重要的价值。

注　释

［1］ 黄万波、方其仁：《巫山猿人遗址》，海洋出版社，1991年。

［2］ Huang W B, Ciochon R, Gu Y, et al. Early *Homo* and Associated Artifacts from Asia. Nature, 1995,378: 275-278.

［3］ Bower B. Ancient Human Ancestor Emerges in China. Science News, 1995, 148: 327.

［4］ 黄万波、方其仁：《巫山猿人遗址》，海洋出版社，1991年。

［5］ Wei G, Huang W B, Chen S, et al. Paleolithic Culture of Longgupo and Its Creators. Quaternary International, 2014, 354: 154-161; 侯亚梅、李英华、黄万波等：《龙骨坡遗址第7水平层石制品新材料》，《第四纪研究》2006年第26卷4期；侯亚梅、徐自强、黄万波：《龙骨坡遗址1998年第8水平层若干石制品新研究》，《龙骨坡史前文化志》2002年第4卷；Boëda é, Hou Y. Analyse des artefacts lithiques du site de Longgupo. L'Anthropologie, 2011, 115: 78-175.

［6］ Boëda é, Griggo C, Hou Y, et al. Données stratigraphiques, archéologiques et insertion chronologique de la séquence de Longgupo. L'Anthropologie, 2011, 115: 40-77.

［7］ Huang W B, Ciochon R, Gu Y, et al. Early *Homo* and Associated Artifacts from Asia. Nature, 1995,378: 275-278; Huang W B, Ciochon R, Gu Y, et al. Reply - Whose Teeth. Nature, 1996, 381: 202.

［8］ Schwartz J, Tattersall I. Whose Teeth. Nature, 1996, 381: 202; Etler D, Crummet T, Wolpoff M. Longgupo: Early Homo Colonizer or Late Pliocene *Lufengpithecus* Survivor in South China?. Human Evolution, 2001, 16: 1-12; 吴新智：《巫山龙骨坡似人下颌属于猿类》，《人类学学报》2000年第19卷1期。

［9］ 王谦：《巫山龙骨坡人类门齿的归属问题》，《人类学学报》1996年第15卷4期。

［10］ Ciochon R. The Mystery Ape of Pleistocene Asia. Nature, 2009, 459: 910-911.

［11］ Wei G, Huang W B, Chen S, et al. Paleolithic Culture of Longgupo and Its Creators. Quaternary International, 2014, 354: 154-161; 侯亚梅、李英华、黄万波等：《龙骨坡遗址第7水平层石制品新材料》，《第四纪研究》2006年第26卷4期；侯亚梅、徐自强、黄万波：《龙骨坡遗址1998年第8水平层若干石制品新研究》，《龙骨坡史前文化志》2002年第4卷；Boëda é, Hou Y. Analyse des artefacts lithiques du site de Longgupo. L'Anthropologie, 2011, 115: 78-175.

［12］ Wei G, Huang W, Boëda E, et al. Recent Discovery of a Unique Paleolithic Industry from the Yumidong Cave Site in the Three Gorges Region of Yangtze River, Southwest China. Quaternary International, 2016, 434: 107-120.

［13］ Wei G, Huang W B, Chen S, et al. Paleolithic Culture of Longgupo and Its Creators. Quaternary International, 2014, 354: 154-161; 侯亚梅、李英华、黄万波等：《龙骨坡遗址第7水平层石制品新材料》，《第四纪研究》2006年第26卷4期；侯亚梅、徐自强、黄万波：《龙骨坡遗址1998年第8水平层若干石制品新研究》，《龙骨坡史前文化志》2002年第4卷；Boëda é, Hou Y. Analyse des artefacts lithiques du site de Longgupo. L'Anthropologie, 2011, 115: 78-175.

［14］ Boëda é, IIou Y. Analyse des artefacts lithiques du site de Longgupo. L'Anthropologie, 2011, 115: 78-175.

［15］ 黄万波、方其仁：《巫山猿人遗址》，海洋出版社，1991年。

［16］ 郑绍华：《川黔地区第四纪啮齿类》，科学出版社，1993年。

［17］ Wei G, Huang W B, Chen S, et al. Paleolithic Culture of Longgupo and Its Creators. Quaternary International, 2014, 354: 154-161.

［18］ 郑绍华：《建始人遗址》，科学出版社，2004年。

［19］ Wei G, Huang W B, Chen S, et al. Paleolithic Culture of Longgupo and Its Creators. Quaternary International, 2014, 354: 154-161; Boëda é, Griggo C, Hou Y, et al. Données stratigraphiques, archéologiques et insertion chronologique de la séquence de Longgupo. L'Anthropologie, 2011, 115: 40-77.

［20］ Wei G, Huang W B, Chen S, et al. Paleolithic Culture of Longgupo and Its Creators. Quaternary International, 2014, 354: 154-161.

［21］ Wei G, Huang W B, Chen S, et al. Paleolithic Culture of Longgupo and Its Creators. Quaternary International, 2014, 354: 154-161.

［22］ Boëda é, Griggo C, Hou Y M, et al. Données stratigraphiques, archéologiques et insertion chronologique de la séquence de Longgupo. L'Anthropologie, 2011, 115: 40-77.

[23] Wei G, Huang W B, Chen S, et al. Paleolithic Culture of Longgupo and Its Creators. Quaternary International, 2014, 354: 154-161.

[24] 郑绍华:《建始人遗址》, 科学出版社, 2004 年。

[25] 吴汝康:《巨猿下颌骨和牙齿化石》,《中国古生物志 (新丁种第 11 号)》, 科学出版社, 1962 年。

[26] 王頠、Richard Potts、侯亚梅等:《广西布兵盆地么会洞新发现的早更新世人类化石》,《科学通报》2005 年第 50 卷 17 期。

[27] Wang W. New Discoveries of *Gigantopithecus blacki* Teeth from Chuifeng Cave in the Bubing Basin, Guangxi, South China. Journal of Human Evolution, 2009, 57: 229-240.

[28] 金昌柱、秦大公、潘文石等:《广西崇左三合大洞新发现的巨猿动物群及其性质》,《科学通报》2009 年第 54 卷 6 期。

[29] Jin C Z, Wang Y, Deng C, et al. Chronological Sequence of the Early Pleistocene *Gigantopithecus* Faunas from Cave Sites in the Chongzuo, Zuojiang River Area, South China. Quaternary International, 2014, 354: 4-14.

[30] Ciochon R, Long V, Larick R, et al. Dated Co-occurrence of *Homo erectus* and *Gigantopithecus* from Tham Khuyen Cave, Vietnam. Proceedings of the National Academy of Sciences, 1996, 93(7): 3016-3020.

[31] 黄万波、方其仁:《巫山猿人遗址》, 海洋出版社, 1991 年。

[32] 庞丽波、陈少坤:《重庆地区第四纪的长鼻目 (Proboscidea) 化石》,《第十四届中国古脊椎动物学学术年会论文集》, 海洋出版社, 2014 年。

[33] Han F, Bahain J-J, Boëda é, et al. Preliminary Results of Combined ESR/U-series Dating of Fossil Teeth from Longgupo Cave, China. Quaternary Geochronology, 2012, 10(4): 436-442; Han F, Bahain J-J, Deng C, et al. The Earliest Evidence of Hominid Settlement in China: Combined Electron Spin Resonance and Uranium Series (ESR/U-series) Dating of Mammalian Fossil Teeth from Longgupo Cave. Quaternary International, 2017, 434: 75-83.

Research Status and New Thinking of the Longgupo Hominid Site in Wushan, Chongqing

Pang Libo   Chen Shaokun   Huang Wanbo

Abstract: As one of the most important paleoanthropological site in East Asia, the Longgupo Site has been debated since it was discovered. However, continued excavations and researches in the past three decades have made this site even more reliable and clearer. Hominidae fossils, almost 1000 stone artifacts and 120 species of fossil vertebrates have been unearthed from this site. Furthermore, fossil accumulations of herbivores excavated from levels 3-4 and 7-8 indicate an active behavior of intelligent creature but not natural forces. All these remains show a primitive Paleolithic culture, named as "Longgupo Culture". No matter what debate exists, further work at this site is necessary and will definitely improve our knowledge of human evolution in East Asia.

僚人入蜀的考古学观察

——以炊具为线索 *

吴小平

（浙江大学人文学院艺术系，杭州，310058）

公元 4 世纪成汉时期，原居住在牂柯的几十万僚人北上入蜀，散布在梁、益二州境内，史称"僚人入蜀"。作为六朝时期西南地区的一重大历史事件，众多史学家从文献方面对其产生原因、规模等进行考证[1]，也有学者从民族和语言特征方面进行了探讨[2]，但是作为如此大规模的人群移动，应当可以从物质方面得到证明。因此本文以炊具为线索，对此事件进行研究。

一

《寰宇记》卷七五引《益州记》云"李寿从牂柯引僚入蜀境"，可知入蜀的僚人主要来自于贵州境内。《旧唐书》卷 40《地理志》三所载，"武德四年，山南道大使赵郡王孝恭招慰生僚，始筑城，人歌舞之，故曰城乐"，可知原贵州境内应当还有大量的僚人并一直生存下来。因此，在贵州出土的众多六朝唐宋元明时期的炊具中，应当有部分是僚人的炊具。

目前贵州境内出土的六朝唐宋元明时期炊具如下。

1. 贵州清镇三国——宋墓[3]

陶釜，清 M95 出土，3 件。夹砂，色黑灰。铜釜，2 件。清 M29 出土。敞口宽唇。铁锅，5 件，清 M120、M62 出土，敞口平底，口沿上有两耳。铁鼎，1 件，清 M35 出土。

2. 贵州平坝尹关六朝墓[4]

铜釜，3 件，M9 出土。铜鐎斗，1 件。

3. 平坝马场东晋南朝墓[5]

铜釜，17 件。从发表的图片可知，其实有鍪和釜两种。M44 所出鍪时代应当在汉代。铜鐎斗，6 件。铁鼎，2 件。

4. 平坝马场唐宋墓[6]

陶釜，7 件。M43、M56、M60 等出土。敞口、束颈，垂鼓腹，圜底。

5. 清镇干河坝石棺葬[7]

夹砂陶釜，1 件，M190 出土。

6. 平坝"棺材洞"[8]

陶釜，5 件，夹砂灰陶，器表饰小方格纹。敞口，束颈，垂鼓腹。

7. 开阳平寨岩洞葬[9]

陶釜，1 件，敞口，束颈，鼓腹，器表饰小方格纹。

* 本课题得到浙江大学文科教师教学科研发展专项资助。

8. 董菁田脚脚、小河口[10]

陶釜，数量有几百件之多。

上述材料大多在20世纪中叶发掘，仅部分器物公布有照片或线图。根据公开的图片，将其主要炊具分为以下几种器类。

A类：鼎。目前贵州境内考古出土仅3件，铁质，均为敞口、弧腹或直腹，三扁足（图一）。

类似鼎大量发现于内地，如北京亦庄、河南新安、孝感田家岗、广东梅县、江西会昌、山东沂水、淮北柳孜、山东泰安[11]等均有出土，时代均在唐宋。可知贵州所出应来自内地，并非僚人所用。

B类：鐎斗。贵州境内发现3件，均出自平坝地区（图二）。铜质，敞口，直腹，平底，口沿一侧有凹槽形长流，牛蹄形足，长柄。鐎斗汉代最早出现于长江下游地区，六朝时期盛行于当地，南

朝时期向外扩散[12]。平坝所出与浙江绍兴缪家桥[13]、镇江梁太清二年窖藏[14]所出形制相同，应受到六朝建康地区的影响。

C类：釜。出土数量最多，达数百件之多。质地有铜、陶两种，均为敞口，束颈，垂鼓腹，圜底。不过铜质仅二十余件，腹部上端有双耳，如平坝马场M34等所出，时代在东晋南朝时期（图三，1）。陶釜分有耳和无耳两种，有耳的仅发现于贞丰董菁遗址，其时代报告定为魏晋。无耳釜集中发现在平坝清镇和贞丰董菁，平坝清镇所出器表均施小方格纹，时代为宋明时期（图三，2~7）。贞丰董菁所出以素面为主，有部分施小方格纹和绳纹，时代为魏晋至宋时期（图三，8~12）。

在上述几种炊具中，鼎铛和鐎斗均来自内地，唯有釜内地不见，反映出此类釜

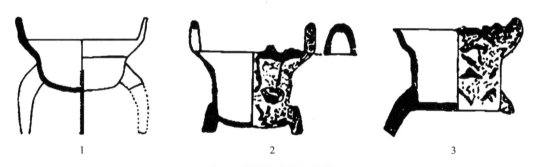

1　　　　　　　　2　　　　　　　　3

图一　贵州境内所出鼎铛

1. 清镇 M35　2. 平坝马场 M49　3. 平坝马场 M47

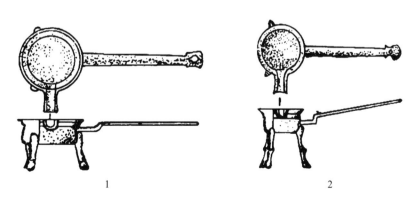

1　　　　　　　　2

图二　贵州境内所出鐎斗

1. 平坝马场 M37　2. 平坝马场 M55

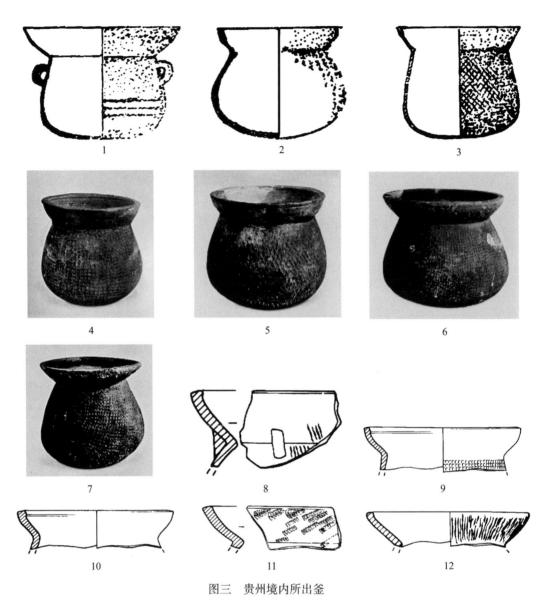

图三　贵州境内所出釜

1.铜釜（平坝马场 M34）2～12.陶釜［平坝马场 M60，清镇干河坝 M195，平坝马场坝脚平 M65、M60、M63（2件），董菁田脚脚 05ZTT18④∶1、05ZTT18④∶5、05ZTTY1③∶3、05ZTT18③∶1、05ZTT20④∶3］

的土著性。据《北史·僚传》云，"铸铜为器，大口宽腹，名曰铜爨，既薄且轻，易于熟食"，可知其炊具甚有特色。从器型方面来看，贵州考古所出釜呈现的大口、垂鼓腹特征与其所描述爨"大口宽腹"接近，很可能这些釜就是文献所述僚人的爨。

此外，这些釜所出墓葬亦多反映出当地土著的属性，如平坝"棺材洞"为岩洞葬、清镇干河坝为石棺葬，这些墓葬形制

内地不见。虽然平坝马场出土较多的青瓷器，但也出土大量的金属饰件，有学者推断其墓主为当地土著[15]。而史书中关于牂牁的记载则主要涉及僚人[16]，因此上述釜应该就是僚人所用之"爨"。

二

上面大致推断贵州境内所出的大口釜即为僚人的爨。若大量牂牁僚人入蜀，上

述大口釜蜀境应该也有不少出土。因此，不妨再看看蜀地[17]大口釜的出土情况，具体如下。

（1）丰都汇南墓地[18]。出土陶釜6件。

（2）忠县土地岩[19]。出土陶釜14件。

（3）三台后庙山、果园山[20]。出土陶釜9件。

（4）昭化宝轮镇[21]。出土铜釜9件，陶釜8件。

（5）四川绵阳西山[22]。出土铜釜4件。

（6）重庆忠县崖脚[23]。出土铜釜2件。

（7）万州大地嘴[24]。出土陶釜2件。

（8）丰都槽房沟[25]。出土陶釜1件。

（9）涪陵石沱[26]。出土陶釜2件。

（10）绵阳涪城[27]。出土有铜釜2件。

从上看出，巴蜀地区所出大口釜根据质地的差异可分为铜、陶两类。

第一类：铜釜。发现17件。均为大敞口，束颈，垂鼓腹。上腹对称置两小环耳。忠县崖脚、绵阳西山、昭化宝轮镇出土。时代为东晋南朝（图四，1~3）。

第二类：陶釜。共发现42件。器形基本相同，均为大敞口，束颈、鼓腹或垂腹，圜底。器表均饰绳纹。时代为南朝至隋（图四，4~8）。

从上可知，无论是铜釜，还是陶釜、

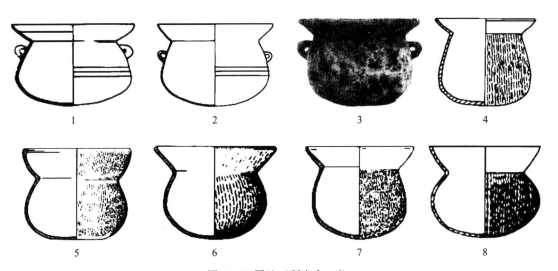

图四　巴蜀地区所出大口釜

1、2.忠县崖脚 DM2　3.昭化宝轮镇屋基坡　4.丰都汇南 M2　5.忠县土地岩 ZTAM5　6.丰都槽房沟 M3

7.三台果园山 M2　8.万州大地嘴 M44

铁釜，巴蜀地区所出均与贵州相同，为大口、束颈、垂腹部，且其时代为东晋南朝。有意思的是，与大口釜大量发现于当地形成鲜明对比的是，当地原有的炊具鏊进入东晋时基本绝迹[28]。笔者大致收集了目前所见蜀地所出六朝时期的铜鏊、铜双耳大口釜，列表如下（表一）。

表一　蜀地所见六朝时期铜鏊、铜双耳大口釜

	出土地点	数目	年代	资料出处
双耳大口釜	四川昭化宝轮镇 M5、M16	2	东晋南朝	《考古学报》1959年第2期
	四川昭化宝轮院屋基坡崖墓	7	东晋南朝	《考古》1958年第7期
	四川绵阳西山崖墓	4	东晋	《考古》1990年第11期
	重庆忠县崖脚 DM1、M2	2	刘宋	《重庆库区考古报告》1998卷
	绵阳涪城区高柏梁 M6、M11	2	南朝	《绵阳崖墓》

	出土地点	数目	年代	资料出处
鍪	四川崇宁五道渠	1	三国	《文物》1984年第8期
	重庆忠县涂井M5	3	三国	《文物》1985年第7期
	四川彰明常山崖墓	2	时代不明？	《考古》1955年第5期
	湖北巴东大支坪镇	1	三国	《清江考古掠影及出土文物图录》
	湖北长阳榔坪镇	1	三国	《清江考古掠影及出土文物图录》

可知，双耳大口釜与鍪的消长有着明显的替代关系。

三

东晋南朝时期巴蜀地区大口釜的盛行与鍪的绝迹，绝非巧合，其乃公元4世纪初数十万巴蜀之民向外流徙、十余万落僚人入蜀导致的结果。

元康六年，"关中饥，大疫"。七年，"大旱，陨霜，杀秋稼。关中饥，米斛万钱"[29]。元康八年，十余万流郡流民进入巴蜀，至此开始了流民与巴蜀土著的对抗和屠杀。随着西晋军队的溃败，巴蜀民则开始了数年的逃亡。永兴元年流入荆州的巴蜀移民已经有十余万家[30]。永嘉四年"蜀人李骧聚众据乐乡反，……沈八千余人于江"[31]。次年，湘州太守荀眺欲尽诛巴蜀流民，流民四五万户一时俱反，推举成都杜弢为首领。据推断流亡荆湘地区的巴蜀人口数约30万[32]。还有部分流民逃往其他地区[33]。在这种状况下，原先巴蜀民所使用的鍪自然很难发现。

长期的战乱导致巴蜀境内呈现出"野无烟火"景象，公元338年李寿即位时，成都仍然是"郊甸未实，都邑空虚"，"乃徙傍郡户三丁以上以实成都，又从牂牁引僚入蜀郡。自象山以北，尽为僚居。蜀本无僚，至是始出巴西、渠川、广汉、阳安、资中、犍为、梓潼，布在山谷，十余万家"。史载"蜀人东流，山险之地多空，僚遂夹山傍谷"[34]，所言也是此事。据

研究，僚人主要分布在长江两岸、嘉陵江、岷江、沱江、涪江两岸。因此在峡江地区和川东北的绵阳、昭化、三台地区出现大口釜便不足为奇了。

但是必须看到，文献所载中古时期巴蜀地区僚人势力十分惊人，数量动辄数万、数十万。如《华阳国志校注》卷九载李寿统治期间，"引牂牁僚人十余万家入蜀……蜀土无僚，至是始从山出，自巴至犍为、梓潼，布满山谷，大为民患"；《魏书》卷101《僚传》云，"建国中，李势在蜀，诸獠始出巴西、渠川、广汉、阳安、资中，攻破郡县，为益州大患。势内外受敌，所以亡也。自桓温破蜀之后，力不能制，又蜀人东流，山险之地多空，獠遂挟山傍谷。与夏人参居者颇输租赋，在深山者仍不为编户。萧衍梁、益二州，岁岁伐獠以自裨润，公私颇藉为利"；《周书·陆腾传》：武帝保定二年，"资州石盘人反，杀郡守，据险自守，州军不能制。腾率军讨击，尽破斩之。而蛮子反，所在蜂起，山路险阻，难得掩袭。遂量山川形势，随便开道。蛮獠畏威，承风请服。所开之路，多得古铭，并是诸葛亮、桓温旧道。是年，铁山獠抄断内江路，使驿不通。腾乃进军讨之，一日下其三城，招纳降附者三万户"；《隋书·卫玄传》载文帝仁寿初，"仁寿初，山獠作乱，出为资州刺史以镇抚之。玄既到官，时獠攻围大牢镇，玄单骑造其营，……诸贼莫敢动。于是说以利害，渠帅感悦，解兵而去，前后归附者十余万口"。如何分析中古时期僚人遍野的现象，不妨借鉴

历史学界对中古时期的蛮、山越性质的研究成果。他们认为中古时期的"蛮"或者"山越"为"不著户籍，不服徭役、不纳或少纳赋税，不居于国家控制地区，属社会群体或者地域居民集团"；或者"具有内部的多样性，不能简单视为单个族群"[35]。若此，中古时期活动在巴蜀境内的僚人，其内部结构也应具有多样性，而非单个族群。若此，文献中的僚人内部应该有大量不愿纳税的汉人或者其他群体。由于他们"不著户籍，不服徭役、不纳或少纳赋税"[36]，从而被各统治者统称为各种僚。巴蜀地区所出大口釜的墓葬多为崖墓，随葬品也多为内地汉人所常见的青瓷器，很难从物质层面进行族群性质的判读。但是，贵州境内则不同，墓葬多为石板墓，即使使用石室墓，墓葬中也有其他汉人少见的各种头饰，显示出其生存状态并未受到外来因素的太多干扰。

巴蜀地区僚人在经过上百年的磨合，最终避免不了被汉化的命运，所出大口釜唐代便消失。相反，由于生存状态的封闭性，贵州境内的大口釜则基本传承有序，至明代仍有发现。

注　释

[1] 刘琳：《僚人入蜀考》，《中国史研究》1980 年第 2 期；周蜀蓉：《析"僚人入蜀"的影响》，《西南师范大学学报（人文社会科学版）》2004 年第 1 期。

[2] 刘复生：《入蜀僚人的民族特征和语言遗存》，《中国史研究》2000 年第 2 期。

[3] 贵州省博物馆：《贵州清镇平坝汉至宋墓发掘简报》，《考古》1961 年第 4 期。

[4] 陈默溪：《贵州平坝县尹关六朝墓》，《考古》1959 年第 1 期。

[5] 贵州省博物馆考古组：《贵州平坝马场东晋南朝墓发掘简报》，《考古》1973 年第 6 期。

[6] 贵州省博物馆：《贵州平坝县马场唐宋墓》，《考古》1981 年第 2 期；贵州省文物考古研究所、中国社会科学院考古研究所、四川大学历史文化学院等：《黔中遗珍——贵安新区出土文物精粹》，科学出版社，2016 年，第 75 ~ 79 页。

[7] 何凤桐、李衍垣：《贵州清镇干河坝石棺葬》，《考古与文物》1982 年第 3 期。

[8] 熊水富：《平坝"棺材洞"清理简报》，《贵州田野考古四十年》，贵州民族出版社，1993 年，第 66 ~ 69 页。

[9] 贵州省文物考古研究所：《贵州开阳平寨岩洞葬》，《中国国家博物馆馆刊》2011 年第 7 期。

[10] 报告中的部分陶罐大口、束颈与同出的釜完全相同，应当也是釜。贵州省文物考古研究所：《贵州董菁考古发掘报告》，文物出版社，2012 年，第 89 ~ 95 页。

[11] 北京市文物研究所：《北京亦庄考古报告（2003—2005）》，科学出版社，2009 年，第 128 ~ 732 页；汤文兴：《河南新安赵峪村发现金代遗物》，《考古》1965 年第 1 期；孝感市博物馆：《孝感田家岗东汉南朝及唐宋墓清理简报》，《江汉考古》1996 年第 3 期；广东省博物馆：《广东梅县古墓葬和古窑址调查发掘简报》，《考古》1987 年第 3 期；池小琴：《江西会昌发现晚唐至五代墓》，《南方文物》2001 年第 3 期；马玺伦：《山东沂水出土窖藏铁器》，《考古》1989 年第 11 期；安徽省文物考古研究所：《淮北柳孜运河遗址发掘报告》，科学出版社，2002 年，第 169 ~ 176 页；程继林：《泰安旧县村发现汉魏窖藏》，《文物》1991 年第 9 期。

[12] 吴小平：《铜鐎斗的形制及其用途考》，《考古》2008 年第 3 期。

[13] 绍兴县文物管理委员会：《浙江绍兴缪家桥宋井发掘简报》，《考古》1964 年第 11 期。

[14] 刘兴：《江苏梁太清二年窖藏铜器》，《考古》1985 年第 6 期。

[15] 韦正：《六朝墓葬的考古学研究》，北京大学出版社，2011 年，第 185 ~ 189 页。

[16] 牂牁境内关于僚人的记载颇多且历史悠久。《后汉书·南蛮西南夷列传》载"夷僚咸以竹王非血气所生，甚重之，求为立后"。西晋武帝太康四年（公元 283 年）六月"牂柯僚二千余落内属"（《晋书·武帝纪》）；《三国志·蜀志·张嶷传》裴松之引陈寿所作的《益部耆旧传》注曰"平南事讫，牂柯兴古僚种复反"，可知三国西晋时期牂牁多僚。唐宋时期，则有按地域分的南平僚，按汉化程度分的生僚、山僚，等等（见《旧唐书·地理志》、《新唐书·南蛮传》、《新唐书·南平僚传》）。

[17] 关于"僚人入蜀"的蜀地当是一文化区概念，并非行政区概念，其范围泛指整个巴蜀，即今四川、重庆和汉中地区。

[18] 四川省文物考古研究所、丰都县文管所：《丰都汇南墓群发掘简报》，《重庆库区考古报告集（1997 卷）》，科学出版社，2001 年，第 198 ~ 206 页；四川省文物考古研究所、丰都县文管所：《丰都汇

南墓群发掘报告》,《重庆库区考古报告集(1998卷)》,科学出版社,2003年,第201~209页。

[19] 重庆市文物局、重庆市移民局:《忠县仙人洞与土地岩墓地》,科学出版社,2008年,第187~199页。

[20] 四川文物考古研究院、三台县文物管理所:《绵遂高速公路(三台段)后庙山隋代崖墓群发掘简报》,《四川文物》2013年第5期;四川省文物考古研究院、三台县文物管理所:《绵遂高速公路(三台段)果园山隋代崖墓群发掘简报》,《四川文物》2014年第4期。

[21] 沈仲常:《四川昭化宝轮镇南北朝时期的崖墓》,《考古学报》1959年第2期;张彦煌、龚廷万:《四川昭化宝轮院屋基坡崖墓清理记》,《考古》1958年第7期。

[22] 绵阳博物馆:《四川绵阳西山六朝崖墓》,《考古》1990年第11期。

[23] 北京大学考古文博学院三峡考古队、重庆市忠县文物管理所:《忠县崖脚墓地发掘报告》,《重庆库区考古报告集(1998卷)》,科学出版社,2003年,第205~211页。

[24] 青海省文物考古研究所三峡考古队、重庆市文物局、重庆市万州区文物管理所:《万州大地嘴遗址青龙嘴墓地发掘报告》,《重庆库区考古报告集(2001卷中)》,科学出版社,2007年,第217~225页。

[25] 重庆市文物考古所、宝鸡市考古工作队、重庆市文物局等:《丰都槽房沟墓地发掘报告》,《重庆库区考古报告集(2001卷下)》,科学出版社,2007年,第193~198页。

[26] 北京市文物研究所、重庆市文物局、重庆市涪陵区博物馆:《涪陵石沱遗址2001年度发掘报告》,《重庆库区考古报告集(2001卷下)》,科学出版社,2007年,第165~173页;北京市文物研究所三峡考古队、涪陵区博物馆:《涪陵石沱遗址发掘报告》,《重庆库区考古报告集(1997卷)》,科学出版社,2001年,第187~196页。

[27] 成都市文物考古研究所、绵阳博物馆:《绵阳崖墓》,文物出版社,2015年,第96~165页。

[28] 吴小平:《六朝青铜容器的考古学研究》,《考古学报》2009年第2期。

[29] 《晋书·惠帝纪》

[30] 《蜀鉴》卷4,巴蜀书社,1984年,第66~79页。

[31] 《资治通鉴》卷87

[32] 葛剑雄:《中国移民史(第2卷)》,福建人民出版社,1997年,第77~80页。

[33] 《资治通鉴》卷第一百六载太元十年,前秦益州刺史"(王)广帅部奔还陇西。依其兄秦州刺史统,蜀人随之着三万余人"。

[34] 《北史·僚传》

[35] 蒙文通:《汉、唐间蜀境之民族迁徙与户口升降》,《南方民族考古(第三辑)》,四川科学技术出版社,1991年,第122~129页。

[36] 鲁西奇:《释"蛮"》,《文史》2008年第3期;罗新:《王化与山越》,《历史研究》2009年第2期。

An Archeological Observation of the Liao People Entering the Shu—Take Cooker as a Clue

Wu Xiaoping

Abstract: During the Six dynasties to Tang and Song dynasties, a kind Fu with opening mouth and plump belly appeared in Guizhou area, it is roughly in line with the "big mouth wide abdomen" of the bronze Cuan found in the literature, and it should be the cooker of the Zangke Liao People. During the Eastern Jin and Southern dynasties, a large number of similar Fu appeared in the territory of Bashu, while the previously used Mou were almost extinct. This phenomenon is related to the fact that hundreds or thousands of Bashu People in the early 4th century AD were involved in the outward migration and tens of thousands of Zangke Liao People entered the Shu country.

重庆铜梁出土《明故舒母杨氏安人墓志铭》考

王运辅[1]　孔令远[2]　李艳华[2]

（1. 中国社会科学院研究生院考古系，北京，102488；2. 重庆师范大学历史与社会学院，重庆，401331）

　　《明故舒母杨氏安人墓志铭》是明代贵州按察司副使舒表的夫人杨氏的墓志铭。出土于重庆市铜梁县城南办事处鱼溅村2组，出土地点当地人称为"舒家涵"。墓志铭为石质，保存较好，现藏于该村居民家中。本文对墓志铭内容进行记述和简单分析，为认识明朝中期重庆铜梁地区历史和社会状况提供实物遗存资料。

一、墓志铭内容记述

墓志铭内容介绍如下：

明故舒母杨氏安人墓志铭：

　　赐进士出身，陕西布政使司左参政，前翰林院庶吉士，郡人王嘉宾撰。

　　敕封安人杨氏，前贵州按察副使月川舒公配也。以嘉靖二十九年六月二十六日戌时卒于东墅正寝，距其生成化十年七月二十九日午时，享年七十又六。

　　有子五人：葵，以例入赀，授成都左护卫指挥佥事；芹，辛卯科举人；莲、兰，俱县学生；蒻，先卒。女二人，适合州赵佥宪子汝翼，安居杨春畅，俱庠生。

　　有孙男子十人：九韶，总家政；九龄，丙午科举人；九畴、九渊，俱

县学生；九经、九容、九怀、九德、九迁、九泽。孙女子二人：适童运使子位，张知县子英吉，俱县学生。

　　卜地于观音坝，杨氏祖茔之次，负坎面离叶，吉兆也。以卒之年十一月十三日子时，归于玄封，令子芹等，奉尊翁月川公之命，含哀述行，委余曰："子同郡，闻吾母矣，幸志而铭之。"

　　嘉宾曰："余读古经，训至于女德，书《春秋》者三十一人，《列女传》捃摭古今，自后妃外仅二百余人焉，未尝不叹妇哲且材之难也。以余稔知安人之淑懿，揆之古又何加焉，铭奚可辞？"

　　按状，安人世为铜梁人，祖，蒙化卫经历，讳礼，父，讳光溥，娶于程寔，生安人，安人幼闲内则。弘治乙卯岁，来归于舒，是时月川公业儒，补邑校弟子员，家固贫，讬处于杨。舒太母高氏，茹荼执节，居明月村舍，盖舒之先址也。安人劬劳自饬，任耕织，以给太母之养，月川公心窃喜，曰：妻也贤且孝，吾无溏髓之虑，可以用志不分矣。遂以《诗经》鸣文场，领辛酉乡荐，乙丑举进士，授户部主事，历员外郎升陕西按察佥事，整理宁夏边务，再转贵州按察副使，安人既终高太母之养，乃克

从公。于宦邸时，贵有芒部用兵之役，公调度巡徼，奚暇内顾。安人闲家教子，秩秩有条。

公语人曰："吾获懋绩于官，皆安人有以相我也"。公既谢政屏居，岁时伏腊为酒馔，以燕会亲党、知旧，相与抚景怡情，取适于烟霞、山水间。公又语人曰："吾获息念于世事，皆安人有以乐我也。"是以，人咸知安人之贤。

比岁，稼不登，村墟剧盗窃发，夜劫公家，大掠筐箧而去。旬月间，人有调其迹，白于县。安人曰："财已失矣，讼之何益？"竟不之问。

居常诲诸子妇曰："家犹国也，非勤弗获，非俭弗聚，非严弗齐，三者缺一焉，替厥家矣。汝辈其慎思之。"视曹大家，女诫不亦简且明耶？安人既贵，犹布素，命服在笥。清苦自约，终其身，刈萮求桑，不废绩纴。里中游闲之子、惰佚之女，闻安人徽风，每内愧焉。其督训诸子、若孙，不啻严师，而罔专于慈爱，故芝辉玉映，接武云衢者，先后彬彬然，有以华于家国。人以是益叹安人贤。

其它善行，纪莫能殚，姑拾其梗概若此。嗟乎！安人于吾乡，可谓大贤妇母矣。

铭曰：

以贵而封，以德而寿，得安人之常，观音之原，幽宫邃阒，永安人之藏，庆源绳绳，百祀昌炽，贻安人之芳，撰德匪佞，无靦于颜，增片石之光。

哀男芹、范、兰泣血刻石

二、墓志简考

据民国时期郭朗溪编纂的《新修铜梁县志》记载，杨氏丈夫名舒表，字国中，号月川，四川重庆府合州铜梁县人。明代弘治十八年（公元 1505 年），乙丑科第二甲赐进士出身。官至贵州按察司副使，吏治清明，祀乡贤。

墓志撰写者王嘉宾，合州人，为明嘉靖年间进士。官至陕西布政使司左参政。

用现代汉语释读，杨氏墓志铭文大意如下：

舒表的夫人杨氏，世代为铜梁人，出生于成化十年（公元 1474 年）七月二十九日午时。于嘉靖二十九年（公元 1550 年）六月二十六日戌时去世，享年 76 岁。

她有儿子五人：舒葵，任成都左护卫指挥金事；舒芹，辛卯科举人；舒范、舒兰，都是秀才；舒薇，夭折。女儿二人，一个嫁给合州赵金宪的儿子赵汝翼，另一个嫁给安居县的杨春畅，他们也都是秀才。

她有孙子十人：舒九韶，总管家政；舒九龄，丙午科举人；舒九畴、舒九渊，都是秀才；舒九经、舒九容、舒九怀、舒九德、舒九迁、舒九泽，为未成年人。有孙女二人：一个嫁给童运使的儿子童位，另一个嫁给张知县的儿子张英吉，他们都是秀才。

在观音坝杨氏祖坟边为杨氏选块墓地，嘉靖二十九年（公元 1550 年）十一月十三日子时将其入葬。舒表命令他的儿子舒芹等，带着悲痛的心情，向我诉说他们的母亲杨氏的事迹，并委托我道，"你是我们的同乡，熟悉母亲的为人，希望有幸能请您能为母亲撰写墓志铭"。我回答道："我读古书中关于女子德行的记载，在《春秋》中只记载三十一位有德女子，《列女传》中也不过只记载了二百余人，可见自古以来有德而且贤惠聪明的女子都是十分难得的。我对你们的母亲杨氏的风范早有耳闻，她比起古代贤惠女子毫不逊色，撰写这个墓志铭是我义不容辞的责任。"

杨氏的祖父杨礼，官至蒙化卫（今云南大理巍山县）经历司经历。她的父亲杨光溥，母亲程氏。弘治乙卯年（公元1495年）杨氏嫁到舒家。刚结婚那时候，舒表专心读书，家中十分贫困，住在杨家。舒表的母亲高氏则含辛茹苦，守节如故，住在舒家老宅明月村舍。杨氏任劳任怨，勤于耕织，尽心侍奉婆婆。舒表对此甚为满意，遂专心读书，于弘治辛酉年（公元1501年）中举，弘治十八年（公元1505年）考中进士。历任户部主事，历员外郎升陕西按察佥事，整理宁夏边务，再转贵州按察司副使。在舒表的母亲高氏去世后，杨氏随夫到贵州相夫教子，当时贵州镇雄芒部有战事，舒表忙于调度指挥，无暇顾家，幸亏有杨氏在家主持家政，家中大小事务，均治理得井井有条。

舒表时常对别人赞叹道："我之所以能取得这么大的政绩，都是由于有如此贤惠夫人襄助的缘故。"在舒表退居官场，还居乡里后，逢年过节，游山玩水，宴请乡亲故旧时，他常对人说："我之所以能有闲情逸致，在繁乱的事务中还能得到很好的休息，都是由于夫人知道怎样调节我情绪的缘故。"通过他的介绍，大家都知道杨氏的确是贤惠通达。

有一年，庄稼歉收，乡里有大的盗窃事件发生，一天夜里，窃贼抢走舒家大批财物。过了一二十天之后，有人向县衙举报窃贼的行迹，杨氏知道后，只说了句，"财物已被盗去，再打官司还有什么用"，竟然置之不理，由此可见她的豁达与洒脱。

居家时，她常训导儿子和媳妇说："治家和治国的道理是一样的，不勤劳耕作就不会有收成，不勤俭持家就不会有积蓄，不严守纪律就不会有秩序，三者缺一，家道就会中落。你们要好好思考其中的道理。"由此可见，有大德之人的关于妇德的训诫是简单而明了的。杨氏过上富贵的生活以后，平时仍然保持布衣的本色，将朝廷赐的礼服放在衣箱中。仍然过着节俭的生活，割麻采桑，纺线织衣，总是亲力亲为。乡里有些游手好闲，贪图享乐的男女，听到杨氏的美好风范，总感到羞愧不已。她督导、训斥子孙时，不亚于严厉的老师，从不溺爱。舒家人才辈出，荣光耀祖。由此人们更加赞叹杨氏的贤惠。杨氏真可谓是我们铜梁县的大贤妇、大贤母了。

三、结　　语

重庆市铜梁县杨氏墓志铭的出土，为我们栩栩如生地复原了明代中期重庆铜梁乡居社会的生活场景。据墓志铭记载，该墓志铭主人杨氏谨守妇道，孝顺贤惠，勤俭持家。同时还有乐天知命、洒脱豁达的秉性。从墓志铭看，杨氏与舒表结婚时，杨家要相对富裕些。所以成亲以后舒表住在杨家。此外，杨氏死后也是入葬在杨家墓地。这种情况与我国传统的嫁夫随夫的观念有些出入。这种情况可能反映我国西南地区民风古俗中讲究实际、重视现实的一些特点。

重庆铜梁杨氏墓志铭反映出明代重庆地区尊亲祀贤的民风民俗，勤俭守纪、知书达礼的家训等。同时，这件实物资料，也为我们研究重庆、贵州、云南等我国西南地区明代官宦关系，提供了参考资料。

A Research on the *Epigraph of Shu's Mother Anren of Ming Dynasty* Unearthed in Tongliang, Chongqing

Wang Yunfu   Kong Lingyuan   Li Yanhua

Abstract: The epigraph of the wife Yang of Shubiao, a vice surveillance commissioner of Guizhou of Ming Dynasty, was unearthed in Shujiahan of Tongliang in Chongqing. It has restored the life scenes of the rural society of tongliang, Chongqing, in the middle period of Ming Dynasty, reflecting the local customs of respect and worship and the family motto of being hardworking, thrifty and educated. This kind of material also provides us a reference to study the official relations of the Ming Dynasty in southwestern China, such as Chongqing, Guizhou and Yunnan.

国 际 考 古

东北亚地区黑曜岩产地研究的回顾与展望 *

王春雪

（ 吉林大学边疆考古研究中心，长春，130012 ）

引　　言

东北亚地区的黑曜岩产地研究最早开始于 20 世纪 60 年代的日本学者，而后在 20 世纪 80～90 年代，俄罗斯学者开始着手研究远东地区的黑曜岩产地。到目前为止，学者们已经对环日本海地区［包括日本群岛、萨哈林岛（库页岛）、俄罗斯远东地区以及朝鲜半岛等］进行了一系列的黑曜岩资源调查与研究工作。这些研究大多是利用一些地球化学的方法来判断遗址中黑曜岩制品与原料产地之间的关系。目前基本总结出矿源的特征规律，确认了该地区史前时期古人类利用黑曜岩资源的主要方式，并建立了相应的考古数据库。

黑曜岩在史前时期被人类广泛用于制作和加工工具，东北亚黑曜岩的产地研究可以阐释黑曜岩资源的获取方式、石器制作工艺以及原材料交换或交易之间的关系

等问题，从而进一步探索该地区史前时期古人类的贸易、迁徙以及文化交流活动。也可以说，黑曜岩的产地研究为不同地区古人类之间的文化关系和经济形态提供了较为直接的证据。

一、研 究 方 法

为了能够更好地分析黑曜岩原料产地，一些地球化学的方法被引入到考古研究中。具体介绍如下。

（一）中子活化分析（INAA）

又称仪器中子活化分析，是通过鉴别和测试式样因辐照感生的放射性核素的特征辐射，进行元素和核素分析的放射分析化学方法。中子活化分析有许多优点：其一，灵敏度、准确度、精确度高，对周期表中 80% 以上的元素的灵敏度都很高，其精度一般在 ±5%。其二，多元素分析，它可对一个样品同时给出几十种元素的含量，

* 本文得到吉林省教育厅"十二五"社会科学研究项目"吉林地区旧石器时代晚期遗存综合研究"（吉教科文合字 [2015] 第 480 号）、吉林大学 2015 年度青年学术骨干支持计划（2015FRGG02）的资助。

尤其是微量元素和痕量元素，能同时提供样品内部和表层的信息，突破了许多技术限于表面分析的缺点。第三，所需样量少，属于非破坏性分析，不易沾污和不受试剂空白的影响。还有仪器结构简单，操作方便，分析速度快。它适合同类文物标本的快速批量自动分析。

（二）X 射线荧光分析仪（XRF）

其优点是分析速度高，可在短时间内测完样品中的全部待测元素，且制样简单，对样品可无损分析。尤其是手提式 X 射线荧光分析仪（pXRF）对环境适应性强，可在野外直接应用，测量周期短，可与其他种类的少量损伤鉴定的精确分析形成一个互补。利用手提式 XRF 对成百上千个标本进行无损鉴定，可大大提升聚类分析的可信度。因此，虽然 X 射线荧光分析仪在精确度上不够高，但其仍然是一种较为成功的黑曜岩产地研究方法。

东北亚地区的学者们对考古遗址内出土的黑曜岩制品进行产地分析时，通常同时采用 INAA 和 XRF 两种方法进行分析，通过对微量元素的聚类分析和二变量散点图分析，建立起黑曜岩样品的地质化学数据库。俄罗斯学者 Kuzmin 等采用中子活化分析以及 X 射线荧光光谱分析等方法对俄罗斯远东地区、滨海地区、萨哈林岛、阿穆尔河盆地的考古遗址内收集的至少 400 件标本进行分析以研究史前时期俄罗斯远东地区的黑曜岩交易网络[1]。Hiroyuki 等日本学者对北海道地区一些旧石器考古遗址内出土的黑曜岩制品进行 X 射线荧光光谱分析，发现北海道地区的黑曜岩来源主要有原生类型和次生类型[2]。Kimura 利用能量色散 X 荧光分析对 Shirataki 地区主要产地进行分析，为研究北海道北部主要黑曜岩产地提供了充足的数据支持[3]。中国吉林大学陈全家教授等也利用手提式 X 射线荧光分析仪对吉林

东部周边的黑曜岩产地及考古遗址中的标本进行测定与分类，从而对遗址内黑曜岩石制品的来源做出评估[4]。

除此以外，韩国的 J. C. Kim 等对 Hopyung、Samri 和 Shinbuk 三个旧石器遗址出土的 50 件黑曜岩石制品进行质子激发 X 射线荧光分析（PIXE）并与中子活化分析的结果做出比较，辨识出 85% 的样本来自于长白山地区[5]。Kuzmin 等对萨哈林岛的黑曜石制品经裂变径迹法（FT）断代和中子活化分析，认为有一部分黑曜岩产自北海道[6]。

当然，其他相关的科技方法诸如 ICP-MS、ICP-AES、LA-ICP-MS、HD、Ar 法测年等在黑曜岩产地研究中也发挥着不容忽视的作用。

二、研究新进展

（一）日本群岛地区

日本地区由于遍布火山，因此是非常适合研究考古遗址内出土黑曜岩原料产地的地区。日本很早就成立了专门的研究机构，已经建立起初步成熟的数据库。

北海道地区的黑曜岩原料产地研究自从 20 世纪 60 年代就已经开始，日本学者 Yamamoto、Ono、Habu、Hall 以及 Kimura 等近年来发表了一系列关于北海道地区黑曜岩微量元素分析的研究论文[7]。研究结果显示：古人类共利用了四个主要的黑曜岩原料产地：Shirataki、Oketo、Akaigawa 以及 Tokachi-Mutsumata。根据 14C 测定，日本目前已知年代最早的利用黑曜岩资源的遗址是十胜平原（Tokachi Plain）的 Wakabano Mori 遗址，年代为距今 30000 年。

以 Shirataki、Oketo、Akaigawa 和 Tokachi-Mutsumata 这几个原料产地为中心的原材料交易网络从旧石器时代晚期就已经开始广泛出现，从北海道地区延伸到朝

鲜半岛、九州、本州，甚至到达俄罗斯远东地区[8]。毫无疑问，这个交易网络基本覆盖了日本海周邻地区，最远甚至到达日本岛以外3000千米的地方。最新的研究结果显示，在阿穆尔河下游 Malaya Gavani 遗址以及滨海地区的 Osinovka 遗址内也发现有产自北海道 Shirataki 产地的黑曜岩标本。从旧石器时代晚期到新石器时代，北海道地区的黑曜岩资源几乎覆盖了整个俄罗斯萨哈林岛，黑曜岩产地与考古遗址之间的距离最远达到1000千米。Hiroyuki Sato 等日本学者推测自新石器时代早期，北海道地区已经连接千岛群岛南部地区组成了面向大陆向南伸出的一端，所以北海道地区的黑曜岩资源被古人类通过这个陆桥运输至萨哈林岛，主要经由鞑靼海峡和宗谷海峡[9]。

本州地区有很多高质量的黑曜岩原料产地。一些重要的黑曜岩产地就位于日本岛中部的信州地区，包括 Wada、Yatsugatake 地点等。在关东平原地区，几个重要的黑曜岩资源产地与本州本地的火山距离非常近。这些黑曜岩产地在末次冰期时（距今20000～18000年前）未与本州地区相连接，因为这一地区比现在低约120米。本州地区最早利用黑曜岩资源的遗址为距今30000年左右的 Musashidai 遗址[10]。

九州地区最重要的黑曜岩产地为 Koshidake，它位于九州地区的西北部。这一黑曜岩产地被整个九州地区，甚至为相邻的朝鲜半岛南部的古人类所利用。绳纹时代晚期（距今4000年前）的黑曜岩交易网络中遗址与原料产地之间的最远距离超过1000千米。九州地区最早利用黑曜岩资源的遗址是位于熊本市附近的 Ishinomoto 遗址，^{14}C 年代测定为距今32800～31600年，火山玻璃主要采自于 Aso-2 火山碎屑岩。

目前，Kimura 等日本学者经过对 Shirataki 原料产地的一系列研究阐释了日本北海道地区旧石器晚期古人类获取原材料方式随着遗址差异的变化情况[11]。为了进一步解释黑曜岩石制品组合与原料产地以及生态环境的差异，日本学者已经开始着眼于原材料获取方式、工具组合和狩猎采集人群游动性之间的关系问题。

（二）俄罗斯远东地区

早在20世纪90年代学者们开始对俄罗斯远东地区考古遗址内出土的黑曜岩制品进行产地分析，并取得了一些成果。2000年以来，俄罗斯学者 Kuzmin、Popov 等开始对滨海地区、萨哈林岛和阿穆尔河等地区进行了一系列黑曜岩资源调查工作[12]。目前，这些地区的主要黑曜岩产地以及史前时期古人类利用黑曜岩资源的主要方式已经基本确认。

俄罗斯远东地区的黑曜岩石制品主要的来源是玄武岩高地，此外还包括滨海地区的 Shkotovo 和 Shufan 高原、阿穆尔河盆地中部地区的 Obluchie 高原以及靠近滨海地区以北日本海附近的 Sovgavan、Nelma 高原。

滨海地区现已确认的黑曜岩产地共有三个本地产地和一个外来资源。三个本地黑曜岩产地分别为：Sikhote-Alin 山脉东部质量较差的流纹质黑曜岩产地、符拉迪沃斯托克（海参崴）北部的 Shkotovo 和 Shufan 玄武岩高地和靠近朝鲜半岛北部的 Gladkaya 河盆地。其中 Sikhote-Alin 山脉东部的黑曜岩并未在考古遗址内有所发现，也未发现其被制作成工具使用。此外，Ilistaya 盆地、Artemovka、Partizanskaya、Arsenievka 河里面产出了丰富的黑曜岩资源[13]。外来的黑曜岩资源产地为中朝边界的长白山产地，这里的黑曜岩资源也被古人类广泛利用。

玄武岩高地黑曜岩产地的黑曜岩被广泛发现于滨海地区的20多个考古遗址内。

考古遗址与黑曜岩产地之间的距离由几百米到250~300千米。滨海地区黑曜岩开发与利用年代最早遗址的证据为距今15000年前的遗址。长白山黑曜岩产地的黑曜岩资源也被广泛发现于滨海地区的至少15个考古遗址内。黑曜岩产地与考古遗址之间的距离为200~700千米。利用长白山黑曜岩资源的时代最早的考古遗址为距今10000年前的遗址，考古遗址与黑曜岩产地之间最远的距离为400~500千米。

萨哈林岛是连接东北亚地区主要陆地与日本列岛的重要枢纽，同样也是涉及古人类迁徙的重要区域。目前在萨哈林岛地区尚未发现明确的黑曜岩资源产地。然而，该地区的史前遗址内出土了大量的黑曜岩质石制品，均是由优质火山玻璃制成。Kuzmin等学者曾经从分布于整个萨哈林岛的35个史前遗址内挑选了79件黑曜岩石制品进行微量元素分析，发现该地区与北海道地区发现的黑曜岩原料的化学成分较为相似[14]。日本Oketo和Shirataki地区的黑曜岩的原料被发现应用于萨哈林岛地区的史前遗址内。这些原材料产地与考古遗址之间的距离范围为200~1000千米。在萨哈林岛南部地区，年代最早的利用黑曜岩资源的遗址为距今19400年的Ogonki-5遗址，遗址与黑曜岩产地之间的距离为250千米。萨哈林岛中部距今11400年前的Ostantsevaya洞穴遗址距黑曜岩产地的距离为700千米。萨哈林岛北部地区的距今10000年前的Odoptu遗址距黑曜岩产地的距离为1000千米。原材料在如此大空间范围内进行交易，萨哈林岛地区的古人类已经参与到以北海道为中心的黑曜岩交易网络内。

阿穆尔河盆地黑曜岩开发与利用的主要时期为新石器时代（距今12400~3000年），史前遗址内的石制品组合中黑曜岩石片及工具数量非常少，他们组成了一个

独特的地质化学群组——Osinovoe Lake类型。黑曜岩资源利用最早的遗址为距今13000年前的Gromatukha新石器时代早期遗址。

在阿穆尔河中游地区，所有遗址内出土的黑曜岩制品产地均为Obluchie高地，考古遗址与黑曜岩产地之间的距离50~350千米不等。在下游盆地，遗址出土黑曜岩制品的产地除了Obluchie高地以外，还有滨海地区的玄武岩高地和Samarga产地。考古遗址距黑曜岩产地的距离达550~750千米。

阿穆尔河下游地区的另外一个重要发现就是Suchu群岛上的考古遗址出土的黑曜岩制品来自于北海道地区的Shirataki-A产地，遗址距其距离达850千米。古人类将北海道地区的黑曜岩资源经宗谷海峡到达萨哈林岛甚至更远的地区，最后穿过狭窄的鞑靼海峡到达阿穆尔河盆地，这条运输路线的全程距离达到900~1000千米。由此可见，北海道-萨哈林岛的黑曜岩交换网络延伸到了东北亚内陆地区。

堪察加半岛的史前遗址内存在着大量的黑曜岩石制品，目前已知有6个被古人利用的原料产地。其中，中部山脉的Itkavayam产地、Payalpan产地和Ichinsky产地与遗址的距离从90千米至470千米不等。东部山脉的Karimsky产地距遗址约40千米。堪察加半岛南部地区的Nachiki产地距遗址约25千米，Tolmachev Dol原料产地距离遗址60~65千米。除此以外，堪察加半岛上还发现有未确定原料产地的考古遗址和未被采用的原料产地。

显而易见，俄罗斯远东地区黑曜岩产地的系统研究可以帮助我们建立至少距今15000年前的黑曜岩利用网络和范围。滨海地区和阿穆尔河盆地史前时期古人类开发与利用黑曜岩资源也是东北亚地区一个典型的研究范例。

（三）朝鲜半岛地区

这一地区尚处于黑曜岩产地分析研究的初期阶段，该地区的考古遗址内发现广泛利用黑曜岩作为剥片与工具制作的主要原料。直到最近几年，一些学者开始着手进行黑曜岩产地的分析研究，并初步获得一些研究成果，找到了一些黑曜岩产地。俄罗斯学者关于中朝边境的长白山地区黑曜岩资源的产地研究表明，长白山地区是朝鲜半岛古人类重要的黑曜岩资源产地之一。长白山黑曜岩资源在朝鲜半岛，旧石器时代晚期至新石器时代从南到北均有分布。近年来，长白山地区黑曜岩发现的年代最早的遗址为距今24400年前的Janghungri遗址。这也是目前朝鲜半岛地区可以确信最早的利用长白山地区黑曜岩的证据。九州地区的一些黑曜岩产地（主要为Koshidake、Hario-jima）的标本也被发现在朝鲜半岛地区东南部海岸线的一些新石器时代遗址内[15]。

长白山黑曜岩资源在俄罗斯滨海地区和萨哈林岛的遗址内也有发现。从旧石器时代晚期到早期铁器时代，黑曜岩资源的利用范围为400~700千米。随着时间的推移，黑曜岩产地的辐射范围越来越大。遗憾的是，长白山产地的黑曜岩标本的缺乏在很大程度上影响着研究结果的准确性。

（四）中国东北地区

近年来在吉林东部地区旧石器时代晚期至新石器时代诸遗址中发现大量黑曜岩质石制品，吉林大学边疆考古研究中心与澳大利亚悉尼大学合作利用手提式X射线荧光分析仪（pXRE）对吉林东部周边的黑曜岩产地及考古遗址中的标本进行测定与分类，从而对遗址内黑曜岩石制品的来源做出初步评估[16]。将黑曜岩考古标本用pXRF进行测定，可见测定得出的几种能量水平曲线存在较大差别，对数据进行因

子分析和主成分分析，看出这些考古标本也相应地分成若干个聚集区：A组、B组、C1/C2组、D组。A组落在俄罗斯学者认定的长白山天池范围内，也包括了采集的长白山天池标本；B组落在俄罗斯的玄武岩玻璃产地；C组和D组由于标本数量的原因，其原料产地无法确定。

三、未来展望

目前，以西伯利亚、俄罗斯远东地区和日本群岛的旧石器和新石器遗址研究为基础的远东地区考古数据库（FEAD）已经建立，这能够帮助我们理解远东地区的史前技术和文化年代学的资料并提供具体的遗址地理坐标，为综合地理信息系统分析环境提供了便捷，同时也为研究各地区间的聚落、迁徙、交流以及交易网络等方面提供极大的帮助。

俄罗斯、日本和朝鲜等国的学者关于东北亚地区黑曜岩产地的研究大有方兴未艾之势，而我国关于黑曜岩的研究主要侧重于考古类型学、石器制作技术、石器微痕分析以及年代学等方面，对黑曜岩矿源的研究才刚刚起步[17]。

作为东北亚地区黑曜岩交易的中心之一，我国长白山地区已发现了如天文峰、天池北黑风口、气象站小山包等黑曜岩产地[18]。近年来，吉林大学边疆考古研究中心陈全家教授先后在调查和发掘吉林东部地区和龙石人沟、珲春北山、辉南邵家店、安图立新、镇赉大坎子等旧石器时代晚期至新石器时代诸遗址的过程中发现大量黑曜岩石制品[19]，并指出黑曜岩探源工作是今后需要努力的方向之一。2009年，陈全家等学者利用手提式X射线荧光分析仪（pXRF）对这些遗址出土的黑曜岩制品与周边黑曜岩产地的近500件标本进行测定与分析，将其结果与俄罗斯滨海地区130件标本

检测的结果进行分析，比较二者的联系与区别[20]。实验结果表明，长白山地区黑曜岩考古标本至少分为长白山天池组、俄罗斯玄武岩玻璃组、日本北海道Shirataki组等，还有一些遗址的黑曜岩石制品来源尚不明确。此外，有学者从黑曜岩原料的岩性、来源、成因和获取方式等对这些遗址的黑曜岩石制品进行分析[21]。这些资料形成了一个吉林东部地区粗略的黑曜岩产地数据库。

总体而言，我国关于东北亚黑曜岩产地的研究起步较晚，在黑曜岩产源分析、交换网络以及古人类利用方式等方面与周边国家尚有一定差距。在国内相关研究机构，如吉林大学边疆考古研究中心和北京大学考古文博学院等的合作基础上，我们期待着考古学能与地质学、物理学、地球化学等学科进行综合研究与分析，重点着眼于吉林东部考古遗址出土黑曜岩制品与长白山地区黑曜岩矿源研究，加强国际合作，建立全面的、综合的黑曜岩产地数据库。

除了探源工作以外，未来的研究还可以集中在阐释史前时期石制品组合的变化、黑曜岩资源获取方式与当地生态环境所导致的采集人群游动性之间的关系等方面。

四、结　语

黑曜岩是史前时期东北亚地区古人类制作和加工工具最重要的原料之一，是阐释史前人类文化交流的直接证据，所以对东北亚地区史前考古遗址内出土的黑曜岩标本进行产地分析是非常有意义的。日本群岛地区、朝鲜半岛地区以及俄罗斯远东地区的研究结果表明，东北亚地区的史前时代存在几个规模较大的黑曜岩资源交换网络。其中，日本北海道的Shirataki、Oketo、九州的Koshidake以及朝鲜半岛的长白山都是其中较大的黑曜岩交换网络，考古遗址与原材料产地的距离均超过1000千米。日本地区（本州、九州和北海道地区）年代最早的黑曜岩交换网络为距今33000～30000年，相当于旧石器时代晚期早段。长白山黑曜岩交换网络于距今24000年前开始发生作用。距今19000年前，Shirtaki黑曜岩资源产地的标本被带到萨哈林岛上的考古遗址内。在旧石器时代晚期，日本的本州和九州黑曜岩资源的交换距离为200～300千米，而北海道地区的距离则达到1000千米。俄罗斯远东地区黑曜岩的交换距离为400～500千米，朝鲜半岛为500千米。

毫无疑问，东北亚地区史前时期古人类对于黑曜岩资源的开发与利用策略是十分复杂的，还需要我们今后进一步开展考古学与地质学等学科的调查来充实数据库以进行深度的研究。

综上所述，结合石器制作工艺及类型学研究，利用现代仪器对遗址内出土的黑曜岩制品及其原料、附近矿源区黑曜岩矿石进行分析，以揭示它们在主量元素含量及微量元素组成上的特征，将为探讨旧石器时代晚期古人类在东北亚地区的迁徙、文化交流与传播等问题提供重要资料，也将为解决旧石器时代晚期我国东北地区与朝鲜半岛、日本列岛的联系沟通提供一个新的视角。

注　释

[1]　Kuzmin Y V, Glascock M D, Sato H. Sources of Archaeological Obsidian on Sakhalin Island(Russian Far East). Journal of Archaeological Science, 2002, 29(7): 741-749.

[2]　Izuho M, Sato H. Archaeological Obsidian Studies in Hokkaido, Japan: Retrospect and Prospects. Indo-Pacific Prehistory Association Bulletin, 2007, (27): 114-121.

[3]　Hall M, Kimura H. Quantitative EDXRF Studies of Obsidian Sources in Northern Hokkaido. Journal of Archaeological Science, 2002, 29: 259-266.

[4]　Jia P W, Doelman T, Chen Q J, et al. Moving Sources: A Preliminary Study of Volcanic Glass Artifact

Distributions in Northeast China using pXRF. Journal of Archaeological Science, 2010, 37(7): 1670-1677.

[5] Kim J C, Kim D K, Youn M, et al. PIXE Provenancing of Obsidian Artifacts from Paleolithic Sites in Korea. Indo-Pacific Prehistory Association Bulletin, 2007, (27): 112-128.

[6] Kuzmin Y V, et al. Sources Archaeological Volcanic Glass in The Primorye(Maritime) Province, Russian Far East. Archaeometry, 2002, 44(4): 505-515.

[7] Sato H. Did the Japanese Obsidian Reach the Continental Russian Far East in The Upper Paleolithic?. Japanese Obsidian in the Continental Far East Upper Paleolithic, 2007: 205-224.

[8] Sato H. Did the Japanese Obsidian Reach the Continental Russian Far East in The Upper Paleolithic?. Japanese Obsidian in the Continental Far East Upper Paleolithic, 2007: 205-224.

[9] Sato H. Did the Japanese Obsidian Reach the Continental Russian Far East in The Upper Paleolithic?. Japanese Obsidian in the Continental Far East Upper Paleolithic, 2007: 205-224.

[10] Sato H. Did the Japanese Obsidian Reach the Continental Russian Far East in The Upper Paleolithic?. Japanese Obsidian in the Continental Far East Upper Paleolithic, 2007: 205-224.

[11] Sato H. Did the Japanese Obsidian Reach the Continental Russian Far East in The Upper Paleolithic?. Japanese Obsidian in the Continental Far East Upper Paleolithic, 2007: 205-224.

[12] 刘爽、吴小红、陈全家：《黑曜岩产源研究的国内外研究现状及发展趋势综述》,《边疆考古研究（第7辑）》,科学出版社，2008年。

[13] 刘爽、吴小红、陈全家：《黑曜岩产源研究的国内外研究现状及发展趋势综述》,《边疆考古研究（第7辑）》,科学出版社，2008年。

[14] 刘爽、吴小红、陈全家：《黑曜岩产源研究的国内外研究现状及发展趋势综述》,《边疆考古研究（第7辑）》,科学出版社，2008年。

[15] 刘爽、吴小红、陈全家：《黑曜岩产源研究的国内外研究现状及发展趋势综述》,《边疆考古研究（第7辑）》,科学出版社，2008年。

[16] 陈全家、Doelman T、赵海龙等：《吉林东部地区考古遗址出土黑曜岩石制品产地的初步研究》,《东方考古（第12辑）》,科学出版社，2016年。

[17] 刘爽、吴小红、陈全家：《黑曜岩产源研究的国内外研究现状及发展趋势综述》,《边疆考古研究（第7辑）》,科学出版社，2008年。

[18] 刘嘉麒：《中国火山》,科学出版社，1999年，第81页。

[19] 陈全家、王春雪、方启：《延边地区和龙石人沟发现的旧石器》,《人类学学报》,2006年第25卷2期，第106～114页。

[20] 陈全家、Doelman T、赵海龙等：《吉林东部地区考古遗址出土黑曜岩石制品产地的初步研究》,《东方考古（第12辑）》,科学出版社，2016年。

[21] 王春雪：《试析吉林和龙石人沟旧石器时代晚期遗址古人类的技术与行为》,《边疆考古研究（第6辑）》,科学出版社，2007年。

Analysis of Obsidian Sources from Paleolithic Sites in the Northeast Asia: Review and Prospect

Wang Chunxue

Abstract: In this paper, the history and progress of obsidian research in the Japan archipelago, the Russian Far East and the Korean Peninsula are reviewed. In recent years, many scholars have made detailed analysis and description of obsidian producing areas and Paleolithic sites in Northeast Asia, and then discussed the utilization of obsidian resources and trading networks. Its future research direction can be extended to the ancient human mobility, human behavior and the relationship between ecological environment and obsidian origin.

广西白莲洞遗址与越南谷安遗址石片石器比较研究[*]

李大伟[1]　吴　雁[2]　谢　莉[3]

（1. 广西民族博物馆，南宁，530028；2. 重庆中国三峡博物馆，重庆，400015；3. 柳州市博物馆，柳州，545000）

东南亚地区因其特殊的地理位置、优越的自然环境和独特的文化面貌，在亚洲旧石器考古研究中具有重要的地位。因此，研究这一地区的旧石器文化不仅能全面了解其文化内涵，揭示出其总体文化面貌，而且对于研究旧大陆早期人类的迁徙和文化传播也具有重要意义。东南亚地区目前已发现的史前遗址较为丰富，多年的考古发掘积累了较多可供研究的考古材料。

广西与越南山水相连，在旧石器考古研究中常视为东南亚的一部分。关于广西地区和越南地区旧石器文化，曾有不少学者做过深入研究，但多是集中于旧石器时代早中期区域文化特征的探讨及对比[1]，鲜有学者对这两个区域的旧石器晚期文化进行对比分析。在之前的研究中，多数学者认为，在第四纪时期，包括广西在内的东南亚地区，石器工业都属于砾石石器工业，且这种石器工业从更新世晚期一直延续到全新世中期。但是根据现有的考古发现，这一地区发现了几处以石片石器组合为主的旧石器时代晚期遗址，较为典型的是广西白莲洞遗址[2]和越南谷安遗址（Nguom site）[3]，如何看待在这一地区出现的石片石器文化？笔者实地前往广西白莲洞遗址和越南谷安遗址，对出土石器标本进行观察，并结合已出版的研究资料，对两个遗址进行考古学比较研究。

一、白莲洞遗址

白莲洞遗址位于广西柳州市东南郊12千米的白面山南麓（柳石路472号），洞口朝南、高5~6米，遗址面积超过150平方米，文化堆积物厚达3米。1956年，裴文中、贾兰坡先生在广西调查巨猿和人类化石时发现该遗址。此后，遗址历经两次发掘，发现人类用火遗迹两处，人类牙齿化石2枚、石器500多件、动物化石3000多件。经¹⁴C测年，遗址的年代为距今3.6万~0.7万年。该遗址是华南地区一处罕见的更新世晚期至全新世早期的洞穴文化遗址，在研究华南及东南亚地区晚更新世晚期人类行为及文化的多样性以及新、旧石器时代文化过渡等方面具有重要的学术意义。

---

* 本文是重庆市社会科学规划项目青年项目（编号：2017QNLS48）的阶段性研究成果。

白莲洞遗址旧石器时代晚期遗存有人类牙齿化石、石制品和动物化石。石制品可以分为砾石制品和燧石制品两大类，燧石制品的数量远多于砾石制品的数量，燧石制品占石制品总数的85.1%，砾石制品仅占14.9%。砾石制品的原料来自柳江河阶地，为就地取材；类型有石锤、石片、石核、断块、砍砸器、刮削器和切割器，各类型数量相差不大；工具类组合为广西旧石器时代晚期遗址常见的砍砸器和刮削器组合；剥片方法和加工方法为锤击法；加工程度较粗浅，多为单向简单加工，很少对刃缘进行二次修理。燧石制品的原料尚未获知准确的来源；类型有断块、石片、石叶、石核、刮削器、尖状器和雕刻器，其中石片的数量最多，刮削器和石核次之；剥片方法主要为砸击法，少数使用锤击法，所以石核和石片多为砸击石核和砸击石片，少量为锤击石核和锤击石片；石核和石片的台面绝大多数为自然台面，形状多为不规则形，少部分石片可观察到使用痕迹；工具的素材多为石片，加工方法多为锤击法，少量使用压削法；加工方式以单面加工为主，大部分刃缘没有经过二次修整；工具组合均为轻型工具，器体普遍较小[4]（图一、图二）。

图一　白莲洞遗址第一文化层小石片等燧石制品
（白莲洞洞穴科学博物馆供图）

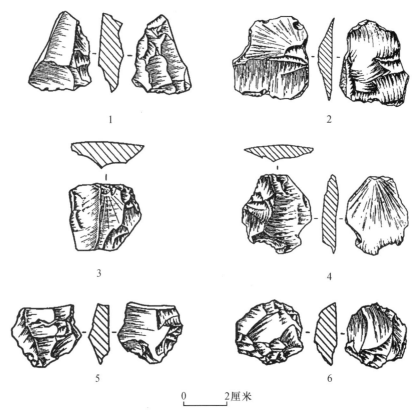

图二　白莲洞遗址第一文化层刮削器

（据蒋远金，2009）

二、谷安遗址

谷安遗址位于越南北部北太省（Bac thai）Than Sa 河谷北坡的积姆阴岩。

Nguom Rockshelter，面积约150平方米。该遗址发现于1980年，1981年由越南国家历史博物馆对其进行首次发掘，次年又由越南考古研究院、河内大学考古系和越南国家历史博物馆联合发掘。遗址内堆积物厚达2米多，自上而下可分为5层，其中第4和第5层的时代为旧石器时代晚期。第4层顶部经 ^{14}C 测年，得到的年代数据为距今2.3万年左右；第5层的测年数据未可知[5]。

该遗址旧石器时代晚期石制品的特征为：原料为就地取材，石制品的岩性主要为石英岩和流纹岩；工具多是以长 2～3 厘米的砾石石片为素材，沿着薄锐的边修理成刃，所以工具的尺寸均较小；石制品的类型有石片、砍砸器、刮削器和尖状器等，代表性器物为刮削器和尖状器[6]（图三、图四）。

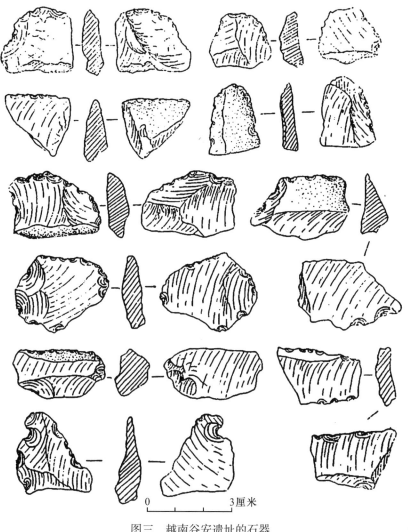

图三　越南谷安遗址的石器

（据 Quang，1995）

图四　越南谷安遗址石制品

（本文作者整理拍摄于越南国家历史博物馆）

三、对比与讨论

综合上述白莲洞遗址与越南谷安遗址的石制品特征，两者的相同或相似之处有：①工具的素材均是以石片为主；②砾石制品的原料均为就地取材；③砾石制品的剥片方法均是以锤击法为主；④工具的加工方法均以锤击法为主，加工方式亦均是以单面加工为主；⑤工具的刃缘均很少经过二次修整；⑥工具组合均是以轻型工具为主；⑦多数石片的形状不规则，使用石片在石制品总数中占有一定的比例。

不同之处主要有：①谷安遗址石器的剥片方法罕见砸击法，而砸击法是白莲洞遗址燧石制品中常见的剥片方法；②谷安遗址的加工方法未发现使用压制法，而白莲洞遗址燧石工具的加工方法中可见使用压制法的标本。

白莲洞遗址和谷安遗址的发现显示，在晚更新世，这些地区都存在过使用具有类似细石器风貌的小石片石器的现象，这种小石片石器从晚更新世一直延续到全新世早期。这两个遗址的石制品与该地区同时期其他遗址的砾石石器相比，差异性明显，如白莲洞遗址细小石器的素材以石片为主，加工方法首次发现使用压制法，石核、石片多是使用砸击法产生，使用石片的比重增加；工具的组合以轻型工具为主。虽然差异明显，但共性亦不容忽视。白莲洞遗址和谷安遗址的石核以自然台面为主，修理台面的典型标本罕见；工具的加工总体上简单粗糙，经二次加工刃缘的标本数量稀少。这些特点在同一地区传统的砾石石器中同样存在。

广西和越南在旧石器时代晚期出现的小石片石器组合可能是中国北方石片石器文化向南传播的结果。在更新世晚期的最后冰期，气温明显下降，导致华南及东南亚地区的自然生态环境发生比较明显的变化。包括云贵高原在内的北方史前人群跟随他们狩猎的动物南迁，带来他们的工具套。事实上，在长江中下游地区，小石片石器组合在一些旧石器时代晚期遗址也有发现[7]。这些由北南迁的史前人群到了华南及东南亚地区后仍然制作和使用小石片石器，从而出现这一地区在旧石器时代晚期同时存在砾石石器工业和石片石器工业的现象。

白莲洞遗址与谷安遗址石片石器的相似性表明，两者之间有着非常密切的关系。究其原因，除两地山水相连，地理环境和气候条件基本相同外，亦与两地人们长期交往，相互影响相关联。岭南地区和东南亚地区地处热带和亚热带，共同的地理环境和自然环境造就了基本相同的石器文化。更新世晚期至全新世初期，岭南和东南亚半岛的原始居民同时兼具赤道人种和蒙古人种混血的特征[8]，这意味着曾存在过史前人群南来北往的现象，这种人群的迁徙和融合，极大地促进了两地史前文化的交流。人群之间的流动，带来了新的文化因素，促进了文化的交流与融合，从而形成不同地区之间文化的诸多共性。

综上所述，我们认为，作为华南地区旧石器时代晚期以小石片石器代表的白莲洞文化与东南亚同期谷安文化有非常密切的关系。白莲洞文化与谷安文化是晚更新世中国北方石片石器文化向南传播的结果，它们反映了这一时期人类行为及文化的多样性以及在新的环境下的一种文化适应。

附记：感谢越南考古研究院阮家队（Nguyen Gia Doi）研究员、程能钟研究员，以及越南国家历史博物馆阮国平研究员对越南谷安遗址的友好讨论，提供谷安文化石器标本进行观察记录的便利；感谢柳州白莲洞洞穴科学博物馆提供石器图片及友好讨论；感谢广西文物保护与考古研究所谢光茂研究员对论文写作的指导。

注　释

[1]　广西博物馆:《百色旧石器》,文物出版社,2003 年,第 29 ~ 56 页;广西文物考古研究所:《百色革新桥》,文物出版社,2012 年,第 96 ~ 117 页;王頠:《广西百色盆地枫树岛旧石器遗址》,科学出版社,2014 年,第 65 ~ 98 页;中国社会科学院考古研究所、广西壮族自治区文物工作队、桂林甑皮岩遗址博物馆等:《桂林甑皮岩》,文物出版社,2003 年,第 78 ~ 109 页;四川省文物考古研究院、陕西省考古研究院、越南国家历史博物馆:《越南义立:冯原文化遗存发掘报告》,文物出版社,2016 年,第 55 ~ 81 页。

[2]　蒋远金:《白莲洞遗址》,科学出版社,2009 年,第 93 ~ 126 页。

[3]　Su N K. Stone Age Archaeology in Vietnam. Vietnam Archaeology, 2007, (1).

[4]　蒋远金:《白莲洞遗址》,科学出版社,2009 年,第 93 ~ 126 页。

[5]　Tan H V. The Late Pleistocene Climate in the Southeast Asia: New Data from Vietnam. Modern Quaternary Research in Southeast Asia, 1985, (9).

[6]　Quang V C. Archaeological Discoveries and Study in Than Sa Valley and Problem of the Nguom Industry. Vietnam Archaeology, 1995, (1).

[7]　湖南省文物考古研究所、石门县博物馆:《石门县燕儿洞遗址试掘》,《湖南考古辑刊（第 6 辑)》,求索杂志社,1994 年;袁家荣:《湖南旧石器文化的区域性类型及其地位》,《长江中游史前文化暨第二届亚洲文明学术讨论会论文集》,岳麓书社,1996 年;王幼平:《华南晚更新世晚期人类行为复杂化的个案——江西万年吊桶环遗址的发现》,《人类学学报》2016 年第 3 期。

[8]　Pietrusewsky M. Craniometric Variation in Southeast Asia and Neighbouring Regions: A Multivariate Analysis of Cranial Measurements. Human Evolution, 2008, 23.

A Comparative Study of the Flake Stoneware at the Bailian Cave Site in Guangxi and the Gu'an Site in Vietnam

Li Dawei　Wu Yan　Xie Li

Abstract: The lithic industry of the late Paleolithic in Guangxi and mainland Southeast Asia inherited the pebble tool tradition of the early and middle Palaeolithic in the same region. However, flake tool assemblages, occurred at some sites which can be represented by Bailiandong site in Guangxi, China and Nguom site in Vietnam. In this paper, the archaeological comparative study of these two sites was carried out. The result shows that similarities between them are dominant while differences also exist. Reasons for the appearance of the flake tool assemblages in this region were also discussed.

西伯利亚米卢辛斯克博物馆明皇宫"驾牌"渊源考[*]

武仙竹　冯　玲

（重庆师范大学历史与社会学院，重庆，401331）

2014年9月至10月，我们在俄罗斯科学院西伯利亚考古学与古文字学研究中心尼古拉·伊万诺维奇·德罗兹多夫（Николай Иванович Дроздов）院士等人的陪同下，实地考察了俄罗斯南西伯利亚地区许多历史文化遗存。期间在米努辛斯克市（Минусинской）博物馆发现一件保存完好的明代皇城内所使用的"驾牌"。本文对其与中国历史的渊源关系进行考释和初步研究。

一、"驾牌"出土位置及其基本形制

米努辛斯克市隶属于俄罗斯克拉斯诺亚尔斯克边疆区南部叶尼塞河上游，该区域位于东萨彦岭、西萨彦岭、阿巴坎山脉之间的山间盆地，与中国新疆、蒙古国毗邻。自然环境属温带大陆性气候，农产品以小麦、甜菜、瓜果为主，是西伯利亚最重要的农业区。米努辛斯克盆地考古材料对研究中俄两国古代历史关系十分重要。此前，我国已有多位学者对该地考古学文化进行过研究，比较重要的成果包括：在公元前14世纪时，部分夏裔因商人压迫北迁至此，中原地区人种与安德罗诺沃人（欧罗巴人种）的古代文化，在米卢辛斯克盆地形成第一次较高程度的融合[1]。在相当我国先秦时期历史阶段，在米努辛斯克盆地出土有中、蒙、俄青铜时代多种丰富文化遗存[2]。我国秦汉时期，内陆中原民族及文化对该地区有很强的渗透。特别著名的是在该地区阿巴坎遗址中，发现有中国式古代宫殿建筑遗址。该宫殿遗址或被认为是西汉名将李陵战败于匈奴后，受降接受单于封地所建筑的住所[3]；或被认为是东汉王莽时期，匈奴所扶持的诈称西汉皇族血脉的"汉帝"卢芳的住所，还有认为是匈奴复株累若鞮单于与和亲公主王昭君所生长女须卜居次的住所[4]，等等。总之，西比利亚米努辛斯克盆地自古以来，与中国历史文化有很深厚的渊源。从先秦、秦汉时期开始，该地区在古代文化遗址中，已深刻烙印有中国历史文化的特殊元素。

1978年，米努辛斯克市西南郊甜菜村（Свекла деревня）建筑施工中，发现一处保存较好的小型古代建筑遗址。该市博物馆工作人员赴现场对该建筑遗址进行清理时，出土了一件阳刻有汉字的铜牌。铜牌保存完好，呈圆形，顶部有一荷叶形（覆荷状）柄（图一，1）。

---

* 本文受重庆市社科基金项目"长江三峡地区旧石器文化资源及价值研究"（批准号：2016YBLS102）资助。

圆形牌体直径为 70 毫米；上下高（加上荷叶状柄）约 98 毫米。柄部顶端，有一直径 8 毫米的圆形穿孔。牌体厚度约 12 毫米。此牌铸造精美，正面中部竖列有阳刻篆书"驾牌"二字，左侧竖列阳刻楷书"出京不用"4 字。右侧竖列阳刻行楷"调字八百玖拾壹号"8 字。驾牌背面竖刻有五行楷书："御马监随驾官军勇士悬带此牌，无牌者依律论罪，借者与借予者罪同"，计 28 字。该铜牌现存放于米努辛斯克市博物馆（图一，3），作为本地"历史陈列专题"中的主要展品之一。笔者一行在该博物馆参观、访问时，发现这一精美的中国古代文物，深感其来历特殊。遂向博物馆工作人员询问并查阅相关出土资料，回国后对其形制以及与中国历史渊源关系进行研究，在此对考释和研究情况进行叙述。

图一　俄罗斯米努辛斯克市博物馆及明代"驾牌"

1. 米努辛斯克市博物馆展览中的"驾牌"
2. 呼伦贝尔市陈旗出土的"驾牌"
3. 米努辛斯克市博物馆

二、"驾牌"考证及其与"土木堡之变"的关系

(一)"驾牌"性质考证

俄属米努辛斯克盆地,以及中蒙交界的其他区域,以前出土有很多匈奴族的腰牌,这些腰牌主要具有青铜质、透雕、无文字等特征[5]。本文所讨论的"驾牌",表面有阳刻的汉字篆体、楷体文字,并且没有透雕工艺,因此,该"驾牌"与匈奴族的腰牌无关。与国内相关文献和文物进行综合考证,米努辛斯克市博物馆收藏的"驾牌",应属于明代皇宫禁苑的专有使用物,其性质属于官制大内通行凭证。

我国古代皇宫内府中,一般均有专门制造、管理宫禁符牌的机构。符牌持有者在完成其使命之后,符牌由管理机构立即收回,严格管控流转使用或者销毁。古代宫禁符牌,除了少数散失于民间之外,大多数符牌随朝代更迭已不见踪影[6]。明代是我国符牌制度最完备的历史时期之一,明代专门管理、制作符牌的机构称作"尚宝司"。凡京官拜授之后,须由本衙门开具加印手本,送礼部备案,然后到尚宝司领取标注有官衔的牙牌。官职若转任,须将原牌缴还尚宝司,再领取新牌[7]。明代牙牌是用象牙制作,专门用于朝官上朝时作为通行凭据。《明史·职官三》记载,"牙牌之号五,以察朝参。公、侯、伯曰'勋',驸马都尉曰'亲',文官曰'文',武官曰'武',教坊司曰'乐'"。因此,明代大臣上朝时所使用的牙牌,是以勋、亲、文、武、乐分门别类。此外,明代皇宫中除了大臣上朝时所使用的牙牌之外,宫禁中也使用有铜牌和木牌。明陆容《椒园杂记》卷二记,"凡在内府出入者,贵贱皆悬牌,以别嫌疑。如内使火者乌木牌,校尉、力士、勇士、小厮铜牌,匠人木牌。内官及诸司常朝官牙牌"[8]。明代皇宫内,诸色人等均须凭据符牌通行,这是当时宫城禁地的主要安保措施之一。

明代皇宫内的铜牌,罗振玉《历代符牌图录》中有所记述。该著作中收录有御马监"驾牌"、"御马监头司随驾牌"、"随驾官军云纹牌"、"随驾养豹官军勇士豹纹牌"、"随驾养鹰官军勇士鹰纹牌"等[9]。上述铜牌,形制基本一致。均是圆形牌面,上有覆荷(叶)形挂柄。但除了御马监"驾牌"外,其他符牌正面居中位置,均有图形纹饰(分别为卧牛纹、云纹、豹纹、鹰纹等)。《历代符牌图录》中,所记述的御马监"驾牌"有3种,其形制都是一致的,所差别之处,是在驾牌表面的编号序列上。《历代符牌图录》中记述的3种"驾牌",在正面居中,均为阳篆主题铭文"驾牌"二字,其主体铭文左侧,阳刻有楷书"出京不用",这些特征都是一致的。区别体现在主题铭文("驾牌"2字)右侧的阳刻行楷体序列编号上:分别为"露字壹千伍佰拾肆号"、"结字壹千伍佰柒拾捌号"、"余字陆佰拾伍号"。因此,《历代符牌图录》中所记述的"驾牌"编号,分别属于"露"、"结"、"余"三个序列。该著作中"驾牌"的背面,内容一样,均为阳刻楷书体:"御马监随驾官军勇士悬带此牌,无牌者依律论罪,借者及借予者罪同",计28字。

明代皇宫内的"驾牌",除了《历代符牌图录》中有记述外,我国境内近年也有实物发现。2010年《呼伦贝尔日报》报道,一位民工在陈旗呼和诺尔镇治沙时,拾到一面"驾牌"(图一,2)。其形制、内容均与《历代符牌图录》中记述一致,唯编号为"雨字壹千肆佰陆拾柒号"[10]。呼伦贝尔市陈旗出土的这件驾牌,补充了文献

中所记述的"驾牌"编号序列，使我们知道该类"驾牌"已有"雨"、"露"、"结"、"余"四个序列了。而我们在俄罗斯米努辛斯克市博物馆发现的这件"驾牌"，其编号序列为"调字八百玖拾壹号"。这一发现，使我们在以前已知的文献和文物材料上，增加了一个明代皇宫"驾牌"的编号序列。即：明代皇宫内所使用的"驾牌"，其序列应包括有"调"、"雨"、"露"、"结"、"余"五个。

（二）米卢辛斯克"驾牌"与土木堡之变的关系

米努辛斯克盆地出土的这件明代大内御马监"驾牌"，是何种原因使其从明宫禁苑出现于西比利亚呢？详细解析其历史背景，这需要从明代御马监说起。

明代内司衙门（宦官二十四衙门）中，最重要的有两个单位，一为司礼监，一为御马监。司礼监主要为文职，为内管家，与皇上"对柄机要"，提督东厂。御马监为武职，统领禁军，出镇诸省，外使监军，提督西厂[11]。明英宗正统十四年（公元1449年），中国历史上发生了一件标志大明王朝由盛转衰的大事件。该年八月十五日，英宗御驾亲征蒙古瓦剌部，但却在居庸关外土木堡遭遇败绩，明英宗也被瓦剌所俘虏。据文献记载，当时的瓦剌势力范围，即是以今俄罗斯叶尼赛河、鄂毕河上游为主，现今的米努辛斯克盆地，正好是瓦剌势力范围的核心区域之一[12]。明英宗此次亲征中，率领御马监太监喜宁、少监跛儿干从征。由太监喜宁、少监跛儿干带领御马监勇士营扈卫皇上，并承担随行监军之责。然而，令明英宗始料未及的是，此次征伐遭空前失败的原因，恰好与负责扈卫皇上、监军督战的御马监禁军（勇士营）密切相关。

该次统领御马监禁军的太监喜宁、少监跛儿干二人，其原有身份均为胡人（与瓦剌关系很亲密的蒙古人）。喜宁在明军和瓦剌大军于土木堡相遇后，未有犹豫立即前去主动受降。并且作为敌军向导，率领瓦剌部反击明军。跛儿干则在两军正在激战的时候，于阵前降敌，"射死内史黎定"[13]，帮助敌军除掉了正在前沿指挥作战的明军首领。明英宗亲率的大军，由于喜宁、跛儿干的投降，直接造成了土木堡战争的惨败。

明皇帝亲军大内勇士营，在日常由御马监统管，主要负责人是由太监节制。勇士营的管理和训练工作，也是由太监、少监直接掌管。我们可以设想，平时由太监喜宁、少监跛儿干负责管理的勇士营，在看到此二人投降瓦剌后，肯定也有追随者临阵降于敌营。御马监属下的大内勇士营禁军，他们随身都佩戴有宫苑符牌（通行证）。其符牌正是这种特制的"驾牌"（扈驾之牌）。因此，瓦剌腹地米努辛斯克盆地所出土的"驾牌"，很有可能是喜宁、跛儿干追随者，在投降瓦剌时所携带过去的。当然，也有可能是瓦剌人在土木之变中，对扈从英宗的勇士营进行了大肆掳掠，从羽林军勇士身上抢掠得到这件驾牌（御马监禁军称为"羽林三千户所"，简称羽林军；后扩充为四卫营和勇士营）。但不管怎样，无论是御马监禁军投降时所携带过去，或者是瓦剌人从皇帝的羽林军勇士营抢掠所得，我们认为深在西伯利亚腹地的米努辛斯克盆地，出土这件与明代皇宫相距遥远的大内"驾牌"，其背景渊源应与中国历史上著名的"土木堡之变"有直接关系。

三、结　语

俄罗斯米努辛斯克盆地出土的"驾牌"，以实物材料向我们反映出明代中期御马监禁军的规模和编制。它使我们第一次知道，明御马监禁军勇士营除以前文献史料和文物中出现的"雨"、"露"、"结"、"余"四个编号序列外，还有一个"调"字编号序列。该件本属明代皇宫禁苑御马监禁军的特殊符牌（通行证），之所以出现于西伯利亚腹地米卢辛斯克盆地，是因为其与中国历史上著名的土木堡之变具有直接渊源。明中期时，明英宗亲率大军征伐瓦剌部族。在现张家口市怀来县土木堡与瓦剌大军对垒，却因掌管御马监勇士营的太监临阵投敌，而致明军惨败，明英宗本人也被瓦剌军队所俘虏。这次事件使瓦剌军队获得了明皇宫内的符牌，事件本身也成为了大明朝由盛转衰的标志。明御马监禁军驾牌，出土于西伯利亚米卢辛斯克市（原瓦剌部驻军核心地），相对于我国国内其他地点出土的宫城符牌而言，该枚"驾牌"具有印证重要历史事件、反映西伯利亚地区古代民族与中国内地历史关系的特别意义。

俄罗斯西伯利亚地区以前已出土有较多中国历史文物，该类发现在中国考古界一直受到高度重视[14]。中国考古界曾认为，与中国毗邻的南西伯利亚地区，曾出土有分属于中国历史上商、周、汉、唐、金、西辽、元等多个朝代的历史文物[15]。但明代的中国历史文物，在俄属西伯利亚地区还没有准确的报道。本文记述的这件"驾牌"，是一件准确属于明代，并且与明代重大历史事件直接关联的实物证据。该

件文物标本，是研究中国历史重大事件、明代典章制度和中外关系史等的重要素材。

注　释

[1]　陈立柱：《夏文化北播及其与匈奴关系的初步考察》，《历史研究》1997年第4期。

[2]　〔俄〕C.B.吉谢列夫，张忠培、薛家译：《四十年来苏联境内青铜时代的研究》，《考古》1959年第6期。

[3]　Evtyukhova L A(Л.А.Евтюхова). Southern Siberia in Ancient Times Южная Сибирь в древности)//Tracing Ancient Cultures between the Volga and the Pacific (По следам древних культур: от Волги до Тихого Океана). Moscow, 1954: 195-224.

[4]　周连宽：《苏联南西伯利亚所发现的中国式宫殿遗址》，《考古学报》1956年第4期。

[5]　单月英、卢岩：《匈奴腰饰牌及相关问题研究》，《故宫博物院院刊》2008年第2期。

[6]　李晓菲：《浅析符牌在明代国家治理中的特点》，《兰州学刊》2012年第9期。

[7]　胡丹：《明代的朝参牙牌——从"马顺牙牌"说起》，《紫禁城》2008年第10期。

[8]　陆容：《椒园杂记（卷二）》，中华书局，2007年，第23页。

[9]　罗振玉：《历代符牌图录》，中国书店出版社，1998年，第21~25页。

[10]　李淑华、塔娜：《陈旗发现一面明代铜制腰牌》，《呼伦贝尔日报》2010年8月9日，第1版。

[11]　方志远：《明代的御马监》，《中国史研究》1997年第2期。

[12]　王雅轩、王鸿宾、苏德祥：《中国古代历史地图集》，辽宁教育出版社，1997年，第137页。

[13]　杜常顺：《明代宦官中的非汉族成分》，《青海师范大学学报（哲学社会科学版）》2004年第6期。

[14]　杨建华、邵会秋：《欧亚草原东部金属之路的形成》，《文物》2017年第6期。

[15]　佟柱臣：《苏联出土的有关中国考古材料》，《文物》1957年第11期。

The Origin of Ming Dynasty Palace Card in Minusinsk Museum, Siberia

Wu Xianzhu　　Feng Ling

Abstract: In Russia Minusinsk City Tiancai Village building construction, unearthed a Ming Dynasty Yumajian imperial guards "Jiapai"(a certificate pass in the Ming Dynasty imperial palace).

This "Jiapai" reveal the Ming Dynasty Yumajian imperial guards warriors camp, in addition to previously known "Yu word" "Lu word" "Jie word" "Yu word" four number sequences, as well as "Diao word" number sequence. It in kind material reflects the Mid-Ming Dynasty Yumajian imperial guards of size and establishment. This artifact found in Russia Minusinsk basin, has a direct relation with the famous Chinese historical "Tumubu Event", is the "Tumubu" historical event of material evidence. And also an important material that reflect historical relationship between China and Russia in Siberian region. Russia's Siberia area is adjacent to China, previously unearthed belong to Chinese history of Shang, Zhou, Han, Tang, Jin, West Liao, Yuan and several dynasties' historical relics. This artifact, for the first time appear historical relics belong to the Chinese Ming Dynasty in south Siberia region. Compared with other imperial palace "Jiapai" found in our country, Minusinsk City Museum collection of this "Jiapai", has a special historical significance, that confirmed the important historical events, reflecting the Siberia ancient nationalities and Chinese inland historical relationship, and so on.

《永乐皇帝遣郑和、王贵通等布施锡兰山立佛等寺碑》的发现与研究

李艳华　　孔令远

（重庆师范大学历史与社会学院，重庆，401331）

斯里兰卡是印度洋海上丝绸之路的重要枢纽，自古以来与中国保持有文化和经贸联系。明代前期郑和七下西洋，曾多次访问斯里兰卡，在斯里兰卡留下了众多遗迹。其中《永乐皇帝遣郑和、王贵通等布施锡兰山立佛等寺碑》，就是中斯古代友好交往的一项重要物证。2014年，习近平主席访问斯里兰卡时，斯里兰卡总统将该碑铭文拓片作为礼物赠予习近平主席。这是该碑铭文整体拓片首次传入中国。该碑铭文，对研究明王朝与斯里兰卡之间的关系有重要价值。

一、发现经过及基本概况

该碑于1911年被英国工程师托马林（H.F.Tomalin）在斯里兰卡南部港口城市加勒（Galle）克里普斯（Cripps Road）路口转弯处的一处下水道发现。碑面刻有汉文、泰米尔文和波斯文，内容是永乐皇帝派遣郑和、王贵通等使者，向佛世尊释迦牟尼、印度教保护神毗湿奴神（God of Tenavarai）和伊斯兰之光安拉（Light of Islam）祈愿并敬献礼品。此碑被发现后，引起了国际学术界的广泛关注。其中汉语碑铭，Edward W. Perera、Edmund Backhouse[1]、伯希和、冯承钧、向达[2]、李约瑟（Joseph Needham）、Eva Nagel、袁坚、查迪玛[3]、刘迎胜[4]、吴

之洪[5]、龙村倪[6]、沈鸣[7]等学者，先后撰文做过研究。其中泰米尔语碑文内容，斯里兰卡学者S.Paranavitana[8]和S. Pathmanathan[9]等学者进行过考释。波斯语碑文由Khwaja Muhammad Ahmad[10]进行过释读。

由于该碑铭文刻得既细且浅，加上常年弃置野外，碑文有多处残损，部分字迹漫漶不清。长期以来，学者们对碑铭的解释有较大分歧。近期，我们从科伦坡斯里兰卡国家博物馆获得该碑照片、拓片和研究资料。现拟在前人研究的基础上，对该碑铭文及相关历史背景进行综合研究。

该碑高144.88厘米，宽76.20厘米，厚12.7厘米。碑额正反两面均为二龙戏珠纹饰，两角呈圆拱形，碑沿饰有"唐草纹"图案。碑体背面平素无文，正面刻有三种文字的碑铭。碑右侧为中文，幅面长107厘米、宽25厘米。从上而下，正楷竖书，共11行275字。碑正面左上为泰米尔文，幅面长53厘米，宽39厘米。自右向左，横向书写，共24行。左下为波斯文，长48厘米，宽38厘米，自右向左，横向书写。

该碑用汉文、泰米尔文和波斯文三种文字刻写。这三种文字不是简单的翻译，而是用三种文字分别向佛世尊（释迦牟尼）、God of Tenavarai（毗湿奴神）和伊斯

兰之光（安拉）祈愿，并记录献给三位神灵的礼品清单。长期以来，我国学者受多种条件限制，普遍只注重对汉字碑文的考释，而忽略了泰米尔文和波斯文碑文的考释。后两种文字的碑文，亦蕴藏着重要的历史信息有待挖掘。

二、碑体铭文记述

（一）汉文碑文（简体分行、标点）

大明

皇帝遣太监郑和、王贵通等昭告于佛世尊，曰："仰惟慈尊，圆明广大。道臻玄妙，法济群伦。历劫河沙，悉归弘化，能仁慧力，妙应无方。惟锡兰山介乎海南，言言梵

刹，灵感翕彰。比者遣使诏谕诸番，海道之开，深赖慈祐，人舟安利，来往无虞，永惟大德，礼用报施。谨以金银织金紵丝宝幡、

香炉、花瓶、紵丝表里、灯烛等物，布施佛寺，以充供养。惟

世尊鉴之。

总计布施锡兰山立佛等寺供养：

金壹仟钱，银伍仟钱，各色紵丝伍拾匹，各色绢伍拾匹，织金紵丝宝幡肆对，内红贰对、黄壹对、青壹对。

古铜香炉伍个，戗金座全；古铜花瓶伍对，戗金座全；黄铜烛台伍对，戗金座全；黄铜灯盏伍个，戗金座全。

朱红漆戗金香盒伍个，金莲花陆对，香油贰仟伍佰觔，蜡烛壹拾对，檀香壹拾炷。

时永乐柒年岁次己丑二月甲戌朔日谨施。"

（二）泰米尔语译文（简体分行、标点）

泰米尔语碑文译文（据 S.Paranavitana 先生的英文释读转译）如下。

奉天承运，中国的伟大皇帝，至高无上的众王之王。

他的荣耀如同天上光芒四射的满月，聆听了神的圣谕，特意派遣使者郑和、王贵通向 Ilankai 王国的 God of Tenavarai（毗湿奴神）供奉礼品。

（大明）皇帝诏曰："世上众生之所以能享受安乐幸福，是由于神的怜悯护佑。靠着毗湿奴神的庇护，人们得以平安抵达这块土地。为了报答仁慈的神的恩泽，特向 God of Tenavarai（毗湿奴神）供奉金、银、锦缎、丝绢、檀香和香油等礼品。

供品礼单如下：1000kalancu 金，5000kalancu 银，50 匹不同色彩锦缎，4 对金线绣幡，2 对红色绣幡，2 对蓝色绣幡。5 个古铜香炉，10 个铜花瓶，10 个黑色瓶座，5 个产于爪哇的灯盏，5 个黑色灯座。6 对木制戗金莲花饰品，5 个木制戗金香盒，10 对蜡烛，2500katti（斤）香油，10 炷檀香。

以上所有礼品，都供奉给 God of Tenavarai（毗湿奴神）。永乐七年二月。"

（三）波斯语译文（简体分行、标点）

波斯语碑文译文：（根据 Khwaja Muhammad Ahmad 先生的英文释读转译，损毁之处用省略号表注）。

"大明皇帝诏曰：

"……

派遣使者，表达敬意。……

寻求庇护以及……

……广为人知……

……为了……

和这些奇迹……

用来供奉……

……告知……用来向神表示敬意

……锦缎、香炉、花篮……和灯油

……为了报答神的护佑之恩，特供奉这些礼品，以便……

……伊斯兰之光

……供养物品清单如下：

　　金1000Misqal，银5000Misqal……锦缎50匹

　　……50匹……织金宝幡4对……共计2对

　　一对黄色的……一对……5件铜香炉

　　铜器座5个……5对……戗金红色器座

　　古灯座5个、戗金红器座5件，戗金木制饰件5个

　　……灯油……

　　……日期……

　　……七年……月初一"

三、综合分析

（一）关于被布施寺庙的位置

中文碑文中提到的供奉佛寺名称为立佛寺，泰米尔碑文则明确指出供奉给Ilankai王国的God of Tenavarai（栋德拉城之神，即毗湿奴神）。Tenavarai在梵语写作Deva-nagara，在古代僧伽罗语中写成Devunuvara，在现代僧伽罗语中写为Devnudara，英语写成Dondra，汉语译为栋德拉。该城位于斯里兰卡岛的最南端，北纬5°50″，东经80°40″。

栋德拉是朝拜印度教保护神Uppalavanna的圣地，僧伽罗语中的Uppalavanna在印度《史诗》（Purana）中写作Vishnu，即毗湿奴。泰米尔碑文中Tenavarai-nayinar意为栋德拉之神，即毗湿奴神。栋德拉是12~16世纪时斯里兰卡最重要的港口之一。印度洋上的航海家都将毗湿奴奉为航海者的保护神。在斯里兰卡，有许多佛教寺庙同时供奉毗湿奴神。位于栋德拉的Uppalawanna Rajamaha Vihara寺庙里的毗湿奴神庙十分有名，各国的航海者都要到此膜拜，郑和布施

的寺庙应在此附近。

据生活在17世纪的葡萄牙历史学家Fernao de Queyroz在 The Spiritual and Temporal Conquest of Ceylon 书中记载："过了Mature再往前走5公里有一座佛塔，与该塔临近的Triguilemale佛塔则是锡兰的名胜之一。那里的石碑群是由中国皇帝下令建的，碑上刻有汉字。"[11]

葡萄牙人于16世纪初开始在斯里兰卡殖民，他们17世纪时在Mature（即Dondra栋德拉）所看到的刻有中文的石碑应与明代郑和等人的活动有关。

综合以上材料，可以推知，《永乐皇帝遣郑和、王贵通等布施锡兰山立佛等寺碑》最初应是立在栋德拉的，后来才被移至加勒。

（二）关于立碑的时间

明宣德六年十一月郑和第七次出使时镌刻于福建长乐的《天妃灵应之记》碑记载：

"永乐七年，统领舟师，往前各国，道经锡兰山国，其王亚烈苦奈儿负固不恭，谋害舟师，赖神显应知觉，遂生擒其王，至九年归献，寻蒙恩宥，俾归本国。"[12]

费信的《星槎胜览》记载：

"永乐七年，皇上命正使太监郑和等赍捧诏敕，金银供器、彩妆、织金宝幡，布施于寺，乃建石碑，以崇皇图之治，赏赐国王。其王亚烈苦奈儿负固不恭，谋害舟师，我正使太监郑和等深机密策，暗设兵器，三令五申，使众衔枚疾走，夜半之际，信炮一声，奋勇杀入，生擒其王，至永乐九年，献归阙下，寻蒙恩宥，俾复归国，四夷悉钦。"[13]

综上可知，该碑应为郑和第三次下西洋时所立。永乐七年己丑二月甲戌朔日，是皇帝下诏书向锡兰山国立佛寺等寺庙布施的日子。该碑应先在中国南京刻制，然

后运至锡兰山，最终立于锡兰山立佛寺等寺庙的时间，应在永乐八年秋末。

（三）该碑相关历史背景

明永乐七年（1409 年），郑和第三次下西洋时，在锡兰山（今斯里兰卡）与当地统治者发生冲突。明军奔袭锡兰山国首都，并擒获其国王。此事在明代各种史料中均有简略记载[14]，但嘉兴藏本《大唐西域记》"僧伽罗国"条记载较为详细。记述为：

"僧伽罗国，古之师子国，又曰无忧国，即南印度。其地多奇宝，又名曰宝渚。昔释迦牟尼佛化身名僧伽罗，诸德兼备，国人推尊为王，故国亦以僧伽罗为号也。以大神通力，破大铁城，灭罗刹女，拯恤危难。于是建都筑邑，化导是方，宣流正教，示寂留牙，在于兹土。金刚坚固，历劫不坏，宝光遥烛，如星粲空，如月炫宵，如太阳丽昼。凡有祷禳，应答如响。国有凶荒灾异，精意恳祈，灵祥随至。今之锡兰山，即古之僧伽罗国也。王宫侧有佛牙精舍，饰以众宝，晖光赫奕，累世相承，敬礼不衰。今国王阿烈苦奈儿，锁里人也。崇祀外道，不敬佛法，暴虐凶悖，靡恤国人，衰慢佛牙。

大明永乐三年，皇帝遣中使太监郑和奉香花经诣彼国供养。郑和劝国王阿烈苦奈儿敬崇佛教，远离外道。王怒，即欲加害。郑和知其谋，遂去。后复遣郑和往赐诸番，拜赐锡兰山国王，王益慢不恭，欲图害使者。用兵五万人，刊木塞道，分兵以劫海舟。会其下预泄其机，郑和等觉。亟回舟，路已厄绝。潜遣人出舟师拒之。和以兵三千，夜由间道攻入王城，守之。其劫海舟番兵乃与其国内番兵，四面来攻，合围数重，攻战六日。和等执其王，凌晨开门，伐木取道，且战且行，凡二十余里，抵暮始达舟。当就礼请佛牙至舟，灵异非常，光彩照曜，如前所云。訇霆震惊，远见隐避。历涉巨海，凡数十万里。风涛不惊，如履平地。狞龙恶鱼，纷出乎前，恬不为害。舟中之人皆安稳快乐。永乐九年七月初九日至京师。皇帝命于皇城内庄严旃檀金刚宝座贮之。式修供养，利益有情，祈福民庶，作无量功德。"[15]

对此段文字中所说郑和从斯里兰卡礼请佛牙回国一事，历来学者大多认为此事未见其他记载，属孤证难立。但近年来，刘迎胜教授从宋伯胤先生的论文《明朝中央政权致西藏地方诰敕》中[16]，发现明成祖致吐蕃黄教喇嘛哈立麻敕书数则，其中有永乐十一年（1413 年）二月初十日明成祖致哈立麻喇嘛书信。该信证实郑和从斯里兰卡礼请佛牙回国一事属实。此敕书为纸质，墨书，原件现藏布达拉宫。

敕书内容如下：

"大明皇帝致书 / 万行具足十方最胜圆觉妙智慈善普 / 应佑国演教如来大宝法王西天大善 / 自在佛：朕尝静夜端坐宫殿，/ 见圆光数枚，如虚空月，如大明镜，朗然洞澈。内一大 / 圆光，现菩提宝树，/ 种种妙花，枝柯交映，中现释迦牟尼 / 佛像，具三十二相，八十种好。瞻视逾时，/ 愈加显耀心生，欢 / 佛法兴隆，阴诩 / 皇度，觇兹灵异，亦 / 如来摄取受功至，有是嘉徵。乃命工用黄金范为所见之 / 像，命灌顶大国师 / 班月藏卜等颂祝庆赞。朕曩闻僧 / 伽罗国，古之师（狮）子国，又曰无忧国，即南印度。/ 其地多奇宝，又名曰宝渚，今之锡兰 / 山是也。其地有佛牙，累世敬祀不 / 衰。前遣中使太监郑和奉 / 香花往诣彼国供养。其国王阿 / 烈苦奈儿，锁里人也。崇礼外道，不敬佛法，暴虐凶 / 悖，靡

· 275 ·

恤国人，裹谩佛牙。太监郑和劝其敬崇佛教，远 / 离外道。王怒，即欲谋害。使臣郑和知其谋，遂去。后 / 复遣郑和往赐诸番，并赐锡兰山王。王益慢不恭，欲 / 图害使者。发兵五万人刊木塞道，分兵以劫海舟。会其 / 下泄其机，和等觉。亟回舟，路已厄绝，□遣人出舟师 / 拒之。和以兵三千，夜由间道攻入王城，守之。其劫海 / 舟番兵，乃与其国 / 内番兵，四面来攻，合围数重，攻战六日。和等执其 / 王，凌晨开门，伐木取道，且战且行，凡二十余里，抵 / 暮始达舟。当就礼请佛牙至舟，夷异非常，宝光遥烛，/ 如星粲空，如月炫宵，如太阳丽昼，訇霆震惊，远见隐 / 避。历涉巨海，凡数十万里。风涛不惊，如履平地。狩 / 龙恶鱼，纷出乎前，怡不为害。舟中之人，皆安稳快 / 乐。

永乐九年七月九日至京，考求礼请佛牙之日，正朕所见 / 圆光佛像之日也。遂命工庄严旃檀金刚宝座，以贮佛 / 牙。

于是城内式修供养，□□□□，祈福民庶，作无量功德。/ 今特遣内官侯显等致所铸黄金佛像于如来，以此无量之 / 因，用作众生之果。吉祥如意。

如来其亮之。

永乐十一年二月初十日。"

明成祖敕书第14行以下内容与明嘉兴藏本《大唐西域记》"僧伽罗国"条所增益的文字基本相同。1955年3月，文学古籍刊行社在该书出版说明中特别指出："现在，我们用中国佛教协会藏明嘉兴藏本重印出版。书中卷十一第七页后面第九行'僧伽罗国'起，至同卷第九页前面第六行'作无量功德'止，这一段是明藏新加的，疑是注文插入，请读者注意。"[17]

季羡林教授组织校注的《大唐西域记》中，称此版本为"径山本"，或"嘉兴藏本"。该书将此段文字附入注中，并指出："共五百十八字，乃永乐刻藏时所附益，并非本文。自'径山本'以下诸本多附焉，或作正文，或作小注，今附于此。"[18]由此，我们可以大致推定，明嘉兴藏本《大唐西域记》"僧伽罗国"条的文字，其史料内容应来源于明永乐十一年敕书。

注　释

［1］ Perera E W. The Galle Tri-lingual Stone. Spolia Zeylanica, viii: 122-132.

［2］ (明) 巩珍著，向达校注：《西洋番国志》，附录二《郑和锡兰所立碑》，中华书局，2000年，第50页。

［3］ 查迪玛、武元磊：《郑和锡兰山碑新考》，《东南文化》2011年第1期；查迪玛、武元磊：《解读〈郑和锡兰山佛寺碑〉》，《济南大学学报（社会科学版）》2013年第23卷3期。

［4］ 刘迎胜：《锡兰山碑的史源研究》，《郑和研究》2008年第4期。

［5］ 吴之洪：《斯里兰卡"布施锡兰山佛寺碑"简介》，《中国从这里走向世界》（内部资料），2005年，第202页；吴之洪：《郑和〈布施锡兰山佛寺碑〉碑文考》，《黑龙江史志》2009年第20期。

［6］ 龙村倪：《郑和布施锡兰山佛寺碑研究》，《民族学报（第六辑）》，民族出版社，2008年。

［7］ 沈鸣：《郑和〈布施锡兰山佛寺碑〉碑文新考》，《东南文化》2015年第2期。

［8］ Paranavitana S. The Tamil Inscription on the Galle tri-lingual Slab. Epigraphia Zeylanica, 1933, 3(6): 331-341.

［9］ Pathmanathan S. The Tamil Inscription on the Tri-lingual Slab from Galle. Tamil Inscriptions In The Colombo National Museum. 2005: 53-68.

［10］ Paranavitana S. The Tamil Inscription on the Galle tri-lingual Slab. Epigraphia Zeylanica, 1933, 3(6): 331-341.

［11］ Queyroz F D, Perera S G. The Spiritual and Temporal Conquest of Ceylon. Asian Education Services, 1992, 7(9).

［12］ 巩珍著，向达校注：《娄东刘家港天妃宫石刻通番事迹记》，《长乐南山寺天妃之神灵应记》，《西洋番国志》，中华书局，2000年，第51~54页。

［13］ 费信：《星槎胜览》，中华书局，1954年。

［14］ 严从简：《殊域周咨录》，中华书局，1993年，第312~314页。

［15］ 玄奘、辩机著，季羡林等校注，《〈大唐西域记〉校注》，中华书局，2000年。

［16］ 宋伯胤：《明朝中央政权致西藏地方诰敕》，《藏学研究文集》，民族出版社，1985 年；刘迎胜：《锡兰山碑的史源研究》，《郑和研究》2008 年第 4 期。

［17］ 玄奘、辩机原著，《大唐西域记》，文学古籍刊行社，1955 年。

［18］ 玄奘、辩机著，季羡林等校注，《〈大唐西域记〉校注》，中华书局，2000 年。

Discoveries and Studies on *Donating and Establishing Budda Temple by Envoys as Zheng He and Wang Guitong Sent by Emperor Yongle in Ming Dynasty—Based on the Verification of Lifosi Tablet in Sri Lanka*

Li Yanhua　　Kong Lingyuan

Abstract: Zheng He had visited Sri Lanka many times, leaving numerous relics there. Among them, *Donating and Establishing Budda Temple by Envoys as Zheng He and Wang Guitong Sent by Emperor Yongle in Ming Dynasty—Based on the Verification of Lifosi Tablet in Sri Lanka* is a significant material evidence of the friendly exchanges between China and Sri Lanka in ancient times. The tablet was discovered in a sewer at the crossroad of Cripps Road, Galle, a port city in southern Sri Lanka, by English engineer H.F. Tomalin in 1911. It reads the history that the Emperor Yongle sent Zheng He, Wang Guitong along with other envoys to pray and pay tributes to the world-honored Buddha Sakyamuni, the patron saint of Hinduism God of Tenavarai and the Light of Islam Allah in Chinese, Tamil and Persian.

援缅甸蒲甘他冰瑜寺修复前期工作进展

吴　沄

（云南省文物考古研究所，昆明，650118）

一、蒲甘他冰瑜寺概况

蒲甘位于缅甸中部，坐落在伊洛瓦底江中游左岸，地势东稍高而西略低，海拔在 50 至 75 米之间，属热带季风性气候，年平均气温 27℃。一年可分为凉、热、雨三季，为缅族之中心地区（现今之缅甸以缅族为中心，北部、东部有掸族，南部有得楞族）。市区保留着缅甸各个历史时期建造的众多佛塔、佛寺，是亚洲三大佛教遗迹之一，传说中的数万座佛塔和寺院使得这里享有"万塔之城"的美誉。蒲甘王朝为缅族建立，目前的蒲甘也为缅族之中心地区。缅甸由缅族、猛族、彪族、掸族几个主要大族和一系列的小种族组成，其中缅族最人，他们的后裔是今天缅甸的主要人口[1]。这些种族大约在 2000 年前开始从中国西南、印度东北部和西藏东南部逐渐移入缅甸这块肥沃的土地，其中对构成蒲甘文化有影响的是缅、猛、彪三个大族。

蒲甘最初是由 19 个村落汇集成的小镇，古称"阿利摩陀那补罗"。公元 849 年，频耶王在蒲甘筑城，建城门 12 座，并挖护城河相围。1004 年，（中国北宋宋真宗景德元年），蒲甘王国遣使向宋朝贡。1044 年，阿奴律陀在这里创建了缅甸历史上第一个包括缅、掸、孟等民族的统一的封建王朝，即蒲甘王朝。从此，蒲甘开始成为历代蒲甘王朝的京都。1254 年，那罗梯诃波帝即位，暴虐无道，叛乱四起。蒲甘国北部的掸族势力盛起，不断南侵蒲甘国。1271 年，蒙古人忽必烈在中国北方建立元朝，忽必烈多次遣使到蒲甘国招降，蒲甘国王不理会，1287 年，元兵自云南地区进攻蒲甘国，蒲甘城破，蒲甘国成为元朝的藩属，缅甸开始分裂，掸族乘机发展势力，1368 年于缅甸蒲甘东部阿瓦（Ara）建立阿瓦王国，1369 年蒲甘王朝覆灭[2]。

他冰瑜寺位于蒲甘古城内东南角，东距古城东城墙约 120 米，南距古城南城墙约 110 米。公元 1044 年，阿奴律陀即位，将南传上座部佛教引入蒲甘王国，并立为国教，蒲甘成为当时整个东南亚地区的佛教中心。蒲甘王朝鼎盛时期的第十二代蒲甘国王阿隆悉都（公元 1112～1167 年）在位期间，利用丰厚的国家财力、物力、人力大兴土木以展示王国的强盛，于 1144 年修建的他冰瑜寺即为其中之一，寺内的他冰瑜塔成为蒲甘地区最高的标志性佛塔。他冰瑜寺建成之后成为蒲甘王朝时期最大的佛教学院，学院中高僧云集，各地的佛教信徒纷至沓来在此研习佛法，寺院规模达到空前的程度。缅语中他冰瑜（Thatbaynyut）为"般若"，意为"佛祖的智慧"，即佛祖的无上智慧，无上正等正觉。他冰瑜寺历经多次地震破坏、维修，较大的有 1976 年 6.8 级地震，震后做了局部干预加固、修缮，2016 年 8 月 6.8 级的地震又再次重创他冰瑜寺主塔结构。

二、项 目 背 景

2016年8月24日下午5点，缅甸发生里氏6.8级地震，震中位于蒲甘南部城市稍埠（Chauk）以西25千米。据缅甸政府2017年最终统计，蒲甘地区共有3822座佛塔，2016年地震造成398座佛塔遭受不同程度的破坏（图一）。地震发生后，国务院总理李克强第一时间向缅甸国务资政昂山素季发去慰问电，表示中方愿为蒲甘等地古迹修复提供帮助和支持。同年8月25日，在文莱召开的东盟10+5国文化部长会议上，缅甸政府向参加会议的各国部长通报了蒲甘地震受损情况。并就震后文物保护修复援助事宜与中国文化部丁伟副部长进行沟通，得到了积极回应。

图一　他冰瑜寺与蒲甘古城南城墙

三、工 作 内 容

目前，援缅甸震后佛塔修复前期工作已分为以下三个阶段相继完成。

第一阶段：震后，国家文物局迅速调集国内文物保护、建筑、岩土、结构、施工、壁画、规划、考古、博物馆等领域优秀的专业技术力量，组成缅甸蒲甘佛塔震后修复工作联合专家工作组。于2016年9月18～27日赴缅对受损的蒲甘地区佛塔开展震后文物受损勘察和评估工作。在缅期间，专家组与缅专家一同深入现场，先后对21座受损严重的佛塔开展针对性的专业勘察和科学评估，特别是对德佑比、苏拉牟尼及他冰瑜三座佛塔（寺）进行了初步调查及测量，现场指导缅甸文物部门科学、有效开展震后文物应急抢险加固、受损勘察和专业评估等工作，并向缅方正式提交蒲甘震后文物受损情况评估报告，最终确定他冰瑜为中方援缅项目修复对象（图二～图四）。云南省文物考古研究所积极响应，充分发挥云南地缘优势及长期积累的震后文物修复经验，派出专家携带专业设备加入到国家文物局专家组中，参与了此次援助活动。

图二　2016年9月中国专家组赴缅期间闫亚林副司长向缅甸文化部领导赠送礼物

第二阶段：2017年2月10～17日受国家文物局委托，云南省文物考古研究所承担了他冰瑜寺专项调勘工作，完成了包括文物建筑结构、壁画、考古调勘、工程造价、相关资料整理翻译五个专业组的现场调勘工作，并与大使馆、缅方宗教文化部、蒲甘及内比都的文物保护领导及专业人员进行交流和沟通，为编制初勘报告及方案奠定了基础。2017年2月15日至17日与缅方文化部共同承办召开国际研讨会，并组织中方专家做会议报告，达到预期目标和效果，同时在会议期间对蒲甘当

图三　2016年9月中方专家调查组全体成员与中国大使合影于小古彪佛塔

图四　云南省文物考古研究所开展他
冰瑜寺调勘与修复工作

地文物保护人员进行了培训并做交流。回国后，云南省文物考古研究所及时组织完成了四个专业组及相关专家的初勘报告，并在此基础上于4月上旬综合编制完成了《他冰瑜寺专项调勘报告及初步保护工作

方案》。

第三阶段：2017年5月10日~29日经国家文物局推荐，受商务部委托，并在中国驻缅甸大使馆的直接领导下，由云南省文物考古研究所组成的援缅甸他冰瑜寺修复项目可行性研究工作组赴缅甸蒲甘进行现场考察。缅方为本次可行性考察给予了良好的配合，考察组及缅方相关人员进行了初步现场的勘察和方案探讨，中缅双方正式签订了《援缅甸他冰瑜寺修复项目可行性研究工作现场考察会谈纪要》，基本取得预期效果。同时开展以下五方面的考察任务内容。

（1）考察组对他冰瑜寺进行初步调勘，中方专家围绕主塔的主要残损情况及初步保护修复方案，项目立项建议书和可行性研究报告的编制，他冰瑜寺主塔临时支护措施及防雨、防渗、排水等雨季防护措施的建议开展研究讨论（图五），特别是针对防雨保护措施，向缅方提出了改进建议。

（2）采用手持数码显微镜观察壁画颜

图五　中方专家现场讨论受损佛塔修复方案

料及其支撑体、地仗层、底色层及画层；采用 X 射线荧光光谱仪和拉曼光谱仪对颜料和基体进行成分检测和分析（图六）；利

用漫反射探伤仪观察壁画内部缺陷情况；采用温湿度记录仪和含水率测定仪获取温湿度变化及墙体的含水率情况；采用内窥镜观测砌体内部构造。为将来全面修复与保护提供可靠的科学数据支撑，进而制定科学合理的修复和保护方案。

（3）对周边残破严重、尚未修复的佛寺进行考察，使用无人机航拍，记录不同时期建筑结构形制、内部构造、传统材料、工艺做法等，为修复他冰瑜寺提供借鉴。对受地震影响严重的七座大、中型佛塔进行考察，使用无人机航拍，记录不同时期建筑结构形制、内部构造、传统材料、工艺做法等，了解记录布局。

（4）对蒲甘宫城区域（约 4 平方千米）进行无人机航拍，记录该区域内文物古迹的总体分布情况。并使用三维扫描仪记录测绘数据（图七）。

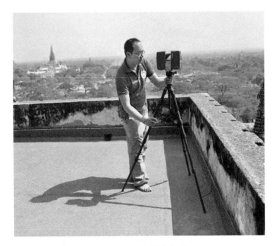

图七　三维激光扫描

（5）开展考古调勘工作，两次针对他冰瑜主塔周边共布设 8 条探沟，发现了相关建筑遗址、遗迹（图八），进一步了解他冰瑜寺历史格局。通过实地踏查，发现在他冰瑜寺院墙周边还分布着相关的古代建筑遗址、遗迹，为下一步系统的考古发掘工作做了前期准备。

图六　壁画所在墙体成分检测分析

图八　他冰瑜寺内考古
勘探

图九　中缅双方"援缅甸他冰瑜寺修复项目现场会谈"

四、项目进展

项目涉及文物建筑修复保护、考古调勘发掘及工作驻地建设，范围包括他冰瑜寺及周边相关遗址、遗迹及工作驻地（工作站）。根据缅方要求，建设标准

符合世界文化遗产保护修复工程的相关要求。为保证修复项目文化遗产的真实性和完整性，将按照最小干预的原则开展本次修复保护工作，将消除上述修复项目保护对象的安全隐患，并修复其塌毁部分以最大限度保护和保存其原有的历史信息，尽可能多地保护和使用其原

有构件，在工程隐蔽部位可适当使用新型材料和加固技术，予以结构补强和抗震加固；对损坏的壁画和佛像进行保护与修复；考古工作拟最大限度采集遗迹信息，建立考古工地数字化管理平台及数据库，发掘数据、图纸、照片、视频等纳入数据库进行管理和应用，严格按照《田野考古工作规程》的技术要求规范操作，确保发掘资料的提取完整、全面、准确、科学。双方协商一致，本项目将按中华人民共和国现行的规范及技术标准，并结合缅甸具体情况进行设计和施工。

目前，云南省文物考古研究所已于2017年8月完成《援缅甸他冰瑜寺现场调查可行性研究报告》的编制工作（图九），该报告已通过国家文物局专家评审，目前正根据商务部修改建议继续完善。《援缅甸他冰瑜寺修复项目可行性研究报告》审批通过后：

（1）按照商务部、国家文物局的部署开展设计前的水文地质勘查、建筑结构安全性稳定性等各专业的检测评估鉴定等工作。

（2）按照商务部、国家文物局的部署开展初步设计及施工图设计工作。

（3）进行施工招投标，选定施工单位后，及时开展本修复保护工程的施工及管理工作。

五、项目意义

（一）本次文物保护修复项目的实施是缅甸经济社会发展所需

蒲甘佛塔遗产地将准备申请为世界文化遗产地，其既是重要的宗教活动场所也是当地经济发展的支柱资源，蒲甘地区文物修复项目的实施将对缅甸社会、经济文化发展造成重大和深远的影响，是缅甸社会经济发展所需。

（二）他冰瑜佛寺文物价值突出、营造技术典型，对缅甸灾后文物修复意义重大

他冰瑜佛寺是蒲甘文化遗产的重要组成部分，是极为稀有的历史古迹，也是当地传统砖砌拱券结构的代表，具有独特的艺术和审美成就，是创造性杰作。该建筑建于1144年，震前格局完整，价值突出，从其建筑规模、结构构造、建造年代、建筑艺术风格等方面看，都堪称该地区文物建筑的典型代表，具有重要的历史、文化和艺术价值。经现场勘查表明，其文物本体的残损特征具有突出的代表性。因此，对其进行修复保护，具有典型的示范意义，对缅甸灾后文物修复具有示范引领作用。

（三）文物震损严重，三层以上结构部分损毁严重，亟须开展保护修复

经初步勘察得知，对佛教和旅游活动的开展存在较大的安全隐患，亟须保护修复。

（四）文物位置独特，成果受众广泛，援助效果影响力显著

本修复项目是蒲甘地区具有标志性的佛寺建筑，具有很高的知名度，信众和参观游客众多，是重要的旅游点，修复成果受众广泛，援助效果影响力广泛。

（五）展现了我国良好的国际形象，获得了"一带一路"沿线国家文化认同

在我国全面实施"文化走出去"战略的大背景下，文物保护援外工作作为其中重要一环取得了显著成效。我国的文物研究机构先后在"一带一路"沿线国家开展考古研究、文物保护工作，获得了沿线国

家的文化认同，也极大地促进了国家间的友好关系，同时展现了我国的良好形象。中国云南省与南亚、东南亚文化互鉴，近年来，依托国家战略，在文化遗产、考古研究等多领域也不断开展相关国际合作，因此，此次援缅甸他冰瑜寺修复项目具有重要意义。

注　释

[1]　钟志祥、尹湘玲等：《缅甸概论》，世界图书出版公司，2012 年。

[2]　贺胜达：《缅甸史》，云南人民出版社，2015 年。

Advance Work on Restoration of That-byin-nyu Monastery in Pagan, Burma

Wu Yun

Abstract: Under the background of China's comprehensive implementation of the strategy of "Cultural Output", the work of cultural relics protection abroad has achieved remarkable results. The cultural relics research institutions in our country have carried out archaeological research and cultural relics protection work in the countries along the Belt and Road, arousing the cultural identity of the countries along the line, and greatly promoting friendly relations among countries, at the same time, it shows the good international image of our country. Yunnan Province is connected with Southeast Asia and South Asia. In recent years, international cooperation has been continuously carried out in the fields of cultural heritage and archaeological research, relying on the national strategy. That-byin-nyu Monastery restoration project plays an important role in the aid work of Burmese cultural relics in our country. This paper introduces the restoration work background of That-byin-nyu Monastery and the progress of the work in the early stage.

俄罗斯图瓦南部的旧石器考古研究 *

德诺兹诺夫 N.I.[1]（著） 杨　光[2] 严　思[3]（译）

（1. 俄罗斯科学院西伯利亚分院考古学与民族学研究所，克拉斯诺亚尔斯克；2. 重庆师范大学历史与社会学院，重庆，401331；3. 广东外语外贸大学高级翻译学院，广州，510420）

一、引　言

图瓦南部与蒙古国相邻，一直以来考古学界和自然学界对其知之甚少。20 世纪 60 年代中期，S.A. 阿斯塔霍夫带领苏联科学院考古所列宁格勒（今彼得格勒）分部对萨彦－图瓦尼斯卡娅区域进行考察，图瓦南部旧石器时代遗址的大规模研究由此展开。当时发现的遗址分布在唐努－欧娜东区和西区的南部及山前区域（沙格丽河谷和托尔加雷克盆地等），其中一部分是旧石器时代早期到新石器时代中十分重大的发现[1]。20 世纪 70 ~ 80 年代，历史、语言和哲学研究所（俄罗斯科学院西伯利亚分院）和图瓦、蒙古考古学家组成的团队发现 100 多个位于蒙古国优伯苏－努热河流域内的遗址[2]。

2003 ~ 2005 年间，以知名作家阿斯塔菲耶夫命名的克拉斯诺亚尔斯克国立师范大学和考古民族研究所（俄罗斯科学院西伯利亚分院）中西伯利亚考古学与地理中心克拉斯诺亚尔斯克实验室的田野团队在优伯苏－努热流域的北部边缘，临近唐努－欧娜西区和东区山脉的区域，以及东部特斯－哈姆河与西部的沙格丽河之间 500 千米范围内的丘陵区域组织了详细的考古调查。

此次调查发现了 20 多个旧石器时代的遗址，如特斯－哈姆河右侧支流特提格－哈姆（特斯－哈姆 1 ~ 3 号遗址）河口附近、埃尔比特河河口（埃尔比特 1 ~ 6 号遗址）、托尔加雷克河谷（托尔加雷克 1 ~ 9 号遗址）、Ulatai 河河谷（Ulatai 1、2 号遗址）、Borshchoo-gol 河河谷以及 Sagly 河河谷等区域[3]。2005 年，为了调查托尔加雷克盆地地质结构及其旧石器时代遗址的主要特点，我们对托尔加雷克盆地东部区域展开了详细研究，发现了该区域地质地貌结构和考古学上的新证据。

二、托尔加雷克盆地地质地貌结构和旧石器时代石器

（一）地质地貌概况

托尔加雷克盆地位于唐努－欧娜山脊沿线，长达 40 千米，宽 10 千米。盆地内为荒漠草原，土壤为栗色。其海拔 1500 米，地表较为平坦，上有露出的古生代残余岩石所形成的零碎山脉和丘陵。一般来说，托尔加雷克盆地由河流冲积而成。其形成过程中，唐努－欧娜山脊的高海拔、托尔加雷克谷地强烈的冰川沉积作用以及

---

* 本文翻译受重庆市社科基金项目"长江三峡地区旧石器文化资源及价值研究"（批准号：2016YBLS102）资助。

伊勒格斯特流域在干旱时期河床的分解重构都起到决定性作用。

河谷的最大特征为阶地构造。其边缘为洪积物形成的锥形斜面。阶地（盆地中心区域）分层为：Ⅰ-1～1.5m、Ⅱ-2～3m、Ⅲ-5m和Ⅳ-7～8m。阶地Ⅱ、Ⅲ为显著的高山-深谷地貌，固定了之前的河道。山脉由砾石组成，坳陷处内为黄土，地表沙壤土厚达1米，其下则是砾石和卵石。与灰色沙壤土和砾状冲积物相对，阶地Ⅱ与Ⅲ连接处地表呈现红棕色。相较之下，阶地Ⅳ与之不同，地貌不再是高山-深谷形制，砾石与卵石零碎分布在地表。滚落的岩石主要为石英岩、碧石和黑硅石，大部分都已被高度侵蚀，并呈现出特有的沙漠漆外观，由此可判断其年代远早于阶地Ⅱ、Ⅲ的冲积物。

托尔加雷克河上下游的阶地海拔都有所增高。在山谷与唐努-欧娜山脉相连、托尔加雷克河与绍沙拉什河交汇的河间地，发现了一批高于河漫滩的阶地（Ⅰ-4m、Ⅱ-7m、Ⅲ-10～20m、Ⅳ-40m和Ⅴ-50m）。前三个阶地能和上文段提到的阶地Ⅰ、Ⅱ和Ⅲ相对应，Ⅳ和Ⅴ阶地则和上文段阶地Ⅳ相对应。最高的阶地（阶地Ⅳ和Ⅴ）由砾石和卵石组成。冲积层则是以较薄的（0.5～1.0m）灰棕色沙壤土为主。

文中所谈及阶地的确切年代仍有待讨论。通过其海拔、冲积物成分和其他地质材料，阶地Ⅳ（河谷中）和阶地Ⅳ和Ⅴ（河间地）年代应不早于更新世中期。作为在阶地Ⅳ和Ⅴ河床旧石器时代遗迹的首次发现者，我们根据其地质地貌数据能将其断代到更新世中期。

（二）绍沙拉什河1号旧石器时代遗址

绍沙拉什河1号旧石器时代遗址位于绍沙拉什河左岸，托尔加雷克镇东北2.8千米处，北纬50°55′，东经92°39′。该遗址位于约50米高的第五阶地的表面。阶地地表

为平坦的无分选环地，这正是永冻条件下深度冷冻的证据。阶地西南边缘10000平方米的区域内出现人工制品聚集的遗迹。

对该遗址的考察工作主要包括石器收集和对表面风化层的研究。通过对人工制品聚集的地层进行探查研究，其地层堆积具有以下特点（从上到下）：

第1层　厚0～0.2米，棕色沙壤土。包含有小型砾石卵石、人工石质制品。

第2层　深0.2～0.4米，棕灰色沙壤土。含有灰棕色碳酸盐结晶体。

第3层　深0.4～0.7米，卵石-砾石沉积。包含有白色沙壤土（20%～30%），高度碳化的岩石碎片。地层底部为4厘米厚的石灰岩风化外壳层。

遗址中考古材料主要有人工制石片等多种工具及大量制作石器的废料。

勒瓦娄哇型的石核和石坯主要用来剥片，从石核的一面上剥离石片或石叶，再制作成刮铲器或其他工具。

此外，之后的石核主要呈现小型单面锥形，在此区域整个时段均有分布。

勒瓦娄哇型石核，背面中部凸起。工作面边缘有不连续的修整痕迹，以及打击修理所遗留的陡峭凹痕（图一）。

我们对出土石器进行了分组。第一组是质量较高的雕刻刀和刮削器。后者由大型条状石板和椭圆形的石片制作而成。

第二组是石叶和条状石板。部分小型石板偶见修整痕迹，大型石叶的一边或两边有连续修整痕迹。

第三组是勒瓦娄哇型的石叶（旧石器时代中期或接近），大部分的边缘都有修整痕迹。

第四组是在大型条状石板上制作而成的石片和有凹痕的石叶，当其用作雕刻器或者切割器时，工作面边缘都有杂乱的修整痕迹。

第五组是砍砸器，主要特点为：

①鹅卵石砍砸器和砍砸工具类似手

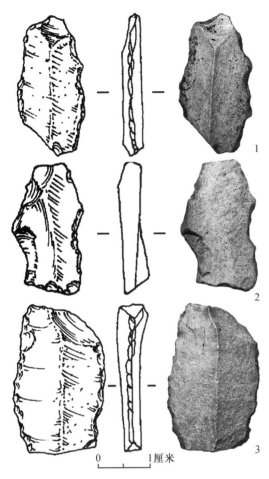

图一　图瓦绍沙拉什河 1 号遗址石核

持状，工作面不对称，一面带有砍砸痕迹。②由砾石和大型条状石板制成类似手持状工具。③带有把手的砍砸器，类似砍砸树木的斧子。④部分砍砸器带有小型针状突出。

许多工具表面带有沟槽，均由砾石制成。

第六组是带有孔隙的石凿工具。

这些工具则是由诸如石英岩、玢岩、石英砂岩、黑硅石、富含硅酸或是硅化的岩石等制成。

值得注意的是，大部分类刮削器和刮削工具表面都有再修整的痕迹，即在工具使用一段时间后再进行了一次修整。通常解释为石器制作原材料的缺乏，但在该遗迹阶地表面相当数量的石器工具被发现，证明这个解释是不足信的。因此，此处遗址能很好地促进对中更新世晚期当地人类石器修整及其再利用技术开展研究。

（三）绍沙拉什河 2 号旧石器时代遗址

绍沙拉什河 2 号旧石器时代遗址位于绍沙拉什河左岸、托尔加雷克镇东北 12.5 千米处，北纬 50°55′，东经 92°39′。该遗址位于约 40 米高的第四阶地，与第五阶地的绍沙拉什河 1 号遗址相邻。其中心区域仍是富集砾石的无分选环地，砾石上形成的条纹同样可能是寒冷冰期的见证。

通过对靠近阶地的堆积使用探铲进行勘探，该遗址主要有以下几个地层（从上到下）。

第 1 层　厚 0 ~ 0.2 米，棕色砂壤土层，顶部发现人工制品。

第 2 层　深 0.2 ~ 0.4 米，灰棕色砂壤土层。底部为棕色，掺杂着和黄土类似的粗糙砾石（10% ~ 20%），以及一些硅酸盐结晶体。

第 3 层　深 0.4 ~ 0.7 米，棕色砂壤土层，含有卵石与砾石。

阶地表层发现了大量旧石器时代石器制作的原材料，其中 9 处材料富集处位于阶地边缘（平均离阶地 10 ~ 20 米）。

通过对该遗址石器的收集与研究，此处石器与绍沙拉什河 1 号遗址的发现存在相似之处。

值得注意的是，托尔加雷克 8、9 号遗址与绍沙拉什河 1、2 号遗址之间，石器制作的原材料存在相似性，但石质受到风化与侵蚀的情况相去甚远。绍沙拉什河 2 号遗址的年代更久远，其石器表面更为平滑，基本未见修整的痕迹，在风蚀作用下石器原材料（石英岩）的原始层理清晰可见。

绍沙拉什河 3 号遗址位于绍沙拉什河左岸河漫滩上的第二阶地、托尔加雷克镇西北 12.5 千米，北纬 50°55′，东经 92°39′，与绍沙拉什河 1、2 号遗址相连。其阶地表面发现了大量旧石器时代石器。

三、结　语

与中亚邻近地区相似，开放性是图瓦共和国南部的旧石器时代遗址的主要特点，在其遗址表层发现各类遗物。但因为遗迹、遗物破损、地层不连续、遗物扰动和文化层错位等因素，此处的考古研究由此受限。即便如此，图瓦南部遗址在没有进一步发掘的情况下仍具有可快速初步调查研究的特点。

除沙格丽河河谷中的遗址外，许多位于托尔加雷克河的旧石器时代遗址都来自偶然发现。因此，人工制品的收集区域并不与遗址地点一一对应，完整的材料收集工作开展较少。各个遗址之间的关联性尚未有定论，部分研究工作还未开展[4]。此外，对旧石器时代遗址研究要关注对地质地貌的记录。遗址地貌的研究、石器的类型分析、器物的保存情况和侵蚀程度都能为遗址地质年代的判定提供参考，由此可对旧石器时代遗址的地质年代序列做出客观判断。

总体而言，通过对图瓦共和国南部的旧石器时代遗址的综合研究可得出以下结论。

（1）图瓦共和国南部区域有极大可能发现新的旧石器时代遗址。

（2）托尔加雷克河和绍沙拉什河的河间地的高处阶地第一次发现了旧石器时代中期遗物。

（3）托尔加雷克3～9号遗址发现了旧石器时代早期和晚期的文化材料。

（4）不同于"洪积－冲积锥形斜面的旧石器遗址具有关联性"这一早期观点，此次考古研究发现了托尔加雷克盆地河岸阶地上各遗址之间的关联性。相较于艾热比特河的遗址，沙格丽河的遗址位于沿着唐努－欧娜山脉的河谷中，由此可推断当时人类沿着山脉不断进行活动与迁徙。

（5）"新的遗址类型——古河流系统的残端与现代河流并无关联"是一个非常重要的发现。

因此，图瓦共和国南部的旧石器时代遗址年代为旧石器时代中期或更早。

注　释

[1]　Abramova Z A, Astakhov S N, Vasiliev S A, et al. Paleolith of the Yenissei. Leningrad, 1991; Astakhov S N. Paleolith of Tuva. Novosibirsk, 1986: 155; Astakhov S N. Discovery of Ancient Paleolith in Tuva// Chronostratigraphy of Paleolith in Northern, Central and Eastern Asia and America (Paper at International Symposium). Novosibirsk, 1990: 40-43; Astakhov S N, Yamskikh A F. New Data on Paleolith of Tuva// Southern Siberia in Ancient Time. SPb, 1995: 4-9.

[2]　Derevyanko A P, Dorzh D, Vasilievsky R S, et al. Archeological Studies in Mongolia. Ubsu-Nur Aimak, Tes-somon, Gurvalzagal, Sagil-somon (preprint). Novosibirsk, 1986; Derevyanko A P, Dorzh D, Vasilievsky R S, et al. Archeological Studies in Mongolia in 1986. Overview (preprint). Novosibirsk, 1987; Derevyanko A P, Dorzh D, Vasilievsky R S, et al. Stone Age of Mongolia: Paleolith and Neolith of Mongol Altai. Novosibirsk: Nauka, 1990: 646; Khudyakov Yu S, Plotnikov Yu A, Danchenko G P. Archeological Survey in Kyzyl-Samagaltai-Khandagaity Highway Construction Zone in the Territory of Ovyur District in Tuva ASSR//Ancient Sites of Northern Asia and Their Protective Excavations (Proceedings). Novosibirsk, 1988: 54-89.

[3]　Drozdov N I, Drozdov D N, Makulov V I, et al. Geological-morphologic Characteristics and Paleolith of Southern Tuva//Problems of Archeology, Ethnography, Anthropology of Siberia and Bordering Territories (Materials of the Annual Session of the Institute of Archeology and Ethnography, Russian Academy of Science, Siberian Branch, 2003), Devoted to the 95th Anniversary of Academician A.P. Okladnikov). Novosibirsk: Publishing House of the Institute of Archeology and Ethnography, Russian Academy of Science, Siberian Branch, 2003: V. IX, Part 1: 120-126; Drozdov N I, Makulov V I, Chekha V P. Geological-morphologic Studies in the Territory of Southern Tuva//Scientific Annual of V P. Astafiev Krasnoyarsk State Pedagogical University. Vyp.4-T.1. Krasnoyarsk: Printing and Publication Department, V.P. Astafiev Krasnoyarsk State Pedagogical University,

2004: 37-48; Drozdov N I, Makulov V I, Chekha V P. New in the Paleolith of Southern Tuva//Archeology of Southern Siberia: Ideas, Methods, Findings. Krasnoyarsk: Printing and Publication Department, V P. Astafiev Krasnoyarsk State Pedagogical University, 2005: 21-23; Drozdov N I, Makulov V I, Chekha V P, et al. Integrated Studies in Southern Tuva//Natural Environment, History and Culture of Western Mongolia and Bordering Regions(Volume 2). Proceedings of the VII-th International Conference (19-23 September 2005, Kyzyl). Kyzyl: Publishing House of Tuva Institute for Comprehensive Development of Natural Resources, Russian Academy of Sciences, Siberian Branch, 2005: 41-44.

[4] Kudryavtsev V I. History of Studies of Stone Age in Ubsu-Nur//Status and Development of Natural Resources of Tuva and Bordering Regions of Central Asia. Geoecology of Natural Environment and Society (Proceedings of Tuva Institute for Comprehensive Development of Natural Resources, Russian Academy of Sciences, Siberian Branch). Kyzyl: Publishing House of Tuva Institute for Comprehensive Development of Natural Resources, Russian Academy of Sciences, Siberian Branch, 2002: 142-160.

Paleolithic Complex of Southern Tuva, Russia

Drozdov N I,   Yang Guang   Yan Si(trans.)

Abstract: This article overviews the latest research achievement about paleogeography, geology, physiognomy and archaeological relics of Torgalyk basin, Southern Tuva, Russia. New founding high-terrace Paleolithic sites, particularly Shalash river sites, are generally introduced. Cores, flakes and scrapers were found in Shalash river sites. The characteristics of Shalash river sites include that stone artifact materials are mostly quartzite; stone artifact body always seems to be small; Cores were always pre-touched before flaking. On the other side of the flakes, scars are well dispersed, and these scars always seem to be small and well-regulated. Lots of none-retouched flakes were found in the sites (Levalloistype). The physiognomy of Torgalyk basin shows that there is no relationship between river in Paleolithic age and riverin present and in dicates that rivers in present compared with rivers in Paleolithic ages are generally changed. The geological times of these sites were late middle Pleistocene and early late Pleistocene. The territory of these sites share borders with Mongolia and Sinkiang, China and these cultural features are associated with Paleolithic sites of Mongolia and north of China. New founding stone artifacts greatly supplement the history of Tuva. Important materials about time of Pleistocene people occupation in northern Asia and spatial and cultural characteristics are well collected.

《科技考古与文物保护技术》征稿启事

　　《科技考古与文物保护技术》是重庆高校市级科技考古与文物保护技术重点实验室、重庆师范大学考古学及博物馆学市级实验教学示范中心主办的学术集刊，设有科技考古、文物保护、考古新发现、国际考古四个栏目。其中"科技考古"包括动物考古、植物考古、冶金考古、陶瓷考古等；"文物保护"包括金属文物、木质文物、石质文物、遗址现场保护技术等研究成果；"考古新发现"包括考古调查与发掘报告（简报）、考古勘探调查资料等；"国际考古"包括国外考古新发现和新研究进展，尤其是与中国历史文化有关的考古研究成果。特向广大专家学者征求佳作，期望不吝赐稿。

　　稿件格式及要求：

　　1. 字数不限。有中、英文题目。文章需附 200～300 字的英文摘要。

　　2. 行文中所引用图片应当图像清晰，无版权纠纷。图片像素要求 300dpi 以上。

　　3. 标题、引文、图表编号应当清楚规范，具体格式要求请参照本集刊。

　　4. 有课题基金项目的文稿，请在首页注明基金项目类别、名称及编号。

　　5. 为便于联系，来稿请提供作者姓名、单位、通讯地址、邮政编码、电子邮箱、电话等信息。

　　6. 投稿可采用 word 电子文档形式，文中引用图片的原图需随电子文档一并投递。收稿后 1 个月内即回复是否刊用。投稿邮箱：马江波 563614323@qq.com，武仙竹 1152682699@qq.com。

　　稿件一经录用，待出版后，即赠予文章通讯作者 2 本集刊并付薄酬。

重庆师范大学《科技考古与文物保护技术》编辑部